KB121335

인생이
지옥처럼
느껴질 때

인생이 지옥처럼 느껴질 때

—

2022년 4월 6일 초판 1쇄 발행

—

지은이 마샤 리네한
옮긴이 정미나, 박지니
감수자 서수연
펴낸이 김정수, 강준규
책임편집 유형일
마케팅 추영대
마케팅 지원 배진경, 임혜솔, 송지유, 이영선

—

펴낸곳 (주)로크미디어
출판등록 2003년 3월 24일
주소 서울시 마포구 성암로 330 DMC첨단산업센터 318호
전화 번호 02-3273-5135
팩스 번호 02-3273-5134
편집 070-7863-0333
홈페이지 http://rokmedia.com
이메일 rokmedia@empas.com

—

ISBN 979-11-354-7638-9 (03180)
책값은 표지 뒷면에 적혀 있습니다.

—

• 비잉은 로크미디어의 인문, 사회 도서 브랜드입니다.
• 잘못 만들어진 책은 구입하신 서점에서 교환해 드립니다.

변증법적 행동치료 창시자 마샤 리네한이 알려주는 살 가치 있는 인생 만드는 법

인생이
지옥처럼
느껴질 때

BUILDING A LIFE WORTH LIVING

마샤 리네한
지음

정미나, 박지니 옮김
서수연 감수

Being

내 오빠 얼, 동생 에일린, 딸 제럴딘에게

내 내담자들에게:
내 마음속에 늘 간직될 여러분에게 능숙함이 함께하기를

내가 할 수 있다면 당신도 할 수 있다

저자_ **마샤 리네한**Marsha M. Linehan

마샤 리네한은 변증법적 행동치료DBT, Dialectical Behavior Therapy의 창시
자이다. 시애틀에 위치한 워싱턴주립대학교 심리학과 명예교수이
며, 동 대학의 행동연구 및 치료 클리닉의 소장이기도 하다. 리네한
은 시카고에 위치한 로욜라대학교에서 심리학 전공으로 우등 졸업
했으며, 동 대학에서 심리학 석사, 박사 학위를 취득했다. 또한 뉴욕
버펄로에 위치한 자살 예방 및 위기 센터에서 임상 수련과 뉴욕 스
토니브룩대학교에서 행동치료사로 박사 후 과정을 수료하였다. 리
네한은 경계성 성격장애를 포함해 심각한 자살 충동, 섭식 장애, 약
물의존, 우울증, PTSD와 같이 복합적이며 고통스러운 정신장애를

겪는 사람들을 위해 과학적 기반을 토대로 치료법을 개발하고 평가하는 일을 해왔다. 정신장애를 앓는 환자를 위해 평생을 헌신한 공로를 인정받아 미국자살예방재단의 루이스 이스라엘 더블린 평생공로상Louis Israel Dublin award for Lifetime Achievement 미국심리학재단American Psychological Foundation의 심리학 응용 분야 골드 메달 어워드 평생공로상The Gold Medal Award for Life Achievement, 미국심리과학학회Association for Psychological Science의 제임스 카텔상James McKeen Cattell Award, 전미정신장애연대National Alliance on Mental Illness의 과학적 연구상Scientific Research Award, 인지행동치료학회Association for Behavioral and Cognitive Therapies의 경력 및 평생공로상Career/Lifetime Achievement Award 등 수많은 상을 수여받았으며 예술, 종교, 세계 질서, 교육, 심리학 다섯 분야에서 뛰어난 업적을 이룬 개인에게 수여하는 그라우마이어상 심리학 부문Grawemeyer Award In Psychology을 수상하기도 했다. 《타임》지는 2018년 특별호 '위대한 과학자: 우리 세상을 바꾼 천재와 선구자Great Scientists: The Geniuses and Visionaries Who Transformed Our World'에서 마음챙김과 수용을 기반하여 과학적 접근을 통해 환자를 치료하는 방법을 개발한 리네한을 세상에 큰 영향력을 끼친 과학자 중 한 명으로 선정하였다.

역자_ **정미나**

출판사 편집부에서 오랫동안 근무했으며, 이 경험을 토대로 현재 번역 에이전시 엔터스코리아에서 출판기획 및 전문 번역가로 활동하고 있다. 주요 역서로는 《평균의 종말》, 《다크호스》, 《하버드 부모들은 어떻게 키웠을까》, 《켄 로빈슨 엘리먼트》 등 다수의 도서가 있다.

역자_ **박지니**

서울대학교를 졸업한 뒤 콘텐츠 기획, 홍보, 제약광고, 출판편집, 번역 등 다양한 업종을 오가며 일했고, 최근에는 디지털 헬스케어 분야를 탐구 중이다. 《99% 페미니즘 선언》 등을 번역했고, 《데이비드 보위: 그의 영향》 등의 책을 기획했다.

감수_ **서수연**

고려대학교에서 심리학과 학사를 졸업하고 오하이오주립대학교에서 임상심리대학원 석사, 박사 학위를 취득했다. 시카고 러시대학교에서 심리 레지던트를 수료하고 스탠퍼드의과대학교에서 박사후 과정을 수료했다. 현재는 성신여자대학교 심리학과 부교수로 재직하고 있다. 임상심리대학원 시절 DBT 수련을 받지 않겠냐는 교수님의 제안에 선뜻 1년 동안 경계성 성격장애 환자들을 대상으로 DBT를 활용한 새로운 치료 수련을 받았고, 이후 모든 심리치료에서 DBT 기술들을 활용하고 있다. 저서로《밤의 심리학》과《엄마의 잠 걱정을 잠재우는 책》이 있으며 역서로는《질투, 나는 왜 그를 믿지 못할까》등이 있다. 현재 스탠퍼드대학교 방문교수로 해외 거주 중이다.

마샤 리네한은 무척이나 치료하기 어려운 환자들을 수백 명 이상 맡아 치료해 왔지만 그의 첫 환자만큼 어려운 사례는 없었다. 그 아이는 정신적 고통에 짓눌려 통제 불능의 행동을 보이는 10대 소녀였고 2년이 넘는 정신과 병동 입원 기간 동안 대부분 격리실에 수용돼 있었다. 그의 삶은 자기 몸에 화상을 입히고 팔을 칼로 긋고 벽이나 바닥에 머리를 찧는 식의 반복된 자해와 자살 기도로만 점철됐을 만큼 퇴축한 상태였다. 처방 가능한 모든 약을 고용량의 단독요법 혹은 병용요법으로 복용하고 전기충격요법을 수차례 받았는데도 상태는 좋아지지 않았다. 아이가 격렬한 분노와 불신에 차 있어 심리 상담을 시작하는 건 무리일 듯했다. 의무 기록을 보면 병원 직원들이 이 아이의 사례에서 느낀 무력감과 절망감, 좌절감과 분노가 어느 정도였는지 짐작된다. 이제까지 겪어본 중 최악의 난치성 환자로 묘사된 이 구제불능의 아이는 결국 치료되지 못한 채 내쫓기듯 퇴원 수속을 밟았다.

그러나 이후의 이야기는 누구도 예상치 못한 방식으로 전개됐다. 도무지 손쓸 방법이 없는 환자였던 소녀는 남다른 여성으로 성장해 심리치료사 겸 심리치료 연구자가 됐고 훗날 전 세계 무수한 사람들을 돕는 획기적인 행동요법을 개발하기에 이른다. 당신이 짐작한 대로 그는 바로 마샤 리네한이다. 마샤는 자신을 옥죄던 지옥 같은 상태에서 빠져나와 자신처럼 고통에서 허우적대는 다른 이들 역시 그곳에서 건져낼 방법을 찾았다. 그는 자기파괴적이고 도발적인 행동을 통제하기 위해 쉽게 배우고 널리 훈련시킬 수 있는 실용적인 기법들을 개발했다.

몇 해 전 마샤가 직접 이런 사연을 언급한 놀라운 강연을 〈뉴욕타임스〉가 대대적으로 보도하기 전까지 그의 과거를 알고 있는 사람은 소수에 불과했다. 대개는 세월이 기억을 지워주길 바라거나 없던 일로 삼고 싶어 할 고통스러운 개인적 경험을 공개하는 데는 엄청난 용기가 필요하다. 이미 마샤에게 느끼고 있던 경외심은 이 일로 한층 더 깊어졌다. 자신이 임하는 어떤 일에서든 대범함을 보여준 마샤는 이 용감한 행위로 스스로에게 자유를 줬을 뿐 아니라 더 중요하게는 그와 같은 문제로 고통받았던, 받는 그리고 받을지 모를 모든 이들을 해방해 줬다. 희망은 항상 존재한다. 일견 '치료 불가능'할 것만 같던 이들도 치료를 받는 일이 반복된다. 마샤는 그 길을 몸소 걸어왔다. 말로만 떠들지 않고 그 과정을 온몸으로 살아냈다. 그의 이야기는 환자들과 치료사들에게 비록 현실이 절대 바뀌지 않을 것만큼 암울하고 포기하는 것만이 유일한 선택지라고 느껴질 때도 결코 포기해선 안 된다는 희망을 준다.

마샤가 창시한 치료법은 변증법적 행동치료Dialectical Behavior Therapy, DBT라 불린다. DBT는 자살 위험이 높고 자기파괴적 행동을 보이는 사람들에게 가장 효과적인 치료법이며 흔히 경계성 성격장애 borderline personality disorder─참 고약한 진단명이긴 하지만 이 책에서는 이 용어를 계속 쓰게 될 것이다─로 진단받은 사람들에게도 유용하게 쓰인다. 경계성 성격장애 환자들은 큰 고통에 시달리는 동시에 가족과 친구들, 때로는 치료사까지 포함한 주위 사람들에게도 고통을 안긴다. 자살로 인한 사망과 자살 기도 모두 가장 높은 빈도로 발생하는 집단이기도 하다. 이들은 복잡하고 예측 불가능하며 간혹 정서적 혹은 신체적 폭력 행동으로 치료사들을 곤경에 빠뜨린다.

마샤가 DBT를 개발하기 전 치료사들은 치료가 소용없거나 진전 없을 것 같으면 애당초 포기하는 경우가 많았고 환자들은 결국 병원에서 살거나 자살했다. 표면적으로 위협적인 용처럼 행동하는 환자의 이면에서 고통받고 있는 공주를 찾아 구하기란 어려운 일이었다. 그러나 이제는 아니다. 지난 20년에 걸쳐 전 세계 1만 명의 치료사가 DBT 수련을 받았고 가장 증세가 심각한 정신과 환자 수십만 명에게 정서적 안정을 가져다줬다. 그리고 2011년 《타임》지는 이 시대 가장 중요한 100대 과학적 발명 중 하나로 DBT를 지목했다.

지난 반세기 동안 정신건강 분야에서 임상을 크게 혁신하며 막대한 영향력을 발휘한 선구자 두 사람이 있었다. 한 명은 1960년대 인지치료를 개발한 애런 벡Aaron Beck이고 다른 한 명은 바로 마샤다. 그때까지 남성이 군림하고 있던 심리학이라는 분야에 마샤가 이렇게 중대한 기여를 했다는 사실은 그의 지적 창의성뿐 아니라 어떤 장애물이든 넘어서는 의지에 대한 증거기도 하다.

장애물은 한둘이 아니었다. 내가 처음 마샤를 알게 된 것은 1980년대 초 미국 국립정신건강연구소National Institute of Mental Health, NIMH에서 어떤 심리치료 관련 연구를 지원할지 결정하는 심의위원회 위원을 맡고 있을 때였다. 경계성 성격장애 연구는 연구비 지원을 받기 쉽지 않은 분야다. 연구 설계에 치명적 결점이 될 잠재 요소들이 너무 많아 거절되기 십상이기 때문이다. 마샤도 가차 없이 거절당했다. 하지만 그는 굴하지 않고 개선된 연구 지원서를 제출하고 또 제출했으며 마침내는 가장 완고하게 반대하던 이들에게까지 자신의 구상을 납득시켰다.

좋은 아이디어를 생각해 내는 사람은 많지만 그것을 실제로 실현시키기 위해 필요한 자원까지 보유한 사람은 드물다. 마샤에게는 꿈을 현실로 전환할 수 있는 힘과 카리스마, 헌신과 조직 운영 능력이 있다.

세계 모든 신화는 지하 세계로 추락해 직면한 일련의 서사적 모험을 극복한 뒤 영웅적인 인생 여정을 완성하는 사람들의 이야기를 들려준다. 성공하고 나면 이들은 특별한 삶의 비밀을 간직한 채 고향으로 귀환한다. 마샤는 가족의 지지를 제대로 받지 못한 상태에서 믿기 힘들 만큼 고통스럽고 외로운 자기발견의 여정으로 곤두박질쳤고 비참한 삶을 살아볼 만한 가치가 있는 인생으로 탈바꿈시킬 수 있는 귀중한 통찰력을 배에 싣고 귀항했다.

있는 그대로의 자신을 보여주고 용감하게 이야기를 들려준 데 대해 그리고 스스로 경험한 고통, 발견과 사랑에서 체득한 지혜를 우리에게 전해준 데 대해 마샤에게 감사한다.

듀크대학교 정신의학 및 행동과학 명예교수
앨런 프랜시스 박사

경계성 성격장애 환자에게
보내는 희망의 편지

정신장애를 앓는 분들을 치료하는 정신건강전문가들이 모이면 우스갯소리로 본인의 문제를 해결하기 위해 이 분야에 발을 들여놓게 됐다고들 한다. 그렇지만 내담자들에게 용기와 희망을 주기 위해 본인의 문제를 인정하고 내담자들에게 덮고 싶은 자신의 과거사를 여과 없이 드러내고 공개하는 일은 쉽지 않다는 것을 우리 모두 안다.

이 책은 심리학자들도 가장 어려워하는 경계성 성격장애 환자들을 위해 최초의 근거 기반 치료인 변증법적 행동치료Dialectical Behavior Therapy, DBT를 개발한 마샤 리네한 교수님의 회고록이다. 내가 미국에서 임상심리대학원에 다닐 때 DBT는 학계에서 화제의 중심이었다. 커리어의 정점에 올랐던 리네한 교수님의 동료였던 학과 교수님들은 DBT를 가르치면서 여담으로 "그런데 말이야, 그 교수 만나보면 경계성 성격장애 성향이 있는 것 같아" 같은 얘기를 숙덕거리기도 했고 학계에도 그의 특이한 성격에 대한 소문이 무성했다. 다른 사람이라면 18세 소녀 시절 정서적 고통이 너무 심해 안경알을 깨서 그 조각으로 손목에 자해를 하고 담배로 살을 지져 손목에 팔찌를 만들었다는 사실을 숨기고 싶었을 것이다. 한때 총명했던 소녀는 한순간 완전히 인생에 대한 통제감을 잃고 지옥에 있는 것과 같은 마음에서 벗어나려고 발버둥 쳐봤지만 아무도 도움을 줄 수 없었다고 한다. 26개월간 가장 독한 정신과 약물을 강제로 복용해야 했고 정신분석치료를 받고 두 번의 전기충격치료를 받고 병동에서 "가장 힘든 환자"로 낙인찍힌 후 결국엔 회복될 가망이 없다고 판단돼 퇴원 조치가 내려졌다. 그 이후 극심한 정서적 고통을 해결할 방법은 죽는 것뿐이라고 생각해 약을 과다 복용하는 자살 시도도 두 번이나 했다. 용기가 있는 정신건강 전문가들도 쉽게 공개하기 어려운 과거지만 본인과 같이 삶이 살 가치가 없다고 느끼고 고통이 심한 환자들에게 일말의 희망이 되리라 믿으며 2011년, 그는 본인이 입원했던 생명을 위한 병원으로 돌아가서 본인의 정신과적 입원력과 과거사를 밝히게 된다.

경계성 성격장애는 치료하기 어려운 장애다. 보통 10대 때 증상이 발현하며 정서 조절에 어려움을 겪는다. 버림받는 것에 대한 두려움이 크고 자해 혹은 자살 시도를 하기도 하며 만성적 공허감, 부적절한 분노 경험, 대인 관계 갈등 등과 같은 증상을 호소한다. 대인 관계에서 문제되는 패턴은 치료사와 내담자의 관계에서도 자주 나타나기 때문에 숙련된 치료사라도 특별한 훈련을 받지 않으면 치료의 경과가 좋지 않을 뿐만 아니라 치료 때문에 소진burn-out되기 쉽다. 관계 내에서 버림받는 것을 두려워하는 이들은 치료사의 부정적인 반응 조짐만 보여도 겁을 먹고 화를 낸다. 다른 정신장애에 효과적인 치료라도 경계성 성격장애 환자들에게는 효과가 없는 경우도 많다. 숙련된 치료사도 경계성 성격장애 환자들을 치료하는 데는 많은 공을 들여야 한다.

리네한 교수님이 DBT 치료를 개발하기 전까지는 임상 현장에서 자살 시도를 하거나 자해를 해 입원을 반복하는 내담자들을 가장 골치 아파했다. 이런 내담자들을 위해 특화된 치료가 없었고 치료 경과도 나빴으며 많은 경우 치료사가 소진되고 내담자들은 여러 치료사들을 전전할 뿐 실질적인 도움은 받지 못했다. 최악의 경우에는 실제로 내담자가 자살해 치료사가 곤란해지기도 했다. 그러나 리네한 교수님은 경계성 성격장애 환자들이야말로 가장 도움이 필요하고 고통스러운 인생을 살고 있는 사람들이라는 것을 본인의 고통스러운 경험 속에서 알 수 있었다. 그래서 대부분의 치료사들이 포기한, 본인과 비슷한 내담자들을 위한 치료를 개발하기 시작했다. 리네한 교수님이 이런 결심을 하게 된 배경에는 정신과 병동에 입원해 있는 동안 본인이 받은 치료가 얼마나 효과가 없었는지 몸소 체험한 과거가 있기도 하지만 무엇보다도 본인이 느낀 극심한 마음의 지옥에서 비슷한 처지에 있는 이들을 구해주고 싶다는 열망이 컸다. 명성과 권위보다는 하느님과 한 약속을 지키고 고통스러워하는 이들을 도와야겠다는 사명감으로 지난至難한 여정을 걷기 시작했다. 치료의 시발점은 결국 극심한 고통에 대한 가장 따뜻한 공감이었던 것이다.

DBT 치료의 대단함은 기존 정신과적 치료의 모든 패러다임을 깨고 의심하며 만들어진 치료라는 데 있다. 리네한 교수님이 최초로 출판한 DBT 논문에 의하면 DBT 치료를 받은 환자군은 자해 빈도가 감소했으며(치료군이 통제군에 비해 1년에 1.5번 대 8번으로 더 적었다) 치료 중단율도 효과적으로 감소했고(치료군이 통제군에 비해 16.6퍼센트 대 50퍼센트로 더 적었다), 입원일수도 적었다(치료군이 통제군에 비해 8.46일 대 38.86일로 적었다). 그 이후로도 수많은 연구를 통해 치료의 효과성이 입증됐으며 현재도 경계성 성격장애 진단을 받으면 가장 최우선으로 권고하는 권위 있는 치료가 바로 DBT다.

이 책에서 리네한 교수님은 DBT 기술이 인생 기술이라고 설명한다. 누구나 살면서 한 번쯤은 내가 경험하는 감정이 타당하지 않다는 말을 듣고 비참해하거나 인간관계 갈등으로 깊이 고민하거나 널을 뛰는 감정 때문에 곤란했던 적이 있을 것이다. 그러한 부정적인 경험은 스스로 자신이 못났다며 자책하게 할 수 있다. 그러나 리네한 교수님은 말한다. 당신은 못난 것이 아니라 그저 기술이 부족한 것이라고, 누구나 심리적 기술을 배우면 더 잘할 수 있다고.

리네한 교수님은 경계성 성격장애 환자들은 마치 온몸에 3도 화상을 입은 것과 동일한 정서적 고통을 경험한다고 말한다. 이들은 삶의 문제들에 가볍게 스치기만 해도 몹시 고통스러울 것이다. 만약 당신도 지금 답이 보이지 않고 죽을 것만 같은 마음의 지옥에서 살고 있다면 리네한 교수님의 바람처럼 이 책을 통해 조금이나마 해결의 실마리를 찾고 고통스러운 삶을 살 가치가 있는 인생으로 변화시켜 줄 기술들을 배워보기를 권한다. 책의 시작에도 쓰여 있듯 "내가 할 수 있다면 당신도 할 수 있다". 올해 한 권의 책을 읽는다면 꼭 이 책이기를 강력히 추천한다.

2022년 2월
팔로알토에서
감수자 서수연

3 부

BUILDING A LIFE WORTH LIVING

인생이 지옥처럼 느껴질 때

| 일러두기 |

저자 주의 참고 문헌은 원어로 표기하되 국내에 번역됐거나
문장에 포함된 도서의 경우 국내 서명을 병기했습니다.

살 가치가 있는 인생
만들어보기

Building a Life Experienced as Worth Living

2011년 6월의 끝자락을 향하던 아름다운 여름날이었다. 나는 생명을 위한 병원Institute of Living의 드넓은 강당에 모인 200여 명쯤 되는 청중 앞에 서 있었다. 생명을 위한 병원은 코네티컷주 하트퍼드에 있는 유명한 정신건강의학과 병원이다.

평소답지 않게 강연 전 나는 불안을 느꼈다. 내가 그 자리에 선 목적은 20년도 더 전에 변증법적 행동치료(줄여서 DBT)라고 불리는 자살 충동이 심각한 사람들을 위한 행동치료를 어떻게 개발하게 됐는지에 관한 이야기를 풀어내기 위해서였다. DBT는 자신의 삶이 마치 지옥 속에 있는 양 비참한 나머지 죽음만이 합리적인 대안으로 보이는 사람들을 위해 개발된 최초의 성공적인 치료법이었다.

6월의 그날 수많은 사람들이 내 이야기를 듣기 위해 병원에 모였다. 세계 각국에서 모인 청중 중에는 DBT 훈련을 받은 치료사들, 나를 알거나 내 연구를 알고 찾아온 사람들, 옛 학생들과 연구 동료들, 내 가족들도 있었다. DBT 강연은 이전에도 수없이 했었다. 그때마다 나는 강연 제목을 대개 "DBT: 우리는 어디에 있고 어디에 와 있으며 어디로 가는가"로 정했다. 수년간 숱한 시행착오를 겪으며 탐구적 연구를 거친 끝에 치료법을 개발하게 된 과정을 이야기했다. 자살 충동이 높은 사람들에게 그 치료가 어떤 효과를 보였는지, 또 어떤 다른 장애에 그 치료가 도움이 됐는지 등등을 설명했다.

그러나 그날 내 강연은 이전과는 전혀 다른 강연이 될 예정이었다. 그제야 최초로 사람들 앞에서 내가 DBT를 개발하게 된 진짜 이야기를 할 예정이었다. 치료를 개발하기까지 연구를 하며 시행착오를 겪어낸 시절만이 아니라 나 자신의 개인적 삶의 여정에 관해서도 말이다. "이 강연 원고를 쓰는 일은 내 생애 가장 힘든 일 중 하나였습니다"라고 나는 운을 뗐다.

겁쟁이로 죽고 싶진 않았다

살아오는 동안 힘든 일을 많이 해왔지만 그중에서도 가장 힘들었던 일은 당신도 곧 보게 될, 세상 속의 나라는 존재가 전혀 예기치 않게 완전히 파괴적으로 무너져 내리는 과정을 수용해야 했던 것이었다. 이 사건 이후 나는 고등학교 과정을 마치기 위해 낮에는 일을 하며 생활비를 벌고 밤에는 야간학교에 다니며 고군분투해야 했다. 주경야독의 삶은 대입을 준비하는 동안에도 계속됐다. 이 시기 나는 여

인생이 지옥처럼 느껴질 때

러 도시의 YWCA에서 작은 방을 구해 살았다. 친구가 있었던 적은 거의 없었다. 매 순간 내 길을 쉽게 포기하고 싶어지는 거절을 당하고 또 당했다. 이후 전문가로 살아가면서 나는 치료에 대한 내 획기적인 구상과 접근법이 동료들에게 그리고 전반적으로는 정신의학계에 받아들여지도록 싸워야 했고 남성 지배적인 학계에서 여성 학자로서 투쟁해야 했다.

강의를 준비하는 데 세 달이 걸렸다. 스스로를 이 궁지로 몬 것을 수차례 후회하기도 했다. 나는 내 삶을 90분이라는 시간에 압축해야 했다. 또 다른 문제는 내게 20대 이전의 삶 그리고 25세까지의 삶에 관한 기억이 전혀 없었다는 것이었는데 그 이유는 뒤에서 설명하겠다. 남아 있는 것은 다만 "섬광 기억", 캄캄한 캔버스 위에 띄엄띄엄 흩어진 밝은 찰나의 기억들이었다. 마치 도시의 밤하늘을 보는 것처럼 드문드문 별과 행성이 반사하는 빛이 보이지만 거의 대부분이 광활한 암흑에 가깝다. 그래서 나는 가족, 친구, 동료 들에게 내 과거에 대한 그들의 훨씬 명징한 기억을 끌어내 내 생애를 재구성하도록 도와달라고 부탁했다. 어려운 과정이었다. 무엇보다 나는 수십 년 동안 몇 안 되는 친구들과 가족에게만 밝혔을 만큼 신중히 지켜온 비밀, 내 생의 극도로 사적인 순간들을 처음으로 대중 앞에 드러내려 하고 있었다. 그렇다면 왜 이렇게 하고 싶었을까?

겁쟁이로 삶을 마감하고 싶진 않았기 때문이다. 내 삶에 관해 계속 침묵하는 것은 비겁한 일이었다.

눈물을 보이지 않고 강연을 마칠 수 있을까?

생명을 위한 병원은 내 삶에서 중요한 부분을 차지하고 있었기 때문에 내가 계획한 강연을 하기에 최적의 장소라고 생각했다. 나는 병원의 불안장애센터장 데이비드 톨린David Tolin에게 전화를 걸어 동부 해안 쪽에서 중요한 강연을 하고 싶은데 생명을 위한 병원에서 하는 게 좋을 것 같다는 생각을 전했다. 흥분하던 그는 내가 아주 많은 청중이 몰릴 터라 병원의 가장 큰 강당에서 강연을 하고 싶다고 말하자 머뭇거렸다. 이유를 말해준다면 요청을 들어주겠다는 그의 말에 나는 이유를 설명했다.

이제 그곳에서 수백 명의 청중 앞에 서 있자니 내가 나를 대체 어디에 처넣은 걸까 궁금해졌다. 이야기를 하는 동안 눈물을 보이지 않을 수 있을지 걱정됐고 결코 청중 앞에서 울고 싶지 않았다.

그동안 DBT 개발에 관해 강연할 때면 나는 보통 1980년 미국 국립정신건강연구소에서 연구 기금을 받았던 때부터 시작되는 이야기를 풀어나갔다. 그 기금은 경계성 성격장애로 진단받은 이들에 대한 행동치료의 효능 연구를 수행하기 위한 것이었다. "하지만 사람들을 지옥 같은 삶에서 건져내고자 하는 열정이 처음 싹튼 것은 사실 그때가 아니었습니다." 나는 말했다.

잠시 내 앞의 사람들을 둘러보며 내 삶에 함께 있어준 정말로 경이로운 사람들인 친구들, 동료들, 학생들, 졸업생들이 어디 앉아 있을지 가늠해 봤다. 내 여동생 에일린이 와 있으리라는 것을 알고 있었고 무엇보다 남자 형제들 존, 얼, 마스턴, 마이크도 와줬기를 바랐지만 에일린이 그들을 성공적으로 설득했는지 확신할 수는 없었다.

그러나 그들은 바로 거기에, 첫 줄에 앉아 있었다! 그 뒤에는 페루인 양녀 제럴딘과 그의 남편 네이트가 보였다. 두 사람은 결혼한 뒤로 줄곧 나와 함께 살고 있었다. 제럴딘의 남동생과 그의 배우자 역시 거기 와 있었다. 나는 이들을 비롯해 그 자리에 와준 모든 사람들에게 감사 인사를 표했다. 이 감격적인 순간 눈가에 눈물이 고이는 게 느껴졌지만 다행히 알아차린 사람은 없는 것 같았다.

DBT의 진짜 시작

"진실을 말하자면 DBT의 씨앗은 1961년 싹트기 시작했습니다." 나는 말을 이었다. "열여덟 살 때 나는 여기에 입원했습니다. 여기, 생명을 위한 병원에요."

나는 낙천적이고 자신감에 찬 고등학생이었다. 반 친구들 사이에서 인기도 좋았고 콘서트를 기획한다든가 그저 아이스크림을 사 먹으러 드러그 스토어에 갈 원정대를 구성하는 등 무슨 일에든 먼저 나서는 사람이었다. 소외되는 사람 없이, 누구 하나 섭섭해하지 않도록 항상 신경 썼다. 2학년 때는 우리 반의 마르디 그라_{Mardi Gras} 여왕으로 지명되기도 했다. 나는 수많은 친구를 끌어모으고 2~3학년 내내 학급의 중요한 역할에 선출되고 임명될 만큼 인기를 독차지했다. '가장 인기 있는 학생' 또는 '장래에 가장 성공할 법한 학생'을 투표로 뽑았다면 그 주인공은 나였을 것이다.

그러나 3학년이 된 이후 그 자신감 넘치던 소녀는 서서히 모습을 감추기 시작했다.

내게 무슨 일이 일어났는지 알 수 없었다. 아무도 몰랐다. 병원에서 겪은 것은 지옥으로의 추락, 마음을 찢는 괴로움과 걷잡을 수 없이 휘몰아치는 폭풍 같은 비통이었다. 도망칠 구석은 없었다. "하느님, 당신은 어디에 계시나요?" 나는 매일같이 읊조렸지만 답은 없었다. 그 고통과 혼란을 설명할 길은 없다. 지옥에 수감된 경험을 어떻게 적절히 묘사하겠는가? 불가능한 일이다. 단지 느끼고 경험할 수 있을 뿐이다. 그리고 나는 경험했다. 내 안에서 느껴진 그것은 마침내 자살행동으로 발현됐다.

하지만 나는 살아남았다. 퇴원을 앞두고 나는 신께 약속을, 아니 맹세를 했다. 마침내 이 지옥에서 나를 구해낼 수 있다면, 그렇게만 할 수 있다면 다른 이들도 여기서 빠져나갈 수 있게 도울 방법을 찾겠다고.

DBT는 지금까지 그 약속을 지키고자 최선의 노력을 다한 산물이다. 하느님께 한 이 약속은 내 인생 대부분을 통제했다. 나는 더는 구제할 수 없다고 판정된 이들을 도울 수 있는 치료를 개발하고자 하는 의지가 강했다. 그리고 나는 해냈다. 내담자들이 영혼을 찢어놓는 감정적 악마들과 씨름할 때 느끼는 고통을 나도 느껴본 적이 있었다. 그 끔찍한 정서적 고통이 무엇인지 이해하고 무슨 수를 써서라도 절실하게 벗어나고 싶은 그 마음을 이해한다.

놀라움으로 가득한 여정

신께 한 맹세를 실천하기 위해 탐구에 첫발을 내디뎠을 당시 나는 그렇게 복잡하고 놀라운 여정을 걷게 되리라는 것이나 그 목표(자살 고위험군 환자들을 위한 효과적인 치료법)가 기존 치료법과는 완전히 다른 결과로 이어지리라는 것을 알지 못했다. 초반에는 자살 고위험군 환자들이 살 만한 삶을 살도록 도와줄 행동치료를 개발할 거라는 확고한 확신만이 내가 가진 전부였다. 그게 다였다. 그리고 나중에야 깨달았다시피 나는 너무 순진했다.

예를 들어 나는 어느 날 내가 학과장실로 들어가 수용의 실천을 배우기 위해 선 수도원에 다녀와야겠다는 말을 꺼내게 되리라곤 생각도 못했다. 다른 곳도 아닌 선 수도원이라니. 하지만 정말로 나는 선 수도원에 가게 된다. 치료 프로그램을 개발하는 데 꼬박 열두 달이나 걸린 것도 예상 못한 일이었다. 처음엔 석 달이면 될 줄 알았다. "변증법적"이라는 말을 듣게 된 일 역시 예상 못한 뜻밖의 일이었다.

DBT는 두 가지 측면에서 독특하다. 첫째, 자기 자신과 자신이 처한 삶의 수용과 더 나은 삶을 위한 변화의 포용 사이에서 역동적인 균형을 잡는다는 측면이다. (반대되는 것들 사이에서 균형을 잡아 통합에 이르는 것이 바로 '변증법'이다.) 전통적 심리치료는 사람들이 자신의 행동을 바꿔 부정적 행동 대신 긍정적 행동을 하도록 돕는 데 주로 초점을 둔다.

나는 DBT 개발 초반부터 일찌감치 깨달은 게 있었다. 내가 (행동치료의 통상적 목표에 따라) 치료의 초점을 내담자들이 행동을 바꾸게 하는 방향으로 맞추면 그들은 으레 발끈하며 이런 식으로 말했다. "네? 제가 문제라는 말씀이세요?" 반대로 내담자들이 자신의 삶을 견뎌

내도록, 다시 말해 삶을 수용하도록 가르쳐주는 방향에 초점을 둬도 내담자들은 발끈하기 일쑤였다. "네? 절 도와주지 않겠다는 말씀이세요?"

내가 도달한 해결책은 수용과 변화를 두루두루 균형 잡을 만한 방법을 찾아 둘 사이에서 역동적인 춤을 추는 것이었다. 춤을 추듯 앞으로 뒤로 반복해 오가는 것이었다. 이 같은 변화 전략 추진과 수용 전략 추진 사이에서의 균형 잡기는 DBT의 토대이자 DBT만의 독특함이다. 내가 체험한 동양의 수행(선 수행)과 서양의 심리학적 수행을 융합해 결함을 직접 변화시키는 평형추로써의 수용을 중요시하는 방식이다.

DBT의 두 번째 독특한 측면은 마음챙김 수행을 치료 기술의 하나로 포용해 첫 번째 심리치료 기술로 삼고 있다는 점이다. 마음챙김 역시 내 선 수행 체험에서 비롯됐다. 당시(1980년대 중반)만 해도 마음챙김은 일부 난해한 주제였던 데다 너무 "뉴에이지적"이라 진지하게 여길 게 못 된다고 치부되기 일쑤였다. 학계에서는 특히 더했다. 굳이 말 안 해도 다들 알 테지만 현재는 마음챙김이 심리치료뿐 아니라 보건, 사업, 교육, 스포츠, 심지어 군대에 이르기까지 온갖 영역에 파급돼 있다.

변증법적 행동치료는
어떤 사람에게 도움이 될까?

행동치료의 목표는 행동을 변화시키도록 돕는 것이다. 특히 가정과 직장에서 큰 혼란을 일으키는 행동 패턴에 초점을 맞춰 더 효율적인 다른 행동을 할 수 있게끔 유도한다. 변증법적 행동치료는 행동치료의 한 종류지만 설명했다시피 전통적 행동치료와는 완전히 다르다.

내가 DBT를 설계한 것은 자살 고위험군을 돕기 위해서였다. 이들은 치료하기가 힘들고 또 다른 심각한 정신적·행동적 문제를 여럿 안고 있으며 병원에서는 '기피 환자' 명단에 오르는 경우도 많다. 그중에서도 주된 장애는 경계성 성격장애로 다루기 까다롭기로 악명 높은 질환이다. 경계성 성격장애의 대표적인 진단 기준은 극심한 정서적 기복, 폭발적 분노, 충동적이고 자기파괴적인 관계, 유기 불안, 자기혐오다. 경계성 성격장애는 환자에게 극도의 고통을 떠안겨 삶을 견딜 수 없을 지경까지 내모는 경우가 비일비재하며 주변 사람들, 가족과 친구들에게까지 고통을 떠안기기도 한다. 내담자의 분노의 표적이 되기 일쑤인 치료사에게도 이들의 치료는 굉장한 도전이다. 그런 탓에 아예 경계성 성격장애 환자를 내담자로 받길 거부하는 치료사도 많다.

DBT 기술은 곧 삶의 기술이다

DBT는 개별적 심리치료 방식이라기보다는 행동치료 프로그램에 더 가깝다. 개별적 심리치료 회기, 집단 훈련, 전화 코칭, 치료사 상담팀, (가족 중재 등을 통해) 내담자의 사회적 상황이나 가족 상황 변화를 돕기 위한 기회 마련이 병행된다. 다른 형태의 행동치료에도 DBT의 이런 구성 요소가 일부 포함되긴 하지만 전부 포함된 경우는 없다. 이 점이 DBT가 특별한 또 하나의 이유다.

　DBT가 효과를 발휘하려면 기술을 배우는 것이 가장 중요하다. 내담자가 비참하기 그지없는 삶을 살 만하게 바꿔 효율적인 삶을 살아갈 방법을 찾게 해줄 기술을 배워야 한다. 영광스럽게도 나는 실제로 그렇게 삶을 변화시킨 사례를 지금까지 숱하게 목격했다.

　하지만 이 같은 기술들은 우리 모두의 일상생활에 매우 중요하다. 그래서 이를 삶의 기술이라고 말해도 무방하다. 이 기술들은 사랑하는 이들, 친구들, 직장 동료들 그리고 전반적으로 세상과 맺고 있는 관계를 더 잘 헤쳐가게 해주며 자신의 감정을 다루고 두려움을 극복하는 데도 유용하다. 일을 잘해내는 등 실용적 영역에서 대처하는 능력에도 중요한 역할을 해준다.

　이 모든 기술의 중점은 사회적·실용적 영역에서 효과를 발휘하는 것이다. 어떤 사람들은 이 기술들이 남들보다 더 능숙하다. 삶의 기복이나 일상생활에서의 실질적 도전을 비교적 무난히 헤쳐나간다.

　달라이 라마는 모든 사람이 행복해지고 싶어 한다고 말했다. 나는 그의 말이 맞는다고 믿는다. 내 내담자들은 모두 행복해지길 원하고 있으며 따라서 내가 할 일은 그들이 바람을 이룰 수 있는 방법을 찾도록, 아니면 적어도 살 만한 삶을 누리도록 돕는 것이라고 생각한다. 이 말은 당신이 아침에 일어났을 때 해보고 싶은 긍정적인 것—당신이 재밌어하는 활동, 함께 있으면 좋은 사람들, 개 산책시키기 같이—들이 충분히 있다는 것, 당신 삶에 부정적인 것이 하나도 없다는 뜻은 아니다. 사실 우리 대다수는 통상적으로 불쾌한 일과 불쾌한 감정을 겪고 느낀다. 내 내담자들의 경우엔 특히 더하다. 나는

인생이 지옥처럼 느껴질 때

내담자들에게 삶의 기술을 가르칠 때 우선은 삶의 문제들을 수용하도록 유도한다. 먼저 수용을 한 다음에야 세상을 살아가는 방식을 바꿔 긍정적인 면을 찾아내고 부정적인 면을 견딜 수 있다.

행동치료사로서 우리는 비참해지길 선택하는 사람은 아무도 없다고 믿는다. 비참한 상태는 그 사람의 과거나 환경의 어떤 요소로 인해 유발되는 것이다. 또 우리는 변하길 원치 않는 사람은 아무도 없다고도 믿는다. 누구나 다 행복한 삶을 원한다. 어떤 사람의 무의식으로 들어가는 창문을 열기 위해 노력하는 일종의 심층요법인 정신역학요법에서는 치료사가 내담자에게 뭘 해야 할지 말해주지 않는다. 나는 언제나 내담자들에게 뭘 해야 할지를 알려준다. 이 점이 DBT의 또 다른 차별성이다.

나는 내담자 한 사람 한 사람 모두에게 이런 관점을 취한다. "당신은 당신 삶에서 필요한 일이 뭔지 알고 있어요. 단지 그걸 이룰 방법을 모를 뿐이에요. 당신의 문제는 당신에게 적절한 동기가 있더라도 적절한 기술이 없다는 거예요. 내가 그 기술을 가르쳐줄게요."

끈기와 사랑의 힘에 관한 이야기

6월 그날 생명을 위한 병원에서 펼쳤던 강연이 그랬듯 이 책도 내가 그 병원에서 어떤 나날을 보냈고 어떻게 그 맹세를 하게 됐는지, 어떻게 스스로 지옥에서 기어 나왔는지 그리고 다른 사람들도 지옥에서 벗어나도록 도와줄 방법을 찾기 위해 어떤 어려움을 헤쳐왔는지에 관한 이야기다.

내 삶에는 미스터리한 면이 있다. 지금까지도 내가 어떻게 열여덟이란 나이에 그렇게 급속도로, 또 완벽하게 지옥으로 빠져들었는지 정말 모르겠다. 부디 지옥에서 잘 빠져나와 그 속으로 다시 빠져들지 않았던 내 이야기가 여전히 지옥 속에 있는 사람들에게 희망이되길 바란다. 내가 할 수 있다면 다른 사람들도 할 수 있다는 것이 내 기본 신념이다.

내 이야기는 네 가닥의 줄기로 촘촘히 엮여 있다.

첫 번째 줄기는 나 자신이 지옥으로 추락했음을 깨닫고 거기에서 탈출한 후 다른 사람들도 지옥을 빠져나오게 해주겠다는 맹세를 하게 되기까지의 이야기다.

두 번째 줄기는 내 영적 여정, 즉 나를 구원해 준 여정이다. 내가 선 마스터가 되는 결말로 이어지는 이 여정은 DBT 개발에 접근하는 방식에 지대한 영향을 미쳤으며 다른 무엇보다 특히 마음챙김을 심리치료에 도입하도록 이끌어줬다.

세 번째 줄기는 연구 교수로서의 삶이다. 이것이 어떻게 내 목표에 도달할 수 있는 역량을 형성했는지와 내 여러 실수들, 숱한 거절을 극복하는 내내 직면했던 어려움에 관한 이야기다.

네 번째 줄기는 내가 살면서 경험한 어마어마한 사랑의 힘에 관한 이야기다. 나를 행복의 절정으로 끌어 올려줬을 뿐 아니라 나중엔 내 평생 가장 깊은 슬픔에 빠지게도 했던 연애. 언제든 기꺼이 나를 일으킬 준비가 된 많은 이들의 친절과 사랑을 받아들이며 얻었던 힘. 내가 넘어지지 않게 일으켜 세워준 또 하나의 힘, 다른 사람들에 대한 사랑. 내 여동생과 오랜 소원함과 고통의 세월을 지나 용서에

인생이 지옥처럼 느껴질 때

이르며 다시 하나가 된 이야기. 그리고 내가 엄마가 되고 이제는 할머니가 되게 된 이야기까지.

내 이야기는 신념에 관한 것이자 행운의 중요성을 보여주는 이야기다. 절대 포기하지 않는 이야기다. 실패하고 또 실패하지만 그때마다 어떻게든 다시 한 번 일어나 (혹은 일으켜 세워져) 계속 밀고 나가는 이야기다. 끈기, 수용의 이야기다. 수용을 언급한 김에 덧붙이자면 DBT에서 중요한 부분은 중 하나는 예스라고 말하는 것이다.*

---

*   내가 내 삶과 일 이야기를 하면서 왜 내담자들의 삶 이야기를 함께 싣지 않았는지 궁금해할지 모르겠다. 글쎄, 그런 이야기를 하는 것이 비윤리적인 데다 내가 옳다고 믿는 바와 어긋나는 것 같아서라고 답하고 싶다.

2

지옥으로의 추락

Descent into Hell

마샤는 기독교청년회 등에서 활발히 활동해 온 봉사 정신이 투철한 학생으로 알려져 있다. 복도에서 뭔가 재미난 꿍꿍이를 꾸미는 그의 웃음소리가 학교 건물에 메아리친다. 친구들에게 인기 있는 마샤는 중학생 때는 마르디 그라 여왕 후보로, 고등학생 때는 학생회 서기로도 선출됐다. 높은 이상과 활력, 유머 감각으로 마샤는 우리에게 오래 기억될 것이다.

- 오클라호마주 털사 몬테카시노학교 1961년 졸업 앨범

고등학교 졸업 앨범에 적힌 이 같은 내 소개 옆에는 흑백사진이 함께 인쇄돼 있다. 그 시대 풍으로 손질한 금발 머리에 생기 넘치고 구김살 없는 미소를 띤 모습은 나를 소개한 글귀의 신체적 현현이라

인생이 지옥처럼 느껴질 때

해도 좋을 정도다. 사진 밑에는 당시 내 좌우명이 인용돼 있다. "옳은 일이면 과감히 하라."

　나는 털사에서 존경받는 중상층 가족의 여섯 형제 중 하나였다. 우리 가족은 누가 봐도 여러모로 훌륭한 가족이었다. 아버지 존 마스턴 리네한은 수노코 석유회사 부회장으로 청렴하고 신뢰할 수 있는 인물로 알려진 털사 지역사회의 한 기둥이었다. 아버지는 매일 저녁이면 집으로 돌아와 가족과 함께 식사했고 집으로 오는 길에 교회에 들러 기도를 드리거나 조부모를 찾아뵙기도 했다. 저녁 식사 후에는 사무실로 돌아가 남은 일을 마무리하거나 나와 함께 산보를 나서서 신문과 아이스크림을 사 오기도 했다.

　어머니 엘라 마리―모두가 그를 본명 대신 '티타'라고 불렀다―는 루이지애나주 케이준 출신으로 그걸 자랑스럽게 여겼다. 어머니는 활달하고 어떤 상황에서도 기죽지 않는 분이었고 자원봉사 활동에도 매우 적극적이었다. 여섯 명의 아이를 돌보는 것만으로는 부족하다는 듯 다른 스무 명의 주부들과 주간 바느질 클럽을 시작했는데 양말, 속옷, 겉옷 등을 기우는 그 모임은 점점 규모가 커져 마침내는 모든 아이들의 삶의 일부가 돼버렸다. 바느질 클럽 여성들은 필요가 생기면 각자 음식을 준비해 가져오고 누군가의 집에 너무 많은 손님이 오면 그들을 자기 집에 재우기도 하고 결혼식, 생일, 병중에는 일손을 보탰으며 장례식이나 손이 많이 필요한 상황이 생기면 언제든 발 벗고 나섰다. (어머니가 여섯 아이를 키우면서 어떻게 그 모든 일들을 해냈는지 아직도 나는 가늠치 못한다.) 어머니는 아름답고 유쾌했으며 어느 공간에서든 그곳의 분위기를 좌우하는 오라를 뿜는 여성이었다.

2. 지옥으로의 추락

어머니도 매일같이 교회에 갔다. 대개는 모두가 아직 꿈속을 헤매고 있을 이른 새벽이었다. 어머니는 중고가게에서 사 온 옷감으로 디올의 의상 같은 작품을 만들어냈다. 정말 창의적이었다. 어머니가 돌아가신 뒤 우리는 어머니가 액자에 끼워 걸어놓았던 어느 노련한 작가의 작품이라 생각한 그림들이 사실은 어머니 당신의 작품이었다는 사실을 알고 놀라기도 했다. 어머니는 예술가였다. 털사 지역 신문은 언젠가 어머니 사진을 1면에 싣고 털사에서 가장 아름다운 여인이라 소개하기도 했다.

오빠 존과 얼, 남동생 마스턴과 마이크는 모두 준수한 외모에 학업 성적도 좋았고 인기도 많았다. 두 살 아래 여동생인 에일린은 날씬하고 무척 아름다웠다. 굳이 애쓰지 않아도 어머니 마음에 쏙 들 수 있는 그런 딸이었다. 최소한 내 눈엔 그렇게 보였다. 에일린은 어렸을 때 우리 둘이 그렇게 가까운 사이가 아니었다고 말한다.

아버지가 사업에서 성공한 덕분에 우리 가족은 어느 정도 남부럽지 않게 살 수 있었다. 우리는 흰색으로 칠한 스페인풍 대저택에 살았다. 집이 있던 26번가 1300번지에는 아이들이 많았고 (털사에서 아이들이 가장 많은 동네일 때도 있었다) 학교까지는 걸어서도 갈 수 있었다. 어머니가 가꾸던 정원에는 다년생식물의 화단, 꽃 피는 관목들, 봄마다 단장하던 목련나무들이 있었다. 어머니는 정원 못지않게 실내도 온 정성을 다해 아름답게 꾸몄다. 아름다움에는 노력을 들일 가치가 있다는 어머니의 믿음과 가르침을 나는 지금까지도 생생히 기억한다. 아름다움을 위해 필요한 건 돈보다 재능과 노력이라는 사실도 어머니에게 배웠다. 나 역시 내가 사는 곳을 단장하길 좋아하지

인생이 지옥처럼 느껴질 때

만 안타깝게도 꽤 오랜 시간 솜씨를 닦아온 지금도 어머니와 에일린의 재능은 따라잡지 못하고 있다.

남다른 아이

그리고 나라는 아이가 있었다. 솔직히 말하면 나는 집에서나 혹은 그 어느 곳에서나 무난히 어울리지 못했다. 내가 어렸을 때 우리 집에서 한 블록 아래에 친한 친구가 살고 있었다. 그 친구 집에서 자고 가라고 초대받은 날도 많았다. 나는 거기에 가는 게 좋았다. 그 애 부모님은 좋은 분이었고 우리 부모님과도 친구 사이였다. 하지만 나는 잘 놀다가도 항상 집이 그리워 울었고 그때마다 친구네 부모님은 우리 아버지에게 전화를 걸어 미안하지만 지금 바로 나를 데려가야겠다고 전해야 했다. 결국 그분들은 아버지에게 내가 자다가 우는 일이 없어야 다시 초대할 수 있을 것 같다고 말했다. 그리고 그게 마지막이었다.

가족들이 골프를 치러 갈 때도 나는 따라가지 않았다. 골프를 좋아하지 않아서였다. (아버지는 내가 골프를 잘 못 쳐서 그러는 거라고 하셨지만 사실이 아니다.) 장거리 자동차 여행을 해야 하거나 아버지 회사 비행기를 타고 휴가를 가야 할 때면 나는 늘 멀미에 시달렸고 한번은 상태가 심각해져 도중에 고모 집에 내려야 한 적도 있었다. 주말에 지인이 사는 아름다운 호숫가를 방문할 때도 수상스키를 타지 않는 사람은 나뿐이었다. 다른 모두처럼 배의 갑판 위에 앉을 수가 없었다. 엉덩이가 너무 아팠기 때문이다.

당시 털사 지역사회 통념상 나는 과체중에 속했고 그런 몸매인 사람은 가족 중 내가 유일했다. 어머니와 에일린은 날씬했지만 나는 그렇지 않았고 어머니가 만족할 만큼 솜씨 좋게 머리를 손질하지도 못했다. 친가 쪽을 닮은 나는 할아버지처럼 듬직한 체구였다. 그때 사진을 지금 들여다보면 당시 내 체중이 완전히 심각한 수준은 아니었음을 알 수 있다. 하지만 잘생긴 오빠들이 모두 아름답고 호리호리하고 세련된 여자 친구를 둔 것도 내 자존감에는 타격이었다. 오빠들과 나는 친구처럼 지냈지만—축구 시합을 마치고 집에 돌아온 오빠의 등을 토닥여줬고 고등학생이 된 오빠들이 데이트하러 갈 때마다 바지 뒤에 셔츠 자락을 집어넣는 일을 도와줬다—안 좋은 일이 생겼을 때 오빠 곁에서 울거나 오빠에게 따뜻한 말로 위로받기를 기대할 만큼 가깝지는 않았다. 오빠들에게선 "와, 마샤, 오늘 예쁘네!" 같은 칭찬을 들어본 적이 없다. 여느 남매들처럼 서로 장난치며 놀리긴 했지만 그렇다고 상처 되는 말을 들었던 것도 아니다. 에일린과 같이 이웃 남학교 축구팀의 치어리더에 지원했다가 에일린만 붙고 나는 떨어진 것도 상황을 악화시켰다.

　　에일린은 어느 시점부터 내가 아무리 노력해도 어머니의 마음에 차지 못했던 것 같다고 말한다. 어머니는 나를 에일린처럼 사랑스럽고 아름다운, 털사 지역사회에서 인정받을 만한 여자아이로 바꾸고 싶어 했지만 그 노력은 항상 역효과를 낳기만 했다.

인생이 지옥처럼 느껴질 때

집안의 골칫덩어리

자연스레 나는 형제들의 놀림 거리가 됐고 악의는 없었을 그 장난들은 내게 상처가 됐다. "마샤, 마샤, 100만 톤 모터 달린 주둥아리!" 같은 놀림을 들으면 마음이 따끔거렸다. 나는 다른 여자아이들처럼 매력적이지 못할뿐더러 좀체 가만있지 못하는 수다쟁이 기질도 있었는데 이것은 일생 동안 내가 고칠 수 없었던 문제, 특히 세련된 대화 매너를 중시하던 우리 가족들로서는 눈감아 줄 수 없는 결점이었다.

내 외양과 태도를 어떻게든 고쳐보려 한 어머니의 끊임없는 노력은 내가 10대로 성장하는 동안 자존감에 상처를 입힌 것 같다. 누군가 내게 기분 나쁜 말을 하면 어머니는 너무나 당연하다는 듯이 나를 어떻게 바꾸면 그들이 나를 인정해 줄지에 초점을 맞췄다. 그 사람들은 대체 뭐가 잘못돼서 그런 말을 하는 거냐고 내 편을 들어 준 적은 없었다. 후자라는 선택지가 있다는 사실을 나는 한참 뒤 오빠 마스턴의 처제 트레이시 집에 방문했을 때에야 깨달았다. 누군가 그의 딸에게 상처가 될 말을 하자 트레이시는 곧바로 딸을 방어하면서 그런 인격 모독으로부터 아이를 지켜냈다. 같은 상황에서 트레이시와 우리 어머니가 보인 반응은 전혀 다른 것이었다. 내 어머니가 만약 트레이시 같았다면 내가 어떻게 자랐을지 상상해 보기도 한다. 하지만 어머니도 당신 입장에서는 트레이시처럼 최선을 다하셨던 것뿐이다.

인기 있는 여자아이

내 수다쟁이 기질은 집에서는 결점으로 받아들여졌어도 학교에서 만큼은 인기 비결이 됐다. 사촌 낸시에 따르면 4학년 때 나는 "파티 분위기 메이커, 활달한 주도자, 언제나 먼저 일을 벌이고 장난을 치고 주목받는 아이"였다고 한다. 당시 이런 "나"에 대한 기억이 내겐 남아 있지 않지만 그 모습이 아마도 중학생 때까지는 온전히 지켜졌던 진짜 내가 아니었을까 생각한다. 낸시는 최근 당시의 나에 관해 이렇게도 말했다. "5학년인가 6학년 무렵에 나는 마샤가 내가 아는 사람 중 가장 생각이 깊고 철학적이라고 생각했어요. 어떤 질문을 접하든 그냥 넘어가는 법이 없었죠. 마샤는 세상을 보는 자기만의 독특한 관점을 갖고 있었어요."

중학생 때 나는 또래들의 투표로 마르디 그라 여왕 후보에 뽑혔다. 실제로 여왕으로 등극하진 못했지만 그건 고등학생 선배들이 우리보다 재활용할 신문지를 더 많이 모았기 때문이었다. 여왕의 왕관은 신문을 팔아 돈을 많이 버는 쪽에 수여되는 게 규칙이었다. 그래서 왕관의 주인공은 거의 언제나 고등학생 후보가 됐다. 하지만 내가 친구들의 투표로 선발되는 중학생 후보였다는 사실은 당시 내가 학교에서 얼마나 인기 있었는지 방증해 준다. 고등학생이 되자마자 나는 학생회 서기로 선출됐다. 이 장 첫머리에 인용한 졸업 앨범 구절에서처럼 말이다.

나는 또래 사이에서 인기 있었고 여학생 선배들과도 모두 친구처럼 지냈지만 내가 아는 한 진지하게 사귀는 남자 친구가 없는 여학생은 나 하나뿐이었다. 이따금 내게도 남자 친구가 생기긴 했지만

인생이 지옥처럼 느껴질 때

다른 아이들처럼 진지하게 오래 사귀어본 적은 한 번도 없었다. 고등학교 졸업반이 되자 친구들은 전부 커플이 됐고 나는 의욕을 잃은 채 우울하게 내 방에 틀어박혀 밖으로 나가길 거부하기 시작했다.

느닷없는 추락

내 동급생들이 졸업 앨범을 건네받았을 무렵인 1961년 5월 "높은 이상과 활력, 유머 감각으로 오래 기억"되리라던 그 여자아이는 코네티컷주 하트퍼드의 생명을 위한 병원에서 입원 절차를 밟았다. 나는 곧 병원에서 상태가 가장 심각한 환자들이 있는 이중으로 자물쇠가 채워진 톰슨 2병동에 수용됐다. 자기혐오와 수치심, 사랑받지 못하고 사랑하지 못하는 느낌, 형언할 수 없는 감정적 고통의 바다에 잠겨 죽음만을 바랄 뿐이었다.

그렇게 다재다능하고 인기 많고 낙천적이던 여자아이에게 어떻게 그만한 슬픔이 닥칠 수 있었을까? 또 그 슬픔 속에서 나는 어떻게 스스로를 지옥에서 건져 올리고 살아갈 가치가 있다고 느껴지는 삶을 만들어갈 수 있었을까? 이 두 가지가 내 이야기의 미스터리다.

생명을 위한 병원 그리고 자해의 시작

고등학교 졸업 예정일을 몇 주 앞둔 1961년 4월 30일 내가 생명을 위한 병원에 입원할 당시 남은 의무 기록에 따르면 내 주된 호소는 "극심한 긴장과 사회적 철수"였다. 두통 또한 점점 더 지독해져 학교에서 공중전화로 엄마에게 전화를 걸어 제발 나를 집에 데려가 달라고 애걸하기도 했다. 엄마가 내 말을 항상 믿었는지는 알 수 없지만 그때마다 와주기는 했다. 나는 근방에 개원한 정신과 의사 프랭크 녹스 선생님과 상담을 시작했다. (아마도 우리 집 주치의가 내게서 어떤 의학적 이상도 발견하지 못한 이후 그를 만났던 것 같지만 그 역시 내 두통의 원인을 밝혀내지 못했다.) 생명을 위한 병원에 2주 정도 있으면서 진단 검사를 받아보는 게 어떻겠느냐고 제안한 것도 녹스 선생님이었다.

생명을 위한 병원에서 보낸 며칠간의 기억은 내게 거의 남아 있지 않다. 아마 개방 병동이었을 곳의 뒤쪽 계단 위에 앉아 눈앞에 펼쳐진 잔디밭과 조경수들의 풍경을 바라봤던 것, 그게 기억나는 전부다. 누가 나를 병원에 데리고 갔고 입원 절차는 어땠는지 전혀 기억이 없다. 그곳에서의 느낌이나 기분도 전혀 생각나지 않는다.

입소한 지 채 며칠 되지 않아 칼로 자해를 시작했지만 그 습관을 어떻게, 왜 들이게 됐는지도 기억나지 않는다. 요즘은 자해가 대중적으로도 많이 알려져 있지만 내가 10대였던 당시 자해란 금시초문의 화제였고 병원에 입소하기 전까지 나는 그런 것이 있는지조차도 모르고 살았다.

내 의무 기록에는 이렇게 적혀 있다. "자의로 안경을 깨서 유리 조각으로 왼쪽 손목에 얕은 상처를 냄." 그러니까 내가 손목을 긋기 위해 일부러 내 멀쩡한 안경을 깼다는 것이다. 하지만 안경이 깨진 것은 그저 사고였을 수도 있다. 실상은 알 수 없다. 자해에 관한 연구 논문들을 보면 자해는 시설 내에서 전염성을 보이는 행동이며 칼로 제 몸에 상처를 내는 사람들은 이 행동을 그리 고통스럽지 않고 감

인생이 지옥처럼 느껴질 때

정적으로 안정이 되는 행위로 여긴다. 자해하는 사람의 가족들은 이 행위를 주된 문제로 보지만 자해하는 당사자에게는 이것이 정서적 고통을 씻기 위한 해법 그 자체다. 사실상 이 같은 자해 행위는 신경 생리학적으로 볼 때 이른바 몸이 형성해 내는 아편이라 비유되기도 하는 엔도르핀을 혈액 내에 분비해 스트레스를 경감하고 안정감을 일으키는 것으로 알려져 있다.

그런 사건을 벌인 동기가 무엇이었든 내 첫 자해 소동은 내가 개방 병동에 입소한 지 며칠 되지 않아 훨씬 경비가 삼엄한 폐쇄 병동인 톰슨 2병동으로 이송되는 사태로 귀결됐다. 그리고 그곳에서 나는 아마도 다량의 항정신병제제를 처방받았을 것이고 그 종류와 양은 갈수록 늘어났을 것이다. (입원이 때로는 이롭기보다 해로운 경우도 있다는 것을 알고 있는 지금은 병원에서 나를 일찍 집으로 돌려보내지 않은 것이 참으로 유감스러울 뿐이다.) 병원 직원들은 전혀 나쁜 사람들이 아니었다. 다만 그들은 너무 어렸고 나 같은 문제를 지닌 사람들을 어떻게 도와야 하는지에 관해 현재 알려진 지식들을 갖지 못했을 뿐이었다.

병원에서 알게 된 내 친구 서번 피셔는 아마 내가 톰슨 2병동 건물로 끌려갔을 것이라 말한다. 구속복이 입혀진 채 간호사 두 사람에게 주머니에 든 사슴고기처럼 이끌려 매캐한 공기로 가득 찬 으스스한 지하 터널들을 거쳐 톰슨 2병동의 2층으로 올라갔을 거라고. 서번은 수용 동기였다. 수년간 연락이 끊어진 채 살다가 재회한 뒤 지금까지 절친하게 지내고 있다.

2. 지옥으로의 추락

톰슨 2병동에서의 생활

서번은 당시 톰슨 2병동을 "생명을 위한 병원의 벨뷰"였다고 회상한다. 오줌 지린내가 풍기고 똥 자국에 정신병 환자들이 비명을 질러대고 벌거벗겨지고 싸움질하는 곳이었다. 병동 환경이 어땠는지 내가 기억하는 것은 별로 없지만 단 하나 또렷하게 기억나는 건 하루 온종일 의자에 앉아만 있던 깡마른 노부인이 누군가 그가 앉은 곳 가까이 다가가기라도 하면 크고 무거운 새까만 부츠를 신은 발로 그 훼방꾼을 걷어차기 일쑤였다는 것이다. 그리고 또 한 명 기억하는 사람은 낸시다. 백발의 정신장애 환자였던 낸시는 〈인어공주 미니〉라는 노래만 쉬지 않고 읊조렸다.

> 오 인어공주 미니와 보냈던 시간은 얼마나 행복했는지
> 저 바다 밑에서
> 물거품 아래서 나 내 고통 모두 잊었네
> 그는 내게 얼마나 상냥했던지
> 불가사리가 얼굴을 내미는 밤이 오면
> 나 그를 끌어안고 키스했네 오
> 불가사리 밝게 빛나는 밤이 오면
> 나 그를 사랑했네
> 오 인어공주 미니와 보냈던 시간은 얼마나 행복했는지

낸시가 모든 가사를 정확하게 부르진 않았겠지만 후렴 구절은 아직도 귓가에 생생하다.

인생이 지옥처럼 느껴질 때

톰슨 2병동으로 이송된 뒤로도 내 자해 행동은 계속됐고 훨씬 거침없어졌다. 처음에는 머뭇대며 스스로를 다치게 했던 나는 이제 창문을 깨고 칼날 같은 유리 조각을 건져 팔과 허벅지를 긋는 지경에 이르렀다. 피우던 담배꽁초로 몸에 화상을 입히기도 했다(고맙게도 당시에는 병원에서 흡연을 허용했다!). 완전히 통제 불능으로 치달아 물건들을 때려 부수는 바람에 진정을 위해 냉찜질요법실로 보내지기도 했고 격리실에 갇히기도 했는데 한번은 석 달이나 갇힌 적도 있었다.

생명을 위한 병원에 머물던 시절 내게 대체 무슨 일이 일어났는지 설명하기란 불가능하다. 내가 정말 미쳤나 싶은 생각도 있는 게 사실이다. 이유는 모르겠지만 나는 내 감정뿐 아니라 행동을 통제할 능력도 일절 상실했다. 몬테카시노학교의 누구보다 유능했던 여학생은 이미 사라지고 없었다. 그 아이는 내 의무 기록에 기재됐듯이 "원내에서 가장 주의가 필요한 환자 중 하나"로 변해 있었다. 더는 오클라호마주 털사의 인기 많던 소녀가 아니었다.

지옥으로의 추락은 충격적일 만큼 빠르게, 본격적으로 이뤄졌다. 나는 자제력을 잃었다. 나 자신을 잃어버렸다. 수십 년간 임상 일을 하면서 그 시절의 나처럼 그렇게 급속도로 가차 없이 자기통제력을 상실해 버린 경우는 본 적이 없다. 무엇이 그 모든 걸 야기했고 병원에서 어떤 처치를 했다면 그 상황을 막을 수 있었을지 등을 함부로 말하긴 어렵다. 병원에서 지낸 초반에 관해 나는 전혀 알지 못한다.

돌이켜 보면 그 모든 일을 벌인 것은 내가 아니라 다른 사람이었던 것처럼도 느껴진다. 누군가 다른 존재가 나를 해치려 들고 있었다. 나는 가만히 앉아 우울한 생각에 빠지지 않으려고 노력하다가 불현듯 내가 무슨 짓을 저지르게 되리란 걸 알게 된다. 나는 손목을 그을 것이다, 내 몸에 화상을 입힐 것이고 뭔가를 때려 부술 것이다. 그래서 간호사들한테 매달리며 내가 또 나쁜 짓을 하려고 한다고, 제발 나를 좀 막아달라고 애원하기도 했다. 하지만 내가 그들보다 더 날쌨고 그들은 나를 막을 수 없었다. 살기등등한 또 다른 내게 끊임없이 쫓기고 있는 심정이었다. 복도를 달리며 도망치고 있는 나는 얼마 못 가 나를 붙잡고 말 그리고 곧 가해자가 될 누군가에게 쫓기고 있었다. 나는 죽을힘을 다해 달렸지만 충분치 않았다. 나를 쫓는 그는 간호사가 달려오기도 전에 내가 창문을 부수게 하고 칼로 허벅지를 매몰차게 긋게 했다.

격리실에 감금된 동안에도—그곳은 바닥에 고정된 침대 하나, 의자 하나, 철창으로 막힌 창문으로 이뤄진 그리고 간호사의 감시하는 시선이 상주하는 방이었다—나는 간호사가 나를 막아서기 전에 눈 깜짝할 사이에 의자나 침대 위에서 마치 다이빙하듯이 떨어져 바닥에 머리를 박을 수 있었다. 충동은 순식간에 나를 덮쳤고 나는 그 행동을 반복했다. 스스로를 자제할 여력이 없었다. 그때 지금이라면 야만적인 조치라 비난받았을, 내게 행해진 두 차례의 긴 전기충격요법이 뇌손상을 야기해 기억 문제가 생겼으리라 본다. 생명을 위한 병원에서 나온 뒤 한동안 나를 상담해 준 명망 있는 정신분석가인 지엘린스키 박사는 내가 다중인격장애를 앓았다고 말했다. 하지만 나는 동의하지 않는다.

나는 톰슨 2병동의 병실 한가운데에 한참을, 마치 《오즈의 마법사》에 나오는 양철 나무꾼처럼 움직임도 없이 서 있었다. 마음속은 빈 깡통처럼 공허하기만 했고 내 안에서 일어나는 일에 관해 누구에게도, 어떤 말도 할 수 없었다. 그리고 누구도 나를 도울 수 없으리라는 걸 알았다. 병원에서 나를 치료해 준 존 오브라이언 의사 선생님은 그 나름대로 최선을 다했다. 그와의 상담 치료는 아마도 당시 추세가 그랬듯 내 일탈적 행동의 무의식적 기반을 밝혀내는 데 치료 목표를 두고 이뤄졌을 것이다. 산책이 허용된 날이던가, 나는 밖에 서서 그의 상담실을 바라보며 지금 상담을 받을 수 있다면 얼마나 좋을까 생각했던 일을 기억한다.

내가 그에게 보낸 편지들에서 읽을 수 있듯이 나는 그가 나를 진심으로 대해줬음을 알고 있었다. 생명을 위한 병원에서 퇴원하고도 많은 세월이 흘러 그는 내게 자신이 나를 얼마나 사랑했으며 그 감정이 그의 인생에 어떤 문제를 초래하기도 했는지 고백했다. 나는 상담을 받는 중에도 그에게 여러 통의 편지를 써 보냈다. 편지에서 나는 내게 있었던 일을 설명하기도 하고 때로는 분노와 절망감을 분출하기도 했다. 하지만 당시의 연구 지평은 그리 넓지 않았고 그가 나를 도울 방편은 별로 없었다.

나는 지옥 속에 혼자 버려져 있었다.

지옥은 출구 없는 작은 방에 갇혀 있는 것

나는 지옥이 어떤 느낌인지 잘 알지만 지금까지도 그 경험을 표현할 단어를 찾지 못했다. 떠오르는 말은 있지만 그 어느 것도 지옥의 끔찍함을 묘사하기엔 부적절하다. 그곳이 끔찍했다고 말하는 것조차 그 경험을 올바로 전달해 주진 못한다. 인생을 돌이켜 보며 종종 드는 생각은 그 옛날 내가 겪은 혹독하고도 격심한 정서적 고통을 똑같이 벌충해 줄 만한 행복은 이 우주 어디에도 없으리라는 것이다.

만약 신이 내게 내 삶을 다시 살라고 하신다면 어떨까? 일평생 나는 하느님을 사랑해 왔는데 어떻게 싫다고 대답할 수 있을까? 동시에 그렇다고 어떻게 내가 응당 그러겠노라고 답할 수 있을까? 나는 마침내 내 두 번째 삶이 타인을 살릴 수 있다고 할 때만 "네"라고 답하기로 결정했다. "하느님의 뜻이 이뤄지이다"라는 문장은 내가 기도할 때마다 읊는 구절이다. 신께서 내게 정말 그런 질문을 던지지 않으신 데 감사한다.

너무나도 느리게 흘렀던 병원에서의 시간을 때우기 위해 나는 그림을 많이 그렸고 시를 썼다. 그때 쓴 노트 대부분은 몇 해 전 워싱턴 D.C.에 살 때 아파트에 화재가 일어나 전소됐다. 내 기억이 연기 속으로 사라진 것이다.

격리실에 감금됐을 때 쓴 다음의 시는 그때 내 마음 상태를 조금이나마 엿볼 수 있게 해준다.

그들은 나를 사면이 막힌 방에 집어넣지만
정작 나는 내버려진다
내 영혼은 삐뚜로 팽개쳐지고
사지도 어딘가에 부딪고 구른다

그들은 또 누군가를, 매력적인 누군가를 데려와

문 앞에 세운다

하지만 그 또한 날 일으킬 수 없고

내 영혼은 바닥에 떨어져 구른다

방은 세 구역으로 갈라진다

침대, 벽 그리고 의자

나는 한 번에 한 구역씩 차지하며 시간을 보낸다

방은 위악적인, 헐벗은 몰골이다

그들은 나를 사면이 막힌 방에 집어넣지만

정작 나는 내버려진다

나는 어머니에게도 꽤 자주 편지를 보냈는데 에일린의 말에 따르면 어머니는 편지를 받는 날마다 밤새 흐느꼈다고 한다. 편지에는 내가 겪고 있던 견디기 어려운 심적 고통이 고스란히 담겨 있었고 물론 내가 저지른 자해도 기록돼 있었다. 나는 집으로 돌아가고 싶다고, 하지만 한편으론 죽어버리고 싶다고 썼다. 어머니가 눈물로 밤을 지새운 것도 당연한 일이다.

임상가들에게 자살 위험이 높은 사람들의 내면을 이해시키기 위해 나는 종종 다음과 같은 이야기를 예로 든다. 자살 충동을 느끼는 사람의 세계 그리고 내가 경험한 지옥의 면모를 조금이나마 엿볼 수 있게 해주는 이야기다.

자살 위험이 높은 사람은 백색의 높은 벽으로 둘러싸인 삭막한 작은 방에 갇혀 있는 사람이다. 방에는 전등도 없고 창문도 없다. 방 안은 덥고 습하며 지옥같이 들끓는 바닥의 열기는 참을 수 없이 고통스럽다. 갇힌 사람은 살 만한 삶을 살 수 있길 바라며 탈출구를 찾지만 찾지 못한다. 벽을 긁고 후벼 파봐도 소용없다. 비명을 지르고 벽을 두드려도 마찬가지다. 바닥에 쓰러져 마음 문을 닫은 채 아무 감정도 느끼지 않으려 애써도 위안을 얻진 못한다. 하느님께, 이름을 아는 온갖 성인께 기도드리지만 구원은 오지 않는다. 방 안의 상황은 고문과 같아서 1분도 더 버티기가 불가능한 기분이다. 어떤 문이든 내 앞에 열리기를 간절히 바란다. 그렇지만 내가 찾는 유일한 탈출구는 자살이라는 문뿐이다. 그 문을 열고 싶은 열망은 믿을 수 없을 만큼 강하다.

오브라이언 선생님,
외로움에 미쳐버릴 것 같아요. 제발 절 구해주세요. 애쓰고 계신 건 알지만 저는 마치 아무리 노를 저어도 뭍에 붙어 움직이려 들지 않는 나룻배에 타고 있는 기분이에요. 제가 뭘 할 수 있을까요? 모든 게 엉망진창이에요! 이곳을 증오하지만 내 자신은 몇 배로 더 증오하니까요. 죽을 수 있으면 좋겠어요.

마샤

경치 좋은 길
....

병원에서 보낸 2년여의 시간을 회고하기 어려운 것은 그때에 관한 기억이 거의 없고 갖고 있던 일기장들도 불타버린 탓이다. 내가 할 수 있는 일이란 기껏해야 전등처럼 깜빡거리는 몇 가지 일화들을 꺼내 보이는 것이다. 내 친구 서번의 기억력에 많은 도움을 받아가며 말이다.

반복되는 자해 행동과 하얗고 창문 없는 방에서 탈출하기 위해 죽고 싶다는 지속적인 열망은 벽으로 둘러싸여 하늘 한 점 보이지 않고 새소리도 들리지 않는 우울한 공간, 톰슨 2병동에서 벗어나고 싶은 욕망에서 비롯됐다. 나는 공중전화로 달려가 필사적으로 집에 전화를 걸었다. "엄마, 제발 저를 데리고 가주세요." 나는 애걸했다. "제발요!" 어머니의 대답은 한결같았다. "그러면 네 아버지가 널 다시 입원시킬 거야."

1961년 4월 정신병원에 입원하게 된 그 순간부터 나는 아버지의 삶에서 존재감을 상실했다. 오하이오주 라이징선시에서 나고 자란 매우 보수적인 가톨릭교도였던 아버지는 제1차세계대전 중에는 참호를 파다 거의 죽을 뻔한 고비를 넘겼고 순전히 스스로의 힘으로 디엑스 석유회사 사장과 수노코 석유회사 부사장 자리에 올랐다. 그런 사람이다 보니 내게 일어나고 있던 일들을 손톱만큼도 이해할 수가 없었다. 아마도 아버지는 내가 노력만 하면 곧 다시 나아질 수 있을 거라 생각했고 그래서 나를 그다지 안쓰럽게 여기지 않았을지도 모른다. 아버지는 내 비참함을 참고 보질 못했다. 어머니에게도 내 걱정은 그만두라고 잔소리했을 정도였다. 자기 아내인 어머니에게 어떻게 그렇게 말할 수 있었는지 모르겠다. 어머니가 매일같이 에일린 고모에게 전화한 것도 놀랄 일이 아니다. 어머니의 대리모나 다

2. 지옥으로의 추락

름없었던 고모는 내가 아픈 건 틀림없이 생물학적 질환 탓일 것이며 그러니 스스로를 비난할 필요는 없다고 어머니를 위로했다. (외할머니는 어머니가 어렸을 때 돌아가셨다. 우리는 에일린 고모를 "할머니"라고 불렀고 당신 역시 그 호칭을 좋아하셨다.)

적막한 시간이 찾아오면 나는 종종 병원 밖으로 도망칠 궁리를 했다. 이따금 우리는 톰슨 병동 근처의 담장이 둘린 작은 뜰로 산책 나가도록 허락받았다. 별안간 벽을 타고 넘기 시작한 건 바로 그때였다. 최소한 내 기억으로는 그렇다. 그러나 최근 병원을 다시 방문했을 때 확인한 것은 뜰을 둘러싼 담벼락이 3미터 반은 돼 보인다는 사실이었다. 그 높은 벽을 내가 타고 올랐을 리는 없다. 하지만 어쨌든 나는 탈출에 성공했다. 그리고 물론 그때마다 다시 붙잡혀 병원으로 끌려 들어왔다.

탈출에 성공한 어느 날 나는 가까운 시내로 걸어가 한 술집에 들어갔다. 물 한 잔을 주문하고 마신 뒤 화장실로 들어가 유리잔을 부숴 깨고 그 조각으로 팔을 그었다. 그냥 그렇게 했다. 심각한 상처는 아니었는데도 피가 많이 흘렀다. 술집 주인이 내 꼴을 발견하곤 경찰을 불렀다. 경찰은 금세 들이닥쳤고 내 상처에 대충 붕대를 둘렀다. "제발 저를 돌려보내진 마세요." 나는 경찰에게 빌었지만 어떻게 애걸하든 그들이 나를 병원으로 돌려보내리란 사실을 잘 알고 있었다. "최단 거리로 갈까, 아니면 경치 좋은 길을 원하니?" 그는 물었다. "경치 좋은 길이요." 나는 대답했다. 그들은 충분히 여유를 두고 빙 둘러 가는 길로 차를 몰아 나를 병원까지 데려다줬다.

정신 나간 사람처럼만 보였을 필사적으로 애걸하는 여자아이를

인생이 지옥처럼 느껴질 때

위해 그들이 선물해 준 그 단순한 친절은 참으로 고마운 것이었다. 그 일을 생각할 때마다 나는 새로이 감동받는다.

오브라이언 선생님에게

제 마음속 생각을 당신에게 (그리고 그 누구에게) 어떻게 표현할 수 있을지 모르겠지만 한 가지 고백할 게 있어요. 저는 이 병원에 있을 사람이 아니에요. 저는 여기 있는 사람들처럼 미치지 않았으니까요.

저는 우울하고 절망적이고 무기력하고 불행해요. 애초에 태어나지 않았다면 좋았을 거라고 생각해요. 이곳을 증오하고 증오해요. 제가 얼마나 비참한지 선생님은 상상도 못하실걸요. 죽었으면, 제가 죽었으면, 죽었으면 좋겠어요. 너무 외롭고 전에도 말씀드렸듯 꼼짝 않는 나룻배 위에 있는 기분이에요. 저는 혼자예요. 에일린이 면회 올 거라는 소식에도 기분이 나아지질 않아요. 선생님은 왜 저를 도와주지 못하죠? 집에 있었다면 쉴 새 없이 바쁘게 움직이면서 이 감정을 덮어버렸을 텐데 여기선 할 수 있는 일이 아무것도 없으니 감정이 날것 그대로 터져버려요. 소름 끼치게 무서운 일이에요.

마샤

냉찜질과 격리실

톰슨 2병동에는 대략 스무 명의 환자가 머물고 있었다. 여자 환자들은 대부분 1인실을 썼다. 그들은 다양한 행동장애를 보였지만 자해 행위로 스스로에게 위험이 되는 사람은 없었다. 자신에게 위해를 가

할 가능성이 있는 환자들은 끊임없는 감시 아래 놓였고 밤에는 회랑 같은 공간에 네 개씩 두 줄로 배치된 침대에서 잠을 청해야 했다. 사생활이란 없었고 화장실에 갈 때도 병원 직원과 동행해야 했으며 화장실 문도 열어놓은 채 일을 봐야 했다. (변비라도 있으면 어떨지 상상해보라.) 톰슨 2병동에 머문 대부분의 기간 동안 나는 그런 환자로 분류됐다. 우리는 툭하면 말썽을 일으켰지만 간호사들은 어떻게든 상황을 통제할 방법이 있었다. 즉, 냉찜질요법이라는 게 있었다.

냉찜질요법은 이렇게 시작된다. 먼저 옷이 벗겨지고 냉장고에 보관돼 있던 젖은 담요로 온몸이 꽁꽁 싸인다. 그 상태로 침대 위에 결박된다. 그렇게 누워 옴짝달싹 못하는 채로 최대 네 시간까지 버텨야 한다. 이 요법의 효과는 동요된 환자를 안정시키는 것으로 그 원리를 보여주는 생리학적 데이터도 있다. 냉찜질요법은 무엇보다 심박 수와 혈압을 떨어뜨려 이완 반응을 일으킨다. 처음에는 차디찬 냉기가 소름 끼치도록 고통스럽지만 체온이 천천히 담요를 덥히면서 추위도 차차 누그러진다. 대부분의 환자들은 그 불편감과 신체적 제약을 못 견뎌서 냉찜질요법을 실시하겠다는 위협만으로도 충분히 문제 행동을 멈출 수 있었다. 간호사들에게는 간단하고도 효과적인 위협 수단이 되는 셈이다. 가령 우리가 잠을 청하는 대신 침대 위에서 속닥이고 있으면 간호사는 멀리서 그저 얼음이 담긴 금속 용기만 달그락달그락 흔들어대면 됐다. 얼음 부딪는 소리 한 번에 병실은 곧 잠잠해졌다. (현대 정신의학에서는 냉찜질요법이 거의 사용되지 않는다.)

하지만 나한테만큼은 냉찜질요법이 일종의 위안이었다. 내 안을

인생이 지옥처럼 느껴질 때

휘젓고 다니는 악마들을 다스릴 수 있는 수단이 돼줬으니 말이다. 이따금 나는 내가 통제 불능으로 치닫고 있음을 감지할 때, 내 뒤를 쫓는 어느 악랄한 존재를 그만 멈추고 싶을 때, 제발 냉찜질요법을 받을 수 있게 해달라고 먼저 애걸하기도 했다.

격리실은 내가 안전하다고 느낄 수 있는 유일한 장소였다. 나를 뒤쫓던 사악한 존재도 그곳까지 따라오진 못했다. 문제 환자를 격리실에 가두는 목적은 크게 두 가지다. 첫째, 대개는 환자를 그들 자신으로부터 안전하게 보호하기 위해서다. 둘째, 격리·감금되는 경험은 부정적이라 문제 행동을 단념시킬 수 있기 때문이다. 이 두 번째 원리가 내겐 작동하지 않았다. 나는 격리실에서의 안전감을 환영했다. 내 의무 기록에는 병원에서 아무리 나를 통제하려고 해봐도 내 상태는 더 나빠지기만 한다고 적혀 있다. 격리실에 가두는 것은 내 문제 행동을 억제하지 못했다. 오히려 반대 효과를 낼 뿐이었다.

이후 심리치료사로 활동하면서 나는 똑같은 함정에 빠졌다. 내담자가 자살을 기도하지 않을까 두려워지면 치료사는 불안해지고 불안이 높아질수록 내담자를 통제하고픈 욕구 역시 더해진다. 그래서 한동안은 나와 내담자의 관계도 생명을 위한 병원에 머물 당시 병원과 나의 관계와 흡사했다. 마침내 나는 자살 위험이 높은 사람을 통제하려고 드는 일은 문제를 해소하는 게 아니라 더 악화할 때가 많음을 깨달았다. 역기능적 행동을 통제하려는 시도는 그 행동을 감소시키는 게 아니라 오히려 강화하거나 촉진할 수 있다. 이 통찰은 치료사로서 내 작업에 중요한 의미였다.

오브라이언 선생님에게

저는 두 가지 이유로 불행해요.

첫째, 저는 너무 뚱뚱하고 못생겼어요. 전에는 에일린이나 다른 친구들처럼 날씬해지기만 하면 100퍼센트 행복해질 거라 생각했는데 이제는 정말 그럴는지도 못 믿겠어요.

둘째는 제가 남자아이들에게 인기가 없었다는 거예요. 특히 고학년에 들어서요. 1년 전 봄부터 지금까지 제게 데이트를 청한 남자아이는 한 명도 없었어요. 제가 뚱뚱해서라고 생각하지만 그게 전부는 아닐까 봐 겁이 나요.

마샤

당시 내가 쓴 편지들을 읽고 있자면 병원에 머무는 동안 내가 얼마나 감정적으로 미숙한 상태였는지 깜짝 놀란다. 털사의 고기능 모범생으로부터 얼마나 멀리 가버렸던 걸까. 이후 나는 내가 맡아 치료한 자살 성향을 보인 수많은 여학생들에게서 이 같은 정서적 미성숙을 목격할 수 있었다.

하느님께 맹세드리다

톰슨 2병동의 끝에는 그랜드피아노가 한 대 놓여 있었고 나는 그 피아노를 연주하며 많은 시간을 보냈다. 학교에서 나는 꽤 실력 있는 연주자였고 지옥으로 추락한 상황에서도 내 음악적 역량만큼은 손상되지 않은 채 남아 있었다. 하지만 이후 수차례의 전기충격치료

인생이 지옥처럼 느껴질 때

를 받게 됐고 특히 당시 전기충격치료는 오늘날만큼 안전하지 못했던 탓에 나는 거의 모든 사람과 사물에 관한 기억을 잃어버렸고 애석하게도 악보를 읽고 기억하고 피아노로 연주하는 법까지 모두 잊고 말았다. 피아노 연주는 내 감정을 표현하는 한 방편이었다. 나는 아직도 언젠가는 다시 피아노를 칠 수 있으리라는 희망을 놓지 않고 있다. 이후 내가 하느님께 맹세를 드리게 된 곳이다. 바로 그 피아노 곁이었다.

생명을 위한 병원에 머문 2년이 넘는 기간 대부분 동안 나는 끊임없는 감시를 받았는데 그때는 감시에서 벗어나 자유였던 걸 보면 그 무렵에는 내 문제 행동이 어느 정도 누그러진 상태였는지도 모르겠다. 어느 날 나는 또 피아노 앞에 앉아 늘 그랬듯이 또 하느님께 말을 걸기 시작했다. 대부분 "하느님, 당신은 어디에 계시나요?" 같은 갈구일 때가 많았다.

인생 전반에 걸쳐 나는 신과 함께 있고 싶고 그의 뜻에 순종함으로써 그를 기쁘게 하고 싶은 강렬한 열망을 품고 있었다. 뭔가를 보상받고자 신을 기쁘게 하고 싶었던 건 아니었다. 이렇게 설명하면 어떨까 싶다. 내가 너무나 사랑하고 그 역시 나를 사랑해 주는 누군가가 있는데 그가 특별히 좋아하는 원피스가 있어서 그를 기쁘게 해주고 싶어 일부러 그 옷을 골라 입는 것 같은 마음 말이다.

"하느님, 대체 어디 계시는 건가요?" 나는 흐느낀다. 또 나는 어제 일처럼 생생하게 기억나는 장면에서 격리실 철창에 붙어 선 채 읊조린다. "하느님, 왜 저를 이렇게 버려두시는 건가요?"

그날 나는 피아노가 있는 방에 홀로 앉아 있었다. 병원의 수많은 외로운 영혼 중 하나일 뿐이던 나는 과연 무슨 연유에서 그다음 행동을 했는지 모르겠다. 어쨌든 나는 하느님께 맹세의 말을 내뱉기 시작했다. 나는 반드시 이 지옥에서 탈출할 것이며 여기서 벗어나는 데 성공하면 곧 다시 지옥으로 돌아가 다른 사람들마저 구해내겠다고 말이다. 그때의 맹세는 이후 지금까지 내 인생을 이끌고 지배해왔다.

그 순간에는 내 맹세를 지키기 위해 무엇을 해야 할지 몰랐다. 하지만 나는 결의에 차 있었고 결의야말로 결정적 힘이었다.

인생이 지옥처럼 느껴질 때

3

그들이 틀렸다는 걸
증명하겠어

I Will Prove Them Wrong

생명을 위한 병원에 입원해 있는 동안 오빠 얼과 여동생 에일린이 종종 면회를 왔다. (두 사람이 방문했던 일을 나는 전혀 기억하지 못하지만 말이다!) 그들이 기억하는 당시 내 모습은 똑같다. 항정신병제와 전기충격요법 탓에 체중이 붙고 걸음걸이는 느직느직 좀비 같았다고 말이다. 어머니도 나를 방문했다고 하는데 내가 기억하는 건 한 가지 에피소드뿐이다. 어머니가 내게 바람을 쐬러 잠깐 드라이브를 나가지 않겠느냐고 제안했고 병원의 승낙도 받아냈다. 병원을 벗어난다는 건 내겐 큰일이라 나는 한껏 들떴다. 신선한 바깥 공기를 쐬거나 새파란 하늘을 바라본 지 오래였다. 내겐 굉장한 일이었다.

어머니의 차로 병원을 빠져나온 직후 우리는 주유소에 들러야 했는데 때마침 비가 오기 시작했다. 나는 차 문을 열고 뛰어나가 비를 맞으며 환희에 차서 빙그르르 돌며 웃어댔다. 자세한 일들은 기억나지 않지만 한 가지 기억하는 건 그때 내가 무명으로 된 예쁜 원피스를 입고 있었고 천국에 온 듯 행복했다는 것뿐이다.

"그게 무슨 짓이니?" 어머니는 기겁하며 곧장 소리를 질렀다. "차로 다시 들어가!"

좌석으로 돌아와 문을 닫자 어머니는 다시 병원으로 돌아갈 거라고 말했다. 믿을 수 없는 일이었다. "왜요, 그게 무슨 말이에요?" 나는 말했다. "여태껏 내내 병실에서만 지냈어요. 이렇게 밖에 나와 있다는 게 꿈만 같은데." 내가 자유와 충일감을 뼛속까지 느끼는 순간이 어머니에게는 정신 나간 환자의 짓거리로만 보였던 것이다. 아마도 내 상태가 갑자기 나빠진 건 아닌가 겁이 나서 그랬겠지만 어머니는 곧바로 나를 다시 병원에 데려다줬다. 가련한 어머니. 당신은 당신 나름대로 최선을 다하려 애썼지만 그 시도가 성공적이었던 적은 거의 없었다.

징벌도 재미를 이기진 못하니까

장기 입원 환자들이 느끼는 병동 생활의 지루함은 말로 다 표현하기 어렵다. 역설적이게도 그곳에는 내가 앞서 묘사한 것 같은 긴장감 넘치는 내적 드라마가 펼쳐지는 동시에 그만한 권태 또한 공기 중에 가득했다. 서번은 그 분위기를 이렇게 비유하기도 했다. "사방에서 화산이 분화하고 있는 한겨울 황무지라고 보면 돼. 여기서 용암이 솟구치고 또 저기서 땅이 흔들려도 결국 산목숨 하나 찾아볼 수 없는 황무지일 뿐이지." 그나마 가장 재밌는 일이라고는 큰 방에서 다같이 텔레비전을 시청하는 것뿐이었다. 하지만 그것도 원하는 채널이 같을 때에야 가능한 일이었고 톰슨 2병동처럼 다양한 연령으로 이뤄진 시끌벅적한 일대 무리에게는 쉽지 않은 일이었다. 이러나저러나 우리는 자주 뭔가 색다른 즐길거리를 찾았다.

병동에 입원해 있던 10대 여자아이 하나는 자물쇠 따기 선수였다. 그런 고급 기술을 어디서 배웠는진 모르겠지만 어쨌든 어느 날 밤 야간 근무를 서던 간호조무사가 눈을 붙이러 들어간 뒤 그 똑똑한 여자아이와 나, 서번 그리고 다른 누군가를 포함한 네 사람은 이때 한번 "탈출을 감행"해 보는 것도 나쁘지 않겠다고 결론 내렸다. 그날 우리는 수면제를 받아도 먹지 말자고 약속했다. 밤 11시쯤 자물쇠 따기 선수가 수월하게 임무를 완수하자 우리 넷은 용도를 알 수 없는 낡은 보철 장치들이 널려 있는 어느 다락에 들어섰다. 그리고 마침내 출구를 찾아 나선 우리 앞에 거대한 병동 건물이 위압적으로 버티고 서 있던 풍경이란. 우리는 일종의 성취감에 젖어 숨이 차도록 웃어젖혔던 것 같다.

하지만 곧바로 의문이 들었다. "이제 뭘 하지?" 사실 정말 병원을 탈출하자고 자물쇠를 딴 건 아니었기 때문이다. 우리는 그저 심심했을 뿐이었다. 별안간 후환이 두려워진 우리 넷은 잠옷 바람에 얄팍한 슬리퍼만 신은 채로 자정이 넘은 시각에 다시 병원 접수처로 향했다. 부디 아무 일도 일어나지 않길 빌면서 말이다. 아마 벌을 받았을 테지만 기억은 나지 않는다. 하지만 그 가슴 뛰던 환희의 순간은 우리가 어떤 벌을 받았든 감수할 만한 것이었다.

3. 그들이 틀렸다는 걸 증명하겠어

오브라이언 선생님에게

제가 뭘 두려워하는지 아세요? 평생 결혼을 못할까 봐 겁이 나요. 그래서 여기 병원에 죽치고 있는 거겠죠. 변명거리를 만들려고요. 사회에 적응하지 못하는 별종으로 남을까 두렵지만 마치 내가 별종이라고 증명이라도 하듯 아예 먼저 병실 창문을 깼어요. 날씬해져도 지금 제 문제가 하나도 해결되지 않을까 봐 두려워서 사실 확인을 피하기 위해 뚱뚱한 몸을 유지하고 있는 거예요. 날씬해져도 역시 저보다 더 인기 있는 건 에일린일 것 같아서 살을 뺄 생각을 안 하는 거라고요. 날씬해져도 어머니가 저를 사랑해 주지 않을 것 같아서 저는 계속 이 몸매를 유지해요.

그 시절 내가 쓴 편지들은 지금 읽자면 다소 창피하다. 그럼에도 위의 편지를 이 책에 고스란히 실었으니 내게 별점을 후하게 줘도 좋겠다. 앞서 내가 언급한 시는 그때 내 감정을 잘 표현해 준다. 나는 제정신이 아니었다. 두개골이 깨지라고 바닥에, 벽에 머리를 들이받기를 수차례 반복했다. 왜 그랬을까? 나도 모른다. 그때 내가 병원에서 탈출하고 싶었다는 것은 확실하지만 앞서 인용한 시가 내 감정을 절절히 대변해 주고 있다는 점을 제외하면 당시 내 정신 상태가 정확히 어땠는지는 내게도 불분명하다. 그때 거기 병원에 갇혀 있던 소녀를 위해 울어주고 싶은 심정이다. 어쩌면 내담자들이 어떤 마음인지 온전히 이해하기 때문에 이 같은 내 경험이 나를 괜찮은 심리치료사로 성장시켜 줬는지도 모른다.

서번의 이야기

자해 혹은 자살에 대한 강박적 생각처럼 위험한 행동을 보일 경우 최종 결과는 격리실로 보내지는 것이었다. 추가적인 위험 행동을 제지하는 동시에 사방이 벽으로 막힌 공간을 통해 환자 자신이 내적으로 끌어내지 못하는 억제력과 안전감을 외적으로 제공하기 위한 대처였다. 나는 격리실 단골이었다. 가장 마지막으로 격리실에 감금된 건 1962년 11월 초에서 1963년 2월 초까지 무려 12주 동안이었는데 심지어 당시로서도 이례적으로 긴 기간이었다. 격리실에서는 흡연이 금지됐고 다른 환자들과의 접촉도 허용되지 않았다. 실제로 그렇게 되진 않았지만 말이다.

내가 서번을 만난 것은 이 격리 기간 동안이었다. 서번은 나보다 두어 살 연상이었다. 우리는 단박에 친해졌고 거의 전우애 같은 유대감을 쌓았다. 그러나 서번이 병원에 들어오기 전 어떤 삶을 살았는지 알게 된 것은 훨씬 나중의 일이었다.

내가 만나온 많은 내담자들과 비슷하게 서번 역시 나보다 훨씬 비극적인 과거사를 갖고 있었다. 처음 생명을 위한 병원에 입원했을 당시에는 비교적 개방적인 병동인 톰슨 1병동에 배치됐지만 6개월 뒤 톰슨 2병동으로 이송됐다고 했다.

격리 중에는 다른 환자와 접촉할 수 없다는 규정에도 불구하고 나는 서번과 오랜 시간 많은 대화를 나눌 수 있었다. 그는 간호사의 눈을 피할 수 있으면 언제든 격리실 쪽으로 와줬고 내가 침대 끝에 앉으면 그는 문밖에 바짝 붙어 서서 담배를 피우며 내 말동무가 돼줬다. 우리가 가까워진 건 부분적으론 우리 두 사람 다 문제 환자였

3. 그들이 틀렸다는 걸 증명하겠어

기 때문이다. 서번과 나는 병동 레지던트의 오전 회진에 문제 행동
을 일으킨 환자들로 나란히 보고될 때가 많았다.

　당시 나는 하루에 담배 세 갑을 피울 정도로 무시무시한 골초였
다. 하지만 격리실에 갇힌 동안은 담배를 구경조차 할 수 없었다. 아
주 가끔 내가 너무 안됐다고 생각한 간호사의 허락으로 서번이 내게
바싹 붙어 앉아 그가 들이마신 담배 연기를 내 코 쪽으로 훅 불어주
기도 했다. 아주 강력한 간접흡연이었던 셈이다!

오히려 위안이었던 처벌

감금당할지 모른다는 위협은 이른바 불안 행동을 억제하는 데 효과
적이었다. 그 병동 환자들 대다수에겐 그랬다. 하지만 나는 자주 격
리실에서 안전감이 들어 차라리 반가울 때가 많았다. 냉찜질요법을
때때로 반겼던 것과 같은 이유에서였다.

　행동치료사 관점에서 병원에서 지낸 시절을 돌아볼 때면 어김없
이 이런 생각이 든다. 격리실 감금이 애초에 그 병원에 입원한 계기
였던 행동을 더욱 부추긴 건 아닐까? 그 과정은 이렇다. 내가 (뭔가를
부수고 난동을 피우는 등) 문제 행동을 하면 나는 격리실에 감금됐고 이
는 내가 격리 상태에 괴로워하며 벌받는 기분을 느끼게 하려는 조치
였으나 나는 오히려 안전감이 들어 반가웠고 그래서 안 좋은 행동을
더 많이 했고 그 결과 격리일도 늘어났다. 내 문제 행동에 대한 병원
직원들의 대응(격리실에 가두기)이 그 행동을 더욱 부추긴 셈이다. 그
렇다고 내가 의식적으로 그런 전략을 쓴 것 같진 않다. 무의식적 반

인생이 지옥처럼 느껴질 때

응에 더 가까웠다. 하지만 이런 복잡한 상황을 알아봐 주는 사람이 아무도 없었다. (현재 내 내담자들도 병원에 입원해서 받는 관심과 보살핌 때문에 오히려 자살 행동이 강화되는 경우가 빈번한데 이 역시 무의식적으로 이뤄지는 반응이다.)

오브라이언 선생님에게

저는 그냥 울고만 싶어요. 문제는 울 수 없다는 거예요. 지속적으로 격리실에 들어오는 사람이 저뿐이라 직원들이 너무 빈틈없이 감시해서 창문을 깰 수가 없어요. 지금 저는 금방이라도 터질 것 같은 폭탄 같은데 폭발시킬 방법이 없어요. 이불로 1,000겹쯤 싸여 있는 것처럼 풀려날 방법이 없어요. 정말 솔직히 말해서 뭘 어떻게 해야 할지 모르겠어요.

오브라이언 선생님, 이런 식으론 계속 살 수가 없어요. 어떻게든 벗어나야 해요. 손에 잡히는 건 뭐든 던지고 깨고 싶어요. 여기서 나간다면 이런 기분이 안 들 것 같아요.

선생님이 미운 것 같으면서도 어쩐지 정말 미운 것 같진 않아요. 집에 가서 녹스 선생님을 만나 뵙고 싶어요. 제발 저 좀 나가게 해주세요.

마샤

통제 불능의 자기희생적 순간

마침내 퇴원하기 몇 달 전 서번과 나는 둘 다 브리검 병동으로 옮겨졌다. 톰슨 1병동이나 톰슨 2병동에 비해 더 개방적인 병동이었다.

우리 행동이 충분히 개선됐다고 간주된 것이다. 나는 감격스러웠다. 밖으로 나가 하늘을 볼 수 있었기 때문이다. 의자에 올라서서 내가 좋아하는 차이코프스키 곡에 맞춰 팔을 흔들던 순간도 기억난다. 한때는 내가 피아노로 아주 능숙하게 연주하던 곡이었다.

나는 톰슨 2병동에 있을 때 종종 불이 안 꺼진 담배꽁초로 살을 지졌다. 처음엔 벌게졌던 피부가 2도 화상으로 번지면서 갈라지고 터지는 모습에 병적으로 매료됐다. 아프긴 했지만 아픔에도 아랑곳없이 또 했다. 간호사들이 내가 무슨 짓을 하고 있는지 발견하고 대체로 몇 주 동안은 담배를 피우지 못하게 했다.

브리검 병동에 들어갈 무렵 나는 충동적으로 내 몸에 화상을 입히는 행동을 그만뒀다. 아니, 그런 줄 알았다. 어느 날 나는 다분히 의도적으로 몸에 화상을 입혔다. 공을 들여가며 완벽한 고리 모양을 만들어 팔찌라도 두른 듯 팔목을 지졌다. 의도적인 행동이었지만 내 팔을 지지는 사람이 다른 사람인 것처럼 지켜보고 있기도 했다.

간호사들이 이 화상을 보기라도 했다간 엄청난 곤경에 처할 게 뻔했다. 다시 톰슨 2병동으로 돌아가게 될 것이었다. 나는 해결책을 궁리한 끝에 금속공예 수업 때 구리 팔찌를 만들어 화상을 숨기기로 했다. 작전은 성공적이었지만 당연히 서서히 감염된 화상 부위가 적녹색으로 곪아 고름이 새어 나오는 게 탈이었다. 급하게 그러나 몰래 소독 크림을 좀 구해야 했다.

심성이 착한 서번이 몰래 시내로 나가 약국에서 크림을 산 다음 다시 몰래 병동으로 들어왔다. 그가 들키지 않으려고 창문을 넘어 밖으로 나갔다가 똑같이 창문을 넘어 돌아왔던 기억이 난다. 하지만

인생이 지옥처럼 느껴질 때

최근에 듣게 된 이야기인데 서번은 병원 내부에서 자유롭게 돌아다닐 수 있는 특권이 있었기 때문에 굳이 창문을 넘을 필요는 없었다고 한다. 하지만 시내 외출 특권은 없어서 병원 외부로 나갔다가 누군가에게 걸렸다면 톰슨 2병동으로 보내졌을 것이다. 어쨌든 서번은 나를 돕기 위해 큰 위험을 감수했다. 그야말로 보살핌을 받은 순간이었다. 크림을 바르니 효과가 있었고 화상 부위도 잘 나아 끝까지 들키지 않았다.

내 손목엔 아직도 팔찌 화상 자국이 남아 있다. 이 자국은 (큰 수술을 받으면 모를까) 없앨 방법이 없다. 내 몸 여기저기에 스스로 낸 상처 자국들도 마찬가지다. 감추려고 애써봐도 도저히 가릴 수 없는 상황이 많다. 수영을 할 때나 새 옷을 입어볼 때, 의사 선생님에게 진료받을 때도 마찬가지다. 현재까지도 어쩌다 그렇게 된 거냐고 묻는 사람이 많다(심지어 엘리베이터 안에서도 그런 상황을 여러 번 겪었다!). 그때마다 나는 그냥 "아, 이거요. 어렸을 때 입은 상처예요"라고 대답하고 넘어간다.

판단 착오
....

이 사소한 사건이 있고 얼마 지나지 않아 퇴원 예정일을 한 달가량 앞뒀을 때 서번과 나는 내 의무 기록에 의하면 "판단 착오"라는 것에 영향을 받게 됐다고 한다. 푹푹 찌던 4월 어느 날, 서번과 나 그리고 다른 몇몇 여자아이들은 걸어서 1마일이 채 안 되는 거리의 강둑으로 피크닉을 가기로 의기투합했다. 그때 나는 구내 밖으로 나가는 건 금지였지만 밖에 나가는 건 허용됐다. 그 강둑에서 보면 맞은 편으로 바닷가 풍경이 훤하게 펼쳐져 경치가 정말 멋졌다. 우리는 샌드위치와 맥주를 사서 차터 오크 다리를 건너 강둑 쪽으로 향했다. 다리 맞은편에 다다라서야 알았지만 강둑으로 가려면 악취가 코를 찌르는 진창길을 지나가야 했다. 우리는 어쨌든 그 길을 헤치고 나아갔다.

우리는 샌드위치를 먹고 맥주를 마시며 한동안 햇볕을 즐겼고 강물에 몸을 살짝 담그기도 했던 것 같다. 강물은 틀림없이 차가웠을 것이다. 돌아갈 시간이 다 돼가자 서번이 말했다. "난 저 진흙길로는 돌아가기 싫어. 수영해서 갈래." 기똥찬 생각인 것 같았다. 우리는 스스로 수영을 꽤 잘한다고 자신하며 그 계획을 재밌는 놀이처럼 여겼다. 제기랄, 그렇게 오래 갇혀 있었으니 그 정도는 해도 될 것만 같았다. 일행 중 그래도 분별력이 더 있던 두 명은 이 의견에 반대해 우리 소지품들을 들고 더러운 습지대를 건디며 다리를 건너 돌아갔다.

코네티컷강의 이 지점은 우리가 보기에도 폭이 무척 넓었지만 우리는 아랑곳하지 않았다. 우리가 미처 몰랐던 것이 있다면 물살 세기였다. 가장 먼저 물속으로 들어간 서번은 다리 가까이에서 벗어나지 않도록 요령 있게 잘 헤엄쳐 갔다. 서번은 첫 번째 교대橋臺에 다다르자 그 교대를 붙잡고 고개를 돌려 나를 찾았다. 나는 서번을 뒤따라 입수했다가 순식간에 물살에 휩쓸리며 쩔쩔매고 있었다. 서번이 큰 소리로 외쳤다. "물살에 몸을 맡겨, 마샤. 물살을 따라 헤엄치라고!" 가라앉지 않고 떠 있으려면 그 수밖에 없었다. 나는 횡

영으로 헤엄쳐 가기로 했다. 그러자 조금은 내가 뜻한 대로 돼가는 것 같았다. 맞은편 강둑이 보였고 그 강둑 어디쯤을 목표로 헤엄쳐 가야 할지도 감이 잡혔다. "헤엄쳐! 헤엄쳐! 헤엄쳐!" 나는 나 자신을 계속 다그쳤다. 어느 정도 앞으로 헤엄쳐 나갔지만 충분하지 않았다. 그때 물속으로 떠밀려 들어가는 듯한 느낌이 들었다. 덜컥 겁이 났다. 나는 서번에게 소리를 질렀다. "나 빠지고 있어! 이러다 가라앉겠어!"

몸이 계속 아래로 떠밀렸지만 그럴 때마다 다시 물 위로 몸을 띄웠다. 이대로 포기할 수는 없었다. 물살의 흐름에 밀려가다간 강가 벽에 다다르게 될 텐데 그곳은 넘어갈 수도 없었다. 저류와 싸움을 벌이며 사력을 다해 계속 헤엄쳐 나가던 내 눈에 강가에서 버둥거리는 내 모습을 지켜보며 서 있는 두 남자가 보였다. 나는 마침내 맞은편까지 무사히 건너가 목표했던 곳의 한참 아래쪽에 다다랐다. 강둑의 풀밭으로 기어 올라간 나는 지칠 대로 지쳐 푹 쓰러졌다. 위를 올려다보니 두 남자가 아직 그 자리에 서서 나를 빤히 쳐다보고 있었다. "왜 절 도와주지 않으셨어요?" 내가 물었다. 한 남자가 껄껄 웃으며 말했다. "그게 말야, 네가 빠질 때마다 바로바로 쑥쑥 잘도 올라오더라고."

'눈물 나게 고마운 칭찬이네요' 하며 속으로 투덜거렸다.

서번의 기억에 따르면 누군가 경찰에 전화를 걸었다고 한다. 결국 이 작은 "판단 착오"는 큰일로 번져버렸다. 서번과 내가 병원으로 돌아왔을 때 우리의 반바지와 티셔츠에서는 코네티컷강에서 묻혀온 악취 풍기는 물이 뚝뚝 떨어지고 있었다. 경찰은 사건 경위를 병원에

3. 그들이 틀렸다는 걸 증명하겠어

그대로 알렸다. 이제 큰일 나겠구나 싶었다. 병원 직원들이 우리에게 소리소리 지르며 "어떻게 그런 얼빠진 짓을 할 수 있니?", "세균에 감염이라도 되면 죽을 수도 있어"라는 식의 말들을 늘어놓았다.

우리는 둘 다 파상풍, 발진티푸스 외에 이런저런 주사를 잔뜩 맞아야 했다. 당시 그 강물이 심각한 오염 상태였기 때문이다. 나는 앞으론 병원 밖으로 못 나갈 줄 알라는 으름장을 들었다. 역시나 예상한 대로였다. 그리고 서번은 나와의 대화를 금지당했다. 내가 나쁜 물을 들이는 아이니 나와는 말도 하지 말라는 얘기를 귀 아프게 들어야 했다.

우리 둘 다 퇴원하면서 서번과 나는 연락이 끊겼는데 수년 후 내가 시애틀의 워싱턴대학에 조교수로 있을 때 서번이 나를 찾아냈다. 사회복지사업 프로그램을 수강하다가 과제로 내가 쓴 논문을 읽게 된 것이다. 서번은 내가 자신이 기억하는 그 마샤 리네한이 맞는지 확인하기 위해 편지를 보내왔다. 우리는 시애틀에서 만났다. 그가 호주머니에서 우리가 병원에 입원해 있던 시절 처방받은 약들 중 하나를 꺼내던 모습이 지금도 기억에 생생하다. 우리는 까르르 웃었고 옛날을 생각하며 그 약을 하나씩 간직하기로 했다. 우리 둘은 이후 절친한 친구로 지내며 매년 여름마다 그가 사는 곳에서 멀지 않은 보스턴에서 만난다. 우리는 둘 다 치료사이고 둘 다 자신이 중요하다고 믿는 치료법을 주제로 책을 썼다.*

---

* 서번이 쓴 책은 《발달학적 트라우마 치료를 위한 뉴로피드백Neurofeedback in the Treatment of Developmental Trauma》(New York: W. W. Norton, 2014)이고 내가 쓴 책은 《경계성 성격장애를 위한 인지행동치료Cognitive-Behavioral Treatment of Borderline Personality Disorder》(New York: Guilford Press, 1993)다.

오브라이언 선생님에게

지금 전 겉으론 아주 괜찮은 척 꾸미고 있지만 제가 얼마나 오래 여기에 있게 될지에 대한 선생님의 의견을 생각하면 우울해요. 부모님 두 분께 말씀드려서 그 문제는 잘 해결했어요. 기분이 너무 착잡해요. 마음속은 너무 우울하고 의기소침하고 맥 빠지고 절망적이고 비참하지만 겉으론 계속 웃음을 지어 보이고 있어요. 막 부수고 깨물고 부러뜨리고 들이받고 싶어요. 이런 추락(또 그러는 것)에 죄책감도 들어요. 제가 일부러 그러는 것 같은 느낌을 털어낼 수 없어서예요. 정말 그런 걸까요? 기분은 끔찍해 죽겠는데 뭘 어떻게 할 수가 없어요.

마샤

나를 계속 살아 있게 해준
오브라이언 선생님의 사랑 그러나

내가 12주라는 전례 없는 기간 동안 격리실에 감금돼 있었다는 사실은 내 행동이 얼마나 문제인지 암시하는 방증이다. 하지만 나는 두 달이 조금 더 지나 퇴원했다. 기적적인 치유가 일어났느냐고 묻는다면 꼭 그렇진 않다. 내 퇴원 시기에 영향을 미친 두 가지 실질적 요인이 있었다.

첫 번째 요인은 내 담당 정신과 의사인 오브라이언 선생님이 병원을 떠날 예정이었는데 그 시점에 다른 정신과 의사가 나를 인수하는 것은 굉장한 도전이라는 점이었다. 불쌍한 오브라이언 선생님. 내가 병원에 입원했을 때 그분은 20대 후반의 젊은 레지던트였다. 의무 기록에 따르면 나는 "이 병원에서 정서장애가 가장 심한 환자 중 한 명"이었고 그분의 첫 번째 환자기도 했다. 나는 금세 선생님에게 정이 들었고 나중에 알게 됐다시피 박사님도 내게 그랬다고 한다.

나는 퇴원 후에도 1년인가 2년 동안 오브라이언 선생님에게 계속 편지를 썼다. 가끔은 직접 얼굴을 마주하고는 말할 수 없는 감정을 토로했고 때로는 그냥 감정을 표출했고 또 어떤 때는 내 신변잡기를 늘어놓기도 했다. 얼마 전 편지 몇 통을 발견해 그중 일부를 여기에 실었다. 이제 와 편지들을 읽고 있으면 나로선 몹시 당황스럽고 수치스럽기 그지없다. 그 편지를 썼던 사람에 대한 기억이 없다는 사실 때문이다. 하지만 나는 안다. 그때조차도 나는 내가 훗날 다루게 될 "겉보기상의 유능함apparent competence"이라는 개념을 이해하고 있었다. 이 개념은 잠시 뒤에 자세히 설명할 테지만 간략히 말해 어떤 사람이 겉으론 삶을 잘 건사하고 있는 것처럼 보이지만 속으론 더없는 정서적 혼란과 고통에 빠져 있는 상태를 가리킨다.

나는 종종 극심한 내면적 고통과 괴로움을 겪는 동시에 겉으로는 멀쩡해 보이는 자아를 내보이기도 했다. 오브라이언 선생님에게 쓴 편지에서 나는 나 자신의 이런 양면을 "외피top coat"와 "내피bottom coat"로 칭했다. 나는 때로 의식적으로 고통을 감추고 있는 것처럼 보였다. 또 때로, 아니 어쩌면 대부분의 시간 동안 실제로는 고통을 표출하지 않으면서 고통을 표출하고 있다고 생각하는 것 같을 때도 있었다. 그래서 사람들은 진짜 나, 고통 속에 빠져 있는 사람을 알아보지 못했던 것 같다. 오랜 세월이 지나 내가 다니던 고등학교의 교장 선

인생이 지옥처럼 느껴질 때

생님을 뵈러 갔다가 이렇게 물은 적이 있었다. "왜 아무도 절 도와주지 않았나요?" 그는 이렇게 대답했다. "마샤, 우리는 문제가 있다는 것도 몰랐어."

이는 절박한 문제에 처해 있는 사람들에게 흔히 있는 일이다. 내 내담자들 중에도 그때의 나와 똑같은 행동 패턴을 보이는 사람이 아주 많았다. 한때 나는 이런 행동 패턴을 다음과 같이 설명하기도 했다.

> 때로는 일상생활을 잘 감당해 나갈 수 있는 능력이 있는 사람처럼 보이고 또 때로는 (지켜보는 사람들에겐 뜻밖이게도) 관찰된 그 능력이 없는 것처럼 행동하는 경향이 있다.*

상담에 들어오는 게 끔찍이 싫다는 한 내담자가 있었다. 내가 이유를 물으면 그는 이전 상담에서 내가 했던 어떤 말 때문이라고 했다. 그 말에 너무 화가 났다는데 당시 내겐 그가 그렇게 화난 것처럼 보이지 않았었다. 그는 때때로 상담이 끝나갈 때쯤 울음을 터뜨렸다. 내가 조금 전 한 말이 자신을 비타당화해서 그렇다고 말했다.

나는 그에게 내가 그를 화나게 하는 말이나 행동을 했을 때 바로 이야기하지 않으면 내 행동을 고치기 힘들다고 말했다. 그는 자기가 나한테 말을 한 줄 알았다고 답했다. 이런 경우 내가 그의 감정을 상하게 하는 말이나 행동을 할 때마다 이야기하도록 연습시키는 것이

---

*   Marsha M. Linehan, *Cognitive-Behavioral Treatment of Borderline Personality Disorder* (New York: Guilford Press, 1993), p. 80.

치료의 중요한 부분이다.

그와 동시에 우리는 그가 아빠를 대하는 태도에도 신경 썼다. 그의 아빠는 툭하면 매우 비수인적인 말을 무심하게 내뱉으며 딸에게 큰 고통을 주고 있었다. 하지만 알고 보니 그는 아빠를 대할 때도 내게 하듯 똑같이 하고 있었다. 다시 말해 그의 아빠도 자신이 딸에게 얼마나 큰 상처를 주고 있는지 몰랐던 것이다.

"아빠도 알 거예요." 그가 내게 말했다. "제가 얼마나 불행한지 아세요." 하지만 그의 아빠는 몰랐다. 그가 아빠에게 분명하게 말한 적이 없으니 모를 수밖에 없었다. 그리고 역시 예상한 대로 그가 아빠에게 그 말을 하자 아빠는 행동을 바꿨다. 그 이전까지는 자신이 어떤 영향을 미치는지 몰랐던 것이다.

과거의 나도 이 내담자와 같았다. 다른 사람들에게 내 마음을 분명히 밝히지 않은 채 큰 정서적 혼란과 불행을 품었다. 겉으론 별문제가 없는 것처럼 보였지만 아니었다.

연민만으론 부족하다

내가 기억하는 한 오브라이언 선생님은 기분 나쁜 말이나 비타당화하는 말을 한 적이 없다. 어떻게 그럴 수 있었는지 나는 이해가 안 된다. 아직 레지던트인 풋내기 치료사로서 내 치료를 맡는다는 건 스트레스가 상당한 일이었을 텐데 말이다. 나는 선생님이 최선을 다했다는 걸 안다. 하지만 그런 노력도 내게 실질적 도움을 주기엔 부족했다. 아무도 나를 도울 수 없었다.

나는 사람들에게 내가 얼마나 비참한지 털어놓았고 사람들은 귀 기울여 들어줬다. 인정 많은 오브라이언 선생님도 그랬다. 프랑스 소설가 조르주 베르나노스는 이런 상황을 절묘하게 포착했다. "나도 타인을 연민하는 마음이 처음엔 안도감을 준다는 걸 안다. 연민을 얕보는 건 아니다. 하지만 연민으로는 고통을 완화해 줄 수 없다. 연민은 물이 체 사이로 새어 나가듯 영혼 사이로 새어 나가고 만다."[*]

달라이 라마도 이 점을 간결하게 표현한 바 있다. "연민을 갖는 것 만으론 부족하다. 행동을 해야 한다." 행동 없는 연민은 누군가에게 지옥인 작고 하얀 방에 들어가 그의 고통과 그를 지옥에서 벗어나게 해주고픈 열망을 느끼지만 그가 나갈 수 있는 문은 찾아주지 않는 것과 같다.

오브라이언 선생님은 내게 어떤 행동을 취해줘야 할지 몰랐다. 그건 아무도 몰랐다. 당시만 해도 심리학적 개입이 면밀한 연구를 통해 수집된 일단의 증거에 따라 수행돼야 한다는 개념은 존재하지도 않았다. 과학자들이 환자들을 연구해 증거를 모은 후 그 증거를 바탕으로 치료법을 개발하는 일이 중시되지도 않았다.

나는 다량의 항정신성 약물을 투여받았다. 내가 좀비 같았던 것도 어쩌면 당연하다! 약물 치료는 내 상태를 호전시키기보다 더 악화시켰을 가능성이 있다. 당시의 정신분석적 치료 역시 도움이 되지 않았고 오히려 내 상태를 더 악화시켜 놓았을 만하다.

---

[*]　Georges Bernanos, *Journal d'un cure de campagne* (1936). English translation, *The Diary of a Country Priest* (New York: Doubleday, 1954), chap. 8. 국내 번역본: 조르주 베르나노스, 《어느 시골 신부의 일기》

나는 퇴원 직후 플로리다주로 가 오브라이언 선생님 부부를 찾아 뵀다. 그로부터 한참 뒤 워싱턴대학의 종신 교수가 됐을 때는 선생 님에게 편지를 보내 이 소식을 전했다. 선생님이 기뻐해 줄 것 같아 서였다. 나중에 우리는 전화로 이야기도 나눴다. 선생님은 자신의 삶에서 겪은 여러 난관과 선생님이 그때 나를 얼마나 사랑했는지 말 해줬다(그리고 여전히 나를 사랑하는 게 느껴졌다). 그 뒤 얼마 지나지 않아 선생님은 세상을 떠났다. 선생님을 다시 찾아뵙지 않았던 일이 지금 까지도 두고두고 후회된다. 찾아뵀더라면 선생님이 예전에 내게 그 래줬듯 내가 당신에 대한 관심을 증명해 보여준 점을 선생님도 고마 워했을 것 같다.

오브라이언 선생님이 병원을 떠나면서 내가 새로운 의사에게 치 료를 받아야 했던 문제 외에 내 퇴원 시기에 영향을 미친 또 다른 실 질적 문제는 다소 어둡게 내다보이던 내 미래와 관련돼 있었다.

의무 기록에 의하면 나는 3개월간의 격리에 들어가면서 최후통첩 을 받았다. "행동이 개선되지 않으면 주립병원으로 전원됩니다." 확 실히 병원 직원들은 당장이라도 나를 포기하고 싶어 하는 듯한 눈 치였다. 자신들로선 생각할 수 있는 모든 시도를 다 해봤으니 그럴 만도 했다. 개중엔 나를 가망 없는 사례로 여기는 이들도 있었을 것 이다.

나는 주립병원에 들어가면 절대 나오지 못하리란 걸 알고 있었 다. 내 인생은 끝장이었다. 게다가 서번이 그의 치료사에게 듣고 알 려준 얘기로는 내가 가망 없다고 판단한 병원장이 부모님에게 나를 오클라호마 주립병원으로 보내라고 권했다고도 했다. 어머니가 전

인생이 지옥처럼 느껴질 때

화로 꼭 호전돼야 한다며 들려준 얘기도 마음에 걸렸다. 아버지가 이곳 병원비가 너무 많이 든다며 내가 나아지지 않으면 주립병원으로 보낼 생각이라고 했다. (어렴풋이 기억나는 바로는 아버지가 돌아가신 후 아버지 절친인 "제리 아저씨"가 병원비의 상당액을 내줬다는 사실을 알게 됐었다.) 사실이 뭐든 간에 나는 정말로 격리실에서 벗어났고 내 행동은 정말로 개선됐지만 병원 직원들이 믿었던 그런 이유 때문은 아니었다.

오브라이언 선생님이 적은 의무 기록에 따르면 "격리실에서의 3개월 중 어느 시점에 치료에 전환점이 찾아왔다"고 한다. 여기에는 격리—장기간의 격리—과정이 마침내 바라던 효과를 나타냈다는 암시가 담겨 있지만 내 생각은 다르다. 격리가 아닌 다른 뭔가의 효과 덕분이었다고 본다. 오브라이언 선생님은 치료 규정에 없는 행동을 해줬지만 그 행동은 마땅히 치료 지침에 있어야 했다. 내가 자살 고위험군 환자들을 치료하면서 많이 고민한 과정이기도 했다. 여기에는 내담자의 자살 행동에 보상책을 쓰는 게 아니라 자살 행동에 대한 혐오 반응을 보이는 것이 포함된다. 그렇게 하기 위해서는 굉장한 용기가 필요하지만 잘만 하면 매우 효과적일 수 있다.

뜻밖의 전환점

전환점이 일어난 과정은 이랬다. 오브라이언 선생님이 나를 보러 와서 자리에 앉으며 말했다. "우리 얘기 좀 하자." 박사님의 어조는 그동안 내가 익히 들어왔던 것과는 사뭇 달랐다. 어떤 면에서는 훨씬 엄격했다. "있잖니, 마샤, 이제 나는 네가 자살을 할 수도 있겠다는 사실을 받아들이기로 했다." 박사님은 말을 이어갔다. "그리고 네가 정말 자살을 한다면 너를 위해 딱 한 개의 미사를 봉헌할 것이고 너를 위해 딱 한 개의 묵주신공을 드릴 생각이다."

나는 어리둥절했다. "네? 제 장례식에 안 오시겠다는 건가요?"

"맞아. 나는 이제 출장을 다녀올 거야. 2주 정도 걸릴 예정인데 내가 돌아왔을 때 네가 살아 있길 바란다. 알았지?" 그러고서 선생님은 자리를 떠났다.

내가 자살을 하게 되리라는 강한 확신이 밀려들었다. 나는 완전히 정신 나간 상태가 됐다. "전 자살하게 될 거예요." 선생님이 떠난 후 나는 간호사들에게 울면서 말했다. "당신들이 절 막아줘야 해요. 당신들이 절 막아줘야 한다고요. 전 제가 자살을 감행하리라는 걸 알아요. 선생님이 돌아오셨을 때 전 죽어 있을 거예요. 전 죽고 싶지 않아요. 선생님이 돌아오시기 전에 죽고 싶지 않아요. 당신들이 절 막아줘야 해요." 나는 죽어서 하얀색 방의 고통에서 벗어나고 싶었지만 동시에 죽고 싶지 않기도 했다. 내가 걷잡을 수 없을 만큼 울음을 터뜨린 탓에 제지 조치까지 취해졌다.

오브라이언 선생님의 정서적 철회는 내게 큰 충격을 안겼다. 그때의 나는 아무도 내게 효과적인 도움을 주지 못하던 환경에 있었고 내가 할 수 있었던 유일한 일은 그들이 더 열심히 노력하게 하기 위해 애쓰는 것뿐이었다. 자살을 시도하거나 자살 생각에 강박적으로 매달리는 것은 사람들이 나를 더 도와주게끔 하는 효과가 있었다.

내가 의식적 전략으로 그런 건 아니었다. (반복적으로 자살 위험을 하는 사람들 대다수도 마찬가지라고 생각한다.) 하지만 지금은 이런 의문도 든

인생이 지옥처럼 느껴질 때

다. 사람들이 나를 도와주려고 더 많은 노력을 기울이게 된 것이 오히려 내 자살 행동을 더 부추겼을 가능성이 있지 않을까? (이것은 환자와 임상의가 교류하는 데 아주 중요한 통찰이라 내가 그래왔듯 수차례 반복해 언급할 필요가 있다.) 문제는 병원 직원들이 효과적으로 개입해 주지 않아 내 통제 불능 상태는 갈수록 나아지는 게 아니라 나빠지고 있었다는 것이다. 병원 직원들은 통제 불능 행동을 더 부추길 수도 있는 강화 사이클cycle of reinforcement을 인식하지 못했다.

이것을 잘못이라고 봐야 할까? 따져보면 그들의 노력 덕분에 내가 죽지 않고 살아 있었던 것은 분명하며 그들에겐 그것이 할 수 있는 노력의 전부였을지 모른다. 다만 유감스럽게도 약물, 격리, 냉찜질, 끊임없는 감시, 연민 어린 정신과 의사와의 상담보다 내게 더 필요했던 건 기술이었다. 나 자신의 감정과 행동을 조절할 기술, 내가 떠안고 살고 있는 고통을 견딜 기술, 내게 필요한 것을 효과적으로 요구해 얻어낼 그런 기술. DBT와 관련 기술이 개발된 이후 이제 나는 자살 충동을 느끼는 사람들에게 행동 기술을 전수해 주고 우선은 그들이 자신의 삶을 있는 그대로 수용한 다음 이어서 삶을 견디지 못할 만한 상태에서 견딜 만한 상태로 바꿀 수 있도록 도울 수 있게 됐다. 하지만 1962년과 1963년 당시 생명을 위한 병원 직원들은 얼마나 좋은 의도를 가졌든 나를 도와줄 수 있는 수단이 전혀 없었다.

오브라이언 선생님이 그날 입장을 분명히 했을 때 나는 내가 죽고 싶어 하지 않는다는 걸 비로소 깨달았다. 그것이 전환점이었다. 나는 자살이 지옥에서 벗어나겠다는 내 맹세와 어긋난다는 사실을 깨달았다. 더는 자살하고 싶은 마음이 들지 않게 할 방법을 찾아야 했고 마침내 그렇게 했다.

오브라이언 선생님에게

솔직히 선생님이 그리워질 거예요. 선생님이 저를 위해 애써준 모든 일들도요. 비교적 안전하고 안도감이 드는 이곳 생활도 그립겠죠. 하지만 어떤 일이 불가능하다는 걸 깨달았다면 그만 애쓰고 장애물을 피해 갈 다른 방법을 시도하는 편이 낫지 않을까요. 지금부터 제가 하려는 말이 선생님을 약 올리려고 일부러 만들어낸 말이라는 생각은 하지 말아주세요. 정말로 그럴 마음은 없으니까요. 저는 정말 모르겠어요. 지금처럼 감금돼 엄청난 돈을 쓰는 것이 대체 무슨 소용 있을까요? 아무 소용이 없어요.

저는 제가 결코 행복과는 가까워지지 못하리란 사실을 깨달았어요. 언제나 나 자신을 두려워하고 제가 남들에게 미치는 영향을 두려워하며 살게 될 거예요. 제 남은 평생의 삶은 무의미한 혼돈이 될지도 몰라요. 하지만 다시 생각해 보면 어쩌면 이것이 신의 뜻 아닐까요? 어쩌면 제가 천국에 이르는 길은 불행과 두려움 그리고 무의미한 혼돈을 거쳐 가는 길 아닐까요? 그렇다면 그 사실을 바꾸려 애쓸 게 아니라 받아들이는 법을 배워야 할지도 몰라요.

오브라이언 선생님, 제가 무슨 말을 하려는 건지 끝내 조금이나마 이해해 주시길 바랍니다.

마샤

병원에서 나를 포기하려 하고 있고 부모님이 나를 정말로 주립병원으로 보낼 수도 있다는 사실을 알게 됐을 때 나는 결심했다. 그들 모두가 틀렸다는 걸 기필코 증명해 보이겠다고. 부모님이든, 그 밖의 누구든 내 회복의 공로를 남들이 가져가게 놔두지 않겠다고. 그런 차원에서 고등학교 졸업 후 대학에 진학하지 못한 것을 만회하기 위해 야간학교도 다니기로 했다. 나는 이 병원을 내 힘으로 걸어 나가자는 결심도 했다.

모두가 틀렸다는 걸 증명하자는 의지는 내가 버텨나가는 힘이었다. 한참 시간이 지나 내가 시카고로욜라대학에 재학할 당시 교수님 한 분이 내게 들려준 말마따나 이런 유의 분노는 끝까지 포기하지 않는 데 아주 유용할 수도 있다.

내 나이 스무 살이던 1963년 5월 30일, 나는 2년하고도 한 달이 지나 마침내 생명을 위한 병원을 걸어 나왔다. 나는 공항으로 가서 시카고행 비행기에 올랐다. 그곳에서 오빠 얼을 만났고 오빠는 털사로 가는 비행기에 나와 동행해 줬다. 그날의 비행은 평생 잊지 못할 것이다. 나는 자꾸만 무서운 소리가 들려 괴로웠고 그런 나를 오빠 얼이 다 잘될 거라며 계속 안심시켜 줬다. 오빠는 새로운 문제들이 등장했을 때마다 끝까지 나를 보살펴 준 사람이었다.

3. 그들이 틀렸다는 걸 증명하겠어

4

비수인적 환경이라는
트라우마

A Traumatic Invalidating Environment

어떻게 나는 고등학교 졸업 앨범에 묘사된 활달하고 인기 있는 여학생에서 폐쇄 병동 환자가 됐을까? 또 다른 미스터리는 이것이다. 어떻게 나는 병원을 나선 뒤 곧바로 용기를 되찾고 스스로 잘 생활할 수 있었을까?

내가 생명을 위한 병원에서 강연을 하고 또 내 사연이 2011년 6월 〈뉴욕타임스〉에 게재된 뒤로 거의 모든 사람들이 내가 틀림없이 경계성 성격장애였을 거라고 추정했다. (경계성 성격장애를 가진 사람으로 소개된 적이 실제로도 몇 번 있다.) 그렇다면 질문은 이렇다. 그것이 사실일까? 나는 병원에 입원하기 전과 입원해 있는 동안 경계성 성격장애였을까? 지금은 어떨까?

내 가족, 특히 에일린은 병원에 입원하기 전의 나는 경계성 성격장애 진단 기준에 묘사된 것과는 거리가 먼 사람이었다는 입장이 확고하다. 에일린은 경계성 성격장애로 진단받은 환자 가족들을 지원하는 단체 '패밀리 커넥션스Family Connections'에서 봉사 활동을 해왔다. "그 가족들이 경계성 성격장애 환자의 행동에 관해 해준 얘기들도 많이 들었고 환자와의 관계가 어떤지도 들었어." 에일린은 그렇게 썼다. "내 입장에선 직접적으로 공감할 순 없는 얘기였어. 그런 식의 분노, 변덕스러운 행동 같은 걸 언니가 보인 적은 한 번도 없었거든. 병원에 들어가기 전의 언니는 절대 경계성 성격장애 환자가 아니었어. 내 느낌은 그래." 학창 시절부터 우정을 쌓아온 오랜 친구 다이앤 시그프리드 역시 그가 알던 나는 경계성 성격장애와는 완전히 거리가 먼 여학생이었다고 회상한다.

내가 생명을 위한 병원에 입원하기 전에도 두통과 심각한 우울증을 겪었고 경계성 성격장애 환자들이 흔히 그렇듯 나 자신에 대한 타인의 비타당화와 거절을 예민하게 받아들인 건 사실이다. 입원 생활이 시작된 뒤 내 행동은 점점 더 경계성 성격장애 진단 기준에 부합해 갔다. 충동적이었고 자살 생각이 있었으며 의도적으로 자해를 했다. 널을 뛰는 감정 기복과 늘 느끼는 "공허감", 자해하고 나를 쫓는 존재가 내가 아닌 것 같은 소위 "극심한 해리 증상"도 있었다.

한 사람을 경계성 성격장애로 진단하기 위해 필요한 기준은 다섯 가지 이상의 증상이며 나는 그중 다섯 가지 기준을 충족했다. 그렇다면 나는 어떻게 그 모든 증상을 지닌 사람이 됐을까? 그것이 수수께끼다.

4. 비수인적 환경이라는 트라우마

성 아가타의 영감

내 오빠 얼은 어린 시절의 나에 관해 이렇게 말한다. "마샤는 활달하고 유쾌한 아이였다. 나랑 쉬지도 않고 카드놀이를 했다. 장난기도 많고 웃음도 많았다." 그런 한편 이 활달한 소녀에게는 (다른 지인들의 말을 빌리면) 무척 심각하고 진지한 일면도 있었다. 지적이고 종교적인 성향, 출중한 피아노 실력, 영민한 학자의 면모를 지니고 있었다. 솔직히 말하면 일종의 지적 반항아, 남들과는 다른 식으로 생각하고 언제나 통념에 질문을 던지는 아이가 나였다. 나는 또 독서광이기도 했다. 도서관에 혼자 앉아 몇 시간을 책에 빠져 보내기도 했다. 하지만 내가 자란 환경은 보수적인 가톨릭교도 가족들과 수녀 선생님들로 이뤄져 있었기에 내 호기심 많은 성향이 항상 기꺼이 받아들여지지는 않았다.

하지만 나라는 아이의 진정한 본성은 강렬한 영성에 있었다. 내가 생생히 기억하는 어린 시절의 기억 하나는 4학년 때 가톨릭교 성인과 순교자의 삶에 관한 책을 읽었던 일이다. 그들은 하느님에 대한 자신의 믿음을 부정하느니 차라리 고통스러운 고문과 죽음을 택했다. 성 이삭 조그는 예수에 대한 믿음을 부인하지 않은 죄로 손톱이 다 뽑히는 고문을 당하고 나중에는 결국 죽임을 당한다. 로마의 성 아그네스는 열두 살의 나이에 화형 선고를 받지만 끝내 목재에 불이 붙지 않자 칼로 죽임을 당했다. 성 클레멘트 1세는 트라야누스 황제의 명으로 선박의 닻에 표박된 채 바다로 던져진다.

이 책을 나는 진심으로 사랑했다.

그러나 내가 가장 좋아한 순교자 이야기는 시칠리아의 성 아가타의 일생이었다. 그는 어린 나이에 일찍이 자신의 삶과 몸을 하느님께 바치기로 결심한다. 로마 집정관 퀸티아누스는 아가타에게 사랑을 고백했다가 퇴짜를 맞자 그를 한 달 동안 사창가에 감금하고 그 경험이 아가타의 마음을 바꿔놓길 기대한다. 하지만 그의 뜻대로는 되지 않았고 아가타는 그를 다시 거절했다. 그러자 이번에는 아가타를 감옥에 가두고 무수히 끔찍한 고문을 가하는데 그중 가장 야만적이었던 고문은 그의 유방을 자르는 것이었다. (성 아가타를 그린 그림들은 대개 그가 자신의 잘린 가슴이 담긴 접시를 손에 들고 있는 모습을 묘사하고 있다.) 이 모든 무시무시한 사건을 겪어야 했던 아가타의 나이는 고작 스무 살이었는데 그럼에도 그는 굴함 없이 하느님에 대한 자신의 완전하고 확고한 헌신을 지켰다.

나는 견진성사 때 성 아가타라는 이름을 새 세례명으로 골랐다. 덕분에 왜 하필 그 이름을 선택했는지 묻는 질문들을 피할 궁리를 해야 했다. 그 결정은 내게 아주 비밀스럽고 사적인 일이었기 때문이었다. 오빠들은 기어코 비밀을 밝혀내고 말겠다며 애를 썼지만 나는 끝까지 입을 열지 않았다.

성인들의 이야기, 특히 내가 읽고 또 읽었던 《한 영혼의 이야기 Story of a Soul》라는 회고록을 쓴 리지외의 성 테레사 이야기는 나도 그들처럼 되고 싶다는 마음을 불러일으켰다. 나는 내가 옳다고 생각하는 것을 지지하고 그것을 위해 싸울 것이며 내가 옳지 않다고 여기는 일이나 신의 뜻에 반하는 일은 절대 하지 않기로 결심했다. 나는 진심으로 성인이 되고 싶었지만 수년 뒤 한 친구에게 이 소망을 고백하자 그는 그저 이렇게 대꾸할 뿐이었다. "마샤, 넌 성녀가 아냐."

4. 비수인적 환경이라는 트라우마

슬프지만 친구의 말이 옳았다. 나는 성인의 여정에서 무수히 엇나갔지만 그 열망의 강도만은 오랜 세월 꺼지지 않았다. 비록 성인은 되지 못했지만 유년기에 이미 나는 하느님에 대한 믿음을 부인하거나 하느님께 한 약속을 어기느니 차라리 손톱이 뽑히고 화형을 당하고 바다에 던져지거나 가슴이 잘릴 준비가 돼 있었다.

이것이 하느님에 대한 내 연모의 시작이었고 이 사랑은 그 뒤로도 오랫동안 내 삶을 채우고 넘쳐흘렀다. 하느님에 대한 사랑은 내 영성의 기틀이 돼줬다.

그러나 어린 시절 나는 웬만해서는 이 연모의 마음을 다른 사람에게 들키지 않으려 노력했다. 한번은 하느님을 위한 일종의 고행으로 앞으로는 베개 없이 자겠다는 결심을 하기도 했다. (어떻게 그런 생각을 하게 됐는지는 알 수 없지만 아마도 그 모든 성인 이야기들을 독파한 영향이었을 것이다.) 성당과 나의 관계는 일생 동안 그리 순탄치 않았지만 어쨌든 나는 고등학교와 대학교 시절 그리고 그 뒤에도 수년에 걸쳐 거의 매일같이 가톨릭 미사에 참석했다.

하느님을 연모한다니 참 어울리지 않는 표현일지도 모른다. 나 역시 오랫동안 이것이 범상치 않은 일임을 자각하고 있었다. 그러다 브루노 보르체르트Bruno Borchert가 쓴 《초월적 세계를 향한 관념의 역사》을 읽고 생각이 바뀌었다. 그는 어느 종교에서든 찾아볼 수 있는 신비체험은 어쩌면 사랑에 빠진 상태로 이해할 수도 있다고 썼다. 그 구절 덕분에 나는 내가 이상하거나 정신 나간 게 아닐까 하는 걱정에서 벗어날 수 있었다. 내가 겪은 그대로를 정확히 설명해 준 비유였다. 나도 모르게 "할렐루야!"라고 소리쳤을 정도의 해방감이었다.

인생이 지옥처럼 느껴질 때

심각했지만 그렇게 심각하진 않았던
10대의 반항들

사촌 낸시는 나와 생일이 두 달밖에 차이 나지 않고 나처럼 영성이 깊었다. 우리 가족은 서로의 집에 자주 모였다. 낸시 가족이 우리가 이사하기 전까지 살던 버밍엄 플레이스 집에서 두어 블록밖에 떨어져 있지 않은 가까운 곳에 산 덕분이었다. 하지만 내가 열 살이 되던 해 우리 집은 26번가의 좀 더 큰 집으로 이사했고 우리가 같은 중학교에 입학하기 전까지는 전처럼 자주 만날 수 없었다. 그 시절에 관해 낸시는 많은 이야기를 들려줬는데 그중 어떤 것들은 오래 잊고 있던 감정을 떠오르게 한다. 우리 우정에 관해 나는 기억하고 있는 게 없으므로 이 책에서 내가 하는 그때의 이야기는 모두 낸시의 관점에서 작성된 것이다.

우리는 하이킹을 하거나 테니스를 치는 것처럼 평범한 활동을 즐기기도 했지만 말썽도 많이 부렸던 것 같다. 낸시는 이렇게 설명한다. "열다섯 살 때, 그러니까 운전면허가 나오기 전 여름에 우리는 가끔 밤중에 차를 몰고 드라이브인 극장에 다녀오는 계획을 세웠다. 마샤는 일부러 자기 방이 아닌 아래층 서재에서 눈을 붙였고 그러는 동안 나는 우리 집 차고에서 차를 빼서 마샤 집으로 운전해 갔다. 내가 조용히 들어가서 마샤를 깨울 수 있도록 마샤는 미리 문을 열어놓고 있었다. 나는 길가에 차를 세운 뒤 마샤를 깨우러 들어갔다. 24시간 운영하는 드라이브인 극장은 8킬로미터쯤 떨어져 있었다. 우리는 거기에 차를 대고 콜라를 마셨다. 새벽 1시의 일이었다. 우린 한 번도 걸리지 않았다."

4. 비수인적 환경이라는 트라우마

낸시와 나는 피아노 앞에 나란히 앉아 듀엣으로 연주했다. 피아노 앞에서는 순식간에 몇 시간이 훅훅 지나가 버렸다. 학교에서 우리는 소프라노, 메조소프라노, 알토가 각각 세 명씩 모인 일명 '트리플 트리오Triple Trios'라는 중창단에서 활동했다. 나는 중창단 리더였고 내 좋은 친구 마지 필스티커에 따르면 나는 "참으로 아름답게 노래 불렀다"고 한다.

부모님

회고록을 쓰는 동안 나는 일부러 가족 사진첩을 많이 들여다봤다. 혹시나 잊고 있던 기억이 되살아나지 않을까 하는 기대에서였다. 나는 정말로 놀라운 사실 하나를 발견했는데 많은 사진에서 내가 아빠와 찰싹 붙어 있었다는 점이다. 내가 아빠 무릎에 앉아 있거나 아빠가 팔로 내 어깨를 감싸 안고 있는 식이었다. 나는 주말마다 아빠의 일터에 들러 아빠가 일하는 동안 전화교환원의 업무를 도와줬다. 내가 입원하기 전까지 아빠와 나는 가까운 관계를 유지했던 것 같다. 내 이름 마샤 역시 아빠 이름 마스턴에서 따온 것이기도 하다. 어쩌면 아버지가 내 편을 들어주지 못하고 지지해 주지 못한 사실이 내가 그동안 생각해 온 것보다 훨씬 묵직한 일격이었을지도 모르겠다. 아빠는 언제나 가족 누구든 엄마를 힘들게 해서는 안 된다는 입장이었다. 그 까닭에 엄마를 화나게 하기 십상이던 나와 남동생 존은 꾸중 들을 일이 많을 수밖에 없었다.

아빠는 당시의 전형적이고 보수적인 남부 신사였다. 정신질환에 대한 이해는 전혀 없었다. 심지어 오늘날에도 많이들 그렇게 생각하듯 아빠도 내가 조금만 더 마음잡고 노력하면 "이겨낼" 수 있으리라 생각했을 것이다. 오클라호마주 털사에 살았던 대부분의 사람들이 그랬듯이 아빠와 엄마 모두 젊은 여자는 외모를 맵시 있게 꾸미고 마침내 좋은 남자를 만나 결혼하고 남편이 중요한 업무를 보며 돈을 버는 동안 좋은 (다시 말해 순종적인) 아내이자 엄마가 돼야 한다고 믿고 있었다. 부모님은 남자아이들이 여자아이들보다 우월한 존재로 대우받아야 한다고 생각했다. (엄마가 남자아이들이 정말 더 우월하다고 생각했는지는 모르겠지만 최소한 당신은 그렇게 행동했다.) 남자아이들은 자기 의견을 표출할 수 있었다. 하지만 여자아이들은 말을 잘 듣고 상냥해야 했다.

엄마는 당신 자신을 남들보다 "우월"하다고 생각하지 않았고 가난하고 불우한 사람들을 위한 봉사 활동을 많이 했다. 내 머릿속의 엄마는 필요하다면 밍크코트 차림으로도 누군가의 화장실을 청소할 수 있는 사람이었다. 자라면서 나는 많은 면에서 부모님을 존경해왔고 그 마음은 지금도 변함이 없다. 아빠는 청렴하고 신의 깊은 분으로 알려져 있었다. 친구도 많았다. 아빠는 언제나 친구들과 직원들을 진심으로 대했다. 부모님은 털사 지역사회의 기둥이었다. 엄마가 학교를 방문하는 날이면 엄마를 모두에 자랑할 기회가 생기는 게 기쁘기 그지없었다. 나는 엄마가 자랑스러웠다. 특히 주위를 밝히는 미모의 엄마를, 형편이 어려운 사람에게는 동정을 보이고 매일 아침 가톨릭 미사에 참석하는 엄마를 지극히 흠모했다. 이따금 나는 아침 미사에 엄마를 따라가기도 했다. 안개가 자욱한 이른 아침, 어둠을

4. 비수인적 환경이라는 트라우마

뚫고 엄마는 차를 몰았다. 여섯 명이나 되는 아이를 먹이고 길러야 했던 불쌍한 우리 엄마. 아침 미사는 당신이 비로소 홀로 있을 수 있는 유일한 시간이었을 텐데.

나는 엄마처럼 되고 싶었지만 이미 많은 면에서 엄마와 달랐다. 그러다 엄마가 세상을 떠난 뒤 수년이 지나서야 내가 어떤 면에서는 엄마와 흡사했다는 사실을 비로소 깨달았다. 나는 아름다운 것을 사랑하고 꽃을 좋아하며 정원을 가꾸고 매일 아침 미사에 참석하며 엄마와 유머 감각도 비슷하다. 집에서 파티를 열 때면 늘 망설이지 않고 춤을 춘다. 바로 엄마가 그랬던 것처럼 말이다.

닿을 수 없던 완벽한 기준

엄마는 전형적인 남부 여성이었고 그래서 딸들이 어떤 외모에 어떤 몸가짐을 해야 하는지에 대한 기준이 확고했다. 유감스럽게도 나는 그 기준 중 어느 하나 만족시키질 못했다. 아니, 어쩌면 내가 오빠들을 위해 점심을 만들고 일요일에 미사를 다녀온 뒤 가족이 먹을 아침 식사를 잘 차렸다는 것 하나는 합격점이었을지도 모르겠다. 남부 여자아이들은 요리를 하고 점심 도시락을 만들고 집안일을 도왔다. 오빠들은 여름이면 유전油田에 나가 일했지만 여자아이들은 일자리를 구할 수 없었다.

엄마와 아빠 모두 대외적 이미지를 중시하는 분들이었다. 가령 교회에 가려면 정장을 해야 한다는 식이었다. 오빠 얼은 이 지점이 부각되는 자기 아이에 관한 일화를 들려줬다.

내 아들 브렌던이 열 살 때 할아버지 할머니 댁을 방문한 적이 있어. 그런데 그 애가 이렇게 말하더군. "털사에 갈 때 할아버지 할머니에 대한 사랑이 가득 담긴 양동이를 가져갔거든요. 두 분이 내 재킷이 맘에 안 든다고 새 옷을 사야겠다고 말씀하시면 그 양동이에 머리를 박고 도리질하면서 '알았어요. 사랑해요, 할머니. 사랑해요, 할아버지. 새 재킷을 사면 모든 게 다 해결될 거예요' 하고 혼잣말을 했어요." 브렌던이 두 분 기준에 사회적으로 어울리지 않은 어떤 아이와 놀고 있었더니 두 분을 바로 그러지 못하게 했지. 브렌던은 자기 자신에게 말하더라고. "괜찮아. 나는 지금 양동이에 머리를 박고 도리질하고 있어. 알았어요, 할머니, 알았어요, 할아버지."

이후로도 브렌던은 계속 그런 일을 겪어야 했어. "털사에 머문 마지막 날에 저는 친구랑 같이 스키를 타러 가고 싶었거든요. 그런데 할아버지는 그러는 대신 제가 입을 새 재킷을 사러 가야겠다고 생각하셨어요. 아빠, 저는 양동이에 머리를 넣어봤어요. 그렇지만 이미 사랑이 바닥난 뒤였어요." 브렌던은 내가 한 번도 경험해 보지 못한 방식으로 상황을 이해하더라고. 우리 부모님은 브렌던이 마련한 사랑을 한 방울도 남김없이 빨아들이신 셈이지. 손자가 무엇을 원하는지는 듣지 않고 대신 손자가 어떻게 보여야 하는지에만 강박적으로 매달리면서 말이야. 그러면서 당신들이 그러고 있다는 사실을 인식조차 하지 못했지.

슬프게도 이 이야기는 우리가 어떤 가정환경에서 성장했는지를 확연히 그려 보여준다. 여섯 아이 중 누군가는 어떤 면에서든 부모님의 기준을 만족시키지 못해 낭패를 겪고 있기 마련이었다. 얼 오

4. 비수인적 환경이라는 트라우마

빠는 두 분을 "칭찬할 줄 모르고 한 번도 칭찬하지 않았던, 아주 비판적이고 단정적이던 분"이라 묘사한다.

긴장감이 감도는 집

우리 집에는 자주 긴장이 흘렀다. 엄마의 완벽한 딸이었던 에일린조차 그 압력을 느낄 정도였다. "나는 엄친딸이었지. 하지만 혹시나 문제에 휘말리진 않을까 겁에 질려 있었고 엄마의 인정을 받지 못하면 어쩌나 하는 두려움을 안고 살아야 했어." 결국 누군가 우는 사람이 생기기도 했는데 대개 그건 엄마였고 무엇보다 기념일이나 명절, 그중에서도 특히 크리스마스에 아빠가 엄마 마음에 들지 않는 선물을 건네면 그랬다.

우리 가족은 매일 저녁 한 테이블에 앉아 식사했다. 내 형제들은 모두 우리 사이엔 "오늘 하루는 어땠니?"라고 묻는 식의, 서로에게 진심 어린 관심을 기울이는 순간 같은 건 없었다고 기억한다. 매일 저녁 시간마다 우리는 그저 타인에게서 들은 가족 구성원 누군가에 관한 호평을 보고하는 게 전부였다. 이를테면 이런 식이었다. "내 칭찬 들은 게 있으면 말해줘, 그럼 나도 칭찬 들은 거 알려줄게."

엄마는 우리 모두가 행복하기를 진심으로 바랐을 거라고 믿어 의심치 않는다. 문제는 엄마의 표현 방식이었다. 엄마는 루이지애나주의 플랜테이션 농장에서 성장했다. 대공황 중에 부친이 (이웃의 사기 사건에 휘말려) 전 재산을 날린 뒤 엄마는 교사가 돼 가족을 부양하기 위해 대학에 들어갔다. 엄마가 대학에 다니는 동안 부모님이 모

인생이 지옥처럼 느껴질 때

두 세상을 떠났다. 엄마는 교사가 돼 어린 형제들이 마침내 자립할 수 있을 때까지 가족을 부양했다. 그런 뒤에야 댈러스에 사시던 "할머니" 에일린 고모 집으로 거처를 옮겼다.

에일린 고모는 세련되고 지적인 여성으로 남편이 석유업계에서 일하고 있었다. 그의 집으로 이사할 때까지 엄마는 매력적인 인상을 주려면 어떻게 옷을 갖춰 입어야 하는지, 사교 행사에서는 어떤 달변을 보여야 하는지 등등 자신을 잘 드러내는 방법을 전혀 배운 적이 없었다. 에일린 고모 집에 도착한 엄마는 과체중에 독신이었다. 나이는 스물두 살이었는데 당시는 여자가 스물두 살이면 벌써 결혼을 하고도 남았어야 한다고 믿던 시절이었다.

에일린 고모는 엄마가 체중을 감량하고 옷 잘 입는 법을 배우고 세련된 사교 기술을 익히고 좀 더 예쁘장하게 보이면 틀림없이 남편감을 찾을 수 있을 거라 확신했다. 그리하여 에일린 고모의 주도로 엄마는 대변신 프로젝트에 돌입했고 엄마는 고모의 그런 도움에 감사했다고 한다. 대변신 다음 단계는 변신한 엄마를 털사에 사는 다른 고모님 집으로 보내 남편감을 찾게 하는 것이었다. 엄마는 거기서 석유사업에 종사하는 당당한 체구의 신사였던 아빠를 만났다. 아빠 역시 가톨릭교도기도 했고 엄마 가족의 눈에도 특별히 거슬릴 만한 것이 없었다. 모든 계획이 제대로 진행된 것이다.

이 모든 일을 생각하면 엄마가 나를 개선하기 위해 에일린 할머니가 했던 식으로 나를 바꿔놓으려고 한 것이 이해된다. 엄마가 거의 매일같이 할머니와 통화했다는 사실을 감안하면 어쩌면 할머니가 엄마에게 모든 과정에 하나하나 조언을 해주셨을지 모른다는 의

심도 든다. 엄마는 나를 당신이 생각하는 성공한 사람의 상에 맞춰 바꿔보려고 애썼다. 문제는 엄마와 달리 나는 그런 식으로 입맛대로의 변신을 이뤄낼 수 없는 아이였다는 것이었다.

엄마와 나 사이의 갈등은 시간이 갈수록 악화되기만 했다. 나는 조물주의 손에 다시 빚어질 만한 성향의 아이가 아니었다. 설령 내가 간절히 원했더라도 사교계의 꽃 같은 건 되지 못했을 것이다. 그러나 엄마는 요지부동했고 옷을 예쁘게 좀 입어라, 머리는 좀 더 우아하게 할 수 없겠니, 체중을 줄이자, 아무 때나 내킨다고 떠드는 건 숙녀의 매너가 아니란다 하는 식으로 쉴 새 없이 나를 괴롭혔다. 애석하게도 엄마의 끝없는 충고는 결코 사랑의 표식이 아닌 강요와 비타당화로만 느껴졌다.

에일린의 표현대로 엄마의 사랑을 얻으려면 어떤 특정한 금형金型에 자신을 욱여넣을 수 있어야 했는데 나는 그러질 못했다. 엄마의 눈빛에서, 목소리 톤에서 엄마가 나를 못마땅해하고 있다는 걸 매 순간 느낄 수 있었다. 그런 마음을 엄마가 굳이 숨기려고도 하지 않았던 탓이다. 에일린은 당시의 내겐 엄마에게 진정으로 인정받을 수 있을 만한 면모가 전혀 없었다고 말한다. 내가 어떤 노력을 기울이든 이튿날이면 엄마는 또 다른 내 모습에 눈살을 찌푸릴 터였다.

파티에서 막 돌아온 엄마가 거기서 본 내 또래 여자아이에 관해, 그 애가 얼마나 우아한 자세와 몸가짐을 보였는지, 또 얼마나 예쁘던지 등등을 입 아프도록 극찬한 적이 얼마나 많았는지 모른다. 그건 마치 그 완벽한 아이가 갖춘 면모들을 우리는 전혀 갖추지 못했다고 진심으로 지적하는 것처럼 들렸다. 당연히도 나는 '나는 뭔가

인생이 지옥처럼 느껴질 때

가 잘못된 불량품인가 봐' 하고 생각하게 됐다. 엄마는 당신이 내게 미치는 부정적 영향과 나를 바꿔놓으려는 당신의 부단한 노력이 일으키는 반대 효과를 까맣게 몰랐다.

나는 이 상황을 엄마가 내가 튤립인 걸 알아보고 필사적으로 장미로 바꾸려 했다고 비유한다. 엄마는 내가 장미가 되면 훨씬 행복해질 거라고 생각했다. 하지만 나는 그때도 지금도 장미로 변하기 위해 필요한 요건들을 갖추지 못했다. 이 튤립 대 장미 이야기는 내가 DBT 상담에서 내담자에게 말하는 방식의 일부로 자리매김했다.

당신이 튤립이라면 장미가 되려 애쓰지 마요. 대신 튤립 정원을 찾아 가세요.

내 모든 내담자들이 튤립이면서 장미가 되려는 절박한 노력을 기울인다. 그러나 효과가 있을 리 만무하다. 그들은 스스로를 막다른 골목으로 밀어붙인다. 개중에는 물론 스스로 튤립 정원을 가꿀 능력이 미숙한 사람도 존재한다. 하지만 누구나 정원 가꾸는 법을 배울 수 있다.

비수인적 환경

끊임없는 비판, 자신이 아닌 다른 누군가가 돼야 한다는 끝없는 강요는 내가 DBT를 만들며 구상한 한 개념의 예시기도 하다. 그 개념이란 바로 '비수인적 환경invalidating environment'으로 극단적으로는 트라우마를 야기하기도 한다.

트라우마적인 비타당화는 어머니가 성추행을 당했다는 딸의 고백이 진실임을 믿지 않는다든가, 법정에서 증인이 어떤 사람이 저지르지 않은 범죄를 그의 소행이라 주장하는 것처럼 단일 사건의 형태를 띨 수도 있다. 또 누군가가 당신이 화가 나거나 질투심을 느끼거나 공포를 느끼거나 거짓말하고 있다고 우기거나 당신은 갖고 있지도 않은 내적 동기나 의도를 의심받을 때처럼 미묘한 상황이 축적되면서 비수인적 환경을 형성하기도 한다. 이런 행동들 때문에 당사자가 스스로를 아웃사이더처럼 느낀다면 트라우마를 경험할 가능성이 높다.

극단적인 경우 트라우마와 같은 비타당화는 피해자로 하여금 맹독성 환경에서 도피하기 위해 자살을 생각하게 하거나 실제로 자해 행동을 촉발할 수도 있다. 손목을 긋는 행위처럼 스스로에게 자상을 입히는 행동은 인체가 생성하는 아편 물질이 혈중에 방출되도록 자극해 극심한 정서적 고통과 괴로움을 일순간 완화해 주기도 한다. 언젠가 살 만한 가치가 있는 인생을 살 수 있으리라는 희망은 점점 아득해지고 발길을 옮길 다른 길이라곤 남아 있지 않은 듯할 때 자살 생각이 고개를 내밀기 시작한다. 차라리 죽음을 택하는 게 낫지 않을까 하는 생각은 곧 죽음이 그 모든 고통을 끝장내 주리라는 믿음으로 마음을 가득 채워버린다. 이 믿음이 안겨주는 해방감은 엄청나서 자살이 유일한 해결책이 된다. (물론 나는 내담자들에게 자살이 정말 고통에 결말을 가져다줄는지 확신할 수 있는 근거는 어디에도 없다고 말한다.)

인생이 지옥처럼 느껴질 때

보이지 않았던 사랑

나는 인생 후반에 이르러서야 아빠 역시 우리처럼 엄마의 인정을 갈구했다는 사실을 깨달았다. 아빠가 엄마의 인정을 받는 경우는 드물었다. 내가 그랬듯 많은 면에서 아빠는 엄마가 기대한 종류의 남자가 못 됐기 때문이다.

청소년기에 나는 우리 집에서 살 자격이 없는 듯한 부적절감을 느꼈다. 오빠들은 모두 대학생이 돼 타지에 살고 있었다. 에일린은 눈치껏 엄마에게서 자신을 방어하고 내게서도 일정한 거리를 유지했다. 남동생들은 너무 어려서 무슨 일이 일어나고 있는지 느끼지 못했다. 에일린은 최근 내게 이런 말을 했다. "언니는 정말 외톨이였어. 아무도 없었지, 심지어 유일한 여자 형제인 힘들 때 기댈 어깨가 돼주질 못했어. 언니는 여덟 명이나 되는 가족 속에서 혼자였던 거야." 내가 만약 도움을 구했다면 오빠들은 분명 나를 도와줬을 것이다. 하지만 당시에는 우리 중 그 누구도 뭔가가 잘못됐다는 것을 몰랐다.

내 가족, 부모님과 형제자매들 모두 실제로 나를 사랑했으리라는 사실은 믿어 의심치 않는다. 다만 누구도 그 마음을 제대로 표현할 줄 몰랐다. 엎친 데 덮친 격으로 내가 느끼는 감정, 내 안의 고통을 내가 능란히 감출 줄 알았던 탓에 가족들은 내가 얼마나 그들의 인정을 갈구했는지 알 도리가 없었다. 얼마 전 동생 존은 내 고등학생 시절 사진 하나를 파일로 첨부해 가족들에게 이메일로 보내며 이렇게 썼다. "세상에서 가장 아름다운 여성입니다." 나는 그에게 소리를 지르고 싶었다. "왜 이런 얘길 그 오랜 세월 동안 한 번도 해주지 않았어?" 물론 어쩌면 그는 얘길 했는데 내가 제대로 듣질 않았던 걸지도 모른다.

같은 맥락에서 엄마가 세상을 떠나기 전 내게 마지막으로 건넨 말도 여기 덧붙여야 한다. 엄마는 이렇게 속삭였다. "꼭 알았으면 좋겠어. 내가 너를 에일린만큼 사랑했다는 걸."

남다른 사고방식

내 친구 다이앤은 몬테카시노학교에서 나보다 한 학년 위였다. 다이앤은 최근 내게 당시 나를 알던 다른 사람들과 똑같은 뉘앙스의 말을 했다. 내 사고방식이 남달랐다는 건데 이 성향은 훗날 내 창의적 연구 활동의 기틀이 됐을 것이다. "항상 내가 너희 집에 놀러 갔지, 마샤. 너랑 같이 있고 싶어서." 다이앤은 말했다. "넌 다른 사람들하곤 달랐거든. 무엇이든 넌 흥미로운 새로운 방식으로 생각하는 사람이었어."

사실이었다. 나는 다른 어떤 사람들과도 생각하는 방식이 달랐고 지금도 그렇다. 많은 친구들이 내 기발한 사고방식 때문에 나를 좋아한다고 말한다. 그런 한편 나는 나 자신의 사고방식이 일반적이고 상식적이라 보기도 해서 가끔은 손해를 무릅쓰면서까지 내 관점을 관철하려 노력하기도 한다. 애초에 나는 매우 보수적인 지역 출신의 진보주의자였다. 내 주위에는 온통 부유한 사람들뿐이었고 몬테카시노학교 아이들도 부잣집 출신이 많았다.

부유함이 야기하는 불행을 익히 봐온 탓에 나는 내심 부유함을

인생이 지옥처럼 느껴질 때

경멸하고 있었다. 열한 살, 열두 살쯤 됐을 때 나는 부모님이 도시 밖으로 외출하는 날이면 가난한 사람들을 집으로 초대해 엄마가 가장 아끼는 은식기로 식탁을 차리고 저녁을 대접했다. 그때마다 우리 집 하녀였던 룰루가 나를 거들어줬다. 과연 어떻게 그 모든 사람들을 찾아 초대할 수 있었는지 지금 생각하면 까마득할 뿐 정말이지 모를 일이다. 내 기억력이란!

고등학교 졸업반이 되면서부터 나는 학교생활에 적응하는 데 어려움을 겪기 시작했다. 대체 무슨 일이 있었던 걸까? 내 추측은 이렇다. 나는 수녀 선생님들과 잘 맞지 않았을 것이다. 영어와 종교학을 가르쳤던 폴린 수녀님처럼 가깝게 지내던 수녀님들도 있긴 했다. 폴린 수녀님은 내 특유의 비정통적 사고방식과 질문 습관을 독려해 줬다. 나는 그분을 흠모했다. 하지만 대부분의 경우 수녀님들은 당신들의 가르침을 의심의 여지없는 진리로 받아들이지 않는 나를 마뜩잖아했다. 그들은 권위에 도전하는 나를 눈엣가시로 여겼다. 이 성향은 언제나 나를 문제에 휘말리게 했다.

에일린의 말이 정확하다. "마샤, 언니의 가장 큰 문제는 언니가 어디에도 어울리지 못한다는 거야!"

무리 속에 어울리지 못하고 사물을 다른 식으로 보고 범상치 않은 방식으로 생각한다는 것, 이것은 결국 내 인생의 반복적인 패턴이 됐다. 행동주의자였던 나는 대학원을 졸업하자마자 취직한 버펄로 응급센터에서도 하나부터 열까지 어긋났다. 처음 교수직을 제안받은 워싱턴 D.C.의 아메리카가톨릭대학에서도 잘 어울리지 못했다. 지금 있는 시애틀의 워싱턴대학으로 자리를 옮겨 임상 훈련을

4. 비수인적 환경이라는 트라우마

시작했을 때도 잘 어울리지 못했다. 그동안 쌓은 내 적응 전략은 이랬다. 언제든 나 자신의 가치와 믿음에 충실하되 가능한 한 문제를 일으키지 않도록 조심하자. 그러나 불행히도 타고난 입방정 때문에 내가 내뱉은 말이 미칠 영향을 예상치 못하는 경우가 심심치 않았다. 바로 어머니처럼!

한 줄기 빛, 줄리아 고모

그랬던 나와 완벽한 한 쌍이 될 수 있었던 친척이 있었으니 바로 줄리아 고모였다. 고모는 마침 우리 집에서 그리 멀지 않은 곳에 살았다. 무조건적으로 나를 사랑해 주고 인정해 준 유일한 사람이 고모였다.

고모 집은 안전하고 포근한 피난처였다. 고모는 내게 타자기 치는 법을 가르쳐줬고 나는 고모 집에서 몇 시간씩이나 타자 연습을 했다. (타자 능력은 나중에 정말 큰 도움이 됐다!) 고모는 내게 요리하는 법도 가르쳐줬는데 정확히 말하면 내게 요리할 기회를 줬다고 해야겠다. 고모부와 사촌 형제들은 내 요리를 환상적이라고 평해줬다. 줄리아 고모는 나를 그가 늘 갖길 원했던 딸처럼 사랑해 줬다. 나중에 알게 된 사실이지만 고모와 제리 고모부는 우리 부모님, 특히 우리 엄마에게 나를 그렇게 쉬지 않고 비난하지만은 말라고 설득하려 한 적이 있다고 한다. 줄리아 고모는 타당화validation의 목소리, "우린 지금 있는 그대로의 네 모습을 사랑한단다. 인정받기 위해 일부러 다른 사람이 될 필요는 없어"라고 말해주는 목소리였다.

어째서 이 같은 사랑과 인정이 나를 구하지 못했을까? 줄리아 고모는 나처럼 과체중에 수다스러웠고 아빠 눈에는 흠 많은 누이일 수밖에 없었다. 아마도 그래서 고모는 더더욱 내게 동질감을 느꼈을지도 모른다. 그의 남편 제리 고모부는 이렇다 할 사회적 지위가 없는 인물이었다. 아빠는 그 두 사람을 낮잡아 봤다. 줄리아 고모는 내게 이렇게 말했다. "네가 집에서 무슨 일을 겪고 있는지 네 엄마 아빠를 이해시키려 노력했다만 소용이 없구나." 한마디로 줄리아 고모의 의견은 부모님께 들을 가치도 없는 것일 뿐이었다.

이렇게나 줄리아 고모와 가까웠는데도 고모조차 내 안에서 무슨일이 벌어지고 있는지 완전히 파악하진 못했다. 나는 차마 고모에게 말할 수 없었고 에일린에게도, 사촌 낸시에게도, 내 친구 다이앤에게도 그럴 수 없었다. 아무도 내 안을 꿰뚫어 보진 못했다. 진짜 내 모습을 볼 수 있었던 사람은 아무도 없었다. 심지어 나 자신조차도 그 상황을 제대로 형언할 수 없었다. 단 한 사람, 같은 반 친구였던 제인 셰리에게는 울면서 속내를 털어놓았었다. 내가 전화하면 제인은 차를 몰고 와서 나를 태우고 드라이브를 갔고 그러는 내내 나는 얘기를 하며 흐느꼈다.

하지만 그때는 이미 너무 늦은 뒤였다.

동아리에 들어가길 꿈꾸다

내가 다닌 몬테카시노학교에는 동아리가 없었다. 수녀 선생님들에게는 동아리 활동이 부도덕해 보였던 것 같다. 동아리에 소속되고 싶었던 나는 같은 지역 공립학교였던 센트럴고등학교의 동아리에 가입했다. 센트럴고등학교는 원래 내가 가고 싶었던 학교였지만 가톨릭 학교에 다녀야 한다는 엄마의 신념은 완강했다. 센트럴고등학교에 다닐 수 있었다면 내가 하고 싶었던 일들을 훨씬 지지적인 환경에서 할 수 있었을지 모르고 내 삶도 다른 식으로 흘러갔을지 모른다. 누가 알겠는가? (엄마는 세상을 떠나기 직전 당신이 저지른 가장 큰 실수는 내가 바라던 공립학교에 나를 입학시키지 않았던 일인 것 같다고 말했다.)

나는 센트럴고등학교에 다니는 친구가 몇 명 있었고 그 학교 동아리 행사에 참석하기도 했다. 하지만 거기 있는 것이 마음 편치는 않았다. 행사에서 남학생들의 관심을 끌 수 있을까 걱정스러웠기 때문이다. 이 고민은 누구에게도 털어놓지 못했다. 몬테카시노학교에서 마르디 그라 여왕 후보에 오르기도 하는 등 제법 인기가 많았다는 사실도 당시의 내겐 아무 의미가 없었던 모양이다. 그때 나는 어딘가에 소속되기만을 간절히 바라고 있었다.

수녀 선생님들은 내 동아리 활동을 엄하게 반대했지만 그게 잘못된 행동은 아니라고 믿었던 나는 탈퇴를 거부했다. 낸시 말에 따르면 내가 그렇게 반항한 탓에 수녀님들이 나를 대놓고 탐탁지 않게 대했다고 한다. 한 선생님이 내게 너무 못되게 군 탓에 반 친구들이 들고일어나 교장 선생님에게 중재를 요구한 적도 있었다. 상황을 개선하는 데는 도움이 되지 못했지만 말이다.

우리 반에도 동아리 활동에 반대하는 아이들이 있었다. 나는 내가 옳다고 믿는 바를 고수한 것뿐이었지만 그 한 번의 반항적 행동이 사실상 교우 관계가 악화되는 기점이 된 게 아닐까 생각한다. 이

사건을 계기로 내가 느낀 고립감은 더 빠르게 깊어졌다.

나는 체중을 감량하고 싶은 마음에 다이앤 그리고 브룩 칼버트라는 친구와 함께 근처 헬스장에 다니기 시작했다. 다이앤과 브룩은 둘 다 나보다 한 학년 위였던 터라 내가 한창 학교를 다니던 중 졸업해 버렸다. 두 친구마저 잃게 된 나는 절망에 빠졌다.

몇 해 전 나는 가만히 앉아 가끔 아뜩하게만 떠오르는 내 어린 시절 기억들을 하나하나 적어본 적이 있다. 그중 하나가 바로 이때의 상실감이었다.

브룩 졸업

다이앤 졸업

크나큰 슬픔

상실

죽음

악몽

〈언제 한번 보자I'll be seeing you〉

그치지 않는 눈물

〈언제 한번 보자〉는 브룩이 떠난 상실감에 슬퍼하던 시절 마침 라디오에서 흘러나오던 노래다. 너무 가슴이 아파 나는 더 격렬히 흐느껴 울었다. 지금도 이 노래를 들으면 슬픔이 밀려온다.

졸업반이 되면서 나는 심각한 우울증에 빠져들었고 내 방에서 나오기를 거부했다. 돌이켜 보면 결국 그렇게 될 수밖에 없었던 상황이었다. 엄마 역시 에일린을 임신했을 때 우울증을 겪었다. 외삼촌 한 분 역시 중증 우울증이 있었다고 했다. 루이지애나주에 살던 외가 쪽 친척들을 방문했을 때 많은 분이 심각하게 우울해 집 밖을 나가지 못하는 사실을 알게 됐다.

하지만 문제는 내 내적 자아가 그 끔찍하고 고통스러운 우울증에 시달리고 있는 동안에도 겉으로 보이는 나는 예전 모습 그대로였다는 점이다. 학교에서 나는 너덧 명의 아이들과 잘 어울려 다녔는데 그중 한 명이 마지였다. 마지는 우리가 거의 학교를 움직였고 상이라는 상은 다 휩쓸었다고 말한다. 특히 내가 "아이들이 서로 일체감을 느끼게 하는 데 능했고 모두의 기분을 맞춰줬다"고 한다. 마지의 말에 따르면 그 고통스럽던 졸업반 시절에도 나는 속내를 털어놓지 않았다고 한다.

"마샤는 우리랑 어울릴 때 행복해 보였다." 마지는 말한다. "나는 이제야 알게 된 그 자신의 불행을 타인에 대한 활달한 상냥함으로 감추고 있었던 것이다. 가령 마샤는 수업이 끝나면 우리 모두를 차에 태우고 페닝턴의 드라이브스루로 가서 콜라를 주문해 줬다. 그는 언제나 내가 우리 모임에 완전히 받아들여지고 있다는 느낌을 받게 했다."

마지의 이 회고는 내겐 마치 다른 사람 얘기 같다.

선의가 초래한 의도치 않은 결과

이 시절 나는 여전히 성인이 되기를 꿈꾸고 있었다. 성 테레즈가 쓴

인생이 지옥처럼 느껴질 때

회고록에는 이런 구절이 있었다. "삶에서 중요한 것은 위대한 행위가 아닌 위대한 사랑이다." 이 문장에는 분명 깊은 진실이 담겨 있었지만 정확히 무슨 뜻인지는 이해하기 어려웠다. 그로부터 50년이 지난 지금에서야 나는 사랑의 힘에 관한 이야기로 내 인생을 기술하고 있다.

성 테레즈의 관점은 진정 탄복하게 되면서 동시에 겸허해진다. 그는 자연을 사랑했고 매 계절이 하느님과 우리 존재 하나하나에 대한 사랑의 관계를 투영한다고 생각했다. 성 테레즈는 자신을 "예수님의 작은 꽃"이라 칭했는데 지금도 "작은 꽃"이라는 별명으로 불리기도 한다.

리지외의 성 테레즈가 쓴 회고록을 탐독하던 시절 나는 그와 같은 성녀가 되려면 뭔가를 더 감행할 필요가 있다고 생각했다. 내게 무척 소중한 것, 포기하기 쉽지 않은 뭔가를 희생할 필요가 있었다. 내게 큰 의미가 있는 것이어야 했다. 그렇지 않다면 진정한 희생이 아닐 테니까. 나는 학교 동아리 활동을 그만두기로 결심했다.

동아리는 그 무렵 내 삶의 반석 같은 역할을 했다. 기분을 북돋울 수 있는 원천이기도 했지만 무엇보다 지지적인 인간관계, 어딘가 소속돼 있다는 느낌을 선물해 준 무엇이었다. 내가 진정 받아들여지고 있다는 느낌을 받을 수 있었던 곳은 그 동아리가 유일했다. "그래." 나는 중얼거렸다. "동아리를 그만두는 건 진짜 큰 희생이 될 거야. 그걸 하기로 하자."

이 희생에 관해 언급하는 데 양가적인 감정이 드는 까닭은 내가 왜 동아리를 그만뒀는지 아무에게도 발설하지 않겠노라고 하느님께 약속했기 때문이다. 나는 난데없는 탈퇴 이유를 묻는 질문들에 그럴싸한 대답을 찾아야 했다. 지금도 여전히 이 일을 설명하기가 수월치는 않지만 내 삶에서 중요한 사건이므로 어떻게든 서술해야 한다고 믿는다.

동아리를 그만둔 탓에 내 인간관계는 한층 더 얄팍해졌고 나는 한층 더 외부와 고립됐다. 내 내적 자아는 점점 더해지는 고통과 수치심으로 녹초가 돼가고 있었다. 나는 뚱뚱했고 사랑받을 가치가 없다고 믿었다. 내가 나쁜 사람이거나 사람들이 좋아해 줄 만한 면모가 전혀 없었던 건 아니었지만 아무도 나를 사랑하지 않았다. 최소한 내 생각은 그랬다.

내가 감행한 희생은 우울증으로의 침잠을 가속화했을 뿐이었다. 두통도 점점 더 심해졌다. 생명을 위한 병원에 남은 의무 기록에 따르면 나는 졸업반 학기가 막 시작된 1960년 8월부터 녹스 선생님에게 상담을 받기 시작했다. 기록에는 "두통을 유발할 만한 기질적 이상은 발견되지 않음"이라고 쓰여 있다. 추측건대 아마도 병원에서는 내 증상이 긴장성 두통이지 않을까 생각했던 것 같다. 여기에 더해 나는 체중도 많이 늘었고 우울증 증상도 심각해졌다.

나는 사회적으로 철수했고 가족에게서도 멀어졌다. 내 방 밖을 나서는 일이 드물었다. 뼛속 깊은 비참함과 절망감에 죽고 싶을 뿐이었다. 나 자신이 용납되지 못할 인간처럼 느껴졌다. 녹스 선생님에게 나는 자살하고 싶고 집에서 멀리 도망쳐 버리고 싶다고 고백했다. 이 얘길 내가 부모님께도 했는지 아니면 녹스 선생님이 부모님께 전했는지는 모르겠다. 시간이 흘러 1961년 4월 말, 나는 2주가 넘

인생이 지옥처럼 느껴질 때

도록 혼자 울기만 하고 있었다. 도대체 내게 무슨 일이 벌어지고 있는지 알 수 없었다. 그저 그 일이 내게 일어나 있었다. 내게는 상황을 통제할 힘이 없었다. 오직 죽고 싶다는 생각만 머릿속에 가득했다.

나는 지옥에 떨어져 있었다.

잠적

나는 마치 갑자기 사라진 것마냥 병원에 입원했다. 에일린은 그때 내게 무슨 일이 일어났는지 아무도 몰랐다고 한다. "오빠들은 대학에 있었으니 아무것도 몰랐고 동생들은 상황을 인식하기엔 너무 어렸으니까." 그리고 이렇게 덧붙였다. "게다가 그건 나도 마찬가지였어."

먼저 졸업한 뒤로는 거의 만날 수 없었던 내 친구 다이앤도 이렇게 말한다. "아무도 무슨 일이 일어나고 있는지 눈치채지 못하고 있었어. 나중에야 알았지. 네가 갑자기 사라져 버린 거야. 멀쩡히 있었던 애가 어느 날 없어진 거지. 네가 그런 어려움을 겪고 있는 줄은 나도 까맣게 몰랐어."

내 친구들 중 제법 여럿이 내가 엄마와 관계가 좋지 않다는 사실을 알고 있었지만 정확히 어떤 상태인지 아는 사람은 없었다. "네가 어디에 가 있는지 글쎄 2년이나 지나서야 말씀해 주시더라니까." 낸시는 최근에 말했다. "네가 없어진 건 알고 있었어. 뭔가 문제가 있구나 생각했지. 하지만 그 이상은 모두 비밀이었어." 마지의 설명은 이렇다. "갑자기 네가 보이지 않았어. 아파서 집에 있는 것뿐이라는 얘기만 들었지. 정황을 아는 사람은 아무도 없었어. 그때만 해도 정신과적 문제를 터놓고 얘기하는 분위기가 아니었으니까."

내게 무슨 일이 일어난 걸까?

내 가장 절친한 동료이자 친구 중 하나인 독일 정신과 의사 마르틴 보후스Martin Bohus와 나는 과연 당시 내게 무슨 일이 일어났는지 분석하기 위한 일종의 부검 작업에 많은 시간을 할애했다. 마르틴은 변증법적 행동치료 전문가기도 하고 세계 최대 규모의 연구실을 이끌며 경계성 성격장애 및 유관 질환 연구를 진행하고 있다. 그는 내가 입원 병동에서 완전히 붕괴돼 버리기 직전에 어떤 연유로 뇌에 손상을 입지 않았을까 추측했다.

에일린 고모는 모든 문제가 생물학적 원인 때문이라 확신했다. 엄마도 부디 그게 사실이길 바랐다. 외가 친척들에게 이어진 오랜 우울증 병력을 놓고 보면 유전적 소인이 없지는 않았을 것이다.

결국 나는 어떤 생물학적 요소, 선천적 취약성이 당시 문제의 기저에 있지 않았을까 의심하게 됐다. 증명된 바에 따르면 생물학적 소인과 유해한 가정환경의 결합은 심리학적으로 치명적인 배합이다. 내가 전혀 다른 가정환경에서 성장했다면, 있는 그대로의 모습과 내가 중요히 여기는 가치가 용인되는 (가령 줄리아 고모네 같은) 가족 속에 있었다면 내 삶은 완전히 달라졌을지도 모른다.

하지만 이 중 그 어떤 것도 입원 병동에서 내가 보였던 통제 불능의 행동들을 완전히 설명해 주진 못한다. 폐쇄 병동에 감금됐다는

인생이 지옥처럼 느껴질 때

것 자체와 과도한 약물 처방이 내 추락에 크게 일조했을 수도 있다. 가족들은 자연스럽게 이제 내 문제가 그들이 손쓸 수 없는 상황에 이르렀다고 생각하게 됐다. 그리고 고용량의 항정신병제제 투약이 10대 두뇌에 어떤 영향을 미치는지 누가 알겠는가?

진실이 무엇이든 마침내 병동에서 나오게 된 나는 앞으로 내가 절대 아이를 갖지 않으리란 것을 알 수 있었다. 내가 아닌 또 다른 누군가가 바로 내가 겪은 일을 똑같이 겪을 수 있다는 생각은 차마 감내하기 어려웠다. 물론 내가 낳은 아이라고 해서 내 유전자를 물려받은 탓에 반드시 나와 같은 문제를 겪으리라고 단정 지을 수는 없다. 다만 나는 그 가능성을 단 1퍼센트도 용납할 수 없었을 뿐이다.

슬프고 안타까운 일

생명을 위한 병원에서 두어 해를 보낸 시절로부터 50년이 흐른 2012년 여름 나는 매사추세츠주 코드곶에 있는 뉴잉글랜드 교육원에서 정서 조절emotion dysregulation에 관해 강의하고 있었다. 사촌 낸시가 일주일을 같이 머물기 위해 찾아왔고 서번을 비롯해 내 동료 학자들, 친구들과의 연례 모임도 있었다. 오후에는 여유 시간을 갖고 일행들과 대화를 즐길 수 있었다. 마침 낸시가 1961년도 몬테카시노학교 졸업 앨범을 갖고 와 같이 넘겨봤다.

누군가 사진 속 여학생에게 곧 무슨 일이 닥칠는지 아는 입장에서 그 사진을 보는 심정이 어떤지 물었다. "슬프죠. 네, 슬퍼요." 나는 대답했다. "하지만 나 자신에 대한 가엾음이라기보다는 어떤 타인에 대한 안타까움에 더 가까워요. 이 여자애를 보면서 '대체 너한테 무슨 일이 일어난 거니?' 하고 묻게 되는 거죠."

사진 속 그 아이에게 애정이 느껴지나요? 나는 잠시 생각한 뒤 이렇게 말했다. "모르겠어요. 왜냐면 내가 모르는 아이라서요." 사진 속 그 아이, 다름 아닌 열여덟 살의 마샤는 내게 낯선 사람 같았다.

인생이 지옥처럼 느껴질 때

5

이상한 나라의 이방인

A Stranger in a Strange Land

1963년 6월 초 퇴원하고 집에 돌아왔을 때의 심정이 어땠는지는 기억나지 않는다. 집에 어떻게 돌아왔는지에 대한 기억조차 남아 있지 않은 까닭이다. 내가 기억하는 것이라고는 내 기억상실 증상이 얼마나 심각한지 깨달으면서 겪은 고충뿐이다.

털사의 우리 집에서 나는 은식기가 대체 어디 있는지, 냄비와 프라이팬은 어디에 수납돼 있는지, 어떤 찬장에 평상시 쓰는 잔이 있고 어떤 찬장에 특별한 날 내놓는 잔이 있는지 등등을 전혀 기억해낼 수 없었다. 남의 집에 들어와 헤매는 것 같았다. 생명을 위한 병원에서 수차례 받은 전기충격치료가 예상했던 것보다 방대한 기억 손실을 가져온 것이다.

지인을 만날 가능성이 있는 곳을 혼자 돌아다닌다는 것은 상상할 수도 없었다. 수년이나 알고 지낸 사람을 못 알아보는 일은 쥐구멍에라도 숨고 싶을 정도로 수치스러운 경험이었다. 당황한 나를 위로하려고 사람들은 "나도 만날 이름을 까먹는데, 뭐"라고 말한다. 그럼 나는 이렇게 비명을 지르고 싶어진다. "기억의 대부분을 잃는다는 게 어떤 건지 알기나 해요?"

"병원에 입원할 때의 마샤 언니는 말 그대로 상류층 출신의 여학생이었다." 에일린은 당시를 이렇게 형언한다. "그런데 퇴원해 나온 그는 마치 빈민굴에서 나온 사람 같았다. 음식을 먹는 모습부터 달랐다. 마치 식사 예절을 모조리 잊어버린 듯했다. 정말 언니는 아무것도 기억하지 못했다. 예전의 자신에 대한 기억을 죄다 잃어버린 사람 같았다. 돈 많은 사람들 곁에 같이 있는 게 불편하다는 말도 했다. 가난한 사람들과 있는 게 훨씬 편하다고. 언니는 달라져 있었다. 병원에서 복용한 약 때문일지도 모른다."

집에 돌아왔지만 극도로 비참한 느낌은 그대로였다. 나는 부디 이 고통이 멈추기만을 바랐다.

집을 떠나다

2년여 동안 병원에 갇혀 있던 딸이 집으로 돌아오는 것을 엄마 아빠가 어떻게 느꼈을지는 신만이 알 것이다. 기쁨으로 환영하는 분위기는 단연코 아니었다. 엄마는 에일린에게 나쁜 물이 들지 모르니 나와 거리를 두라고 충고했다고 한다. 일단 나는 제정신이 아닌 데다 설상가상으로 부유층에 반감을 보이며 빈민 편을 들었기 때문이다.

참으로 아이러니하게도 에일린은 2년쯤 뒤 오클라호마시티로 떠나 빈민을 위한 자선단체에서 일하게 됐다! 에일린이 말하길 자신이 차에 시동을 걸고 떠나려고 하자 엄마는 그 애 무릎 위로 몸을 던져 코트를 부여잡고 울면서 제발 떠나지 말라고, 엄마랑 같이 살자고 애걸했다고 한다. 만약 차 운전석에 앉은 사람이 나였대도 엄마가 그랬을지 의심스럽다. 하지만 에일린은? 그 애는 엄마의 자랑이자 기쁨이었으니까!

집으로 돌아온 지 몇 주도 채 되지 않아 나는 면도칼로 팔에 큰 상처를 냈다. 에일린은 그때 자신이 욕실에 함께 있었지만 나를 말릴 수 없었다고 한다. "사방이 핏물이었어." 그 애는 말했다. 상처 난 팔에서 피가 흘러 새하얀 타일 바닥에 떨어지던 장면을 나 역시 기억한다. 나는 병원으로 이송됐고 간호사들은 몹시 불친절하게 나를 대하며 다시 한 번 이런 일이 생기면 그때는 병원이 아니라 경찰서로 가게 될 거라고 말했다. 당시 오클라호마주에서는 자살 시도가 불법이었고 거의 흉악 범죄나 다름없었다. 사실상 내 행동은 자살 시도가 아니었지만 어쨌든 나는 그런 식으로 취급당할 수밖에 없었다.

마침내 내가 집을 떠나 독립하겠다고 선언했을 때 분명 부모님은 놀라기는커녕 적잖이 안도했을 것이다. 집에 돌아온 지 한 달쯤 된 시점이었다. 그날 오후 나는 엄마를 따라 서던힐스 사교 클럽을 방문했다. 모처럼의 나들이는 그러나 엄마가 내게 노발대발 하는 것으로 끝나고 말았다. 아마도 내가 뭔가 부적절한 말이나 행동을 했기 때문이었을 것이다. 나는 차라리 나가서 사는 게 낫겠다고 판단했다.

5. 이상한 나라의 이방인

삶 속에 홀로서기

내가 머물게 된 새 거처는 털사 중심가에 있던 YWCA였다. 아빠가 파트타임 일자리를 주선해 준 인디애나 석유매입회사 건물과 아주 가까웠다. 나는 걸어서 출근했고 접객원으로 서류를 철하고 봉투를 붙이는 등 당시 여직원들이 하던 온갖 하찮은 일들을 했는데 막상 그 일이 그리 싫진 않았다. 정말이지 나는 그동안 맡은 모든 직업을 즐기며 해온 편이다. 특히 내가 좋아했던 부분은 하루 업무를 최대한 효율적으로 처리하는 법을 고안해 시험해 볼 수 있다는 점이었다.

YWCA에 머물기 시작하고 얼마 되지 않아 나는 내가 여차하면 알코올의존자가 될 수도 있다는 사실을 자각했다. 나는 출근하기 전 오렌지 주스 한 잔을 마시고 집을 나서길 좋아했는데 보드카를 타지 않은 그냥 오렌지 주스는 별로였다. 결국 나는 주스에 보드카를 타기 시작했다. 귀결은 불 보듯 뻔했다. 털사에서 알고 지내던 사람들 중에도 알코올의존자가 꽤 있었다. 중독이 그의 삶과 가까운 사람들에게 어떤 파국을 불러일으키는지 나는 목격할 수 있었다.

당시 내 삶은 처량했지만 결국 알코올의존자가 돼 어느 시점에 술을 억지로 끊어야 하는 비참함과는 비할 게 아니라고 생각했다. 폐쇄 병동에 감금돼 있을 때 담배를 피울 수 없었던 것이 너무 고통스러웠기에 술을 끊는 고통은 그보다 더하면 더했지 결코 덜하지 않으리라 생각했다. 그리하여 나는 이후 마흔 살이 될 때까지 굳건히 지킨 규칙 하나를 정하게 됐다. 혼자 있을 때는 음주하지 않을 것.

살아볼 만한 인생을 만들기 위한 첫걸음

자기파괴적 행동을 막고 웬만한 수준의 거처에서나마 쫓겨나지 않기 위해 스스로에게 절주 규칙을 부여한 것은 나중에 내가 "살아볼 만한 인생 만들기"라고 이름 붙인 작업의 사례가 될 수도 있다. 살아볼 만한 인생을 만드는 것이 DBT의 대체적 목표점이다. 스스로를 위한 이상적인 삶을 펼칠 여력은 없더라도 긍정적 요소를 지닌 살아볼 만한 삶을 누리기 위한 충분한 통제력은 누구에게나 있다.

마흔 살이 됐을 때 나는 이제 내가 전처럼 위태롭지 않으며 더는 스스로에게 절주 규칙을 부여할 필요가 없다고 판단했다. 하지만 한두 달 뒤쯤 내가 여전히 중독 위험에 취약함을 깨닫고 절주 규칙을 부활시킨 후 지금까지 지켜오고 있다. (이쯤이면 당신도 유추했겠지만 나는 통제 불능으로 떨어지거나 혹은 매섭게 스스로를 통제하는 두 가지 면모를 동시에 지니고 있다.)

이상한 나라의 이방인

털사로 처음 되돌아왔을 때 나는 일상의 현실적인 사안들을 다뤄본 경험이 전혀 없는 세계로 떠밀린 것처럼 어리숙했다. 폐쇄 병동에 입원할 당시 나는 갓 열여덟이었고 그때부터 몇 년간 격리된 삶을 살았다. 그러다 고작 스무 살이 돼 나는 파트타임 일로 버는 푼돈과 경로를 이탈한 인생 경험에만 의지한 채 혼자 삶을 꾸려야 했다. 부모님이 생활비를 보태겠다고 했지만 거절한 건 나였다. 언젠가 지옥을 박차고 나올 수 있게 될 때 그 공이 부모님께 돌아가길 원치 않았기 때문이다.

나는 돈을 어떻게 관리하는지도 몰랐다. 어머니는 늘 최고급 의상실에서 옷을 샀고 나도 종종 따라갔었다. 그래서 직장에서 입을 원피스 한 벌이 필요해지자 나는 별 고민도 없이 그 최고급 의상실로 직행했다. 값비싼 원피스를 고르고 값은 신용카드로 지불했다. 카드비 결제일이 다가오자 꼭 전액을 한 번에 갚을 필요가 없다는 걸 미처 몰랐던 나는 대금을 다 지불해 버렸고 그리하여 그 달의 남은 기간 동안 생활비로 쓸 수 있는 돈은 정확히 30센트뿐이었다. 한참 고민한 뒤 나는 남은 돈으로 파란빛이 섞인 은박지로 포장된, 깨물면 속에 흰색 민트가 보이는 동그란 초콜릿 세 알을 샀다. 음식을 살 수 없었기 때문에 사무실에서 어떻게든 먹을거리를 공수하려고 했던 것 같다.

이따금 본가로 가서 저녁을 먹을 때도 있었지만 평탄하게 흘러가는 날은 드물었다. "어제저녁엔 부모님과 식사를 같이하려고 본가에 갔었는데 너무 신경이 곤두서서 결국은 아무것도 먹질 못했어요. 내 방에서 밤새 잠도 못 자고 울다가 돌아왔죠." 나는 오브라이언 선생님에게 그렇게 써 보냈다. "한동안 본가를 방문하진 못할 거예요. 엄마가 제 꼬락서니를 보고 뭐라고 했고 자기 기분을 망쳤다며 쫓아낼 거라고 했어요. 부모들이란! 묵주기도를 드렸더니 곧 기분이 나아졌어요."

약을 먹어도 효과가 없었다

접객원으로 일하는 순간은 행복했지만 그 배경에서는 우울증과 자살 충동이 늘 고개를 내밀며 내 삶을 위협하고 있었다. 나는 약에 심하게 의존하고 있었는데 다행히 털사에서 새로 만난 정신과 의사 프록터 선생님 덕분에 필요한 약을 쉽게 구할 수 있었다. "과다 복용이요? 수도 없이 했죠." 나는 오브라이언 선생님에게 썼다. "가장 최근은 일주일 전인데 스텔리진Stellizine 30알과 코젠튼Cojenton 30알(맞춤법은 알게 뭐예요)을 삼켰어요(정신과 약물인 스텔라진Stelazine과 코젠틴Cogentin을 뜻함_옮긴이). 그리고서 얻은 효과는 사흘 내내 초조함과 히스테리에 시달린 것뿐이었죠. 엄마는 나를 계속 YWCA에 혼자 살게 할 수는 없다고 생각하세요. 제가 약에 취해 있는 게 발각되기라도 하면 즉시 쫓겨날 거라고요."

엄마의 걱정에는 이유가 없지 않았다. 오브라이언 선생님에게 나는 이렇게 썼다. "YWCA에 묵고 있는 아이들 중 한 아이의 어머니가 찾아와서는 정신병원에 있다 나왔고 자기 몸에 화상을 입히는 아이에게 YWCA 입소를 허락하는 건 온당치 않다고 본다고 민원을 제기했어요. (자해에 관해선 룸메이트 말고는 얘기한 사람이 없어요.) 대체 제가 뭘 했다고 이런 소동이 일어나는지 모르겠어요."

그러다 약에 대한 집착이 강해졌다. "좋은 소식이 있고 나쁜 소식이 있어요. 대부분 나쁜 소식이지만요." 나는 오브라이언 선생님에게 썼다. "생애 처음으로 정말 자살을 기도했었어요. 두 번이나요! 두 번 모두 죽지 않고 깨어나서 충격이었어요. 처음엔 소라진 한 병을 다 삼켰는데 하루하고 반나절 지나니 눈이 떠지더라고요. 두 번째로는 아예 나가서 모텔 방을 잡고 소라진 두 병에 다르본 한 병을 다 삼켰어요. 약효가 엄청났죠. 하지만 세상에, 이번에도 정신이 들더라고요. 그사이 어느 시점에 제가 아마 프록터 선생님에게 전화를 건 것 같고 선생님이 엄마에게 연락을 취했나 봐요. 엄마가 모텔로 찾아와서 저를 데리고 나갔거든요. 당연히 엄마는 저를 걱정했죠."

그 두 번의 자살 기도에 대해 기억나는 것은 내가 본가 침대에 누워 있고 생각은 널을 뛰었지만 몸은 옴짝달싹할 수 없었고 아주 처참한 기분이었다는 것뿐이다. 그때 경험한 트라우마 덕분에 아마도 내가 두 번 다시 자살을 기도하지 않을 수 있었던 것도 같다.

이 책을 쓰고 있는 지금은 정말로 그 모든 일을 내가 저질렀다는 사실이 놀라울 뿐이다. 아마 그때의 나는 오브라이언 선생님에게 보낸 편지에서보다 더 양가적인 마음이었을 것이다. 나는 어쩌면 내 자신을, 무엇보다 내 영적인 자아를 상실한 상태였던 것 같다. 지옥에서 스스로를 구원하겠다던 맹세 따위 없었던 것처럼. 자살이란 하느님의 뜻에 완전히 반하는 일이란 걸 그때 나는 왜 떠올리지도 못했을까? 자살 생각으로 머릿속이 가득한 사람들이 으레 그러듯 고통이 모든 걸 삼켜버린 탓에 가족과 신을 포함한 타자 생각은 의식 수준으로 올라오지조차 못했기 때문이었는지 모른다.

좋지 않은 본보기

엄마의 걱정은 그저 기우가 아니었다. 마지막 자살 기도 후 경찰이 집으로 찾아왔다. 수사관은 내가 자살 기도라는 중죄를 저질렀으며 징역이 구형될 수도 있다고 말했다. 놀라고 절망한 나는 남동생에게 매달려 울면서 감옥엔 가고 싶지 않다고 소리쳤다. 동생에게 그리 좋은 본보기가 돼주진 못한 셈이다.

오브라이언 선생님에게 이 일에 관해 편지를 쓰면서 나는 생각이 바뀌었다. "물론 저는 조만간 감옥에 가게 되겠죠. 다시 자살을 시도할 확률이 100만 분의 1일 테니까요." 나는 내가 통계엔 형편없다는 사실을 버젓이 드러내며 그렇게 썼다. "얼마나 열심히 노력하든, 얼마나 기도드리고 얼마나 눈물을 흘리든 저는 가끔 실패하고 말아요. 많은 면에서 훨씬 개선됐다고 느끼다가도 곧 손쓸 새도 없이 나가떨어지고 마는걸요. 항상요. 그렇다면 제가 결국 철창신세를 지게 되더라도 그건 하느님의 뜻이겠죠. 처음에는 그곳에 구금돼 있을 온갖 다양한 여성 수감자들에게 제가 도움이 될 엄청난 기회란 걸 깨닫지 못했어요. 사회사업을 하기에 감옥보다 더 좋은 곳이 어딨겠어요? 저는 이제까지 없었을 가장 친절하고 이해심 깊고 품행 바른 수감자가 될 거예요. 어쩌면 제가 본보기가 돼서 한 명의 수감자라도 감화할 수 있지 않겠어요? 저를 본보기 삼아 자신이 멀리 이탈해 버렸던 길을 다시 찾아가는 사람이 생길 수도 있어요. 감옥에서의 계획을 생각하면 설레서 떨릴 정도인데 제 가족이 이 얘길 듣는다면 어떻게 그런 생각을 할 수 있느냐고 상처받고 화를 내고 수치스러워하겠죠."

나는 이번 자살 기도 사건에는 유익한 면도 있었다고 오브라이언 선생님에게 썼다. 바로 더는 자살을 시도하고 싶지 않게 됐다는 점이었다. "전에도 같은 심정이었지만 그래도 감행해야 한다는 느낌이

5. 이상한 나라의 이방인

컸어요. 죽고 싶단 생각이 들었을 때 정말 스스로 저 자신을 죽이고
픈 생각은 없었거든요. 이제는 그 시도조차 하고 싶지 않아요."

　　그동안 가까운 사람들을 아프게 한 것 말고는 아무것도 한 일이
없다는 생각에 괴로워하던 참이었다. "저는 타인을 돕고 싶다고 말
해왔으면서 한 번도 누구에게 도움이 돼본 적이 없어요." 나는 그렇
게 썼다. "정신없이 돌아가는 일상에 지쳤어요. 하느님께는 감사하
게도 직장 사람들이나 제 친구들은 모두 제가 세상에서 가장 행복하
고 유쾌한 사람인 줄만 아니까요." 나는 그때까지도 내면의 현실을
가림막 뒤로 숨기고 살고 있었다. "진실을 알면 그들이 어떤 반응을
보일지 궁금해요. 제가 저질러버린 최악의 일은 남동생 마이크와 빌
에게 좋은 본보기가 한 번도 못 돼줬다는 거예요. 자랑스러워할 만
한 형제자매가 있다는 건 얼마나 뿌듯한 일이에요? 그들을 우상처
럼 추켜세우다 보면 시간이 가는 줄도 모르게 되죠. 저는 이미 제 스
스로 누군가의 자랑이 될 만한 기회를 산산조각 내고 불태워 재로
만들었으니 누가 저를 자랑스러워할 턱도 없겠죠. 손위 형제나 누이
는 아우들에게 선생님이나 마찬가진데 제가 그 애들에게 가르친 거
라곤 가족들을 계속 힘들게 한 잔인함밖에 없어요. 이곳을 떠나 대
도시로 혼자 가서 살고 싶은 심정이에요. 그럼 더는 가족들을 다치
게 하는 일도 없을 테고 저 때문에 마음 아플까 봐 걱정해야 하는 사
람도 없을 테니까요…. 누군가 저를 어떤 섬에 홀로 가둬놨으면 좋
겠어요."

인생이 지옥처럼 느껴질 때

마침내 치유되기 시작하다

약을 한꺼번에 삼킨 그 마지막 사건으로 나는 결국 털사의 YWCA를 떠나야 했다. 나는 당시 아주 음침한 동네였던 사우스덴버 애비뉴 1111번지의 비좁고 우중충한 아파트에 방을 얻었다. 내 생각에 그곳은 제법 멋졌다. 물론 부모님은 기겁했다. 엄마는 펑펑 울었고 아빠는 임대료를 대신 내줄 테니 "좋은" 동네로 가서 이보다 나은 아파트를 구하는 게 어떻겠느냐고 말했다. 하지만 좋은 아파트는 단지 내가 풍족함을 드러낼 뿐이고 사실상 나는 빈털터리였으니 부자인 척 겉모습을 꾸미는 건 무의미했다. "선생님도 예상했겠지만," 나는 오브라이언 선생님에게 썼다. "부모님은 저와 의절한 거나 마찬가지예요. 마치 제가 어떤 주정뱅이랑 결혼해서 지옥행 열차라도 예매해 놓은 것처럼 행동하더라고요."

이 모든 야단법석에도 불구하고 나는 비로소 내 삶에 통제감을 느낄 수 있게 됐고 지옥에서 스스로를 건져 올린 뒤 다른 사람들 역시 그곳을 탈출할 수 있도록 돕겠다는 맹세를 새로이 다질 수 있었다. 그리고 다른 사람을 정말 도울 수 있으려면 대학에 가야 했다.

다음 할 일은 바로 그것이었다.

자살에 관한 첫 논문

접객과 우편 배달을 하면서 나는 털사대학에서 운영하는 야간학교에 등록했다. 사회학, 영문학, 스피치 이렇게 세 과목을 들었다. 곧 세 과목 모두에서 좋은 성적을 얻었다. 나는 언젠가 주립정신병원의 폐쇄 병동에서 일하는 정신과 의사가 돼 지옥에 갇힌 사람들을 구해 내겠다고 결심했다.

폐쇄 병동은 생명을 위한 병원에서 톰슨 2병동으로 옮겨진 나처럼 상태가 가장 심각한 환자들이 머무는 곳이다. 주립병원의 급여 수준은 평균에 크게 못 미치리라고 예상할 수 있었지만 돈을 많이 버는 것이 내 목표는 아니었으므로 문제가 되지 않았다. "그래. 내가 정말 뛰어난 의사가 되면 병원에서도 그만한 급여 조건으로 나 정도 실력을 갖춘 다른 의사는 뽑기 어려울 거야."

하지만 정신과 의사가 되겠다는 계획에도 불구하고 맹아기 연구자의 씨앗이 싹트고 있었다. 나는 사회학 강의 과제로 자살에 관한 논문을 쓰기로 결정했다.

어떻게 그런 결정을 하게 됐는지는 기억나지 않는다. 자살은 내가 심리학에서 유일하게 본질적으로 흥미를 느낀 주제였다. (죽느냐 사느냐의 문제에 부딪쳤던 사람에게 죽음과 삶에 관한 주제보다 더 매혹적인 것이 있을 수 있을까?) 나는 세상에서 가장 비참한 사람들을 돕는 사람이 되고 싶었고 누군가 죽길 원한다면 그는 필시 무척 비참한 상태일 것이 틀림없었다.

나는 어찌어찌 관할구역 검시관 사무소와 경찰서를 설득해 자살과 자살 미수 관련 기록을 손에 넣는 데 성공했다. 그들이 무슨 생각으로 동의해 줬는지 지금으로선 짐작도 되지 않는다. 아마도 내가 진짜 노련한 연구자 행세를 하며 수긍할 만한 사유를 잘 댔기 때문이리라.

검시관 사무소에서 출발한 그 프로젝트는 내게 하나의 길을 열어

인생이 지옥처럼 느껴질 때

줬다. 그때를 기점으로 나는 학부생일 때도, 대학원에 다니면서도 그리고 대학 교수가 돼서도 언제 어디서든 자살에 관한 논문을 썼다. 논문을 쓸 기회만 생기면 끝내 어떻게든 자살에 관한 논문으로 완성할 방법을 찾았다. 하지만 털사에서의 프로젝트는 기록에서 우리 가족이 알고 지내온 누군가의 이름을 발견한 순간 조기 종결될 수밖에 없었다. "세상에." 나는 소리쳤다. "이 사람이 자살했다는 걸 아무도 모르는데." 그의 비밀을 나는 누구에게도 말하지 않았고 프로젝트도 거기서 중단했다. 그 비밀은 지켜져야 함이 명백했기 때문이다.

낡은 나를 뒤로하고 새로운 나를 찾기

생명을 위한 병원을 떠나 털사로 돌아온 지 1년이 채 지나지 않아 나는 중대한 변화를 겪었다. 어떻게 설명해야 할진 모르겠지만 마치 번민에 잠식된 과거의 나라는 고치에서 새로운, 한층 밝아진 내가 출현한 것만 같았다. 특기할 만한 것은 그 변신이 내가 한 어떤 말이나 행동과는 무관하게 '그냥 일어났다'는 것이다. 오브라이언 선생님에게도 그렇게 썼다.

무엇보다 제게 일어난 일은 프록터 선생님의 표현대로 제가 저 자신을 발견했다는 거예요. 우리가 단서로 칠 만한 유일한 일은 제게 깊은 영향을 미친 제 스물한 살 생일이었어요. 5월 6일 저는 사무실에 있었는데 갑자기 그 일이 일어났어요. 마치 누군가가 제 팔을 묶고 있던 사슬을 끊어낸 것 같은 기분이었어요. 저는 평생 벽돌담을 들이받기를 반복하며 정신적으로 건강해지려는 출구, 더 정확하게는 자유를 향한 출구를 찾으려고 노력했어요. 별안간 바로 제 앞에 그 문이 보였어요. 선생님, 그 깨달음과 해방감이 얼마나 놀라웠는지 모르실 거예요. 오랫동안 칼로 자해해 왔지만 진심으로 그러길 원했던 건 아니었어요. 이제는 제가 하지 말자고 선택하면 할 필요가 없죠. 그동안은 남에게 상처도 많이 줬는데 그 역시 바라던 바는 아니었어요. 이제 더는 누군가를 아프게 할 필요가 없어요. 선생님, 이제 전 스스로 원치 않는 일은 하지 않을 수 있게 됐어요… 마음 깊숙한 곳에서 행복감이 느껴져요. 맞아요, 저는 우울해지면 엉엉 울고 화가 나면 모든 걸 때려치우고 싶어져요. 하지만 그 폭풍이 지나고 나면 그 기저에는… 행복감이 있다는 걸 깨달아요. 하지만 기억하셔야 해요, 선생님. 저는 이제 겨우 문을 찾은 것뿐이니까요. 아직 그 너머로 걸어갈 길이 멀어요.

이 편지를 쓰던 시점에는 과연 내가 가야 할 길이 얼마나 많이 남았는지 짐작지도 못했다. 그 길을 걸으며 무엇을 발견하게 될지도.

내가 오브라이언 선생님에게 보내드리는 편지에 쓴 기술 방식은 현재의 내가 행동주의자로서 치료 장면에서 말하는 방식과 유사하다고 앞서도 언급했다. 그러니 어쩌면 나는 애초부터 행동주의자처럼 사고하고 있었는지도 모른다. 하지만 당시에는 그 모든 일이 무의식중에 일어났다.

인생이 지옥처럼 느껴질 때

6

털사를 떠나다

I Had to Leave Tulsa

밥을 만난 건 야간학교의 영문학 수업에서였다. 경찰이었고 나보다
세 살 위였다. 우리는 연애를 하기 시작했고 관계는 진지해져 밥이
내게 사랑을 고백하기에 이르렀다. 착실한 가톨릭교도였던 내가 처
음으로 사랑을 나누기로 결심할 만큼 진지한 관계였다. 그 일이 어
느 로맨틱한 순간에 내린 충동적 응수가 아니라 온전히 스스로의
결정이 될 수 있길 원했기에 나는 그를 기다리게 해야 했다. 그의 경
찰 업무가 너무 바빴기 때문에 우리는 저녁 늦게야 만날 수 있었다.
우리는 파티에 가기도 하고 영화관에 가기도 했다. 그의 친구들과
같이 만나 권투 경기를 보기도 했는데 내가 객석에 앉아 경기를 지
켜보는 동안 그는 군중을 살피며 무슨 문제가 일어나진 않는지 살
폈다.

내게는 너무나 중요한 관계였으며 처음으로 진지한 성적 관계기도 했다. 밥은 상냥했고 내게 뭔가가 필요해 보이면 바로 내줬다. 그렇게 사려 깊고 따뜻한 남자는 그가 처음이었다. 내가 YWCA를 떠나 거처를 옮길 때 그는 내가 살 아파트까지 태워다 주고 고장 난 라디오를 고쳐주고 서랍장에 페인트칠을 해주고 밤늦게 꽃다발을 들고 찾아오기도 했다. 내가 원치 않는 일은 절대로 하지 않았다.

밥은 무척 세심했고 섬세했다. 나는 그에게 내 과거사를 말했고 그는 나를 내치는 대신 위로해 줬다. 그는 결혼을 했었는데 전 부인이 정신병원에 입원해 있다고 했다. 아마도 그런 사연 때문에 나를 이전에 내가 경험해 본 적 없는 식으로 이해해 줄 수 있지 않았을까 싶다. 나는 그를 사랑했지만 진심으로 사랑에 빠져 있었는지는 모르겠다. 새로운 방식으로 보살핌을 받고 있었다.

부모님 그리고 에일린은 밥과 나의 관계를 알고 있었고 나는 그들이 우리 관계를 인정하고 있다고 지레짐작했다. 그들 입장에서는, 그러니까 내 가족과 친구들 그리고 밥의 친구들은 내가 그들이 알고 있는 것을 나 또한 알고 있으리라 생각하고 있었다. 그 말인즉슨 밥이 내게 모든 것을 솔직하게 말하진 않았다는 것이다.

밥은 결혼한 적이 있었다. 그러나 이혼한 적은 없었다. 첫 아내는 그때도 그의 아내였고 정신병원에 감금된 게 아니라 아이들과 함께 집에 있었다. 결국 에일린이 내게 사실을 털어놓았다. 부모님도 알고 계셨지만 말을 꺼내진 못했다. 그 말을 듣고 나는 잿더미로 주저앉는 느낌이었다. 얼마간 시간이 흐른 뒤 밥은 내 차에 조그마한 성모마리아 상과 함께 (혹은 묵주였는지도 모르겠다. 내 기억력 문제다.) 나를 속인 것을 사죄한다는 메모를 남겼다.

　지난 고통스러운 세월 동안 간절히 바라왔던 사랑을 마침내 찾았다고 생각했다. 밥이 나를 사랑하지 않은 것은 아니었다. 나는 그의 사랑을 믿지만 그의 사랑은 완전치 않았다. 이제 나는 두 갈래 갈림길 앞에 서 있었다. 밥을 택하거나 가톨릭교회와 신을 택해야 했다. 밥은 내 선택을 받지 못했다.

　나중에 깨닫게 될 일이지만 밥은 내게 애정을 보인 유부남 중 첫 번째에 불과했다. 나도 왜 유부남들이 나를 매력적으로 생각하는지 모르겠다. 그리고 내가 왜 나 자신을 남자들에게는 매력 없는 사람이라 생각했는지도 알 길이 없다. 객관적으로 그들은 내게 매력을 느꼈다. 하지만 나는 그 사실을 한 번도 인정한 적이 없었다.

　나는 털사를 떠나야 했다. 그곳에 머문다면 밥을 계속 만날 것이기 때문이었다. 그 관계가 너무 강력해져서 스스로를 제어할 수 없을 것만 같았다. 오빠 얼이 마침 시카고의 아서앤더슨에서 일하고 있었다. 얼은 신혼이었고 그와 대리엘은 시카고 북쪽 미시건호 우측에 있는 에번스턴에 신혼살림을 차렸다. 나는 맨해튼에서 살고 싶은 마음이 굴뚝같았지만 털사를 벗어나 곧바로 그곳에서 독립하는 건 무리라고 생각했다. 그래서 시카고에서 홀로서기를 연습한 다음 맨해튼으로 나가기로 결심했다. 때는 1965년 내가 병원에서 나와 털사로 돌아간 지 18개월이 지난 때였다.

믿으라, 네가 믿든 그렇지 않든

아버지의 반응에 놀라지 말았어야 했다. 시카고로 이사해 일자리를 찾겠다는 내 계획을 채 다 설명하기도 전에 아버지는 날카롭게 말했다. "네가 시카고에서 어떻게 직장을 얻어." 당신은 아마 솔직한 충고를 해주고 싶었을 테고 내 과거 이력을 생각하면 그 말에도 일리는 있었다. 하지만 아버지는 나를 혹은 내 결심을 잘 몰랐다.

이 역동은 이후 반복되적인 패턴이 됐다. 사람들이 내가 어떤 일을 할 수 없다고 하면 나는 '두고 봐. 거뜬히 해내는 걸 보여줄 테니' 하고 속으로 생각했다.

그리고 그것은 마침내 나 자신에게 그리고 내 내담자와 그 가족들에게도 의미 있는 메시지를 보냈다. 믿으라, 당신이 믿든 그렇지 않든. 믿는 것이 쉽지 않더라도 당신은 믿어야 함을 믿으라고 나는 말한다. 당신은 할 수 있다.

인생이 지옥처럼 느껴질 때

BUILDING A LIFE WORTH LIVING

인생이 지옥처럼 느껴질 때

7

시카고로 향하다

On My Way to Chicago

아버지는 마지못해 내게 시카고행 야간 우등버스를 탈 만한 돈을 건
넸다. 어머니는 아버지 몰래 침대차를 타고 갈 만큼의 여비를 더 찔
러줬다. 어머니가 나를 생각해 해준 일 중 특히 이 일은 잊지 못한다.

나는 시카고에 도착해 YWCA에 방을 잡고 일자리를 알아보기 시
작했다. 곧 YWCA에서 몇 블록 떨어진 미시건 애비뉴에 있던 한 보
험회사에서 타이피스트로 일할 수 있게 됐다. (내게 타이핑을 가르쳐준
줄리아 고모에게 감사드린다.)

아버지의 예상을 일찌감치 깨버리는 데는 성공했지만—어쨌든
직장을 구했다!—처음 몇 주는 수월치 않았다. 당시 내게 가장 큰
도움을 준 것은 아이러니하게도 털사에 있던 밥이었다. 나는 매일같
이 그와 통화했다. 그는 내가 심리적으로나 현실적으로나 의지할 만

한 든든한 바위 같은 사람이었다. 새 살림살이를 꾸리는 것을 도와주고 시카고라는 대도시에 첫발을 딛고 정착할 수 있도록 실질적인 조언을 해줬다.

낮에 내 일과는 일을 중심으로 돌아갔다. 매일 들러 기도할 수 있는 인근 성당을 찾아냈고 저녁에는 로욜라대학 야간학교에서 공부할 계획이었다. 정신과 의사가 되기 위한 긴 여정의 시작이었다.

시간이 갈수록 내 일이 좋아졌다. 동료들도 마음에 들었고 내가 맡는 업무도 많아졌다. 하지만 그 일은 사람들을 지옥에서 구해내겠다는 내 맹세와는 맞지 않았다. 그래서 나는 일을 그만두고 누군가를 도울 수 있는 사회복지기관에 일자리를 잡았다. 타이핑만 계속한 지 몇 주가 지나자 나는 상사에게 가서 "언제쯤 저도 사회복지 일을 할 수 있을까요?"라고 물었다. 그는 내가 보고서 관리자로 고용됐지 사회복지사는 아니라고 답했다. 가슴 아픈 대답이었다. 나는 내 실력을 제대로 인정해 준 전 직장으로 다시 돌아갔다.

나는 야간학교에서 좋은 성적을 거두고 선생님들의 인정을 받으면 학부생으로 대학에 입학하기가 한층 쉬워질 거라고 생각했다. 내가 가톨릭대학으로 명성 있는 로욜라대학을 고른 데는 이유가 있었다. 여느 주립대학 교사들은 나보다 훨씬 똑똑할 것 같아서 내가 쉽게 신념을 잃을까 두려웠던 것이다. (돌이켜 보면 나는 나 자신을 제대로 몰랐다.) 토요일마다 나는 성모마리아 성당에서 교리문답을 가르치기도 했는데 이곳 목사였던 테드 비에라Ted Vierra는 내 삶에서 아주 중요한 인물이 됐다.

자해 충동

표면적으로 나는 실생활에서나 영적인 삶에서 모두 그럭저럭 잘 살아가고 있었다. 그러나 이면에서는 여전히 외로웠고 종종 절망감과 고통에 시달렸으며 이 고통을 멈추고 싶었으나 죽고 싶진 않았다. 고통을 멈추기 위해 죽어야겠다는 생각은 버린 지 이미 오래였다.

자해 충동은 여전히 내 안에 숨어 있었다. 시카고에서 생활한 지한 달쯤 된 어느 날 밤 그 충동이 걷잡을 수 없이 솟구쳤다. 하지만 손목을 긋고 싶지는 않았기 때문에 내적 갈등이 심했다. 나는 위기관리센터 전화번호를 알고 있었다. "누군가와 얘기를 할 수 있으면 좋겠어요. 제가 지금 바로 만날 수 있는 분이 있을까요?" 나는 수화기 너머의 사람에게 애원했다. "미안하지만 안 돼요. 내일이나 돼야만날 수 있어요." 대답이 돌아왔다. 나는 공포에 사로잡혔다. "하지만 저는 지금 도움이 필요한데요, 지금이요! 손목을 그을 것 같아서예요, 지금이요!" 상대방은 미안하다고 하면서 내일까지는 도와줄 수 없다는 대답을 반복했다.

나는 수화기를 내려놓고는 날카로운 칼을 찾아내 칼로 위팔의 안쪽을 그었다. 이 같은 자해 기술에 익숙해진 터라 상처가 너무 깊지도 난잡하지도 않게 그을 수 있었다. 기대했던 효과가 나타났다. 평온이 찾아왔다. 나는 밴드를 찾아 붙이고 잠자리에 들었다.

잠이 들고 얼마나 지났는지 모르겠다. 방문을 쾅쾅 두드리는 소리에 눈을 떴다. 놀란 나는 일어나 문을 열었고 거기엔 시카고 경찰관 세 명이 버티고 서 있었다. "우리와 같이 가주셔야겠습니다." 한 사람이 무뚝뚝하게 말했다. 위기관리센터에서 내 통화를 추적해 경찰을 부른 것이었다. 그들은 정말로 절망적인 상태에서 자신의 신체에 위협을 가할 법한 여자를 예상한 듯했다. "전 괜찮아요." 나는 나를 변호했다. "내일 출근해야 하거든요? 지금 따라가는 건 불가능해요." 점점 더 무서워지기 시작했다. 내가 멀쩡하고 어딘가에 보호돼야 할 필요가 없다는 사실을 눈치채지 못하는 걸까? "다시 말씀드리지만 회사에 결근할 수는 없어요." 나는 저항했다. "이러지 마세요. 잠을 좀 자게 돌아가 주세요."

결국 내겐 그들과 동행하는 것 외에 다른 선택지가 없음을 깨달았다. 시끄러운 소란에 YWCA 관리자가 내려왔다. 그는 내게 이곳에서 그만 나가달라고 했다. "짐을 싸 갖고 가세요." 명령이었다. "이런 문제가 있는 사람을 여기 같이 묵게 할 순 없습니다." 그는 경찰을 보고 말했다. "이분은 오늘 밤 여기로 돌아올 수 없어요."

다시 아수라장으로

적당히 친절했던 경찰들은 내가 위기관리센터로 전화를 건 탓에 자신들도 다른 방법이 없었다고 말했다. 업무 절차상 그럴 수밖에 없었다는 것이다. 그들은 나를 쿡 카운티 정신병원으로 데려갔다. 가슴이 철렁했다. 그곳은 병원 중에서도 알아주는 곳이었다. 나는 정신 병동으로 향하고 있었다. 다시 톰슨 2병동의 세계로.

경찰은 내 편이었지만 병원 간호사들은 아니었다. 새벽 2시였고 나는 머리가 쪼개질 듯 아팠으며 자리에 눕고만 싶었다. "아뇨, 누우면 안 돼요." 수간호사가 소리쳤다. "검진을 받는 게 먼저예요." 그리고 카프카의 소설에 등장할 법한 악몽이 시작됐다.

내가 정상이고 멀쩡하다고 반항하면 반항할수록 나를 수용해야 할 수도 있다는 간호사들의 위협은 더욱 강고해졌다. 기회를 보다 나는 털사의 내 정신과 의사에게 전화를 걸었다. 때는 이미 한밤중이었고 의사는 저녁에 마신 술에 취해 있었던 것 같다. 그는 병원 관계자들이 내 의지에 반해 나를 병원에 수용할 권리가 없다고 말했다. 내가 당장 그들에게 거길 떠날 것이라 말해야 한다고, 그들이 나를 막는다면 병원을 고소하겠다고 말하라고 했다. 큰 실수였다. 나는 다시 얼에게 전화를 걸었지만 오빠 역시 같은 말을 했다. 오빠는 나를 꺼내주겠다고 약속했다. 이튿날 아침 병원 직원 한 사람이 내게 말했다. "내일 나가게 될 테니 걱정 마요."

나는 직장을 잃을까 봐 겁이 났다. 아침에 일어나자마자 시누이 대리엘에게 전화를 걸어 나 대신 직장 상사에게 전화해 내가 감기로 앓아누웠다고 말해달라고 부탁했다. 오늘은 결근하지만 곧 다시 복귀하겠다고 말이다. 대리엘은 그러겠다고 했다. 얼도 나를 병원에서 빼내기 위해 할 수 있는 일을 했다. 소용없었다. 아버지도 병원의 정신과 학과장에게 연락을 취하는 등 썩 내키지 않았을 노력을 해줬다. 그러나 하루하루 시간만 지날 뿐 모든 것은 그대로였다. 빼내주겠다는 약속과 병원의 거부가 일주일째 반복됐다. 정신 병동에 있어본 사람만이 상상할 수 있는 공포의 한 주였다.

병동은 적막하고 음침했다. 커다란 병실 한가운데 바닥에 철제 침대들이 볼트로 고정돼 있었다. 침대는 높고 군대 막사에서처럼 열지어 배치돼 있었다. 낮 동안에는 침대 주위 바닥에 색 테이프가 붙여진다. 누구든 그 선을 넘어 침대로 들어가거나 하면 간호사들은 그길로 그를 독방에 보낼 것이다. 병실 벽에는 공원에서 보는 것 같은 벤치들이 빙 둘러 놓였는데 환자들은 거기 하루 종일 앉아 있어야 했다. 하지만 누워서는 안 됐다. 조무사들은 여기저기 앉아서 잡지를 읽고 있었다. 내게는 소름 끼치도록 낯익은 풍경이었다.

여기서 마샤를 데리고 나가는 게 가능하기는 합니까?

그리고 음식이 문제였다. 그건 사람이 먹는 음식이라고 할 수 없었다. 접시 위에 따라놓은 맹맹한 음식물 찌꺼기에 더 가까웠다. 내가 먹는 음식 상태를 본 얼은 곧바로 햄버거를 사 들고 병원에 왔다. 하지만 다른 환자들이 모두 그 쓰레기 수프를 마시는 동안 나 혼자 햄버거를 먹을 순 없었다. 결국 오빠는 그날 이후 매일같이 모두가 나눠 먹을 햄버거를 사 왔다. 얼은 그곳이 "미친 사람들로 가득 찬 더럽고 끔찍한 곳"이었다고 회상한다. 처음에 그는 서명 한 번만 하면 나를 퇴원시킬 수 있으리라 생각했다. 하지만 그곳의 관료주의를 경험한 그는 그때 진짜로 두려워졌고 '과연 여기서 마샤를 빼낼 수 있을까?' 생각했다고 한다.

오래지 않아 나는 사회복지사의 시점으로 병원을 보게 됐다. 거식증으로 보이는 한 젊은 여성이 있었다. 그녀는 침대에 누워 숟가락으로 음식을 먹으려 했지만 헛된 노력이었다. 음식은 매번 다른 데로 흘러버렸다. ("저분한테는 햄버거 주지 마세요." 직원의 입장이었다.) 그래서 나는 보조 직원 한 사람에게 이렇게 말했다. "제가 가서 저분이 먹는 걸 도와드려도 되나요? 음식을 입에 넣기 힘들어하잖아요." 그들이 답했다. "먹겠다는 의지가 있으면 먹고도 남았겠죠. 먹기 싫어서 저러는 거예요."

또 다른 여성은 조현병 환자였다. 온전히 망상에 사로잡혀 있었고 대략 일흔다섯 살쯤 돼 보였다. 그는 아버지가 자신을 데리러 올 거라고, 와서 집으로 데리고 갈 거라고 믿고 있었다. 나는 그와 게임을 하며 그의 흥분을 가라앉혔다. 그가 계속 시끄럽게 지껄이면 독방에 가두겠다고 간호사들이 으름장을 놓고 있었기 때문이다. 그럼 그는 으레 소리를 질렀다. "그래보시지, 우리 아빠가 온다, 우리 아빠가 온다고!" 그런 그를 독방으로 끌고 가며 보조 직원은 빈정대는 투로 이렇게 말했다. "이봐요, 선생님. 당신 아버진 지금 무덤 속에 계세요. 땅을 파고 오신다 해도 금방은 못 오세요."

슬프고 역겨운 장면이었다.

그때쯤 나는 이미 직원들에게 완전히 멀쩡해 보이는 수수께끼 같은 환자였다. 나는 침착했고 묻는 말에도 동요 없이 답했다. 그들이 내린 공식적인 진단은 조현병이었다. 정신과 의사는 나같이 똑똑한 사람이 이 병동에 있다면 조현병일 수밖에 없다고 말했다.

한 간호사가 물었다. "왜 이랬어요? 왜 칼로 자기 팔을 그었어요?" 나는 답했다. "저도 모르겠어요." 그리고 그게 사실이었다. 그건 때로 내가 멈출 수 없는 충동이었다. 짐작건대 그 길 끝에 서본 사람, 제 팔을 칼로 그어본 다른 사람만이 내 말을 이해할 수 있으리라. 병원 직원들로서는 이해하기 불가능한 일이었다.

오빠 얼이 구하러 오다

마침내 부모님이 (나를 빼내기 위해) 고용한 정신과 의사를 만났다. "병원을 고소하겠다고 말하면 병원 사람들은 당황해요." 그는 말했다. "관리자들 쪽에선 자신들이 곤경에 처했다고 느껴서 어떻게든 당신이 정신병 환자라는 사실을 입증하려 들 거예요. 여기서 정말 나가고 싶다면 나는 도움이 필요한 게 맞고 나를 보살피고 대리해 줄 보호자 밑에 있어야 한다고 인정하는 시늉을 해야 해요. 할 수 있겠어요, 마샤? 안 그러면 이 사람들은 어렵지 않게 당신을 주립정신병원으로 이송할 거고 그 시점엔 할 수 있는 게 아무것도 없을 거예요. 무슨 뜻인지 알죠, 마샤?" 나는 그가 일부러 으름장을 놓는 게 아님을 알았고 그게 무슨 뜻인지도 알았다. 내가 다시는 세상으로 나올 수 없게 되리란 뜻이었다.

그 부당함에 화가 나 입술을 깨물며 나는 상황을 이해한다고 말했다. 여길 빠져나가기 위한 수일 뿐이고 내게 문제 될 게 없으리라는 것 역시 이해한다고. 아버지는 "보호자" 역할을 거부했다. 그리하여 나보다 겨우 두 살 위인 내 오빠 얼이 그 역할을 맡기로 했다. 나는 스물한 살, 얼은 고작 스물세 살이었다.

입원적합성심의회 날짜가 잡혔고 얼이 참석하기로 했다. 정신과 의사는 다시 한 번 나와 마주 앉아 무척 심각한 표정으로 이렇게 말했다. "마샤, 확인할 게 있어요. 오빠가 제시간에 도착할 수 있겠어요? 보호자가 불참하면 주립정신병원에 의뢰될 거예요." 가슴이 덜컥 내려앉았다. 왜냐면 내가 아는 한 얼은 이제껏 무슨 일에든 제시간에 맞춰 등장한 적이 단 한 번도 없었기 때문이다.

나는 종이로 된 일회용 슬리퍼, 일회용 병원 가운 차림으로, 다시 말해 공식적 "정신과 환자" 차림으로 심의회 장소에 들어섰다. "그냥 들어가서 자리에 앉아 입도 벙긋하지 말고 오빠분이 대신 말씀하시게 놔두"라는 게 내 정신과 의사의 조언이었다. 약속된 시간이 다다랐다. 얼은 아직 도착 전이었다. 심장이 쿵쾅대다 못해 숨이 막힐 지경이었다. 그때, 심의회가 시작되기 직전 정문이 아닌 옆문으로 얼이 들어서며 장내에 모습을 드러냈다! 위원들은 기계적인 질문을 던졌고 얼은 똑똑히 답변했으며 후속 검진을 위한 일정이 합의됐다. 마침내 나는 자유였다. 조현병이라는 또 한 차례의 오진을 얻은 채.

얼의 차에 탔을 때 그는 그때까지 모두가 그랬듯이 이 모든 난리법석을 일으키고 스스로를 곤경에 빠뜨렸다는 비난을 쏟는 대신 이렇게만 말했다. "우린 극복할 수 있을 거야, 마샤. 네가 정상이란 걸 우리 모두 알고 있고 심의회 같은 건 절차상 필요한 일일 뿐이니까. 곧 끝날 거야. 가능한 빨리 다시 위원장을 만나서 네가 건강하다고 말하고 이 보호감호 조치를 끝내버리자. 너한테 그런 건 필요없으니까."

나를 생각하는 그의 다정한 마음이 진심이라는 걸 나는 가슴 깊이 느낄 수 있었다.

8

변화

Intellectual and Spiritual Transformations

직장으로 복귀한 지 몇 개월이 지나고 리저브 보험회사에서 고맙게도 내가 야간학교에 다닐 수 있게 등록금을 대주겠다고 제안해 왔다. 낮에는 일을 하고 밤에는 공부를 하려니 해야 할 일이 만만치는 않았다. 아침 일찍 일어나 출근하고 퇴근과 동시에 학교로 향하고 집에 돌아와서는 숙제를 하고 잠들었다가 이튿날 새벽같이 기상하는 일과가 이어졌다.

YWCA의 방은 너무 좁아서 숙제를 하기가 힘들었다. 앉아서 공부할 곳이라곤 침대 위밖에 없었다. 그래서 방법을 고안했다. YWCA는 미시건 애비뉴에 걸쳐 세워진 고급 호텔들과 가까웠다. 호텔마다 근사한 로비가 있어서 투숙객 행세를 하며 들어가 공부하기에 딱 좋았다. 나는 가방 한가득 교과서와 공책을 채워 갖고 가서는 멋들어진 대형 책상 앞에 혹은 푹신한 소파에 편안히 앉아 읽고 쓸 수 있었다. 공중전화도 있어서 필요할 때는 사람들과 통화할 수도 있었다. 나는 서너 군데 호텔을 번갈아 들렀다. 투숙객처럼 행동하고만 있으면 누구도 나를 방해하지 않았다. 별것 없이 즐길 수 있었던, 정말이지 멋진 생활 방식이었다.

적응적 부인

대학 교재, 식비, 전화 요금 그리고 전철을 타고 오가는 비용까지 나는 빠듯한 살림을 하고 있었다. 그래서 생활비가 바닥나지 않게 사는 방법을 고안했다. 마음속 문 하나를 닫아걸고 내게 얼마만큼의 생활비가 남아 있는지 허구를 구상한 다음 그걸 철석같이 믿는 것이었다.

전철 요금은 왕복 50센트였다. 나는 식료품, 담배, 탐폰, 기타 등등 한 달 생활에 필요한 모든 물품을 한 차례 장을 봐 구입했다. (고기를 살 수 있을 때면) 고기를 등분해 매일 먹을 양만큼 냉장고에 얼려뒀다. 하지만 전철 승차권은 예매가 불가능했으므로 대신 한 달 치 차비로 쓸 동전들을 선반 위에 줄지어 올려놓았다. 그런 다음 내겐 남은 돈이 없어 선반 위는 비어 있다고 자기최면을 걸었다.

사실이 아닌 것을 사실인 양 믿어보는 마음의 술책은 알고 보니 굉장히 유용한 기술이었다. 종국에는 특히 중독 환자들에게 유용한 DBT의 중요 기술이 됐는데 나는 여기에 '적응적 부인adaptive denial'이라는 이름을 붙였다. 뒤에서 내가 담배를 끊는 데 이 적응적 부인 기술을 어떻게 활용했는지 자세히 설명할 것이다.

예기치 않은 행운

1967년 여름, 그러니까 내가 시카고에 도착한 지 2년이 지났을 때 한 가지 사건이 내 인생의 궤도를 틀었다. 아버지의 가까운 친구였던 제리 아저씨가 내 친동생들을 위해 그랬던 것처럼 나를 위해서도 대학 입학 자금을 마련해 준 것이다. 아저씨는 내 아버지와 막역지간이어서 아버지가 굳이 신경 쓰지 않아도 자금을 관리할 수 있도록 따로 변호사까지 고용해 줬다.

제리 아저씨의 도움으로 나는 타이핑 일을 그만두고 정식 학부생으로 대학에 입학할 수 있었다. 로욜라대학에 합격한 날 높은 창구 앞에 서서 서류를 건네받으며 나는 행복감에 울음을 터뜨릴 뻔했다. 믿을 수 없는 일이었다. 내가 대학생이 되다니.

로욜라대학 캠퍼스와 지척에 있는 웨스트 앨비언에 자취방을 얻을 돈도 충분했다. 계산해 보니 알뜰히만 쓴다면 졸업 때까지 버틸 수 있을 만한 자금이었다. 나는 심리학을 전공하면서 의예과 강의를 들었다. 정신과 의사가 되기 위해 내디딘 첫걸음이었다.

기억상실 증상을 깨닫다

학기가 시작되자 내가 느낀 고양감은 금세 일종의 심리적 충격으로 대체됐다. 학부 생활 첫 강의는 다름 아닌 생물학이었다. 다른 수강생들은 나보다 훨씬 어렸다. (내가 정신병원에 갇혀 보낸 세월을 생각하면 당연한 일이었다.) 교수는 생물학 논제들에 관해 매우 심도 깊은 질문을 던졌다. 그 질문들에 다른 학생들이 대답하는 광경은 가히 충격적이

었다. '뭐야?' 나는 생각했다. '수업에 오기 전에 미리 공부해야 한다고 아무도 말해주지 않았는데.'

그렇지만 교수는 단지 학생들의 고등학교 생물 지식을 시험해 본 것뿐이었다. 나로서는 고등학교 생물 지식은커녕 고등학교 때 생물학 수업을 들은 기억조차 없었다. 틀림없이 나도 다른 모두와 똑같은 생물학 수업을 들었을 것이다. 하지만 그 경험이 내 머릿속에선 깨끗이 지워져 있었다. 고등학교 때 들었을 수업에 관한 기억이 남아 있지 않았다. 그리하여 대학 강의에서 새로 배우는 내용을 소화하는 동시에 다른 학생들이 죄다 머릿속에 갖고 있을 상당량의 지식을 따라잡는 데도 많은 시간을 투자해야 했다.

내 목표는 정신과 의사가 되는 것이었으므로 본과 과정에 입학하는 데 필요한 모든 난해한 과목들을 수강해야 했다. 한번은 어떤 중요한 시험 하나를 잘 못 치러 강사에게 재수강이 가능한지 문의했다. 그는 재수강을 승낙했지만 실은 내가 여학생이고 분명 재수강을 해도 시험에 통과하지 못하리라는 생각에 까짓것 한번 봐주자고 베푼 호의에 불과했다. 그걸 깨달은 나는 여기까지 읽은 사람은 모두 짐작했듯이 그의 예상을 깨주자고 다짐했고 실제로 그렇게 했다.

나는 로욜라대학 학생인 것이 정말 좋았지만 외롭기도 했다. 다른 학생들은 나보다 한참 어렸고 그들과 떠들 만한 공통된 추억도 없었고 자취방에서 혼자 사는 것 역시 그들과는 상이한 생활 조건이었다. 게다가 그들은 학교생활을 그리 진지하게 생각지 않는 것 같았다. 그런 까닭에 나는 마음이 통하는 친구를 만나기가 어려웠다.

오산

내가 학자금 운용 계획을 짜며 한 가지 계산하지 못한 것은 등록금이 오를 수 있다는 점이었는데 실제로 그 일이 일어났다. 결과적으로 수중에 있던 돈은 졸업 학년 3월에 바닥이 나버렸다. 나는 곧장 심리학과 학과장님을 찾아가 터지려는 울음을 꾹 참으며 심리학과 사무실에서 뭔가 할 수 있는 아르바이트가 없을지 물었다. 학과장님은 전에도 나를 사려 깊게 대해준 적이 있어서 그분을 찾아가면 빛이 보이지 않을까 싶었던 것이다. 기대한 대로 그분은 내게 1년은 충분히 버틸 수 있을 아르바이트 자리 하나를 마련해 줬다.

앨비언 애비뉴 자취방에 혼자 살면서 나는 한 번도 다른 학생을 룸메이트로 들인다는 생각을 해본 적이 없었다. 그들이 훨씬 어리고 나와는 정서적 공감대가 별로 없기 때문이었다. 하지만 또 한편으론 그때까지는 나 혼자 생활하는 데 전혀 문제가 없었기 때문이기도 했다. 룸메이트를 만들지 않은 것은 큰 실수였다. 그것이 실수였음을 깨닫기 전까지 나는 너무 많은 세월을 홀로 보내고 말았다.

영적 조언자가 돼준 안셀름

많은 가톨릭대학이 그렇듯 로욜라대학에도 학생들에게 조언자이자 영적인 길잡이가 돼주는 사제가 있었다. 프란체스코회 수도사인 안셀름 롬은 내 영적 조언자가 되는 데 동의했다. 우리는 한 달에 한두 번 혹은 그 이상 만나며 신은 어디에 있는지, 신과 어떤 관계여야 하는지, 신이 내게 주신 소명은 무엇일지에 관한 대화를 나눴다. 생명

인생이 지옥처럼 느껴질 때

을 위한 병원에서 그랬던 것처럼 나는 그때까지도 신을 찾고 또 찾고 있었다. 안셀름은 상냥했고 때로는 단호했다. 한번은 그의 비판을 듣고 울음을 터뜨린 적이 있다. 그는 말했다. "마샤, 나는 다만 당신이 이제 채워야 하는 빈칸을 지적한 것뿐이에요." 왜였는지 그 말은 내게 위안이 됐다.

안셀름은 이제껏 누구도 다다르지 못한 깊이까지 내 영성을—영적인 마샤를—들여다봤다. 그는 내 영적 경험을 믿어줬고 그 신비한 여정에서 내가 걸음을 옮길 수 있도록 이끌어줬다. 이따금 그가 나를 너무 띄워주는 건 아닐까 싶기도 했다. 한번은 그가 꽤 오랫동안 잠적한 적이 있었다. 돌아온 그는 사제의 길을 포기하고 내게 청혼하는 것이 옳을지 결정하기 위해 장고의 시간이 필요했다고 했다. 그는 아니라는 결론을 내렸고 나도 그 판단이 옳다고 생각했다.

내게 기도에 관한 가장 중요한 조언을 건네준 것도 안셀름이었다. 그는 나를 만나고 얼마 되지 않아 이렇게 말했다. "마샤, 그 어떤 것도 요구하지 말고 침묵으로만 기도하세요." 그건 생각지 못한 조언이었고 나는 아마 이렇게 반문했을 것이다. "아무 말 없이 어떻게 기도를 할 수 있어요?" 안셀름은 설명하지 않았다. 다만 이렇게만 말했다. "마샤, 그냥 한번 시도해 보세요."

그 경험은 실로 놀라운 것이었다. 기도할 때 누군가에게 말을 걸기 시작하면 그것은 당신에게서 떨어져 있는 누군가와의 대화가 된다. 하지만 침묵하면 당신에게서 떨어져 있는 것은 아무것도 없다. 당신은 신과 하나로 존재한다. 침묵의 기도를 반복하면 언젠가는 마침내 그 일체감을 느낄 수 있으리라. 사랑을 표현하기 어렵듯이 내 언어로는 형언하기 어려운 경험이다. 이렇게 말할 수도 있다. 나 자신이 신의 한가운데 존재하는 경험이라고.

나는 자취방 바닥에 바로 누워 손바닥이 위로 향하도록 바닥에 둔 채 "이뤄지이다"라고 읊조린 뒤 곧바로 모든 것을 받아들이는 침묵 상태로 침잠했다. 신에게 어떤 대답도 요구하지 않는 기도. 나를 변화시킨 것은 결국 이 기도 훈련이었다. 그로써 신과 새로운 관계를 맺고 영적 경험을 할 수 있었던 덕분이다.

안셀름의 또 다른 조언에도 감사한다. 조언이라기보다는 선언에 가까웠다. 한때 나는 수녀가 될까 고민하고 있었다. 가톨릭교도로 자란 소녀에게는 드물지 않은 소명 의식이다. 어머니는 이전에도 수녀가 되라고 나를 닦달한 적이 있으니 그 말을 들었다면 몹시 기뻐했을 것이다. 이 얘기를 안셀름에게 하자 그는 말했다. "마샤, 당신이 수녀원에 들어간다면 진지한 의문은 하나밖에 없어요. 그들이 먼저 당신을 쫓아낼까요, 아니면 당신이 먼저 제 발로 나가게 될까요? 왜냐면 마샤 당신은 수녀원하고는 어울리지 않기 때문이에요." 안셀름이 옳았을 것이다. 나는 수녀가 되기 위해 태어난 사람은 아니었다.

평신도 수도자

내게 가장 잘 어울리는 영적인 삶을 영위할 방식이 무엇일지 나는 안셀름과 오랜 시간 상의했다. 마침내 우리가 내린 결론은 "평신도 수도자"로 사는 것이 가장 준수한 중도책이라는 것이었다. 평신도 수도자란 일견 수녀로 사는 것과 비슷하지만 수녀원 생활 같은 형식적 제약을 받지 않는 독립적 수도자라 볼 수 있다. 로욜라대학에서 몇 블록 떨어지지 않은 앨비언 애비뉴의 내 아파트에서 우리는 안셀름이 집전하는 임명식을 거행했다. 얼, 대리엘, 에일린도 그 자리에 함께했다. 나는 수녀들이 하는 것과 똑같이 빈곤, 순결, 복종 서약을 했다. 신이 의도한 대로 삶을 영위해 나가겠다는 결의가 나를 가득 채웠다. 친구들은 종종 "마샤, 도대체 왜 그런 맹세를 했어?"라고 묻는다. 나는 짧지만 그만큼 진심이 담긴 답을 건넨다. "그렇게 할 수밖에 없도록 태어났으니까." 내 생애 그렇게 큰 확신을 갖고 실천한 일은 다시 없었다.

흔들릴 때 바위가 돼준 테드 비에라

로욜라대학에서의 내 영적 삶에 2막을 열어준 사람은 테드 비에라 신부였다. 그는 앞에 서 언급한, 전 직장 보험회사에서 몇 블록 떨어지지 않은 성모마리아 성당 사제 모임에 속해 있던 신부다. 그를 만난 것은 신의 섭리였다. 문자 그대로 그는 나를 살아 있게 해줬다. 이사한 아파트에서 L 전철을 타고 그를 만나러 가는 길은 꽤 멀었지만 나는 그 장거리 여행을 마다한 적이 없었다. 성모마리아 성당은 내가 시카고에 도착하자마자 곧바로 발견한 장소였다.

테드와 나는 만나자마자 마음이 통했다. 여자 형제가 없었던 그는 나를 여동생처럼 대해줬다. 테드는 성모마리아 성당에서 그를 보조하며 사역하는 평신도 수도자로 나를 받아들여줬고 나는 가톨릭교 신앙에 관한 신도들의 질문에 답해주는 역할을 맡았다. 그는 가톨릭 신자로서의 삶에 관한 대화에 평신도 수도자들도 함께 참여하길 바랐다. 오래지 않아 나는 좀 더 체계를 갖춰 직접 교리문답을 강의할 수도 있게 됐다.

시간이 흐르며 테드와 나는 점점 더 가까워졌다. 고통에 잠식되는 순간마다 나는 그에게 도움을 구했다. "대화할 사람이 필요해요. 너무 괴로워서 죽고 싶어요"라고 흐느끼며 호소했다. 내 호소에 테드는 언제나 응답했고 언제나 거기 있으면서 들어줬고 언제고 또 언제고 다시 나를 위로해 줬다. 그에게는 조현병을 앓는 형이 있어서 내가 겪는 어려움을 얼마만큼 이해하고 있었다. 하지만 우리 관계는 그 이상이었다. 그는 가장 순수한 의미에서 나를 사랑했고 나도 그를 사랑했다. 그 사랑으로 테드는 나를 삶이라는 수면 위로 구해내고 또 구해냈다.

세 가지 교훈

테드와의 관계에서 배운 몇 가지 중요한 교훈을 나는 지금도 내가 하는 일에서 실천한다. 테드는 관대히도 그때 내게 절실했던 무조건적인 사랑과 지지를 선사했지만 나는 "고마워요"란 말을 할 수 없었다. 물론 나중에 감사를 표하긴 했지만 절망과 외로움에 휩싸여 있는 순간에는 그럴 수 없었다. 그러므로 만약 당신이 지옥 속에 감금돼 있는 누군가를 돕고 그의 몸과 마음을 꽉 끌어안아 주고 있다면 그가 당장 고맙다는 말을 하지 않는 것이 당신이 지금 그에게 불필

인생이 지옥처럼 느껴질 때

요한 것을 주고 있다는 뜻은 아님을 기억하라. 당신은 지금 그에게 절실한 바로 그것을 주고 있다. 이것이 내가 얻은 첫 번째 교훈이다.

두 번째 교훈은 지옥에서 헤어나지 못한 채로 상대방에게 작별 인사를 건네는 것의 의미다. 고통 속에 있을 때 상담이나 통화가 끝나면 생애 가장 최악의 순간을 맞게 된다. 내 말을 들어주던 상대방은 전화를 끊었고 곧바로 다시 전화를 걸 순 없는 일이라 이제 당신은 다시 혼자, 지옥 속에 다시 홀로 남겨진다. 통화가 아닌 직접 면담에서도 마찬가지다. 그중 가장 고통스러운 순간은 상담이 끝나고 복도를 따라 걸어 나올 때, 이제 남은 일주일 동안은 지금껏 당신의 얘길 들어준 그 사람을 볼 수 없고 당신은 어이가 없을 만큼 혼자가 돼 있다는 사실을 깨달을 때다.

마지막 교훈은 테드와 안셀름이 보여준 (그리고 나중에는 독일에서 내 선승이 돼준 빌리기스가 준) 사랑에 관한 것이었다. 만약 당신이 지옥에 갇힌 누군가와 함께 있다면 그를 사랑하는 일을 포기하지 말라. 사랑은 결국 변화의 힘을 발휘하기 때문이다. 그들은 안개 속을 헤매는 사람들이다. 안개 때문에 앞을 보지 못하고 당신 역시 마찬가지다. 그들은 자신들이 안개에 젖는 줄도 모른다. 하지만 그들이 물통 하나를 건네면 당신은 그 물을 안개에 흩뿌린다. 사랑의 순간이 더해질 때마다 빈 물통에도 다시 물이 채워진다. 사랑의 순간 그 자체만으로는 부족할지 모른다. 하지만 결국 물통이 가득 차 영영 지옥에 갇힌 듯했던 사람은 사랑의 물을 마실 수 있고 변화하게 된다. 나는 안다. 내가 그곳에 있었고 그 통의 물을 마셨다.

가난한 자들의 작은 형제회

홀로 남겨질 때면 나는 항상 우울해졌다. 내가 수년간 그 효과를 확인한 우울감을 떨치는 방법 하나는 바로 자원봉사 활동에 참여하는 것이다. 가난한 자들의 작은 형제회 혹은 줄여서 '작은 형제회'로만 불리기도 하는 특별한 단체가 있었다. 제2차세계대전 직후 프랑스에서 파리의 노령자들을 돕기 위해 설립된 단체로 이제는 미국 전역 대여섯 도시에 지부를 두고 있다. 내가 사랑하는 이 단체의 모토는 "빵보다 먼저 꽃을"이다. 사람들은 필수품뿐만 아니라 삶 속의 특별한 즐거움 또한 필요로 한다. "사랑, 존엄, 아름다움은 신체적 욕구만큼이나 살아감에 필수적"이라고 그들은 주장한다. 내가 어머니에게 배운 것이 있다면 그건 아름다움의 가치며 어떤 환경에서든 아름다움을 불어넣으려는 노력은 그만한 가치가 있다는 교훈이었다.

크리스마스, 추수감사절 그리고 부활절에 나는 작은 형제회를 도와 음식을 준비하고 센터를 찾아오는 사람들에게 필요한 것이면 무엇이든 손을 보탰다. 한번은 사람들을 대접하고 남은 칠면조 가슴살을 거의 반 덩어리 정도 집에 가져갈 수 있게 됐다. 인생에서 경험한 근사한 일 중에서도 이 일은 거의 최고 격이었다. 일주일 치 식량을 확보한 셈이었으니까. 그때 느낀 기쁨이란!

나는 작은 형제회 사람들에게 의지할 수 있었고 크리스마스, 부활절, 추수감사절을 혼자 보내야 하는 사람에게 그것은 귀한 선물이었다. 작은 형제회는 생일을 맞은 사람들에게 잊지 않고 늘 꽃을 보냈다. 테레사 수녀는 언젠가 이런 말씀을 하셨다. "친절한 말은 짧고 수고스럽지도 않지만 그 울림은 진정 무한하다."

인생이 지옥처럼 느껴질 때

9

과학자처럼 생각하는 길

The Path to Thinking Like a Scientist

로욜라대학에서의 내 학부 생활은 활기와 열정으로 가득 차 있었다. 나는 프로이트를 흠모해 그의 저작은 모조리 찾아 읽었다. (지금의 나를 아는 사람이라면 아마 놀라운 이야기일 것이다. 나는 나중에 과학자가 됐지만 프로이트는 과학적인 사람이 아니었기 때문이다.) 그 시절 내 계획은 정신병동에서 일하는 정신과 의사가 되는 것이었다. 하지만 뚜렷한 미래상을 지니고 대학에 입학하는 많은 학생들이 그렇듯이 나 역시 계획을 수정하게 될 터였다. 그 계기가 된 것은 두 가지 작지만 강력한 사건이었다.

순환적 사고에 대한 깨달음

첫 번째 사건은 나오미 와이스틴Naomi Weisstein이라는 훌륭한 교수님의 강의에서 벌어졌다. 학기 초반 그는 내게 내가 제시한 어떤 주장을 옹호해 보라고 주문했다. 자리에서 일어나 주장을 펼치는데 그는 도중에 내 말을 끊었다. "학생의 주장은 순환적이에요." 그는 말했다. "주장을 뒷받침할 정보를 제시하지 못하고 있어요."

"순환적 사고Circular Thinking"라는 말은 생전 처음 들었다. 교수님은 순환적 사고가 무엇인지 설명했고 나는 그때까지 내 사고방식의 많은 부분이 순환적이었음을 깨달았다. 내가 배워야 할 것이 많다는 사실이 분명해졌다. 강의 중간에 일어난 일이라 내가 크게 당황했으리라 생각하겠지만 그렇지 않았다. 순수한 기쁨이 마음 가득 차올랐다.

그렇다면 순환적 사고란 무엇인가? 본질적으로는 어떤 주장을 입증하려고 하면서 자신이 입증하려는 것이 이미 참이라는 가정에서 논의를 시작하는 것이다. 예를 들어보자.

교수: 학생은 대학원에 진학하기에 실력이 부족한 것 같군요.

학생: 그렇게 보시는 이유가 무엇인가요?

교수: 학생은 준비가 안 됐어요.

학생: 어떤 근거에서요?

교수: 학생은 실력이 부족하니까.

학생: 어째서죠?

교수: 왜냐면 학생은 대학원에 들어갈 준비가 안 됐기 때문이에요.

인생이 지옥처럼 느껴질 때

내가 가장 좋아하는 예시는 다음과 같다.

존: 나는 하느님의 존재를 믿어.

수전: 하느님의 존재를 믿는 이유가 뭐야?

존: 성경에 하느님이 존재한다고 쓰여 있으니까.

수전: 성경은 왜 믿는데?

존: 하느님이 성경을 만드셨으니까.

순환적 사고에 대한 깨달음은 프로이트주의 치료에 관한 그때까지의 내 생각을 상당 부분 뒤흔들었다. 정신과적 치료는 과학적 기준을 따라야 하며 그 효과성은 반드시 과학적 연구를 통해 수집된 증거로 평가돼야 한다는 믿음을 갖게 된 첫 번째 계기였다. 의견은 확실한 증거를 대체할 수 없다는 사실을 이제 나는 안다.

교수님의 본질적 가르침은 과학자로 성장하는 내 첫걸음이 돼줬다. 하지만 과학이 정말 무엇인지에 관해 나는 아직 눈을 뜨지 못하고 있었다.

과학을 처음 맛보다

두 번째 중요한 사건은 패트릭 라플린Patrick Laughlin 교수님이 가르친 사회심리학 강의 도중 일어났다. 그는 이렇게 말했다. "수강생끼리 소규모로 조를 짜서 학회에서 발표할 수 있을 만큼 엄정한 연구 과제를 진행했으면 좋겠습니다." 나는 생각했다. '무슨 말이야? 우린 겨우 학부생인데. 우리가 할 수 있나?' 하지만 곧 다른 생각이 들었다. '그래, 교수님이잖아. 허황된 소릴 하진 않겠지.' 그리고 실제로 우리 조는 학회에서 연구 결과를 발표하기에 이르렀다. 얼마나 설렜는지! 우리 오합지졸 학부생 팀이 진짜 연구 결과를 발표한 것이다.

로욜라대학 학부생 시절 내가 읽은 심리학 논문 중 일부는 사람들이 위험을 평가할 때나 타인을 판단할 때 자주 정확한 상관성을 따지지 못하는 이유를 다룬 것이었다. 확률을 따질 때 큰 역할을 차지하는 것은 계산보다는 감정이다. 대부분의 사람들은 자동차 사고로 죽을 확률보다 항공 여행 중 폭탄 테러로 사망할 확률이 더 높다고 생각한다. 사실은 그 반대인데 말이다. 폭파된 여객기 잔해와 시체의 끔찍한 이미지가 정서적 심상으로 마음속에 묵직이 자리 잡고 있는 탓이다. 대저택과 고급 자동차, 카리브해에서 보내는 휴가에 대한 기분 좋은 상상은 그 꿈을 이룰 가능성이 눈곱보다 작다는 사실을 흐리게 만든다.

사회심리학 강의를 들으면서 나는 기존 견해가 사람들의 선택을 좌우한다면 다른 것을 평가할 때도, 이를테면 백인이 아프리카계 미국인을 만날 때도 마찬가지일까 궁금했다. (당시는 인권이 큰 이슈였던 1960년대였다. 나는 인권을 비롯해 다른 이슈에도 관여하고 있었다.) 그래서 내가 상정한 (지금 보면 단순하지만 그때는 흥미진진하기만 했던) 생각은 무의식적 편견이 우리 스스로의 판단에 강력한 영향을 끼치리라는 것이었다. 내 이웃은 선하고 현명한 사람인가, 아니면 무지한 불한당인가? 우리가 내놓는 대답은 '백인은 선하고 흑인은 악하다' 같은 식의 편견에 좌우된다. 이는 오늘날 암묵적 편향implicit bias이라 불린다.

인생이 지옥처럼 느껴질 때

그리하여 1967년 나는 인종 판단에 깃든 편향에 초점을 맞춘 최초의 독립 연구에 착수했다. 나는 몇 군데 고등학교에 부탁해 수업에 들어가 연구 자료를 모았다. 내가 작성한 논문은 시카고에서 열린 미국 중서부 심리학회 발표 논문으로 채택됐다. 나는 스물세 살이었고 "비의도적 자극의 인종 맥락이 의도적 학습과 비의도적 학습에 미치는 영향Intentional and Incidental Learning as a Function of the Racial Context of Incidental Stimuli"이라는 제목의 연구를 발표할 수 있었다.

라플린 교수님이 내게 독자적 연구 계기를 만들어준 것보다 더 중요했던 것은 내가 할 수 있다는, 내 연구가 가치 있다는 그의 믿음이었다. 연구 활동은 실로 흥미로웠다. 그 직후 나는 연구의 엄밀성을 따지고 드는 애물단지가 되고 말았지만 말이다. "그런데 지금 당신이 말하는 바를 뒷받침할 어떤 근거가 있나요?" 혹은 "그렇게 확언하시면 안 되죠. 근거를 제시하지 못하고 있잖아요"라고 사람들에게 캐묻기 일쑤였다.

이제 와서 그때를, 그때 내 사고방식에 일어난 대전환과 내가 연구 과학자가 된 과정을 돌이켜 보면 사소한 사건들이 내 생애를 바꿔버린 힘에 경외심이 든다. 교수님 한 분은 내 사고의 결함을 지적해 줬다. 다른 교수님은 내게 믿음을 가져줬다. 두 분이 없었다면 지금 나는 어떤 사람이었을지 종종 생각한다. 내 연구가 과학적이고 논리적인 사고에 기반하지 않았다면 누군가를 지옥에서 끌어내는 일에 과연 성공할 수 있었을까?

10

세너클 성당에서의 계시

My Enlightenment Moment in the Cenacle Chapel

로욜라대학에서 학부 생활을 시작한 뒤 나는 미시건호에서 여섯 블록쯤 떨어진 풀러턴 파크웨이에 있는 세너클 피정避靜의 집에서 주말을 보냈다. 영적 은거 장소에 걸맞게 붉은 벽돌로 지어진 수녀원 느낌의 건물이었다.

세너클 수녀회는 "이 시대를 살아가는 사람들과 함께, 사람들을 위해 신앙의 깨우침과 심화로써 세상에 변화를" 일으키겠다는 사명으로 일했다. 이 수녀회는 1826년 프랑스 남부 지역에서 설립된 가톨릭 여자 신도회다. 설립자 중 한 사람인 테레즈 쿠데르 수녀는 성인으로 추대됐다. 테레즈 수녀는 종교적 환상을 보기도 했는데 1866년에 쓴 서신에 이를 묘사했다. "나는 '선善, Goodness'이라는 글자가 금빛으로 아로새겨진 것을 봤고 이후 오랫동안 형언할 수 없는 기쁨을 느끼며 이 말을 마음속에서 되뇄습니다. 나는 봤습니다. 그 글자가 모든 창조물에 새겨진 것을. 생물과 무생물, 사고하는 것이나 그렇지 않은 것 모두가 이 선의 이름을 배태하고 있었습니다." 나는 이 선의 환상이 아름답다고 생각했다.

내가 단독 피정을 위해 그곳을 찾을 때마다 수녀님들은 내게 무척 친절히 대해줬다. 그분들은 방과 담요도 무료로 제공해 줬다. 매일 아침이면 긴 식탁에 모여 앉아 아침 식사를 하기 전 수녀님 한 분이 말없이 내 접시 위에 쪽지 하나를 올려놓았다. 성경의 시편에서 가져온 구절을 직접 붉은 잉크로 옮겨 적은 쪽지였다. 고통에 시달리는 내 영혼을 그분이 얼마나 미뤄 알았는지는 모르지만 그 소박한 친절이 오랜 상심에 잠겨 있던 내 마음을 깊이 감동케 했다.

그곳에 머무는 동안 나는 기도를 많이 하고 책을 많이 읽었다. 나는 예배당의 적막 속에 앉아 있기를 좋아했다. 예배당에는 아름다운 스테인드글라스 창이 북쪽 끝에 하나 그리고 제단 뒤에 하나 있었다. 두 창에 그려진 기독교 교리를 재현한 추상화는 모두 화가 아돌파스 발레스카Adolfas Valeška의 작품으로 그는 리투아니아에서 태어나 제2차세계대전 이후 시카고에 작업실을 열며 명성을 얻었다. 만약 시카고 링컨파크 인근을 지나게 된다면 길을 돌아 세너클 성당을 들러보라. 일부러 감상하러 간 것을 감사하게 될 것이다.

신은 나를 사랑하신다, 나는 나 자신을 사랑한다

한파가 몰아치던 1967년 1월 어느 저녁, 당시 로욜라대학 3학년이었던 나는 피정의 집 예배당의 작은 대기실에 앉아 있었다. 벽난로에서는 땔감이 타고 있었다. 그곳의 푹신한 소파에 앉아 내가 경험한 중 최악으로 암울하고 비참한 마음의 깊은 구렁텅이에 빠져 있었다. 한 수녀가 다가와 상냥한 얼굴로 나를 바라보며 "내가 도울 일이 있을까요?" 혹은 "필요한 거라도 있나요?" 같은 말을 건넸다. 그러나 누구도 나를 위해 할 수 있는 일이 없으리라고, 나를 구원할 도움 같은 건 세상에 없으리라고 나는 느끼고 있었다. 나는 대답했다. "아뇨, 감사하지만 전 괜찮습니다." 절망에 빠져 있었지만 여기서 뭔가를 어떻게 할 수 있는 사람은 아무도 없다고 굳게 믿었다.

나는 예배당으로 들어가 무릎을 꿇고 앉았다. 제단 뒤 십자가가 눈에 들어왔다. 그때 내가 신께 어떤 기도를 읊조렸는지는 기억나지 않지만 그 커다란 십자가상을 바라보고 있을 때, 어느 순간 갑자기 예배당 전체가 아른아른 빛나는 눈부신 금색 광선으로 물들기 시작했다.

나는 금세 환희에 차서 깨달았다. 하느님이 나를 사랑하신다는 확신에 기쁨이 넘쳤다. 나는 혼자가 아니다. 신은 내 안에 계시다. 나는 신 안에 있다.

자리에서 벌떡 일어난 나는 곧장 예배당 밖으로 뛰쳐나가 계단을 뛰어올라 2층에 있던 내 방으로 갔다. 방에 들어선 나는 한동안 선 채로 꼼짝할 수 없었다. 외치듯 나는 말했다. "나는 나 자신을 사랑해." '나 자신을'이라고 말한 순간 그 나 자신이 더는 전과 같지 않음을 깨달았다. 그 시절 만약 누가 내게 "너는 너 자신을 사랑하니?"라고 물었다면 나는 이렇게 대답했을 것이다. "나는 그를 사랑해."

인생이 지옥처럼 느껴질 때

입원 병동에서 지옥의 수감자로 추락했을 때부터 나는 내가 두 개로 분리되기라도 한 것처럼 나 자신을 3인칭으로 생각하고 칭해왔다. 입원하기 전에는 그렇게 분리돼 있지 않았지만 병원에 있는 동안 그리고 예배당에서의 그 순간까지 나는 하나의 존재가 아니었다.

하지만 그 순간 나는 큰 소리로 분명하게 말했다. "나는 나 자신을 사랑해." 구름 위를 나는 사람처럼 나는 계단을 뛰어 내려가 정신과 의사에게 전화를 걸었다. 그는 부재중이었다. 그때 나는 진짜로 나 자신이 변화했음을 깨달았다. 그가 전화를 받지 않는다는 것 따윈 아무것도 아니게 느껴진 것이다. 보통은 의사의 도움이 필요한 순간 그가 전화를 받지 않으면 절망에 부딪혀 안달복달했다. 그러나 이젠 아니었다. 오래전의 나 자신이 거기 돌아와 있었다. 나는 선을 넘었고 다시 그 너머로 돌아갈 리는 없을 것이었다.

수화기를 내려놓았을 때 내 곁을 우연히 지나던 사람은 다름 아닌 내 아침 식사 접시 위에 시편 구절을 올려준 바로 그 수녀였다. 나는 그에게 내게 일어난 일을 말했다. 그는 미소 지으며 나를 품 안에 꼭 안아줬다. 그가 무슨 말을 건넸는지는 기억나지 않는다. 하지만 나는 내가 이해받았다는 것을 알았다.

최근 〈뉴욕타임스〉에 이 경험을 언급한 내 기사가 실렸는데 이 기사를 읽고 세너클 피정의 집에 있는 로즈매리 던컨 수녀가 지인에게 이런 편지를 써 보냈다고 한다. "마샤가 경험한 것이 우리 수녀회를 세운 성聖 테레즈 쿠데르의 선의 환상과 닮아 깜짝 놀랐다"고 말이다. 로즈매리 수녀는 이어 이렇게 썼다. "마샤가 '나는 나 자신을 사랑해'라고 말할 수 있었던 것은 그 자신의 선을 인식하고 받아들일 수 있었기 때문이었어요. 은총의 기적이 아닐 수 없죠! 세너클의 사람으로서 우리는 사역 중 이 같은 은총의 기적을 목도할 수 있는 은혜를 입었습니다. 마샤의 경험처럼 항상 극적인 것은 아닐지라도 매우 진실된 기적을 말이죠."* 과찬으로 느껴지지만 이 깨달음의 경험이 내 삶을 바꿨음을 나는 안다. 과거의 그 절망했던 사람으로 다시 돌아가는 일은 없을 것이다.

하느님이 모든 사람과 모든 것에 깃들어 계심을, 하느님이 모든 사람과 모든 것을 사랑하심을 차츰 터득하면서 내 개인적 경험도 확장됐다. 그 깨달음은 보편적 통합이자 거대한 합일이자 테레즈 수녀님이 말한 보편적 선에 대한 인식이었다. 나는 그 모두가 어디에나 존재함에 눈떴다. 시카고에서 버스를 탈 때는 사람들을 한 명씩 다 붙잡고 소리쳐 외치고 싶었다. "당신 안에 하느님이 계시다는 걸 아세요?" (하지만 이번만은 입을 꾹 다물고 있었다!)

나는 이 체험을 소수에게만 말했다. 개인적 경험이라 조심스럽기도 했지만 어떻게 설명해야 할지 잘 몰라서기도 했다. 대다수 사람들은 그 일을 이해하지 못할 것이 뻔했다. 그리고 솔직히 말하면 나조차도 완전히 이해하지 못했다. 다만 뭔가 변화가 일어났음을 깨달았을 뿐이다. 나는 대학 시절 영적 지도자 안셀름에게는 이 일을 털어놓았고 테드에게는 꽤 한참 후에야 전했다.

테드 말로는 1967년 그 경험 이후 어느 날 내가 이렇게 말했다고 한다. "자살 충동을 느끼는 사람들을 돕는 일에 평생을 바치기로 했

---

*   2013년 7월 로즈매리 던컨 수녀가 로저 르윈에게 보낸 개인적 서신 중.

인생이 지옥처럼 느껴질 때

어요." 그는 내 다짐에 전율을 느꼈다고 한다. 나는 그 일이 잘 기억 나진 않지만 아마도 그 다짐으로 신에 대한 맹세가 더 굳어지고 북 돋워졌으리라.

이 경험 이후 여전히 로욜라대학에 다니는 수년 동안 나는 아파 트로 돌아오면 바닥에 벌렁 드러누워 내 중심으로 침잠해 들어가 하 느님이 존재하심에 대한 희열을 느끼는 일을 낙으로 삼았다. 그 몇 년 동안 침대 옆 협탁에 영적인 책들을 쌓아두고 밤마다 읽으며 위 안을 얻기도 했다. 내가 영적인 책을 얼마나 많이 읽고 있는지 세어 봄으로써 내 기분 상태를 가늠할 수도 있었을 것이다.

학부 과정 필독서 중에는 프랑스 고생물학자이자 철학자이자 예 수회 사제인 피에르 테야르 드샤르댕Pierre Teilhard de Chardin의 저서《현 상으로서의 인간The Phenomenon of Man》도 있었다. 나는 자정부터 아침 까지 밤을 새워 하룻밤 만에 책을 완독했다. 이 책에서 그는 의식과 우주에 관해 이야기하며 우주가 일체성과 합일의 지점을 향해, 즉 그가 명명한 일명 오메가 포인트를 향해 거스를 수 없는 진화를 이 어가고 있다고 설파한다. 말하자면 오메가 포인트는 보편적 의식과 신성이 융합되는 지점이다. 그는 성 테레즈와 견해를 같이하며 오메 가 포인트에서 보편적 선을 봤다. 나는 이 두 명의 위대한 인물, 성 테레즈와 테야르 드샤르댕의 사상에 푹 빠져들며 이들과 교감을 느 꼈다.

신비체험의 의미

앞 장에서도 말한 대로 그로부터 수년 후 나는 보르체르트가 쓴《초월적 세계를 향한 관념의 역사》를 읽었다. 신비체험에 대한 그의 설명을 통해 나는 그것이 1967년 1월 그날 내가 체험한 일임을 절감했다. 특히 일체감의 대목이 마음에 와 닿았다. 그의 표현을 그대로 옮기자면 일체감은 "언제나 존재해 왔으나 감지하지 못하고 있던 현실"일 뿐이다. "달리 말해 자아 속에 그리고 주변 실제 세계 속에 숨겨져 있는 현실이다. 자아 깊숙이에서 발현되는 것이다."[*]

보르체르트는 신비주의자들을 하느님과 연애에 빠진 사람들로 묘사했다. 내 감정과 똑같았다. 이제껏 나는 그렇게 느끼는 내가 좀 이상한 사람이라는 생각을 떨칠 수 없었다. 하느님과 연애를 하다니 그런 말은 들어본 적이 없었으니까. 보르체르트의 말은 내 감정의 정당성을 입증해 준 셈이었다.

신비체험은 대다수 사람들이 생각하는 것보다 흔하다. 수년 동안 내담자, 선 문하생, 내가 이끄는 선 피정 참석자들의 이야기를 들으며 직접 깨닿았다. 신비체험은 내 경우처럼 변화를 일으키는 경험이 될 수도 있고 자연, 높이 솟은 산, 지금 걷고 있는 땅, 머리 위로 올려다보는 나무, 사랑하는 이와의 합일을 체험하는 일처럼 비교적 겸허한 경험이 될 수도 있다.

---

[*]   Bruno Borchert, *Mysticism: Its History and Challenge* (York Beach, Maine: Samuel Weiser, 1994), p. 7. 국내 번역본: 브루노 보르체르트,《초월적 세계를 향한 관념의 역사》

인생이 지옥처럼 느껴질 때

축하 공연 밴드는 어딨지?

당시 내 담당 정신과 의사였던 빅터 지엘린스키 선생님은 시카고 정신분석연구소와 협력하는 꽤 유명한 인물이었다. 그가 정신분석 전문의였던만큼 상담은 내가 소파에 누워 있고 그는 내 시야 밖에 앉아 있는 상태에서 진행되는 것이 보통이었다. 그런데 그때는 아니었다. 깨우침을 체험한 직후 나는 그에게 마주 보며 앉고 싶다고 말했다. 그는 내가 털어놓는 모든 이야기를 끈기 있게 들어줬다. 그러고는 천천히 그리고 신중하게 말했다. "마샤, 나는 무신론자라서 당신에게 무슨 일이 일어났는지는 잘 모르겠어요. 하지만 이것만은 말해줄 수 있어요. 이제 당신은 더는 치료가 필요 없어요." 정말 놀라운 일이었다. 첫째로 그가 그런 얘길 이해해 줄 만큼 통찰력이 뛰어났다는 점에서 그랬고 둘째로는 "지금 이 상태를 잃게 될 경우를 대비해 치료를 계속해야 해요" 같은 말을 하지 않았다는 점에서 그랬다. 상담을 마친 뒤 나는 작별 인사를 전하고 진료실을 나왔다.

이 대목에서는 진료실을 걸어 나오던 그 단순한 행동이 얼마나 대단한 일인지 알아줘야 한다. 앞에서도 말했지만 내담자의 삶에서 최악의 순간은 상담을 마치고 치료사를 떠나올 때다. 치료사가 치료를 그만해도 되겠다는 결정을 내리는 경우조차 오랜 시간을 두고 서서히 점진적으로 치료를 중단한다. 나도 내 내담자들의 치료 중단 과정을 수개월에 걸쳐 진행하기도 한다. 그날 지엘린스키 선생님에게 마지막 작별 인사를 전하고 나오던 그 순간 내 마음속은 온통 기쁨으로 흘러넘쳤다.

미시간 애비뉴에 나와 선 나는 길을 이리저리 둘러보며 혼잣말을

171

했다. "축하 공연 밴드는 어딨지?" 마침내 지옥에서 벗어난 내게 성대한 표창식과 축하 의식을 거행해 줘야 하는 게 아닌가 싶었다.

　황당한 생각이었지만 그 정도로 나는 깊은 환희에 들떠 있었다.

11

마침내 스스로 입증하다

I Have Proved My Point!

로욜라대학 졸업 학기에 이르러 나는 정신과 의사가 되겠다는 오랜
계획을 변경해야 하는 불운한 현실에 직면했다.

현실에서 정신의학은 심각한 정신질환, 특히 심각한 자살 충동에
그리 효과적인 치료법을 제시하지 못하는 것으로 보였다. 무슨 계기
로 그런 결론에 도달했는지는 모르지만 그때 느낀 충격만큼은 지금
도 기억한다. 나는 의과대학에 진학해 정신과 의사가 될 계획이었
다. 필요한 과목은 빠짐없이 수강했고 이미 몇 군데 의과대학에 지
원서도 제출한 뒤였다.

돌이켜 보면 그때의 깨달음이 꼭 충격적일 필요는 없었다. 나도
내가 도우려던 사람들과 같은 처지에 놓인 적이 있었다. 내가 머문
곳은 시설이 좋은 병원이었고 자금 사정이 훨씬 열악한 주립병원

폐쇄 병동과는 전혀 달랐다. 하지만 그럼에도 생명을 위한 병원 직원들은 나를 어떻게 도와야 할지 아예 감도 없는 눈치였다. 내 머릿속 어딘가에서는 이 사실을 알고 있었고 더 일찍 깨달았어야 했다.

임상가가 아닌 연구자가 되기로 결심하다

이 시기에 있었던 일들에 관한 몇 가지 섬광 기억이 남아 있다. 정신의학의 부족한 점을 깨달은 직후 나는 로욜라대학에서 진행된 한 철학 강좌를 듣고 있었다. 학생들 앞에 선 교수님에게서 내가 앉은 자리 옆의 나무 바닥으로 내 시선은 한가히 움직이고 있었다. 그때 불현듯 이런 생각이 고개를 들었다. '내가 도우려는 사람들을 정말 도울 수 있을 효과적인 치료법이 정신의학에 없다면, 그런데 내가 원래 계획대로 정신과 의사가 된다면 그럼 나는 일생을 무력한 전문가로 살아야 하는 거 아닌가?'

이 깨달음은 나를 오싹하게 했다. 내가 결코 견딜 수 없는 최악의 상황이었다. 바로 그 순간 나는 대신 연구자가 되자고 결심했다. 임상 연구 분야에 뛰어들어 내가 도우려는 사람들에게 정말 효과를 발휘할 치료법을 내 손으로 개발하는 것이다.

계획은 달라졌지만 의과대학에 진학한다는 선택지는 여전히 유효했다. 단, 당초 계획대로 전문의 자격증을 따고 정신과 레지던트 과정을 밟는 대신 연구 훈련에 집중할 예정이었다. 나는 새로운 진로를 마음에 품고 의과대학에 지원서를 넣었다.

이런 결심을 한 지 얼마 되지 않아 나는 연구자로서의 진로를 처음 제안해 준 라플린 교수님과 대화할 기회가 생겼다. 교수님은 이런 요지의 조언을 해줬다. "마샤, 너도 잘 알겠지만 의과대학에서 가르치는 연구 훈련 과정은 그렇게 엄밀하지도, 과학적이지도 못해. 차라리 실험심리학으로 박사 학위를 받고 다른 곳에서 임상심리학 박사 후 과정을 밟는 게 어떻겠니?"

교수님이 제시한 훨씬 과학적인 연구 훈련을 위한 대안은 이랬다. 먼저 심리과학 박사 과정을 밟으며 인간(과 동물의) 행동, 두뇌, 정신적 활동과 과정, 정신병리학을 공부한다. 하지만 이 커리큘럼에는 의과대학에서 배우는 것 같은 현장 임상 치료 훈련이 포함되지 않는다. 대신 박사 과정을 마친 뒤 임상심리학 분야에서 인턴십 과정을 거치면 임상가로 활동할 기회를 얻을 수 있다. '그래, 좋아.' 나는 생각했다. 이게 제3의 대안이다.

세 번째 계획을 따르기로 결정하는 것까지는 쉬웠다. 하지만 계획을 실행에 옮기는 과정은 그렇지 않았다.

일단 앞에서도 언급한 대로 등록금이 갑자기 오르면서 로욜라대학에서 마지막 학기까지 마치고 졸업한다는 계획이 차질을 빚을 위기에 처했다. 당시 로욜라대학 심리학과장이었던 론 워커 교수님은 이렇게 말했다. "걱정 마요, 마샤 학생. 우리가 무슨 수를 강구해 볼게요." 교수님은 정말로 학과 사무실에 파트타임 일자리를 만들어줬고 거기서 받는 급료로 나는 마지막 학기까지 이수한 뒤 1968년 마침내 졸업할 수 있었다. 교수님의 도움은 내게 중요한 교훈을 안겼다. 누구든 소박한 친절을 베푸는 것만으로도 타인의 삶에 상상 이상의 변화를 가져올 수 있다는 것 말이다. 돌이켜 보면 나는 인복이 많았다. 내게 잘 대해주고 도움이 필요할 때 도와준 많은 사람들 덕에 고비를 넘긴 적이 많았으니까. 그 이유가 무엇이었는지는 모르겠지만 어쩌면 내가 도움을 받으면서 데면데면하게 굴지 않았기 때문이었을지도 모른다. 나는 로욜라대학에서 나를 도와준 교수님들의 친절에 화답할 수 있는 삶을 살고자 늘 노력했다. 그리고 지금도 그 은혜를 갚아나가고 있다.

과거에 발목 잡히다

학부 졸업생 중 최우수 성적을 거둔 축에 속한 덕에 학교에서는 나를 일리노이대학교 대학원 프로그램 입학 후보생으로 선정해 줬다. 로욜라대학에서 추천받은 학생치고 일리노이대학에 불합격한 경우는 그때까지 한 번도 없었다. 교수님과 친구들은 반드시 입학하게 될 테니 큰 걱정 말라고 말했다. 심지어 친구들은 왜 굳이 다른 학교에까지 원서를 넣느냐고 타박하기도 했다. 하지만 내 생각에 사회심리학을 공부하기에 최적인 곳은 바로 예일대학교였다. 그래서 나는 두 곳에 모두 지원서를 넣었다. 무슨 걱정을 할 필요가 있었겠는가? 내 앞에는 탄탄대로가 놓여 있었다.

로욜라대학 교수님들에게 받은 추천서는 훌륭했다. 지도교수님은 내 지원서를 읽고는 내가 예일대학에 떨어져도 일리노이대학은 따놓은 당상일 거라고 말했다. 그러니 굳이 적잖은 돈을 더 들여 다른 학교에 지원할 필요는 없어 보였다. 내 운명을 알게 되기까지 견딜 수 없을 만큼 긴 시간을 더 기다려야 했지만 나는 걱정이 없었다.

이쯤 되면 당신도 내가 두 통의 불합격 통지서를 받았을 때 어떤 기분이었는지 짐작할 수 있을 것이다. 그래, 예일대학은 그럴 수 있다. 하지만 일리노이대학까지 떨어지다니? 라플린 교수님은 일리노이대학에 전화를 걸어 도대체 이유가 무엇인지 알아봤다. 학교에서는 내 대학원자격시험GRE 점수가 문제라고 말했다고 한다. 내 점수가 정확히 얼마였는지는 기억나지 않지만 지원 서류를 준비하는 과정에서 어느 누구도 그걸 콕 집어 문제 삼지는 않았으므로 내 점수가 형편없지는 않았을 것이라고 확신한다. 학교에서 GRE 점수를 문제 삼은 것은 사실일지도 혹은 다른 진짜 이유를 숨기기 위한 변명이었을지도 모른다. 대학원 입학 지원서를 쓰면서 나는 정신 병동에 입원해 있던 세월과 뒤이어 주경야독으로 보낸 시간을 포함한 '구멍 난 이력'을 어떻게든 설명해야 했고 그 과제에 솔직히 임했다. 추측건대 아마도 그것이 학교의 결정에 영향을 미쳤을 것 같다. 입학이 확정되기 전에 내 과거를 공개한 것은 실수였다. 나중에 교수가 돼서도 나는 내 학생이 같은 실수를 저지르지 않도록 조심시켰다.

"로욜라대학에서 너를 받아줄게"

나는 충격받았고 감정을 주체할 수 없었다. 내 인생 계획이 하루아침에 무너져 버린 것이다. 론 교수님을 찾은 나는 의자 위로 쓰러져 엉엉 울면서 낙방 소식을 전했다. 교수님도 놀란 건 마찬가지였다. 모두가 충격 상태였다. 하지만 론 교수님은 이번에도 나를 구해줬다. "그만 울어요, 마샤 학생. 여기 로욜라대학에서 마샤를 받아줄게요."

라플린 교수님은 내가 국가방위교육법National Defense Education Act 3년 장학금을 받을 수 있도록 주선해 줬다. 이 장학금은 소위 '스푸트니크 쇼크' 이후 미국 정부가 과학 분야의 여성 인력을 늘리기 위해 제정한 지원 제도였다. 교수님은 내게 마음을 결정할 이틀간의 여유를 줬다. 나는 도시 남쪽에 있는 시카고대학에도 혹시 결원이 있는지 문의해 보라는 조언도 받았다.

시카고대학에서 치른 면접은 훌륭했다. 교수님은 나를 제자로 받고 싶지만 내 학비를 지원할 장학금을 주선해 주기는 어렵다고 말했다. 그리고 로욜라대학에서 학업을 잇는 게 최선 같다고 조언하며 그곳에서는 장학금을 받을 수 있지 않느냐고도 덧붙였다. 대학원을 선택할 때 유일하게 따져봐야 할 중요한 요소는 학교 도서관이 얼마나 잘돼 있느냐일 뿐이라고도 했다.

나는 라플린 교수님의 제안대로 로욜라대학에 머물기로 결정했다. 연구자가 되기로 한 계획은 어쨌든 제대로 굴러가게 된 셈이다.

내 목표는 언제나 그랬듯이 지옥에 갇힌 사람들을 구해내는 것이었다. 하지만 그보다 먼저 연구자가 되는 법을 배워야 했다. 라플린 교수님은 훌륭한 스승이었다. 이제 과학자가 되겠다고 굳게 마음먹었으니 내가 꼭 배워야 할 것을 습득할 수 있을 것이며 그 방법 또한 노련히 강구해 낼 자신이 있었다.

또다시 곤경에 빠지다

나와 대학원 생활을 함께한 친구 거스 크리볼리오에 따르면 당시 심리학과 대학원생들은 대다수가 남성이었고 보수적이었으며 여학생이면 어떻게 꾸미고 행동해야 하는지에 대한 아집이 강했다. 여학생은 조신하고 여성스러워야 하며 나긋나긋한 목소리로 말하고 특히 남자들이 있는 곳에서는 자기주장을 밀어붙이면 안 된다는 통념이 있었다. 여성은 언제나 무슨 사안에서든 남성의 말을 들어야 했다. (우리 어머니가 했던 말과 비슷하지 않은가?) 나는 집에서도 그랬지만 대학원에서도 금형에 내 자신을 끼워 맞추지 못했다. 100만 톤 모터가 달린 황금 주둥이는 웬만해선 다물어질 줄 몰랐다.

대학원에서는 제법 많은 친구를 사귀었지만 지금까지 연락하고 지내는 사람은 거스가 유일하다. 거스는 임상심리학 전공이었고 나는 사회심리학 전공이었다. 그는 우리가 얼마나 빨리 친해졌는지— 이성친구로서가 아니라 동학同學으로서—내게 상기시켜 줬다. 우리는 각자의 집에서 수화기를 붙들고 오랫동안 토론하기도 했고 때로는 앨비언에 있는 내 아파트에서 같이 공부하기도 했다.

박사 자격 심사 과정 중 예비 시험을 앞두고 동기들과 함께 내 아파트에 모여 공부한 일은 우리 학번 동기 모두가 한층 더 끈끈해질 수 있었던 기회였다. 우리는 각자 전공에서 서로의 과외 선생님이 돼줬다. 나는 사회심리학을 지도해 주고 거스는 임상심리학을 정리해 주고 또 다른 친구는 학습이론을 요약해 주는 식이었다. 시험이 진행된 이틀 동안 나는 녹색 옷만 입었다. (시험을 치러야 할 때면 시험을 잘 볼 수 있게 해줄 것 같은 색깔의 옷을 골라 입었는데 그때 왜 하필 녹색이었는지까지는 기억나지 않는다.) 나는 사회심리학, 인간 동기, 학습이론, 통계학 등등의 시험을 치렀다.

"마샤는 참 열정적인 학생이었어요." 거스는 최근 이렇게 말했는데 이는 나를 만났던 사람이라면 누구나 명백히 느꼈을 성향이었다. "로욜라대학 남학생들이 마샤가 여자라는 이유만으로 그에게 품었던 어떤 기대를 까맣게 모르는 것 같았고 혹은 뻔히 알면서도 신경 쓰지 않는 것처럼 보였죠. 아마 후자였을 거예요. 마샤는 자기 의견을 망설임 없이 펼치는 사람이었어요. 정말 똑똑했고 이해력도 빨랐고 뭔가가 이치에 맞지 않는다든가 논리적 근거나 자료로 입증이 되지 않을 땐 곧바로 지적했죠. 발표자가 누구든 그 사람이 하는 말에 근거가 없다거나 주장이 비논리적이라고 발언하는 데 서슴없었어요. 참으로 가차 없었죠. 그런 마샤를 무례하다고 보는 사람도 있었어요."

여러 교수님들이 대학원 시절 내내 나를 성심껏 도와줬다. 한번은 지도교수님에게 다른 학생들에게도 내게 해주는 것처럼 잘해주느냐고 여쭤본 적이 있다. 교수님은 응당 그러려고 노력하지만 학생들이 모두 나처럼 다 도움을 받아들이는 건 아니라고 말했다. 동시에 나는 어떤 학생들과는 관계가 그다지 좋지 않았다. 내가 대부분에 비해 훨씬 나이가 많기도 했고 거스의 표현에 따르면 굉장히 단호하게 의견을 펼치고 특히 연구 결과를 자료가 뒷받침하는지 여부에 엄정하기 그지없어서 나를 괴팍한 사람으로 보는 학생들이 많았다고 한다.

내가 공부하던 사회심리학은 주로 인간행동 연구에 초점을 맞춘 분야로 실제 환자를 만날 기회는 주어지지 않았다. 반면 정신질환에 초점을 둔 임상심리학을 전공하는 학생들은 예외 없이 실제 환자와 접촉할 기회가 많았다. 한번은 교수님에게 이런 질문을 한 적이 있

인생이 지옥처럼 느껴질 때

다. "왜 임상심리학 분야 사람들은 연구의 중요성에 무게를 두지 않나요?"(이 질문이 교수님에게는 아마 무례하게 들렸을 것이다) 나를 포함한 몇몇 학생은 다른 학생들에게 연구와 자료 분석법을 코칭해 주기도 했다. 우리에겐 규칙이 있었다. 임상심리학 전공생의 경우 그들이 실제로 연구에 착수하기 전 연구 계획을 볼 수 있다는 전제하에서만 교습을 해주는 것이었다. 우리는 그들을 어지간히 못 미더워했다.

거스의 말을 빌리면 나는 모든 수업에서 발언을 많이 했고 수업을 듣는 남학생들은 제발 내가 닥치기만을 바랐다고 한다(물론 내가 눈치 못 챘던 건 아니다). 교수님의 이야기가 아무래도 납득되지 않으면 나는 언제까지고 계속해서 교수님과의 토론을 이어나갔다. 교수님들은 이를 별달리 불쾌해하는 것 같지 않았고 나는 내 생각을 확실히 밝히고 싶었다. 아마도 그런 내 열정이 강의실 분위기 따위는 깡그리 무시할 수 있게 해줬던 것 같다.

학부생 시절도 내내 외롭게 보냈던 나는 대학원에 와서도 역시 외톨이였다. 학교에서 잘 지내는 친구들은 물론 있었고 내가 잘 지낼 수 있도록 보살펴주는 교수님들도 있었다. 하지만 나는 혈혈단신으로 살고 있었고 때로는 친구들과 함께 있어도 외로움에 가슴이 시렸다.

같은 아파트 건물에 알고 지내는 사람들이 있기는 했고 친절한 할머니도 한 분 계셨다. 한번은 중요한 시험을 앞두고서 다음 날 아침 알람 소리를 못 들을까 두려운 나머지 이 마음 좋은 할머니께 오늘 밤만 할머니네 옷장에서 잘 수 있는지 물으면서 할머니가 아침에 절 깨워주셨으면 한다고 부탁드렸다. 괜한 걱정은 아니었다. 나는 알람 소리를 못 듣는 경우가 허다했고 심지어 시계를 금속 쟁반 위에 올려놓고 잠든 날에도 알람 소리를 못 듣고 숙면을 취하기도 했다. 결국 나는 매일 아침 날 깨워줄 콜서비스를 신청했다. 하지만 내가 잠결에 전화를 받고 도로 잠드는 바람에 수화기 너머의 여성은 몇 번이고 다시 전화를 걸어야 했다. 나는 이 여성들에게 깊은 친밀감을 느꼈다. 그들은 마치 나를 보살펴주는 제2의 부모님처럼 다정했다.

소속되고 싶어

그 무렵 내가 그 무엇보다 진심으로 원한 것은 바로 어딘가에 소속되는 경험이었다. 누군가에게 중요한 사람이 되고 싶고 슬픔이 마음을 짓누를 때 의지할 사람이 있길 바랐다. 오빠 얼에게 연락을 하긴 했지만 오빠에겐 자기 가족이 있었다. 성직에 있던 내 벗들, 안셀름과 테드를 제외하면 나는 누군가에게 사랑받은 경험도 없었다. 물론 그 두 성직자가 나를 사랑해 주긴 했지만 그 사랑엔 분명 경계가 존재했다.

고독감이 나를 사로잡았다. 영영 어디에도 속하지 못할까 봐, 누군가에게 의미 있는 사람이 되지 못하고 영영 혼자로 남을까 봐 두려웠다. 죽고 싶어질 때도 있었다. 거스는 이렇게 회고한다. "가끔 마샤가 뭔가에 짓눌려 힘들어하고 있다는 느낌이 들 때가 있었어요. 그 상태로 어떻게든 생활을 이어가려고 했죠." 그는 말했다. "하지만 그 이면에서는 우울증과의 사투가 벌어지고 있었던 거예요. 어떻게든 그걸 해결해 보려는, 우울증이 자기 삶을 망치도록 내버려두지 않겠다는 고투가요. 마샤는 폐쇄 병동에서의 경험은 얘기해 준 적이 있지만 로욜라대학원 시절에도 자살 충동을 느꼈다는 건 함구했어요."

무슨 일이 있었던 걸까? 나를 변모시켰던 그 영적 경험은 어디로 가버렸을까? 내가 변한 건 사실이지만 다시는 과거의 나를 지배했던 혼돈의 경계로 뒷걸음치지 않을 것을 안다고 해서 때때로 나를 공격하는 우울증을 피할 수 있지는 않았다. 그러나 그 경험은 나를 파괴하지 못했다, 더는 말이다. 어떤 장애물을 맞닥뜨리든 나는 어떻게든 일상의 계획과 의무를 놓지 않으려 노력했다. 하느님과의 관계도 계속 유지했다. 나는 여전히 "뜻대로 이루소서"라고 기도했다.

베트남전쟁과 우리 세대의 반응

1968년에서 1971년 사이 나는 로욜라대학원을 다니고 있었다. 우리 세대 학생들은 베트남전쟁에 거세게 반발했다. 남자들은 징집 대상이었지만 C 학점 이상 받은 대학생은 명단에서 제외됐다. 생물학 교수님은 매주 퀴즈를 냈는데 학생 중 C 학점을 받은 사람이 있으면 그들에게는 문제를 미리 알려준다는 규칙을 뒀다. 제자들이 전장에 끌려가길 원치 않았던 것이다. 남학생들은 교수님이 미리 정해준 질문에만 답을 잘 쓰면 징집을 피할 수 있었다.

그 시절 우리 대부분은 반전 배지를 옷에 달고 다녔다. 수업이 끝나면 나는 자전거를 타고 근처 공원을 가로질렀다. 한번은 검은색 대형 트럭 뒤에 모여 앉은 한 무리의 히피들을 지나게 됐다. 마른하늘에 날벼락 치듯 돌연 저 앞의 언덕 위에서 경찰들이 우리를 향해 돌진해 오고 있었다. 나는 우거진 나무 뒤로 숨었다가 그들과 같이 체포되기 전에 있는 힘껏 페달을 밟아 도망쳤다.

시가행진을 벌이다가 징병을 피해 캐나다로 가지 못해 곧 베트남으로 파병될 예정인 한 무리의 앳된 청년들과 마주치는 일도 많았다. 우리 시위자들은 그들을 향해 야유를 보냈다! 후회스러운 일이다.

아빠는 내가 베트남전 반대 운동에 가담하는 것을 크게 반대했다. 나를 "공산주의자"라 부르며 로욜라는 "빨갱이 학교"라고 폄하했다. 물론 아주 틀린 말은 아니었다. 나는 해방신학과 시민권 운동에 경도돼 있었으니까(그리고 예수회에서 운영하는 학교인 로욜라대학 예수회 사람들 다수 또한 나와 지향점이 같았다). 나는 아빠에게 이렇게 맞섰다. "다 아빠 잘못이에요. 그럼 애초에 제게 성경책을 주지 말았어야죠. 제가 드린 말씀은 다 성경에 있는 얘기라고요." 아빠는 히피들이 "역겹다"고 했는데 그들이 장발을 하고 구레나룻을 기르고 다닌다는 게 이유 중 하나였다. 나는 아빠에게 머리카락을 길게 늘어뜨린 예수님 그림을 가져가 보여드렸지만 이런 논쟁에서 아빠를 설득하기란 불가능했다. 아빠는 교황이 뭐라고 말하면 그 말은 당연히 옳다고 믿는 분이었다. 왜냐면 그는 교황이고 우리는 그의 말을 믿어야 하기 때문이다. 미합중국 대통령에 대해서도 같은 의견이었다(마침 또 당시 대통령은 리처드 닉슨이었다). 물론 나는 사사건건 아빠와 의견이 달랐다.

프로이트 심리학에서 행동주의적 관점으로

로욜라대학 학부 시절 나는 프로이트 이론에 단단히 빠져 있었고 구

인생이 지옥처럼 느껴질 때

할 수 있는 프로이트 저작은 모조리 찾아 읽었다. 프로이트주의자들은 환자들에게 자유연상 테스트를 실시하기도 한다. 나 역시 생명을 위한 병원에서 그런 테스트를 받아본 적이 두 번 있었다. 대학원에서 나는 몇몇 동료 학생들에게 허락을 받고 그들을 대상으로 자유연상 테스트를 시도해 봤다. 굉장히 흥미로운 경험이었다. 나는 상대 학생과 1대 1로 마주 앉아 "이제 자유연상 실험을 할 거야. 내가 단어 하나를 말하면 너는 마음속에 곧바로 떠오르는 단어를 말하면 돼. 내가 '어둠'이라고 말하면 네가 '밤'이라고 대꾸하는 식으로"라고 설명했다. 이 고전적인 프로이트주의적 작업을 우리는 꽤 여러 번 실험했다.

그리고 테스트가 끝나면 나는 앞에 앉은 학생에게 그에 관한 해석을 들려줬다. 그럼 열에 아홉은 이렇게 탄복했다. "네 말이 맞아! 너 정말 훌륭한데! 어떻게 알았어?" 그러니 이 실험이 흥미진진했을 수밖에.

그러나 대학원에서 공부해 나가면서 나는 점점 더 프로이트 이론이 편치 않아졌다. 두 가지 이유에서였다. 첫째, 과학적 관점에서의 난점 때문이었고 둘째, 나 자신의 경험과의 부조화 때문이었다.

당시에는 심리치료에서 연구 자료의 중요성이 지금만큼 진지하게 언급되지 않았다. 끊임없이 네 주장에 대한 데이터를 보여달라고 다그쳐댄 탓에 내가 적잖은 수의 적을 만들게 된 건 그런 문화 탓도 있었다. 오래지 않아 이런 의문이 들었다. "프로이트 이론과 치료 기법에서 출발한 정신분석적 모델을 뒷받침하는 연구 자료는 어딨지?"

정신분석학적 모델에서는 일주일에 수차례의 상담을 표준으로 삼았고 내담자의 무의식을 이해하고 이를 해석하는 데 초점을 맞춘 대화가 핵심이었다. 그 모델이 기반으로 삼은 무의식이라는 개념 자체가 비가시적이고 자료로 환원할 수 없는 것이다 보니 이 같은 개입의 유효성은 검증할 수도 입증할 수도 없었다.

학습이론: 행동은 타인으로부터 학습될 수 있다

내 전공은 임상심리학이 아닌 사회심리학이었고 사회심리학자 중 일부러 다양한 심리치료 유형에 큰 관심을 기울이는 사람은 거의 없었다. 하지만 내가 대학원에 입학할 무렵 출간된 두 권의 책이 심리치료에 대한 내 생각을, 나아가 심리학이라는 학문 자체를 바꿔놓았다.

하나는 월터 미셸Walter Mischel의《성격과 평가Personality and Assessment》였다. 내가 이제껏 해온 생각이 틀리지 않았음을 인정받는 기분을 그렇게 벅차게 느낀 적은 내 일생을 통틀어 처음이었다. 책을 읽으면서 정신분석에 회의론적 입장이었던 나는 단박에 행동주의자로 전향했다.

책은 정신역동적 접근법의 이론적 근거를 일소해 버렸다. 그리고 그 빈자리는 행동주의적 관점에서의 접근법으로 대체했다. 행동주의적 관점은 사회학습이론social learning theory에 기초하는데 이 이론은 한 개인의 행동이 어떤 모호한 내적 추동에 의해 촉발되거나 혹은 처벌과 보상에 대한 기계적 반응에서 비롯되는 것이 아니라 타인을 관찰하고 모방하면서 학습된다고 여긴다.

나는 미셸의 논점을 거의 전부 외워버렸다. 정작 박사 자격 심사

예비 시험을 치를 때는 기억력이 내 편이 돼주질 않았지만 말이다. 출제된 문제는 미셸의 이론을 설명하라는 것이었다. 내가 이 학자를 얼마나 흠모하는지 너무나 잘 아는 교수님들의 깜짝 선물이었다. 문제는 미셸이 어떤 '이론'을 펼쳤다는 생각을 그때까지 전혀 해본 적이 없다는 것이었다. 나는 그의 저술을 그저 일련의 '사실들'이라고만 생각했다. 내가 그 시험을 어떻게 통과할 수 있었는지는 지금도 미스터리다.

또 다른 책인 앨버트 반두라Albert Bandura의《행동수정 원칙Principles of Behavior Modification》역시 내가 행동주의자로 전향하는 데 중요한 역할을 했다. 반두라가 1960년대 초반 수행한 유명한 실험은 사회학습을 매우 잘 설명해 준다. 바로 '보보 인형 실험'으로 널리 알려진 실험이다.

반두라와 동료들은 스탠퍼드대학교 부설 유치원에 다니던 세 살에서 여섯 살 사이의 여자아이와 남자아이 각각 서른여섯 명을 대상으로 실험을 진행했다. (우연의 일치로 그로부터 10년 뒤 미셸 역시 같은 또래 피험자를 대상으로 그 유명한 '마시멜로 실험'을 진행한다.) 아이들은 스물네 명씩 세 그룹으로 나뉘었고 각 그룹의 남녀 성비는 같았다. 첫 번째 그룹 아이들에게는 성인 한 명이 150센티미터 크기의 일종의 풍선 같은 오뚝이 인형인 보보 인형을 폭력적으로 다루는 모습을 보게 했다. 이 성인 보조자는 나무망치로 인형을 때리기도 하고 인형을 공중으로 차버리거나 그 위로 뛰어올라 인형을 짓누르고 주먹으로 사정없이 갈기기도 하면서 틈틈이 "뭐, 아직 부족하다고? 더 맞고 싶다고? 그래, 한 방 더 갈겨주마!" 같은 모욕조의 말들을 내뱉었다. (보보 인형은 밑바닥이 둥글고 무게중심이 아주 낮은 데 위치해 때려 눕혀도 금세 다시 벌떡 일어난다.)

내가 그 보보 인형 처지였던 적이, 내리눌려도 곧 다시 몸을 일으켜야 했던 적이 몇 번이었는지 생각하게 된다. 오빠를 둔 여자아이라면 피할 수 없는 경험이다. 그러나 그건 내게 중요한 교훈을 줬고 지금도 내담자들에게 이렇게 말한다. "몇 번 케이오당하든 그건 상관없어요. 중요한 건 당신이 다시 몸을 일으키는 거예요."

어쨌든 다시 실험 얘기로 돌아가 보자. 두 번째 그룹 아이들은 역시 보보 인형과 함께 있는 성인 보조자를 보는데 이 그룹의 보조자는 딱히 공격적인 행동을 보이지 않는다. 통제집단인 마지막 그룹 아이들은 보보 인형 없이 성인 보조자 한 사람하고만 방에 있다.

실험 목표는 이어진 처치 장면에서 보보 인형과 함께 다른 장난감들—장난감 총처럼 공격성을 함의한 것과 크레용같이 중립적인 것 모두—이 갖춰진 방에 있을 때 아이들이 보이는 공격성 수준을 모니터링하는 것이었다.

결과는 정확히 반두라가 예상한 그대로였다. 보보 인형에게 폭력을 휘두르는 어른을 목격한 아이들은 아까 본 행동을 모방하거나 혹은 장난감 총을 겨누는 식의 창의적인 새로운 방식으로 인형에게 폭력적인 행동을 보였다. 두 번째와 세 번째 그룹 아이들이 보인 폭력성 수준은 이들보다 훨씬 낮았다. 첫 번째 그룹 아이들과는 달리 나머지 그룹 아이들은 성인이 보보 인형을 향해 폭력적 행동을 보이는 모습을 목격하지 못했다. 즉, 그 아이들은 폭력성이 예상되거나 용인되는 행동이라는 것을 학습하지 못했다. 대신 이 아이들은 평화적

인생이 지옥처럼 느껴질 때

으로 혹은 중립적으로 행동하는 어른의 모습을 봤고 나중에도 그들이 본 어른과 같은 식의 행동을 보였다. 이것이 사회학습이론의 핵심이다.

첫 번째 그룹 아이들은 그들이 처한 환경에서 "모델model"이 보인 행동을 근거로 공격적인 행동을 취했다. 그들은 그런 행동을 보이도록 부추겨지지도, 보상을 약속받지도 않았다. 다만 스스로의 경험에 비춰 행동한 것뿐이었다. 이것이 사회학습이다. 반두라는 이후 저작에서 이렇게 썼다. "자기 행동의 결과만 보고 판단해 다음에 어떻게 행동해야 하는지 학습한다면 학습이란 참으로 고생스럽고 위험한 과정이었을 것이다."

졸업식

이때까지 학업을 이어오는 동안 나는 어떤 식으로든 자살과 관련된 주제 이외의 글을 써본 적이 없었다. 그러니 내 박사 학위 논문 주제 역시 자살의 한 측면이었다는 것은 거의 불가피한 일이었을지 모른다. 내가 천착한 주제는 왜 남성이 여성보다 자살을 시도하고 자살에 성공하는 확률이 더 높은지에 관한 것이었다. 학과에는 자살 관련 연구를 진행하던 사람이 아무도 없었으므로 나는 거의 독립 연구자처럼 논문 작업에 착수했다. 하지만 그 과정은 나름대로 재밌었고 논문도 호의적으로 평가받아 사회심리학 박사 학위를 받고 졸업할 수 있었다. 하지만 그때 꼼꼼히 검토받지 못한 것이 훗날 내게 상처로 돌아왔는데 당시에는 알지 못한 논문상의 치명적 결함이 일자리를 구하는 과정에 방해물이 된 것이다.

마침내 졸업식이 다가왔다. 엄마, 아빠 그리고 에일린이 시카고로 와줬다. 에일린은 두어 달 뒤 결혼을 앞두고 있었고 엄마는 500명의 하객이 참석할 호화로운 피로연을 준비하느라 이미 녹초 상태였다. 엄마는 에일린의 결혼식 때 내가 입을 드레스를 맞춰 왔는데 졸업식 날 아침에도 내가 박사 학위를 받는다는 것보다 엄마에게 중요했던 건 그 드레스를 내게 입히고 가봉해 보는 일이었다. 아, 엄마. 당신이 나를 좀 더 이해해 줬더라면.

새로 박사 학위를 받을, 진홍색과 검정색 망토를 등 뒤로 펄럭이며 군집한 학생들 상당수가 그랬듯 나도 반전反戰을 상징하는 완장을 차고 있었다. 우리가 장내에 들어서자 엘가의 〈위풍당당 행진곡〉이 연주됐고 나는 온갖 감정에 눈물이 그렁그렁해졌다. 내가 속한 그룹이 마지막으로 입장했다. 내 학생들이 졸업할 때 같은 노래가 나오면 나는 항상 눈물이 난다.

내 이름이 불리고 나는 단상으로 올라갔다. 내가 결국 무엇을 이뤄냈는지 생각하는 순간 거의 황홀경이 느껴졌다. 모든 것이 슬로모션으로 움직이기 시작했다. 끝내 스스로의 힘으로 해냈다, 10년 전 폐쇄 병동을 떠나며 스스로에게 했던 약속을 지켰다는 깨달음이 전율로 변했다. 학장님이 내 머리 위에 그 아름다운 벨벳 박사모를 씌워주던 순간을 영원히 잊지 못할 것이다. 나는 속으로 생각했다. '나는 결국 입증해 보였어. 사실 모두 나를 오해하고 있었다는 걸 세상에 보여줬어.'

12

사랑이 왔다 떠나가고
왔다 떠나가다

Love That Came and Went, Came and Went

드물게 남은 내 과거 기억 중 가장 선명한 것 하나는 시카고에서 대학원에 다니기 시작한 첫해의 기억이다. 1969년 여름 어느 온화한 저녁이었다. 나는 주름진 파란색 반팔 원피스를 입고 있었다. 나를 포함한 열두어 명의 사람들이 어둑한 방에서 두 눈을 감은 채 천천히 움직이고 있었다. 우리는 누군가와 마주치면 마음 상태를 전하기 위해 형식적으로가 아니라 진심으로 그 사람을 포옹하라고 지시받았다.

1960년대가 어땠는지 아는 사람이라면 내가 교수님이 이끄는 민감성 집단 혹은 조우 집단이라고도 불리던 'T 그룹' 활동에 참석 중이었다는 사실을 단박에 눈치챘을 것이다. ('T 그룹'의 'T'는 '훈련training'의 머리글자다.) 활동 목적은 자의식을 일깨우고 타인에 대한 감수성을 높이는 것이었다. T 그룹 같은 모임은 당시 아주 흔했다. 그것이 유행이었다는 사실을 떠나서 나는 그런 훈련들의 모체가 된 정신은 정말 가치 있었다고 말하고 싶다. 내가 영웅으로 삼는 인물 중 한 명인 심리학자 칼 로저스Carl Rogers는 T 그룹을 "20세기 가장 중요한 사회적 발명"이라고 묘사했다고 한다.

훈련이 계속되다가 어느 시점에 이르면 진행자는 우리를 멈춰 세우고 자리에 앉게 한 다음 서로에게 각자의 경험을 이야기해 달라고 말한다. 내 차례가 돌아왔을 때 나는 "나와 함께한 사람이 누군지는 모르겠지만 정말 대단한 경험이었어요!"라고 말했다. 그때 경험한 마음과 영혼의 교류가 지닌 깊이는 경이로운 것이었다.

집단에 참여한 한 남자가 나를 보고 있었다. 그는 고개를 끄덕였고 나는 그가 바로 나와 포옹한 그 사람임을 알았다. 내가 경험한 심오한 공명은 나 혼자만의 것이 아니었다. 모임이 해산하자마자 그 남자—그의 이름은 에드였다—와 나는 호숫가로 걸어가 별이 떠오를 때까지 대화를 나눴다. 저녁 날씨가 쌀쌀해져 우리는 내 아파트로 자리를 옮겼다. 우리 둘은 이야기하고 또 이야기했다. 무슨 얘기를 나눴는지는 기억나지 않는다. 사실 그건 별반 중요치 않다. 중요한 건 우리 대화의 강도强度였다. 아마 당신도 내 말이 무슨 뜻인지 알 것이다.

늦은 저녁 작별 인사를 나누기에 앞서 에드는 내게 말했다. "마샤, 당신을 사랑해요." 우리는 아주 잠시, 아무 말 없이 거기 앉아 있었고 이윽고 내가 말했다. "에드, 나는 지금은 당신에게 빠지지 않은 것 같아요. 하지만 앞으로 그렇게 될 게 분명해요."

나는 금세 에드를 깊이, 아주 깊이 사랑하게 됐다. 하지만 그 사랑은 순조롭지 못했다.

사랑이 우리 두 사람을 찾아오다

에드는 뉴욕 가톨릭교단 소속의 수도사제였다. 다시 말해 그 역시 나처럼 교회에 가난과 복종뿐 아니라 금욕을 서약한 사람이었다. 서약은 에드에게도 내게도 중요했다. 우리는 이에 대해 하나하나 진지하게 논의했고 결국 각자의 서약을 이행하기로 합의했다. 우리는 이 서약을 오랫동안 지켰다.

우리가 만났을 때 에드 역시 로욜라대학에서 공부 중이었다. 학기가 끝나자 그는 차를 몰고 뉴욕 교단으로 돌아갔다. 벌써 그가 그리워진 나는 그와 전화 통화를 하면서 그가 따라가고 있을 여정을 혼자 지도 위에 그려보기도 했다.

에드는 떠나고 나서 하루에 한 번씩, 때로는 그 이상 내게 전화했다. 그는 수도사제로서 행복하지 않았다. 그가 되고 싶은 것은 가톨릭 신부임이 점점 분명해졌고 그건 그가 앞으로 독신으로 지내야 한다는 의미였다. 하지만 다른 한편으로 그는 나를 원했고 나는 그를 원했다. 그와 함께 있고 싶은 내 열망은 변치 않았지만 에드는 교단과 나 사이에서 오랫동안 우왕좌왕했다.

이후 나는 에일린을 보기 위해 뉴욕을 방문하게 됐다. 에드가 공항에 나를 마중 나와줬다. 나는 에드와 함께 있고 싶은 간절한 마음에 말 그대로 택시 안으로 뛰어들었다. 뉴욕에서 나는 그를 여동생에게 소개했지만 에드는 내가 자신의 수도원과 가까운 뉴욕에 함께 있다는 사실이 편치 않은 듯했다. 내가 집에 돌아간 뒤에도 우리는 계속 대화를 이어갔고 나중에는 그가 나를 보러 시카고를 방문하기도 했다. 그와 나는 우리 엄마를 모시고 1박 2일로 여행을 가기도 했고 두 사람은 사이 좋게 잘 지냈다. 나는 엄마에게 만약 에드가 청혼한다면 승낙하겠다고 말했다. 하지만 결국 어떤 시점에 그가 나와 이혼하기를 원할 것이라는고도 생각했다. 나는 그를 사랑했지만 우리는 서로 너무 달랐다. 그는 자기 입장을 훨씬 엄격하게 고수했다. 또 나보다 유연하지 못했고 내 업무 일정을, 내가 사랑하는 일을 순순히 받아들이지 못할 가능성이 컸다. 나는 늦게까지 일을 하는 경우가 많았고 먼 곳으로 출장을 나가는 일 또한 비일비재했다. 에드는 저녁 다섯 시가 되면 가족이 함께 저녁 식사를 해야 한다고 생각하는 훨씬 전통적인 남자였다.

그리고 에드는 신부님이 되길 원했다. 문제는 가톨릭교회가 사제직과 나 사이에서 한쪽을 선택하도록 강제하고 있다는 점이었다. 나는 신을 사랑할 수 있지만 가톨릭교회의 방식으로 사랑해야 한다는 뜻은 아니다. 그 방식은 내게 너무 성차별적으로 느껴진다.

나는 결국 사제직을 향한 에드의 열망에 응원을 보냈다. 에드는 선택에 앞서 내 허락을 받고 싶은 게 분명했다. 그는 결단을 내렸지만 여전히 갈등에 빠져 있었고 이후에도 계속 내게 전화를 걸었다. 그만둘 수 없었던 것이다. 번민에 시달릴 때마다 그는 내게 전화했다. 하지만 그건 내게 너무도 고통스러운 일이었다. 이제 전화하지 말아달라고 백번도 더 반복해 말해야 했다. 그가 전화를 걸어오면 나는 차마 무시할 수 없었고 전화를 끊는 일은 매번 고문 같았다.

인생이 지옥처럼 느껴질 때

다시 새로운 사랑을 찾다

몇 해가 지나 내가 뉴욕주 버펄로에서 일자리를 구한 뒤 한 친구가 내게 소개팅을 주선해 줬다. 이번에도 나는 여러모로 근사한 이 관계에 곧장 빠져들었다. 에드와의 관계와 같진 않았지만 무척 따스하고 애정 넘치는 관계였다. 그는 훌륭한 남자였다. 나는 여기서 그를 피터라 부르려 한다. 피터는 나보다 연상이었고 훨씬 성숙했다. 나는 그를, 그는 나를 사랑했고 우리는 함께 행복한 한 해를 보냈다. 그가 내게 얼마나 친절했는지 말로 표현하기는 어렵다. 하지만 이번에는 내 쪽에서 관계를 지속하기가 어려워졌다.

피터는 무신론자였다. 에드와 내가 영적 세계에 근간을 둔 관계였다면 피터에게는 영성이 우리 관계에서 결코 중요한 부분이 아니었다. 우리가 경험한 행복은 훨씬 세속적인 남녀 간의 사랑이었다.

애석한 일이었지만 내가 할 일은 분명했다. "얘기 좀 해요." 그해 끄트머리에 나는 피터에게 말했다. "미안해요, 하지만 우리 관계는 여기서 그만두는 게 좋겠어요. 내 신앙은 너무 신실하고 신앙 없는 사람과 결혼해 인생을 함께한다는 건 상상할 수 없는 일이에요." 이제 와 돌이켜 보면 사실상 그런 관계도 지속할 수 있었으리라는 생각이 든다. 하지만 그때의 내게는 상상할 수도 없는 일이었다.

그렇지만 우리 관계는 내가 버펄로에 사는 동안 계속됐다. 에드가 내 삶에 다시 나타나기 전까지. 에드와의 이야기를 전부 알고 있었던 피터는 내가 에드를 다시 만날까 봐 화를 냈다.

13

버펄로의 자살 클리닉

A Suicide Clinic in Buffalo

로욜라대학에서 박사 학위를 수여받은 이후 1971년 여름, 시카고에서 자살을 주제로 한 전국 규모의 회의가 열렸다. 그 회의에 참석 중이던 어느 날 오후 나는 칵테일을 마시며 잡담을 나누는 사람들 무리에 끼게 됐다. 그들은 그런 모임에서 으레 그렇듯이 일 얘기를 늘어놓고 있었다. 그러던 중 버펄로의 자살 예방 및 위기 센터 수장인 진 브로콥이 비서로 채용할 만한 사람을 찾고 있다는 말을 들었다.

그때 나는 환자들을 접할 수 있는 일자리가 필요하던 차였다. 나는 그에게 말을 걸어 비서 대신 나를 채용해 달라고 부탁했다. 나를 채용하면 그 어떤 비서보다 더 나을 거라고, 내겐 임상 인턴십이 필요하다고, 아주 열심히 일하겠다고 그를 설득했다. "미안해요." 그가 말했다. "난 인턴이 아니라 비서를 구하고 있어요." 나는 자살과 관런해 그동안 내가 펼쳐온 활동을 하나도 빠짐없이 설명했다. "제 말 좀 들어보세요. 저는 지금까지 논문을 쓰면서 항상 자살과 관련된 주제만 다뤄왔어요. 맡겨주시면 일을 아주 잘할 거예요." 나는 끈질기게 설득을 이어갔다. "그냥 명칭만 인턴 사원으로 해주세요. 비서 월급을 받고 일할게요. 시키는 일은 뭐든 다 할게요." 불쌍한 진. 그는 결국 마음을 바꿔 나를 고용하기로 했다.

끈기는 내 삶을 관통하는 아주 큰 특징이다. 나는 목표를 세우면 끈질기게 밀고 나가며 절대 포기하지 않는다. 물론 신께 한 맹세의 실행이 그 무엇보다 중요한 목표다. 진의 경우에도 나는 거절을 받아들일 수가 없었다. 이것은 내가 때때로 내 내담자들에게 가르치려고 애쓰는 근성이다. 절대 포기하지 말 것. 얼마나 많이 넘어지든 중요한 건 넘어질 때마다 일어나서 다시 해보는 것이다.

임상 봉사 활동

1972년 부활절이었다. 자정 미사를 드리기 위해 교회에 있었는데 센터의 누군가가 나를 데리러 왔다. 어떤 남자가 자살하겠다고 위협하는 중이라고 했다. 진의 위기 센터에서 우리는 이런 사람들을 돕기 위해 임상 봉사 활동을 하고 있었다. 한 사람은 가족과 연락하는 일을 맡고 또 한 사람은 자살하려는 사람과 얘길 나눴는데 대체로 내가 후자를 맡았다.

그의 집에 갔을 때 남자는 욕실 바닥에 누워 있었다. 듣자 하니 그의 아내가 그에게 정서적·신체적으로 심한 학대를 가해온 듯했다.

자식들 역시 마찬가지인 것 같았다. 그날은 아내와 자식들이 호스로 그에게 물을 뿌려 흠뻑 젖게 해놓았거나 그런 식의 미친 짓을 벌여 놓은 눈치였다. 그는 너무 비참해서 죽고 싶다고, 자살해 버리겠다고 말했다. 이런 상황에서 매번 그러듯 내 목표는 아주 기본적인 것이었다. 먼저 그에게 아직은 자살하지 않겠다는 동의를 얻어낸 다음 이튿날 아침 사무실로 그가 나를 만나러 오게 하는 것이다.

너무 비참해서 죽고 싶어 하는 사람들은 또 한편으론 이런저런 이유로 자살을 할 수 없다고 생각하는 경우가 많다. 버펄로에서 나는 그런 이유들의 자료화를 목표로 연구를 진행했다. 우리가 연구에서 활용한 한 접근법은 술을 마시는 자리에서 사람들에게 이렇게 묻는 것이었다. "바로 지금 자살 생각이 떠오른다면 어떤 이유가 자살을 망설이게 할까요?" 일반적인 술자리 잡담은 아니었지만 우리는 갖가지 흥미로운 답변을 들었다. 결국 이 연구는 내가 "자살 생각이 들어도 계속 살아 있을 만한 이유들"이라고 명명한 조치의 개발로 이어졌다. 우리가 알아낸 47개의 이유는 생존 및 상황 대처와 관련된 신념, 가족에 대한 책임, 아이 걱정, 자살에 대한 두려움, 사회적 반감에 대한 두려움, 윤리적 거부감 등 여섯 갈래 중 최소 하나에 해당됐다. (496쪽 부록 참조.)

하지만 그 부활절에 내가 도우려 한 남자는 살 만한 이유를 생각해 볼 상태가 아니었다. 나는 이런저런 이유들을 계속 제시하다가 도저히 안 되자 이렇게 말했다. "저기요, 단지 결혼 생활이 비참하다는 이유만으로 당신 삶까지 비참해야 하는 건 아니에요." 어떤 이유에서였는지 이 말이 남자의 마음을 움직였다. 그가 나를 쳐다보

인생이 지옥처럼 느껴질 때

며 어리둥절한 듯한 표정으로 말했다. "그런가요? 한 번도 그런 생각을 해본 적이 없어요." 내가 말했다. "맞아요, 그래요." 그것이 그의 전환점이었다. 우리는 새로운 가능성을 찾을 방법을 한참 동안 얘기했다.

다음 날 그는 약속대로 찾아왔다. 이 일은 이른바 자살 중재suicide intervention라는 과정으로 임상 봉사 활동 중 하나에 속한다. 누군가 자살하겠다고 위협하면 그 사람과 이야기를 나누면서 결국 죽고 싶지 않아질 방법을 찾아주는 식으로 진행된다.

그 부활절에 나는 아주 단순하지만 인상적인 교훈을 얻었다. 내 담자를 도우려 할 때는 절대 포기하지 말 것. 포기하면 안 된다. 이 날의 얘기는 지금까지도 내가 제자들에게 들려주는 일화다. 내 만트라다.

한 사람의 행동을 바꾸기 위한 노력

대학원에서 박사 과정을 밟고 있던 중 나는 역기능적 행동에 대한 정신분석학적 관점을 버리고 행동주의 관점으로 옮겨갔다. 이런 역기능적 행동에는 강박장애, 외상 후 스트레스장애, 사회공포증, 인격장애, 섭식장애, 자해 등 여러 가지가 해당된다. 전통적 정신분석학은 이 장애들을 사고에 기반해 치료한다. 무의식을 파헤쳐 내면의 상처와 원치 않는 행동을 유발하는 무의식적 자아를 찾아낸다. 일종의 대화요법이다.

이와는 달리 정신의학에서는 역기능적 행동을 질병 모델로 바라

본다. 다시 말해 정신의학에서는 생물학적 (즉, 화학적) 불균형을 원치 않는 행동의 유발원으로 본다. 정신의학에서 중요한 것은 생물학적 변화며 이 변화는 항정신성 약물을 통해 이뤄진다. 따라서 정신분석학과 정신의학은 매우 다르다.

행동주의적 접근법은 또 다른 접근으로 정신의학이나 정신분석학 모두와 크게 다르다. 사람들의 행동에 초점을 맞춘다. 그리고 행동주의 치료사는 정신장애가 있는 사람의 생물학적(정신의학적) 상태를 변화시키거나 그 사람의 사고(정신분석)를 변화시키기보다 그 사람이 하는 행동을 직접적으로 변화시키려 한다. 앞에서도 언급했다시피 나는 대학원 재학 중 미셸과 반두라의 사회학습이론을 전적으로 수용했다. 두 사람의 개념에 따르면 대부분의 행동은 다른 사람들의 행동을 관찰하면서 배우는 것이다. 말하자면 행동은 바뀔 수 있다는 뜻이다. (행동이 선천적으로 타고나는 것이라면 바꾸기가 훨씬 더 힘들 것이다.) 따라서 행동치료사가 해야 할 일은 내담자의 삶에서 어떤 행동이 문제의 유발원인지 알아낸 다음 그 행동을 변화시키기 위해 노력하는 것이다. 그러므로 행동치료는 행동주의적 접근법에 기반을 두는 일종의 정신요법이다.

행동치료는 사람들이 원치 않는 행동을 중단하게 하고 원하는 행동의 동기를 높이기 위한 행동주의자의 도구다. 행동을 변화시키는 기술이라고 생각해도 무방하며 평가와 치료가 철저히 과학적 관찰을 통해 수집된 증거에 기반한다. 치료의 초점은 내담자가 남들에 대한 분노나 공격성 같은 부정적 행동을 수용의 태도나 좋고 나쁨이 따로 정해져 있지 않음을 이해하는 등의 긍정적 행동으로 바꾸도록

인생이 지옥처럼 느껴질 때

돕는 방향에 맞춰진다. 삶에서 부정성을 놓아버리고 긍정성을 포용하는 것을 관건으로 삼는다.

당연히 치료사는 그게 뭐든 과거로 돌아가 내담자의 부정적 행동을 유발하는 근원을 변화시킬 수 없다. 내담자의 현재 삶에서 그런 원치 않는 행동을 지속시키는 요인이 뭔지 이해해야 한다. 일단 치료사가 유발 요인을 알아내야 그 요인을 변화시킬 가능성이 생긴다. 치료사의 치료 성공 여부를 결정짓는 가장 중요한 요소는 내담자가 자신의 행동을 정말로 바꾸고 싶어 하느냐 여부다.

내게 부족했던 것

나는 버펄로 센터에 들어갔을 당시 열렬한 행동주의자였다. 자살 충동을 느끼는 사람들의 상담에 행동치료를 활용해 보고픈 열의가 불타올랐다. 그 시점까지 나는 행동치료의 실행과 관련된 임상 훈련을 받은 적이 없었다. 로욜라대학원생으로 재학 중일 때 교수진의 신뢰를 얻은 덕분에 임상심리학을 조금 가르친 경험은 있었다. 그렇다 해도 그런 시도 활동이 문제가 심각한 환자들의 상담을 준비하는 과정으로의 임상 훈련을 대체해 줄 수는 없었다.

나는 곧 이런 문제를 겪는 환자들에게 행동치료를 행할 작정이라면 행동치료를 할 줄 알아야 한다는 사실을 깨달았다.

나는 그 지역 주립대학에 가서 행동요법에 관해 어느 정도 알고 있는 교수를 찾은 후 그와 거래를 했다. 내가 그에게 자살 사례를 자문해 주고 대학 교수진에게 자살을 주제로 강연을 해주면 그 대가로 그는 내게 행동치료를 지도하고 기본적 방법을 가르쳐주기로 했다.

덕분에 확실한 진전을 이루긴 했으나 매주 누군가에게 지도와 교육을 받는 방식만으론 부족한 것 같았다. 가능한 한 빠른 시일 내에 어떤 식으로든 임상 교육을 받아야 했다. 임상 경험이 부족하다는 단점에도 불구하고 나는 버펄로에서 보낸 마지막 해에 주목할 만한 결과를 냈다. 내가 맡은 환자 중 치료를 중단한 사람이 단 한 명도 없을 뿐 아니라 그보다 훨씬 기쁜 것은 단 한 명의 자살자도 없었다는 사실이었다.

작은 연못의 큰 물고기보다
큰 연못의 작은 물고기

당시에는 행동주의 접근법이 아직 새로운 분야였고―1970년대 초였다―버펄로 센터 직원 대부분은 그에 대한 내 열의에 회의적이었다. 그런데도 나는 행동주의만이 유일하게 타당한 방법이라고 거리낌 없이 주장했으니 로욜라대학에서 그랬듯 그때도 여전히 사회적 민감성이 둔했던 것 같다.

나는 지적 자극을 주는 환경에서 번성하는 사람이다. 작은 연못의 큰 물고기인 것보다 큰 연못의 작은 물고기일 때 잘 성장한다. 그런데 버펄로 센터에서는 확실히 작은 어항 속 큰 물고기가 된 기분이었다. 나는 내 의견을 마음속에만 담아놓지 못했고 그러다 보니 당연히 인기가 별로 없었다. 그곳에서의 내 시간은 다소 불행했다.

내 의견에 솔직한 태도는 커리어 내내 지속돼 때때로 버펄로에서

인생이 지옥처럼 느껴질 때

처럼 정치적으로나 대인 관계에서 파란을 일으키기도 했다. 나는 버
펄로에서 사귀었던 따뜻하고 애정 넘치는 무신론자 남자친구 피터
와의 관계를 감사히 여긴다. 센터에서의 마찰을 견뎌내는 데 힘이
됐기 때문이다. 내 정치적 수완은 수십 년이 지나서야 늘었다.

14

행동주의와 행동치료의 발달

The Development of Behaviorism and Behavior Therapy

1960년대 후반에서 1970년대 초까지 행동치료는 심리치료 학계에서 소수만이 관심 갖던 규모가 작은 분야였다. 새로운 행동주의 요법에 관심을 보이는 임상심리학자는 늘고 있었지만 이를 진지하게 연구하길 원하는, 즉 박사 후 과정으로 행동치료를 연구하길 원하는 이들 앞에는 난관이 버티고 있었다. 워낙 새로운 분야인 탓에 1960년대 중반까지 그에 관한 박사 후 과정이 전무했던 것이다.

스토니브룩대학교에서 가르쳤던 심리학자 레너드 크래즈너 Leonard Krasner가 1966년 미국 최초의 행동치료 박사 후 과정을 개설했다. 최신 행동치료 학회Association for Advancement of Behavior Therapy가 설립된 것도 같은 해였다. (이후 2005년 이 학회는 행동 및 인지치료 학회Association for Behavioral and Cognitive Therapies로 이름을 바꾼다.)

스토니브룩대학의 선구적 발자취에 이어 미국 전역에 행동치료 프로그램이 우후죽순으로 생겨나기 시작할 무렵 행동치료 임상가들 간에 견해가 갈리기 시작했다. 한쪽에서는 심리치료는 의료 기관에서 지도돼야 할 과목이며 학계의 상아탑에서 논할 주제가 아니라고 주장했다. 행동치료도 결국은 정신질환 환자들을 치료하는 임상 요법이었다. 그러므로 의료 기관이 교육 주체가 돼야 한다는 것이 이 편의 주장이었다.*

다른 편의 논리는 사뭇 달랐다. 그들에 따르면 행동치료는 사람들의 역기능적 행동 패턴을 변화시키기 위한 새로운 접근법이었다. 프로그램 하나로 전수하고 병원에서 바로 적용할 수 있는 완성된 기법과 절차를 담은 도구상자가 아니었다. 전에 없던 접근법인 탓에 행동치료 도구는 여전히 발전 중이었고 앞으로도 계속 진화할 것이었다. 따라서 행동치료 프로그램은 연구와 새로운 관점을 독려하는 학계 환경에 둥지를 틀어야 한다는 것이 그들의 입장이었다.

스토니브룩대학에 크래즈너가 설립한 행동수정에 관한 박사 후 과정 프로그램은 두 번째 철학에 근거한 모델로 온전히 과학과 새로운 연구에 기반을 두고 있었다. 제리 데이비슨Jerry Davison이 1967~74년까지 그의 가까운 동료 마빈 골드프리드Marvin Goldfried와 프로그램의 수장을 맡았다. 제리는 1965년 스탠퍼드대학에서 반두라를 지도교수로 두고 박사 과정을 마쳤으며 미셸과 아널드 라자루스Arnold Lazarus의 연

---

* 다음 문헌을 보라. Gerald C. Davison, Marvin R. Goldfried, and Leonard Krasner, "*A Postdoctoral Program in Behavior Modification: Theory and Practice*," American Psychologist 25, no. 8 (August 1970): 767-72.

구 과목을 수강하기도 했다. 스탠퍼드대학의 접근 방식은 비평적인 과학적 사고에 굳건한 기반을 두고 있었다. "당시 그런 관점과 시각은 내게 그 무엇보다 중요했습니다." 제리는 말한다.

마빈은 라자루스나 반두라, 미셸에게 사사하는 행운을 누리진 못했지만 제리와 함께 행동교정 도구를 개발하는 과정에서 실험과 관찰에 근거한 엄격한 접근법에 따르는 데 그 못지않게 열성적이었다. 제리와 마빈은 결정적 시기에 행동치료의 발전을 북돋는 데 큰 역할을 했다. 그들이 함께 쓴 《임상행동치료Clinical Behavioral Therapy》라는 제목의 책은 1976년 출간돼 분야의 고전으로 자리 잡았다.

책에서 저자들은 행동치료가 실제 임상 현장에서 어떻게 이뤄지는지와 임상 영역에 이 실험적 원리들을 적용하는 일의 난해함을 논했다. 책은 실제적이고 구체적인 사항을 모두 담고 있었는데 당시 치료 매뉴얼에 일반적이던 기계적이고 추상적인 제시 방식과는 사뭇 달랐다. 이 책은 훗날 내가 책을 쓰는 데도 길잡이가 돼줬다.

그에 앞서 1970년 제리와 마빈은 크래즈너와 함께 스토니브룩대학의 행동치료 프로그램을 설명하는 논문 〈행동수정에 관한 박사 후 과정 프로그램: 이론과 실제〉를 발표했다. 논문은 그들의 프로그램이 기반한 철학적 지향, 즉 행동치료사는 그들의 치료 도구가 현재도 모습을 갖춰가는 중이며 영원히 제련 과정에 있음을 인식하고 있다는 입장을 분명히 했다. 비판적 사고와 데이터 수집은 그들 철학의 핵심이었다. 대학원 재학 시절 나 역시 비판적 사고와 데이터를 열정적으로 신뢰했던 데 비춰보면 제리와 마빈의 접근법은 내 방식과 전적으로 공명하고 있었다.

인생이 지옥처럼 느껴질 때

15

마침내 있을 곳을 찾다:
큰 연못의 작은 물고기

Fitting In at Last: Small Fish in a Big Pond

스토니브룩대학의 프로그램은 연구원들에게 정규 수업(강의, 세미나 등)을 제공하는 한편 연구원 각자가 환자들과 행동치료를 진행하며 현장 경험을 쌓을 수 있도록 설계됐다.

프로그램은 임상심리학 박사 학위를 취득했거나 최소한 임상심리학 분야에서 박사 후 수련생 경력이 있지만 행동주의 오리엔테이션은 받아본 적 없는 사람들을 위해 마련돼 있었다. 나는 임상심리학이 아닌 사회심리학 전공으로 박사 학위를 받았다. 이렇다 할 임상 활동 경력도 딱히 없었다. 단, 행동주의에 관한 기초 지식은 있었다. 이력으로만 보면 나는 적격자가 아니었다.

하지만 기준에 잘 들어맞지 않는 건 이제 내게 별로 놀랍지도, 주눅 들 일도 아니었다.

그리하여 1972년 봄, 나는 자살 고위험군 환자들을 위한 치료법을 찾고 싶고 그래서 그의 프로그램을 수료하길 간절히 원한다는 편지를 제리에게 써 보냈다. 내게 입학이 승인되리라는 확신이 있었을까? 잘 모르겠다. 하지만 그동안 내가 받아들여야 했던 온갖 불합격 통지들을 생각하면 좀 의심스럽긴 했다.

그럼에도 나는 제리에게 답장을 받았다. 스토니브룩대학에 초대하고 싶으니 한번 만나자는, 기차역 근처 카페에서 기다리겠다는 내용이었다. 훗날 제리는 내가 임상가가 아닌 연구자 출신이라는 점이 자신에게는 가점 요인이었다고 말했다. 물론 그의 동료들에게는 명백한 감점 요인이었다. 최근에 그는 내게 그때 이야기를 들려줬다. "나는 동료들을 회유하기도 하고 압박하기도 해야 했어요. '이 여성분은 아주 특별한 지원자야. 임상에 비상한 감각을 갖고 있지. 지적으로도 모험적이고 영민하기도 하고. 사회심리학 지식이 탄탄하다는 점은 중요한 강점이 될 수 있어. 내가 보기엔 우리 프로그램에 최적이야. 그가 합류하면 우리는 이 분야에서 의미 있는 성취를 이룰 수 있을 거야. 그에게 기회를 주자. 어때?'"

제리의 통찰력은 마침내 1972년 9월 내게 미국 최고의 행동치료 박사 후 과정에 합류할 수 있는 기회를 열어줬다. 그건 내가 힘과 열정과 확신을 갖고 계속 전진하기 위해 꼭 필요한 그리고 지옥에 갇힌 사람들을 구하겠다는 하느님께 한 맹세를 지키기 위해 반드시 필요한 과정이었다.

인생이 지옥처럼 느껴질 때

직관적 선택

나는 프로그램을 수료하고 한참이 지나서야 그 프로그램이 얼마나 특별했는지 자각했다. 당시만 해도 까맣게 몰랐지만 스토니브룩대학 프로그램은 전국 최고였다. 나는 내가 얻은 행운도 못 알아본 채 우연히 내게 필요한 바로 그곳에 들어가게 된 셈이었다. 그보다 훨씬 기묘하고 운 좋았던 점은 그 프로그램이 내가 신청한 유일한 박사 후 과정 프로그램이었다는 것이다. 마치 실제로는 인지하지 못한 채 내가 어디에 있어야 하는지, 내 필요에 가장 잘 맞는 것이 뭔지를 알았던 듯하다.

제리가 내 특별함을 알아봐 주지 않았다면, 알아보고도 행동에 나서지 않았다면, 자신의 주장이 관철될 때까지 압력을 넣지 않았다면 어떻게 됐을까? 지금의 내 성취를 이룰 수 있었을까? 잘 모르겠다. 다만 훨씬 더 힘들었으리라는 점만큼은 확실하다. 어쨌든 다행히도 그 프로그램만은 중요한 뭔가를 신청했다가 거절당하지 않은 경우였다.

그리고 나는 이때만큼은 내게 잘 맞는 환경 속에 있었다. 큰 연못의 작은 물고기로.

새로운 행동주의 언어를 배우다

프로그램의 공식적 첫날인 1972년 9월 어느 날 그해 연구원들이 회의실에 모였다. 스티브 리스먼, 데이비드 키퍼, 피터 훈 그리고 나였다. 스티브는 러트거스대학에서 전국 최고의 임상대학원을 졸업한 후 재향군인 관리국에서 일했다. 데이비드는 이스라엘의 바일란대학에서 임상교육원장을 지냈고 치료에 심리극을 활용하는 프로그램을 개발 중이었다. 피터는 여성의 성性을 주제로 한 공동 연구 프로그램에 막 착수해 있었다. 그리고 이들 사이에 내가 있었다. 나만이 유일하게 임상 경험이 부족했다.

스티브와 나는 회의실에 좀 일찍 도착해 잡담을 나눴다. 스티브의 기억에 따르면 그때 나는 상당한 부담감을 느끼고 있었다고 한다. "마샤는 제게 이렇게 말했어요. '박사 학위를 취득하고 여기에 연구원으로 온 사람들은 모두 똑똑한 사람들이라 내가 따라가려면 기를 쓰고 해야 할 것 같아.'" 그가 최근에 한 말이다. "하지만 저는 저역시 좀 긴장이 된다고 말했죠." 그때는 우리 둘 다 그런 느낌을 가질 만했다.

제리는 우리 네 사람이 앞으로 하게 될 활동을 개략적으로 설명했다. 그중엔 신경성 식욕부진증, 사회 기술 부족, 대인 관계 문제, 비만, 우울증, 외상 후 스트레스, 마약중독 등 여러 행동장애가 있는 학부생 내담자들을 대상으로 일주일에 적어도 열두 시간을 상담하는 일도 있었다. 이따금 자살 위협이나 정신병 증세 발현 같은 위급 상황에도 투입될 것이라고 했다.

제리의 설명에 따르면 다양한 임상 심리치료 회기의 목표는 그와 마브가 1970년 발표한 논문에 쓴 것처럼 우리에게 "다양한 행동주의적 접근법과 기술을 시도해 보기 위한 실용적이고 살아 있는 실험 현장"을 마련해 주는 것이었다. 우리는 슈퍼비전과 함께 비교적 형식적인 지도도 받으며 다양한 접근법과 기술을 배울 예정이었다. 각자 일주일에 한 시간씩 멘토와 상담 시간을 가지며 애를 먹고 있는 문제나 궁금한 점을 뭐든 의논할 수도 있었다. 매주 제리와 토론식 수업도 하는데 이 자리엔 때로 우리 분야의 선도적 연구가들이 찾아오기도 한다고 했다. 우리는 임상심리 교수진의 치료 회기에 참관해 한쪽 면에서만 보이는 반투명 거울로 지켜보는 기회도 가졌다. 그 외에도 아주 많은 과정이 마련돼 있었다. 게다가 나는 스토니브룩대학원생들과 함께 내가 그전까지 받아본 적 없는 임상 과정 교육도 받게 됐다.

제리는 이 모든 과정의 목표가 스토니브룩대학의 프로그램에서 규정한 행동요법의 실행과 개발에 우리를 적극적으로 참여시키는 것이라고 설명했다. 그리고 그는 이렇게 끝맺었다. "여러분은 이미 자질이 뛰어나고 우리도 그 점을 잘 아는 만큼 우선은 여러분이 지금 하는 일들을 계속하길 바라고 있어요. 해가 바뀌면 임상 실무 구성에 변화가 생길 겁니다. 여러분이 이미 익히 아는 분야에서 벗어나 인지행동치료를 학습하게 될 거예요."

회의가 끝난 후 나는 스티브에게 말했다. "난 이제 정말 겁이 나, 스티브." 그가 말했다. "나도." 나는 우리가 평생 친구가 될 것 같다는 확신이 들었다.

자살에 관해 가르치다

우리는 자체 프로젝트를 시작해 보도록 독려받기도 했다. 나는 그 프로젝트의 하나로 대학원생들에게 자살 관련 강의를 공동 지도했다. 지역민들에게 자살 중재 상담가가 돼주기도 했다. 버펄로에서 그랬던 것처럼 스토니브룩 경찰과 관계를 구축하기도 했다. 다음은 당시 있었던 특정 사건에 대한 스티브의 회고담이다.

마샤가 내게 자살에 관해 더 많이 배우고 싶으냐고 물었다. 나는 관심이 있다고 답했다. 어느 날 저녁 마샤가 전화를 걸어와 말했다. "스티브, 시내에 사는 어떤 남자가 자살하겠다며 총을 갖고 자기 방에서 나오지 않고 있대. 지금 그 사람을 도우러 갈 건데 같이 갈래?" 내가 말했다. "물론이지, 정말 가보고 싶어."

마샤는 자기 차에 나를 태우고 그 집으로 차를 몰았다. 그의 아내가 우리를 집 안으로 들여보내 줬다. 우리는 남자가 있는 방으로 갔다. 마샤는 차분한 걸음으로 그에게 다가가 그의 옆에 앉았다. 그런 다음 마음을 안심시키고 위안을 주는 어조로 말했다. "그 총을 나한테 주지 않을래요?" 그때 마샤가 그의 이름을 불렀는데 그 이름이 뭐였는지는 기억나지 않는다. 남자는 마샤의 말에 그냥 이렇게 대꾸했다. "네." 그러더니 총을 마샤에게 건넸다.

마샤가 뒤돌아서 내게 총을 주며 말했다. "총알 좀 빼줘, 스티브." 나는 그에게서 총을 받아 들었다. 마샤는 다시 남자를 돌아보고 그와 대화를 나누면서 자살 중재에 나서더니 그가 자살하고 싶지 않은 마음이 들도록 유도했다. 어느새 남자는 더없이 편안해 보였다.

그사이 나는 공포에 질려 있었다. 생전 처음 총을 잡아보는 터라 어쩔 줄 몰라 쩔쩔맸다. 어딘가를 잡아당기면 총알이 툭 튀어나오던 영화 속 장면만 생각났다. 내 총기류 상식은 딱 그 정도였다. 진땀이 뻘뻘

인생이 지옥처럼 느껴질 때

났다. 뭘 어떻게 해야 할지 깜깜하기만 했다. 내 발에 총을 쏘기라도 할까 봐 겁도 났다. 마샤는 곤경에 처한 내 사정은 눈치도 못 채고 있는 것 같았다. 나는 안 되겠다 싶어서 이런 생각까지 했다. '이게 규정이 아닌 건 알지만 두 사람의 말을 끊고 끼어들어서 이 빌어먹을 놈의 총에서 총알을 어떻게 빼는지 물어봐야 할 것 같아.' 그 뒷일은 어찌어찌하다 쓰레기통에 총을 쏴서 총알구멍을 내놓았던 정도만 기억난다. 그것 역시 규정이 아니었다.

또다시 그 상처가

나는 내 과거, 그러니까 생명을 위한 병원에서 보낸 시절이 드러나지 않도록 조심하는 법을 익힌 지 오래였고 직업적 환경에서는 특히 주의했다. 그리고 할 수 있는 한 팔과 다리의 상처 흉터가 보이지 않도록 숨기려고 최선을 다했다. 연중 수개월은 계절상 옷차림 덕분에 감추기 쉬웠지만 당연히 언제나 철저히 감추고 다닐 수만은 없었다. 확실히 몇몇 사람은 이미 눈치를 챈 것 같았다. 하지만 아무도 내게 그 말을 꺼내진 않았다.

스티브는 그때를 이렇게 기억하고 있다. "어느 날 마샤의 팔을 보게 됐는데 그 순간 귓가에 이런 말이 들려오는 듯했어요. '괜히 캐묻지 마.' 무슨 일이 있었다는 감이 왔죠. 보아하니 칼로 긋거나 담뱃불로 지진 자국이었어요. 팔에 그런 상처 자국이 나 있는 건 처음 봤어요. 그래도 괜히 나서서 물어볼 일이 아닌 것 같았어요. 그래서 아무 말 하지 않았죠." 오, 자상한 스티브.

제리와 가깝게 지내며 그도 나도 서로를 무척 좋아했지만 나는 제리에게도 내 비밀을 말하지 않았다. 그러는 편이 현명한 처사일 것 같았다.

스토니브룩대학의 프로그램을 마친 지 2년쯤 지났을 때 나는 제리에게 이 사실을 털어놔야 한다는 생각이 들었다. 마침 그때는 당시 제리의 부인과도 친한 친구 사이가 됐던 터라 포트제퍼슨으로 찾아가 두 사람의 집에서 묵었다. 제리의 기억은 이렇다.

우리는 저녁을 먹은 후 한자리에 모여 앉아 이야기를 나눴는데 어느 순간 마샤가 이렇게 말했다. "고백할 게 있어요. 하지만 비밀로 지켜주셔야 해요." 그래서 내가 말했다. "마샤, 우리에겐 뭐든 다 털어놔도 돼요." 내 전 아내도 말했다. "그래요, 마샤, 뭐든 다 괜찮아요." 마샤가 무슨 얘길 하려는 건지 전혀 감도 오지 않았다. 잠시 후 그가 들려준 얘기는 생명을 위한 병원, 의자에서 다이빙하듯 뛰어내린 일, 칼로 팔을 긋고 벽에 머리를 들이박은 일 등이었다. 정말 믿기지 않았다. 너무 놀랐다. 예전에 그의 팔에서 흉터를 많이는 아니지만 몇 군데 정도 보긴 했는데 대수롭지 않게 넘겼다. 그냥 못 본 체하고 넘어갔다. 그래서 마샤의 얘기를 듣고 굉장히 놀랐다. 그는 정신적으로 아주 건강해 보이는 사람이었기 때문이다. 완전히 좋은 의미에서 바위였다. 강한 사람이었다. 그래서 그렇게 놀랐던 것이다. 하지만 시간이 좀 지나자 차츰 이해가 됐다. 그가 자살에 관심을 가진 일과 경계성 성격장애에 관해서도 관심을 가졌던 일이 말이다. "우리는 고통을 통해 배운다"는 옛말도 있지 않은가.

인생이 지옥처럼 느껴질 때

꿈을 꾸다

직업적 차원에서나 개인적 차원에서 나는 에드가 내 삶에 나타났다 가 사라졌던 잠깐의 시기를 제외하면 행복하기 그지없었다. 여러 사 람과의 우정이 나를 지탱해 줬고 스티브와 틈날 때마다 수다를 떨던 그 많고 많은 순간들이 무척 즐거웠다. 스티브는 그중 한 순간을 다 음과 같이 떠올린다.

마샤와 나는 틈틈이 한자리에 앉아 온갖 얘기를 다 했다. 이 멋진 프로 그램에 들어와 경험하는 것들과 흥미로운 신新사고가 일으키는 지적 자극. 직접 만나보는 영광을 누리게 된 우리 분야의 선도적 인물들. 우 리의 꿈. 어느 날 마샤는 특유의 열띤 표정을 띠더니 나를 쳐다보며 말 했다. "스티브, 앞으로 일이 어떻게 될지는 모르지만 나는 임상 실무에 서 우리가 다른 관점으로 생각하게 해줄 만한 원대한 이론을 어떻게든 개발해야 해." 그때 내 대꾸는 이런 식이었다. "그래, 그렇지, 그건 우 리도 마찬가지야." 약간 냉소적인 반응이었다고 할 수 있다.
　말하자면 나는 그가 앞으로 DBT같이 거대하고 중요한 뭔가를 개발 하려고 구상 중인 줄은 몰랐다.

제리에게 이별 선물을 헌사하다

1년간의 박사 후 과정이 끝나갈 무렵 우리 네 사람은 제리에게 선물 을 하기로 했다. 몇 달 전 제리는 보헤미아 출신의 오스트리아 시인 인 라이너 마리아 릴케의 〈젊은 시인에게 보내는 편지〉에서 인용한 글을 읽어주며 우리에게 사본을 나눠줬었다. 그때 우리는 그 구절에 담긴 심정이 치료사로서 우리가 하는 일에 꼭 들어맞는다고 생각했다.

> 당신을 위로하려고 애쓰는 그 사람이 때때로 당신에게 도움을 주는 이 단순하고 평온한 말들 속에서 아무 고통 없이 편히 살고 있다고는 생각지 마십시오. 그 사람의 삶에도 수많은 괴로움과 슬픔이 있습니다… 그렇지 않았다면 그 사람은 그 말들을 찾아내지도 못했을 겁니다.*

우리는 이 인용문을 캘리그래피로 꾸민 후 (캘리그래피 작업은 내가 맡았다) 액자에 끼워 제리에게 선물했고 제리는 큰 감동을 받았다. 박사 후 연구원인 우리 각자를 위해서도 따로 사본을 만들었다. 나는 매년 졸업식마다 졸업생들과 연구원들에게 이 사본을 액자에 끼워 선물한다.

---

*   Rainer Maria Rilke, *Letters to a Young Poet*, trans. M. D. Herter Norton (New York: Norton, paperback, 1993.) 국내 번역본: 라이너 마리아 릴케, 《젊은 시인에게 보내는 편지》

16

내가 무슨 짓을 한 걸까?

What Have I Done?

스토니브룩대학의 박사 후 프로그램을 절반 정도 마쳤을 무렵 나는 여러 곳에 이력서를 내기 시작했다. 미국 전역의 어느 학교든 가능성이 있을 만한 곳엔 모조리 지원서를 넣었다.

바꿔 말하면 이렇게 쓸 수 있을 것이다. 일자리를 제안하는 러브콜이 쏟아져 정신을 못 차리는 상황은 전혀 아니었다고.

4월이 되도록 나는 진로를 정하지 못했고 다음 학기 임용 제안을 기다리기에는 이미 너무 늦은 상태였다. 제리는 나를 따뜻하게 위로했다. "걱정 마요, 마샤. 당신이 일을 못 구하지는 않을 테니까."

최선이 아닌 차선

아메리카가톨릭대학에서 면접 제안을 받았다. 당시에는 외진 지역이었던 워싱턴 D.C. 북동쪽에 있는 학교였다. 캠퍼스에는 미국 최대 규모 성당인 성모 무염시태 국립 대성당이 자리하고 있었다.

면접 때 발표할 주제로 나는 자살을 선택했다. 자살에 관해 조금이라도 아는 사람은 드문 반면 그 얘기에 귀 기울이는 사람은 많은 까닭에 내게는 이점인 주제였다. 그 무렵엔 강사로서의 내 역량도 단련될 대로 단련돼 있었다.

죽기만을 바라는 이 불행한 사람들에 대한 내 깊은 연민이 면접관들에게도 전해져 그들이 나를 동료로 맞이하고 싶어질 거라고 믿었다. 연구를 통해 근거가 탄탄한 결과를 도출해 낼 줄 아는 역량 있는 연구자보다는 환자를 잘 다루는 노련한 임상가로 나를 포장하면 잠재적 고용주에게 선택받을 확률이 한층 높아질 터였다. 사실 그런 가장은 내게 부자연스러운 것이었다. 나는 좋은 임상가면서 연구자기도 했으니까. 어쨌든 나는 교수직을 제안받았고 그건 열에 아홉 자살에 관한 내 강연의 힘 덕분이었다.

하지만 나는 내가 어떤 상황에 발을 들이고 있는지 제대로 알지 못했다. 내 면접날 학교의 임상교육원장은 외부 일정으로 자리를 비운 채 동료 교원들에게 다음과 같은 지시만 남겼다고 한다. 누구든 뽑되 행동주의자만은 안 된다. 학과는 정신역동적 세계관에 깊은 뿌리를 두고 있었다. 행동주의란 죄악까지는 아니더라도 최소한 그들에겐 외국어나 다름없었다. 그러나 내가 임용된 걸 보면 자살에 관한 내 강연의 힘이 이런 염려들을 지워버렸던 것 같다.

인생이 지옥처럼 느껴질 때

곧바로 정신역동치료 강의를 맡아 진행하라는 임무가 떨어졌다. 말 그대로 불가능한 일이었고 나는 솔직하게 그렇게 말했다. 그러자 학교에서 물었다. "정신역동치료와 행동치료를 아우른 강의는 어때요?" 그 역시 불가능하다고 나는 대답했다.

학과 전체가 얼마나 전통적인 정신역동적 사고방식에 깊이 뿌리내리고 있는지 깨달은 나는 충격을 받았다. 행동주의자였던 내게는 너무 구닥다리였다. 하지만 그때만큼은 평소답지 않게 가타부타 의견을 내보이지 않았다. 그러나 불행히도 스토니브룩대학이 얼마나 훌륭했는지 얘기하는 것까지 참는 데는 실패하고 말았다. 나는 종종 스토니브룩대학에서 학생들을 훈련할 때 어떤 획기적인 방법을 쓰는지와 이곳에서도 그런 사고방식을 적극 받아들여야 한다는 떠벌여 댔다. 단도직입으로 말했느냐고? 아니. 우회적으로 말했느냐고? 그랬다. 그게 도움이 됐느냐고? 아니. 그렇지만 강의 평가가 좋았던 걸 보면 좋은 강사였음은 틀림없다.

나는 연구를 수행하기 위해 연구비를 받기 시작했고 이를 계기로 당시 응용행동분석에 관한 특별 프로그램을 운영하던 스테파니 스톨츠를 비롯해 미국 국립정신건강연구소NIMH 담당자들과 오래 지속될, 참으로 멋진 인연을 맺을 수 있었다. 오래지 않아 나는 학과 내에서 누구보다 연구비를 많이 받아 오는 사람이자 누구보다 논문을 많이 발표하는 사람이 됐다.

내 연구 프로젝트 중 하나는 자기주장 강화 기술assertiveness에 관한 것이었다. 나는 자살 행위를 도움 요청 행위로 이해하는 모델을 생각하고 있었다. 자기주장 강화 기술은 세상을 더 효율적으로 헤쳐나가고 효과적 행동으로 필요한 것을 얻어내는 법을 배우면서 원만한 인간관계를 유지하고 자존감을 다치지 않을 수 있는 방법이다. 자살 성향이 높은 사람들에게 자기주장법을, 효율적 행동법을 가르칠 수 있다면 그들이 스스로에게 필요한 도움을 구할 수 있으리라는 게 내 생각이었다.

자기주장 강화 훈련: 도움이 되는 DBT 기술

대인 관계 효율성

자기주장 강화 훈련은 사람들로 하여금 타인과 상호작용을 할 때 효율적으로 행동할 수 있게 도와주는 DBT 기술 모듈 중 하나다. 이 기술들은 내담자가 상대방과 멀어지지 않고 자존감을 포기하지도 않으면서 자신의 목표를 달성할 수 있는 능력을 갖추도록 돕는다. 자기주장 강화 기술은 변화 기술이다. (DBT 기술은 크게 두 갈래로 나뉜다. 하나는 수용acceptance 기술이고 다른 하나는 변화change 기술이다.)

또 자기주장 기술은 새 친구를 사귀고 친구와의 우정을 유지하며 어떤 관계가 해롭다고 판단될 때 그에 적절한 행동을 취하는 데 필요한 사회적 기술이기도 하다. 이런 기술들은 자연스레 습득되며 어떤 기술들은 더 수월하게 터득하기도 한다. 사회적 존재로서 우리가 지닌 본래적 특성이라고 해도 좋을 것이다. 그러나 우리가 그런 능력을 얼마나 잘 타고났든 연습이 있어야 가진 능력도 더 효율적으로 발휘할 수 있고 인간관계에서 효율적으로 대처할 수 있다는 것이야말로 대인 관계 효율성 기술의 목표다.

자기주장 기술은 가령 지금 당장 스스로에게 필요한 것이 무엇인지 타인에게 명확히 전달할 수 있게 해준다. 효율성을 꾀한다는 것, 될 일을 한다는 것은 바로 이를 가리킨다. 일례로 당신은 상사에게 "저는 월급 인상을 원합니다. 가능한가요?"라고 말할 수 있고 배우자에게 "올해 계획했던 휴가를 가기엔 가계 형편이 어려운 것 같아"라고 말할 수 있다. 즉, 자기주장 강화 능력이란 말하고자 하는 바를 모호하지 않게 전달하고 마찬가지로 타인과의 관계도 언어로 조율할 수 있는 능력이다.

워싱턴대학에 있을 때 비교적 늦게 추가한 내가 가장 좋아하는 대인 관계 효율성 기술 중 하나이자 내담자들도 굉장한 만족감을 표하는 기술은 바로 'DEAR MAN'이다. (나는 줄임말을 사랑한다.) 이 기술들의 목표는 바라는 바를 이루기 위해 가능한 한 효율적으로 행동하는 것이다. 이어지는 예를 읽자마자 당신은 그 뜻을 이해할 것이다.

DEAR MAN을 풀어 쓰면 이렇다. 기술하고$_{describe}$ 표현하고$_{express}$ 주장하고$_{assert}$ 보상하고$_{reinforce}$ 현재에 머무르고$_{(stay)\ mindful}$ 대담한 태도를 보이며$_{appear\ confident}$ 협상 가능성을 열어두기$_{negotiate}$.

상황을 기술하라(Describe)

당신의 반응을 촉발한 상황을 간략히 기술하는 것으로 시작하라. 상대방은 요구의 전제가 된 사건에 주목하게 된다.

예1 "저는 이곳에서 2년을 근무했지만 월급은 입사 당시와 똑같습니다. 제 업무 평가가 매우 높은데도 말이에요."

예2 "이번에 우리가 가기로 한 휴가를 정말 가도 될지 알아보려고 가계 예산과 채무 상황을 유심히 살펴봤어."

명확히 표현하라(Express)

해당 상황을 자신이 어떻게 느끼고 생각하는지 분명히 표현하라. 상대방이 당신 생각이나 기분을 읽어내리라고 기대하지 말라.

예1 "저는 연봉을 인상받을 만하다고 생각합니다."
예2 "지금 우리 재정 상태가 많이 걱정되더라."

바라는 바를 주장하라(Assert)

본론 없이 변죽만 울리지 말라. 물을 건 묻고 아니라면 아니라고 말하라. 분명하고 간결하고 자신 있게 말하라. 죽은 셈 치고 당당히 요구하고 거절하자.

예1 "연봉 인상을 원합니다. 가능하겠습니까?"
예2 "우리가 계획한 휴가를 가기에는 여유 자금이 없어."

발언을 보상하라(Reinforce)

상대방이 당신 요구를 수용해 준다면 그에게 어떤 긍정적인 결과가 나타날지 설명하라. 그게 아니더라도 누군가 당신이 요구한 바와 관련된 무언가를 해준다면 감사를 표하라.

예1 "제가 회사에 기여한 가치가 연봉에 반영된다면 한층 더 즐겁고 더 생산성 있게 일할 수 있을 것입니다."

예2 "얼마간 씀씀이를 좀 줄이고 살면 최소한 걱정으로 밤잠 설칠 일은 없지 않을까?"

현재에 머무르라(Stay Mindful)

당신이 지금 무엇을 요구하고 있고 말하고 있고 어떤 의견을 표명하고 있는지 집요하게 물고 늘어져라. 다른 주제로 산만해지거나 엇나가서는 안 된다. 같은 이야기를 부드러운 목소리로 계속 반복한다.

대담한 태도를 보여라(Appear confident)

당당한 어조, 자신감 있는 자세를 유지하고 시선을 피하지 말라. 말을 더듬거나 기어 들어가는 목소리로 중얼대거나 발끝만 쳐다보거나 주장을 곧 무르거나 잘 모르겠다는 식으로 말하지 말라. 쉽지 않은 상황에서 긴장하거나 겁이 나는 건 당연한 일이다. 그러나 긴장하고 겁먹은 모습을 보이면 기껏 취한 행동의 효율성을 좀먹게 된다.

협상 가능성을 열어두라(Negotiate)

얻으려면 주는 것도 있어야 한다는 점을 잊지 말라. 내어주고 그에 상응하는 것을 요구하라.

예 "우리가 어떻게 해야 한다고 생각하세요? 여기서 무엇을 같이해 볼 수 있을까요? 이 문제를 우리가 어떻게 해결할 수 있을까요?"

특정한 목적을 염두에 두고 이 단계들을 차례로 밟아나가는 당신의 모습을 상상할 수 있는가? 그럴 수 있으리라 믿는다.

사실관계를 확인하다

가톨릭대학에서 자살 고위험군 환자들에게 자기주장 강화 기술을 가르치자고 생각하던 이 시기 내 세계관에도 변화가 생겼다. 스토니브룩대학에서 나는 사람들의 행동은 그들의 인지, 사고에 크게 영향 받는다는 관점을 받아들였다. 이는 사람들의 문제가 그들의 행동보다는 사고방식에서 기인한다는 인식이다. 가톨릭대학에서 나는 아서 스타츠Arthur Staats의 저작, 특히 그의 사회행동주의 이론을 접하면서 인지는 다른 형태의 행동이라는 주장을 보게 됐다. 모든 것은 행동이며 만약 내가 그중 하나를 변화시킨다면 모든 것을, 즉 사고, 행위, 모든 것을 변화시키는 셈이 된다. 모든 것은 다른 모든 것에 연결돼 있다. 모든 것은 하나다. 마치 선불교에서 말하듯이 말이다. 이 주장은 내게 큰 영향을 미쳤다.

그렇다면 내 어떤 생각이 변했을까? 첫째, 나는 사고 변화가 도움이 될 수 있다는 관념을 포기하진 않았다. 회오리바람이 닥쳐올까 두려워 밖에 나가지 못하고 있는 상황을 가정해 보자. 그때 당신은

인생이 지옥처럼 느껴질 때

라디오에서 회오리바람이 옆 옆 옆 주州에 겨우 도달했다는 소식을 듣는다. 당신은 생각을 수정할 가능성이 높고 더불어 두려움도 소강되며 기꺼이 밖으로 나가서 차에 올라탈 수 있을 것이다. 어떻게 그런 일이 일어났는가? 당신이 얻은 새로운 정보가 행동을 변화시킨 것이다. DBT에서는 정보를 얻는 것 역시 소위 "사실관계 확인하기"라고 부르는 일종의 기술이다. 위의 예에서처럼 당신이 기상정보를 확인하고 회오리바람이 아직 멀리 있다는 것을 알면 전과는 다른 행동을 취하고 밖으로 나갈 수 있게 될 확률이 커진다.

정반대 행동하기

그렇지만 때로는 임박한 위험이 없다는 사실을 객관적으로 확인했는데도 감정(공포)을 누그러뜨리기 어려운 경우가 있다. 누구나 이런 경험을 한다. 아이들은 방에 숨어 있을지 모를 괴물을 두려워한다. 우리는 자기주장을 하고 원하는 바를 요구하기를 두려워한다. 말을 타다 한 번 추락하고 나면 다시 안장 위에 오를 용기가 나질 않는다. 시체와 같은 방에 앉아 있기라도 하면 죽은 사람이 침대에서 벌떡 일어나진 않을까 두려워할 수 있다. 가끔은 세상 그 어떤 사실 정보도 아무런 힘을 쓰지 못한다. 우리의 공포심은 격퇴되지 않고 남아 있다.

스타츠의 이론에 따르면 행동을 바꾸면 감정도 바뀌기 마련이다. (두려움은 감정이다.) 사실이 당신이 두려워하는 것이 실제로는 위험하지 않음을 알려줄 때는 그냥 당신의 두려움과 정반대로 행동하는 것이 비법이다. 부모가 아이들을 방으로 들여보내면 된다. 우리는 용기를 끌어내 잘 호응해 줄 만한 사람에게 자기주장을 펼 수 있다. 당신을 또 내동댕이칠 것 같진 않은 말의 등에 다시 올라타면 된다. 시체와 한방에 앉아 죽은 사람이 자발적으로 일어나는 일은 없다는 상식을 받아들이면 두려움은 가라앉게 돼 있다.

한참 후 나는 이 방법을 "정반대 행동하기opposite action"라는 이름을 붙여 두려움을 다루기 위한 정서조절 기술로 삼았다. (정반대 행동하기는 변화 기술이다.) 정반대 행동하기에서는 하고 싶지 않아도 억지로 해야 한다. 스스로에게 "사람들은 날 좋아해"나 "난 뚱뚱하지 않아" 같은 말을 해봤자 실제로 감정이 바뀌진 않는다. 행동을 해야 한다. 자신의 몸을 혐오해 여러 문제를 겪고 있던 한 내담자가 있었다. 그에게 당신의 몸은 정말 괜찮다는 말을 해줬지만 도움이 되지 않았다. 나는 그가 다르게 행동하도록, 즉 그 자신이 아름다운 몸을 가진 것처럼 행동하도록 유도해야 했다. 실제로 그는 그런 식으로 자세를 취하고 자신감을 내보이는 행동을 하며 어느새 스스로를 아름답게 느꼈다. 정말 효과가 있었다. 이 방법은 "그런 척하다 보면 정말로 그렇게 된다"는 주문을 외는 것과 같다. 덕을 행하면 덕 있는 사람이 된다는 아리스토텔레스의 관념과도 상통한다.

사람들이 당신을 안 좋게 보거나 심지어는 당신에게 적대적일 것이라는 생각이 들어 파티에 가기가 두려울 수도 있다. 결국 당신은 파티에 가지 않는다. 정반대 행동하기에서는 내키지 않아도 억지로 파티에 가서 할 수 있는 한 그 자리에 머문다. 구석에 숨어 그 누구와도 눈을 마주치지 않고 말도 하지 않는 식으로 굴지 않는다. 파티

인생이 지옥처럼 느껴질 때

의 주인공이 되려고 애쓸 필요도 없다. 할 수 있는 만큼 하면 된다. 보통은 파티에 가면 당신과 기꺼이 잡담을 나눌 누군가가 있기 마련이다. 사람들이 좋아죽을 만큼 당신에게 끌리진 않을 수도 있지만 그렇다고 대놓고 적대적이지도 않다는 사실을 알게 될 것이다. 자꾸 파티에 다니다 보면 당신이 두려워했던 일이 실제로는 일어나지 않는다는 사실을 깨달으며 차츰 두려움이 줄어들 것이다. 정반대 행동하기는 연습이 필요하다.

기회가 생길 때마다 할 수 있는 한 자주 정반대 행동하기를 반복하고 또 반복해야 한다. 이 기술은 때때로 즉각적인 효과를 나타낸다. 하지만 대개의 경우 많은 연습을 해야만 (가령 두려움 같은) 통제하려는 그 감정이 누그러진다.

다음은 내가 이 새로운 세계관을 짧게 요약해 만들어낸 말이다.

생각만으로는 새로운 행동을 할 수 없다. 행동을 통해서만 새로운 사고방식을 가질 수 있다.

16. 내가 무슨 짓을 한 걸까?

17

내가 무슨 짓을 한 걸까?

Finding a Nurturing Community

가톨릭대학에서 다른 교수진과 공통점을 전혀 찾지 못한 나는 또다시 아웃사이더라는 느낌을 받았다. 자기회의와 부적절감의 나락으로 미끄러져 떨어지는 건 시간문제였다. 그 추락이 특히 더 고통스러웠던 건 1년간 스토니브룩대학에서 개인적으로나 학문적으로 큰 기쁨을 경험한 직후였기 때문이었다. 고독한 자취 생활이 재개됐고 에드는 돌아올 리 없었으며 하느님조차 내게서 자주 모습을 감추시는 것만 같았다.

나는 듀폰트 서클 근처의 꽤 괜찮은 아파트에 살고 있었다. 매일 근처 교회로 가서 묵상기도를 드렸다. 교회에는 나 말고도 어떤 이들의 모임이 있었는데 지금 돌이켜 보면 아마도 선 수련 집단이었던 것 같다. '참 이상한 사람들이 교회에 나오네' 하고 생각했다. 그들은 그냥 두 눈을 뜬 채로 자리에 앉아 있었다. 묵상기도를 할 때는 언제나 눈을 감아야 한다.

당시 내 기도는 숨을 천천히 들이쉬고 내쉬며 마음속 계단을 걸어 내려가 마침내 자아의 중심에 위치한 하느님께 다가가는 방식이었다. 나는 간곡히 하느님을 찾고 찾고 또 찾았지만 그 순간 이미 하느님과 합일된 상태기도 했다. 이따금 나는 마치 하느님이 내게 말을 걸고 있다는 느낌을 받았다. 이건 단지 내 상상에 그치는 일이 아니었다. 너무나 실체적인 경험이었다. 최근 나는 오랜 시간 기도해온 사람들은 마음이 작동하는 방식 자체가 변할 수 있다는 글을 읽었다. 기도에 관해 연구한 스탠퍼드대학 인류학자 마리 루어먼Marie Luhrmann은 "기도 수행자들은 기도 속에 몰입됨에 따라 감각이 점점 더 예리해진다고들 말한다"고 썼다. "향기는 더 짙어지고 색깔은 더 선명해진다. 그들의 내적 감각 세계는 한층 생생하고 세밀해지며 때로 생각과 심상은 마치 마음 밖에서 유래된 것처럼 느껴지기도 한다."*

내겐 공감 가는 말이다. 진실이 어떻든 나는 하느님을 찾고 있으면서도 바로 그 순간 하느님이 내게 말을 걸고 계심을 알았다.

하느님에 대한 탐색이 보상받다

워싱턴으로 거처를 옮기자마자 가장 먼저 한 일 중 하나는 내 진보

---

* T. M. Luhrmann, "Is That Good Talking," op-ed, *New York Times*, May 2, 2013, p.A23.

적 세계관을 포용해 줄 가톨릭 공동체를 찾는 일이었다. 뉴먼 가톨 릭 학생 센터는 내게 완벽 그 이상이었고 마련한 아파트에서 남쪽으로 천천히 걸어 1마일 거리에 불과했다.

조지워싱턴대학교 뉴먼 센터는 전 세계 세속 대학 안의 무수한 목회 센터 중 하나다. 센터 회원들은 대부분 가톨릭 신자이지만 다른 교파의 크리스천만이 아니라 지역사회에서 온 사람까지 있어 관점이나 배경이 무척 다양했다.

1970년대 초 뉴먼 센터는 급진적 진보주의로 명성을 얻었다. "대학이라는 장소 자체가 당시의 수많은 사회운동이 움튼 중심지였다"고 1968년 사제로 임명됐던 잭 윈더마이어는 회고한다. "반전운동, 평화운동, 시민운동, 빈민 캠페인 등 무수한 활동이 있었다. 뉴먼 센터는 진보주의와 동지애가 지배적이던 당시 분위기를 잘 반영하고 있었다."

센터에서 내가 가장 사랑했던 것 중 하나는 잭과 그의 부사제 앨러너 클리어리가 평화운동, 베트남전, 환경운동 같은 그날의 이슈를 종교적으로 되짚어 보거나 사랑의 의미, 신에게 우리의 의미 같은 좀 더 보편적인 주제를 다루는 대화형 설교였다. 사제들의 이야기가 끝나면 누구든 연단에 올라 자신의 생각을 덧붙일 수 있었다. 매우 참여적이었다. 교회에서는 응당 발언권을 무시당하기 십상이던 여성들에겐 특히 더 특별한 환경이었다. 오늘날 사람들이 생각하는 가톨릭교회와는 사뭇 달랐다. 하지만 당시는 특별한 시대였고 나는 그 모든 것을 사랑했다.

센터 공동체를 구성한 많은 사람들, 특히 금세 가까운 친구 사이

인생이 지옥처럼 느껴질 때

가 됐고 몇몇은 지금까지 인연을 함께하고 있는 많은 여성들에게 고맙다. 앨러너, 메리 해링턴 그리고 내 허약한 기억력 탓에 그 이름이 혀끝에서만 맴도는 다른 여성들까지. 이들은 감사하게도 내 삶에 다시 정서적 폭풍이 휘몰아쳤을 때 나를 도와줬다.

"공동체에서 마샤와 같이 예배드릴 때 마샤의 얼굴에서 미소가 사라진 날은 하루도 없었던 것 같아요." 앨러너는 말한다. "마샤는 항상 웃고 있었죠." 앨러너는 내가 대화 설교 시간에는 꼭 참석해 의견을 밝혔었다고 했다. 물론 내가 안 그랬을 리 없다. "마샤는 언제나 발언권을 요청했어요. 누구도 의심치 않았던 부분에 늘 질문을 던졌죠." 하지만 그는 내 다른 면모 또한 봤다. "마샤는 언제나 빛을, 사물의 밝은 면을 봤어요. 하지만 그가 알고 있던 완전한 암흑의 무게에 늘 짓눌려 있기도 했어요."

앨러너와 깊은 우정을 쌓게 된 나는 그에게 내 과거사를 고백했다. 당시 내 이야기를 털어놓은 유일한 사람이었다. "마샤는 가톨릭 교회 동료 신자들에게는 아무 말도 할 수가 없었어요. 그들이 과거사를 알면 금세 그곳에서 모습을 감추려 했을 거예요." 앨러너는 말한다. "그런데 저만큼은 자신을 믿어줄 걸 알았던 거죠. 마샤를 생각하며 마음이 무너진 게 몇 번이었는지 몰라요. 저는 마샤를 그냥 가만히 안아줬어요. 달리 할 수 있는 일이 또 뭐가 있었겠어요? 마샤는 우리 두 사람의 비밀을 지켜줄 만큼 크고 따스한 우정을 선물해 줬어요."

앨러너는 인간적으로도 비할 데 없이 멋진 사람이다. 뉴먼 센터에 부사제로 합류하기 전—그는 센터 최초의 여사제기도 했다—그는 '백색 수녀들White Sisters'이라는 이름으로 잘 알려진 아프리카 성모 선교사 자매회Missionary Sisters of Our Lady of Africa 소속으로 아프리카에서 몇 년간 머물렀다. "저는 말라위의 여러 마을에서 땅콩을 심어 수확하고 여건이 허락하면 성경을 가르쳤어요." 그는 말한다. "그곳 사람들의 언어를 익히려 노력했고 오토바이를 수리하기도 했고 진흙을 쌓아 오두막을 짓기도 했죠. 필요한 일이면 뭐든지 했죠. 저는 캐나다에서 딴 운전면허증이 있었고 차도 있어서 운전사 노릇 역시 제 역할이 됐어요."

우리 두 사람은 종종 내 아파트에서 시간을 보내기도 했는데 센터에 있으면 한시도 쉴 새 없이 그의 도움이나 조언을 구하는 사람들에게 시달려야 했기에 앨러너는 내 아파트를 특히 안식처처럼 여겼다. 그는 말라위에 대해, 그곳에서 보고 겪은 끔찍한 가뭄과 무서운 고난에 대해 들려줬다. 그곳 상황은 그의 믿음을 흔들기까지 했다. "문을 박차고 나가 하늘을 향해 소리 지른 적도 있었어요." 그는 말한다. "'거기 누구 있으면 비 한 방울만 내려줘요! 우리가 여기 있어요. 우리는 비가 필요해요. 3년째 가뭄이라고요. 사람들이 사방에서 죽어나가고 있어요.' 우리는 스스로 죽음을 자처한 것처럼 느껴지기도 했어요. 구원은 어디에도 없었죠."

우리는 함께 즐길 여가 시간도 포기하지 않았다. 내게는 중고 오픈카가 한 대 있었는데 앨러너에게는 그 차를 타고 우리가 다닌 여행이 행복한 기억으로 남아 있다. "우리는 버지니아주 쪽 블루리지 산맥을 따라 달렸죠." 그는 말한다. "아니면 바닷가로 가거나. 언젠가 크리스마스 연휴에 우리는 한 이틀 정도 머물 생각으로 델라웨

인생이 지옥처럼 느껴질 때

아주 레호보스비치로 내려갔어요. 우리가 묵었던 호텔에는 아이스 링크가 있었고요. 무려 캐나다 노바스코샤 출신인 나는 드디어 스케 이트를 탈 수 있다는 생각에 환호했죠. 마샤도 스케이트를 신었는 데 아니나 다를까 얼음 위에 생전 처음 서본 사람 같았어요. 한 걸음 도 제대로 떼질 못하고 있었죠. 얼마나 웃었던지! 하지만 마샤가 넘 어져서 다치진 않을까 겁이 나기도 했어요. 그때의 기념품으로 내가 갖고 있는 건 마샤가 찍어준 스케이트를 타고 있는 제 사진들뿐이에 요. 마샤 사진은 없는데 그때 저는 카메라가 없었거든요. 저는 수중 에 있는 게 별로 없었어요. 마샤한테는 없는 게 없었고요. 마샤는 그 때 특히 스포츠카에 빠져 있었어요."

도움 구하기라는 긍정적 기술

정서적으로나 영적으로 지지받을 수 있는 공동체를 찾기로 한 내 적극적 결단은 바로 DBT가 내담자들에게 조언하는 부분이기도 하 다. 어떤 사람들은 친구를 "필요로 한다"는 것이 나약함이나 정서적 의존성의 증거이며 사람은 무릇 자족적으로 행복할 줄 알아야 한다 고 믿는다. 물론 고독 속에서 행복과 정서적 안정을 구하는 행위가 효과를 거두기도 한다. 하지만 대부분의 인간에게는 "호의적 타자" 로 이뤄진 무리의 일부가 되는 것이 그들의 정서적·영적 안녕에 없 어서는 안 될 역할을 한다. 그리고 이는 행동 문제로 고전하는 사람 들에게만 중요한 것이 아니다. 우리 모두에게 중요하다.

17. 보살핌의 공동체를 찾아서

빈곤 서약을 따르다

듀폰트 서클에 있던 우아한 아파트에서 몇 해를 보낸 나는 그곳이 빈곤 서약까지 한 내게는 너무 사치스러운 곳이라 판단했다. "우아한 높은 천장, 새하얀 벽면, 잘 배치된 예술품들"이 앨러너가 기억하는 내 아파트 모습이다. "그곳은 완벽했어요. 마샤가 고용한 사람이 집을 방문해 청소를 해주고 갔는데, 세상에나, 그것보다 더 완벽한 게 따로 있을까 싶었죠." 하지만 좀 더 간소한 살림으로 살아야겠다는 내 결심은 확고했다. 나는 아메리칸대학 근처의 작은 저층 아파트로 이사했다. 행정구역상 여전히 워싱턴 D.C.에 속하긴 했지만 중심가에선 떨어진 지역이었다. 작은 침실과 손바닥만 한 주방 하나, 조그만 베란다, 그보다 클 것 없는 뒤뜰이 전부였다.

이제 뉴먼 센터는 자전거를 타고 4마일을 달려야 하는 거리가 됐지만 나는 출석을 포기하지 않았다. 그곳은 내 사랑과 지지의 공동체이자 내가 받은 만큼 돌려줄 수 있는 공동체였다. 워싱턴 D.C.에서 사는 동안 나는 노숙자를 돕는 일에 많은 시간을 썼다. 그중에서도 여성 노숙자들에게 신경 썼는데 그들 중 많은 수가 정신건강 문제를 안고 있었다. 나는 그들에게 말을 걸고—실제로는 심리치료였다—현실감각을 일깨워 보호소를 찾아가서 도움을 받을 수 있도록 거들어줬다. 센터는 내게 하느님을 찾기 위한 공동체기도 했다. 대화 설교는 거의 매 회 하느님에 관해 다뤘다. 우리 주위에서 일어나는 사건 속에서 어떻게 하느님을 찾을 수 있는지, 하느님이 우리 자신의 삶과 타인의 삶 속에 어떻게 현현하시는지 등이었다. 하느님을 찾기 위한 끈질긴 탐색이 재개됐다. "하느님, 당신은 어디 계시나

인생이 지옥처럼 느껴질 때

요?" 주인을 떠나보내기 싫은 테리어 강아지처럼 나는 하느님을 붙잡고 늘어졌다. 내 이런 집착을 앨러너는 조금 갑갑해했던 것 같다. 그는 이런 식으로 끼어들었다. "그래, 그럼 이제 좀 다른 얘길 해보자. 괜찮지?"

나를 좀 더 잘 참아준 사람은 메리였다. 그 역시 나보다 느긋한 방식이긴 했지만 하느님을 찾는 사람이었다. "제가 생각한 하느님의 모습은 빛의 바다, 바로 그것이었어요." 그는 최근 이렇게 말했다. "제겐 언제나 하느님이 편재遍在하신다는 느낌이 있었어요. 여기, 바로 지금, 아주 구체적이고 아주 일상적인 순간에도 계신다고요. 마샤와 저는 그런 화제를 두고 얘길 했었죠." 우리는 같은 것을 찾고 있었지만 도착하기까지의 길은 달랐다.

고통 감내 기술

나는 뉴먼 센터 공동체에서 만난 사람 중 앤 웨이크 부부와 무척 가까운 사이가 됐다. 언젠가 한번은 내가 사는 아파트가 불길에 휩싸인 적이 있었다. 그들은 한밤중에 나를 구하러 달려왔다. 그 조그만 아파트에서 이웃들은 우리 집 문을 부술 듯 두드리며 내가 그날 저녁 뒷베란다 전등을 켜놓는 바람에 건물 전체에 불이 났다고 소리를 지르고 있었다. 아니, 그들은 틀렸다! 이후 나는 불이 아파트 내부에서 발생했다는 사실을 증명해 누명을 벗었다.

화재 사건으로 나는 두 가지 중요한 교훈을 얻었다. 첫째, 중요한 문서는 높은 곳이 아니라 낮은 곳에 두라는 조언은 두말 말고 따르

자. 아파트 바닥에서 25센티미터 높이를 넘긴 곳은 온통 새까만 검 댕으로 뒤덮였다.

둘째, 삶의 어떤 사건에 압도된 순간 해야 할 일을 해내기란 아주 어려운 일일 수 있다. 내가 무엇을 해야 하는지 알아도, 그 일을 수행할 능력이 있어도 마찬가지다. 이튿날 아침 에일린이 내가 걱정돼 전화를 걸어왔을 때 나는 "괜찮아"라고만 말했다. 사실 나는 불난 집 소파에 앉아 《타임》지를 넘기고 있었다. 집안 곳곳의 불에 타고 그은 자취엔 손가락 하나 대지 않고서 말이다. 화재 사건으로 당황한 나머지 냉정하게 생각할 수가 없었던 것이다. 이런 일은 우리에게 흔히 일어난다. 상황에 '압도된다'는 표현이 바로 이를 지칭한다. 그때 내게 필요했던 것은 마음을 안정시킬 수 있는 기술이었다. 훗날 인생의 위기 앞에서 고통을 감내해야 하는 사람들을 돕기 위해 내가 DBT 기술로 개발한 바로 그 기술 말이다. ('TIP 기술'이라 부르는 이 기술 은 곧 자세히 설명할 것이다.)

정신건강 담론에서는 고통스러운 사건과 상황을 변화시키는 데 초점을 둔다. 그리고 이는 짐짓 당연한 수순으로 보인다. 하지만 고통을 감내하는 법을 배우며 더 종교적인 혹은 영적인 관점에서 문제에 접근하는 것 역시 그만큼 효과적일 수 있으며 훨씬 빨리 목표를 달성할 수도 있다. 이것이 내 접근 방식이다. DBT를 다른 치료 기법과 구분하는 중요한 지점은 고통을 감내하고 수용하는 법을 배우는데 방점을 찍고 있다는 것이다.

왜 이런 결정을 했느냐고? 첫째, 고통과 곤경은 인생의 어쩔 수없는 한 부분이기 때문이다. 깨끗이 피하거나 걷어낼 수 없다. 이를

인생이 지옥처럼 느껴질 때

받아들이지 못하는 사람은 결국 더 많이 괴로워하고 시달릴 수밖에 없다. 둘째, 인생과 자기수양이라는 더 큰 맥락에서 고통을 감내하고 수용하는 법을 깨우치는 것은 성장을 향한 큰 변화의 일부다.

인내와 현실 수용은 그 현실을 그저 용인한다는 뜻이 아니다. 지금 이 순간 자체로의 삶을 수용하는 것이다. 뒷부분에서 더 상세히 다루겠지만 수용은 DBT에서 매우 중요한 주제로 DBT를 기존 행동치료와 구분 짓는 지점이자 앞서 말한 대로 변화 기술이기도 하다.

네 가지 TIP(고통 감내) 기술

신변 문제로 감정이 크게 동요된 상황에서는 당황한 나머지 사태에 대응하기 위해 취해야 하는 행동을 하지 못하는 경우가 있다. 예를 들어 내 경우에는 불이 난 집을 치우고 보수하는 일이었다. 이처럼 위기에 처했을 때 감정 조절에 도움이 되는 네 가지 TIP 기술을 만들었다. 이 기술은 신경계의 각성 수준을 경감하기 위한 신체 활동으로 구성된다. 그 네 가지란 바로 체온 조절temperature manipulation, 격렬한 운동intense exercise, 호흡 조절하기paced breathing 그리고 동시 근육 이완paired muscle relaxation이다. (사실 네 단어의 앞 글자를 따면 'TIP'이 아니라 'TIPP'이 되긴 한다.) TIP 기술의 목표는 정서적 동요 상태를 누그러뜨리는 방향으로 몸의 화학적 변화를 일으키는 것으로 감정적 흥분 상태를 가라앉히는 일은 고통 감내의 목표기도 하다. TIP 기술의 효과는 금방 나타난다. 여기서는 네 가지 중 두 가지 기법만 설명하겠다.

격렬한 운동 기법은 단순하다. 그냥 원하는 방식의 유산소운동을 시작하면 된다. 동네를 한 바퀴 달리거나 트램펄린 위에서 점프하거나 자전거 페달을 밟거나 러닝머신 위를 뛰거나 어떤 운동이든 심박수를 나이 기준 최대치의 약 70퍼센트 수준까지 올리는 운동을 약 20분가량 하면 된다. 이 같은 강도의 운동은 긍정적 정서를 증대한다는 것이 연구로 밝혀졌다. 자기 자신과 현재 상황에 느끼던 감정의 무게가 조금이나마 가벼워지면 당면한 문제를 해결하기 위해 필요한 행동을 취하기도 더 수월해질 것이다.

호흡 조절 기법은 편안히 앉을 곳을 찾아 천천히 그리고 깊이 숨을 들이쉬고 내쉬는 것이다. 숨을 쉬면서 호흡 횟수를 마음속으로 센다. 들이쉴 때 하나, 내쉴 때 둘, 다시 들이쉴 때 셋, 내쉴 때 넷 이런 식으로 10까지 센 뒤 처음부터 다시 시작한다. 가장 좋은 속도는 1분에 약 다섯 번의 호흡을 하는 것이다. 들숨 호흡은 교감신경계를 활성화하고 각성을 높이는 반면 날숨 호흡은 부교감신경계를 활성화하고 각성 수준을 낮추며 마음을 진정시킨다. 핵심은 날숨을 들숨보다 더 길게 천천히 내쉬는 것이다. 5초간 들이마셨다면 7초 정도 내쉬면 된다. 이런 식으로 10분이 지나면 다루기 어렵던 감정에 대처하고 바로 당장 해야 할 일을 정말 할 수 있을 만큼 상당한 진정 효과를 볼 수 있다. 내가 이 기법을 미리 알았다면 잿더미가 된 집에서 무기력하게 앉아만 있는 대신 벼락같이 일어나 엉망이 된 집을 청소하기 시작했을 것이다. 직장을 잃었거나 연인과 헤어지는 것 같은 고통스러운 상실 이후에 삶을 다시 재정비하는 데도 이 기법은 효력을 발휘한다.

앞으로도 내 이야기 사이에 더 많은 DBT 기술을 설명하겠다.

인생이 지옥처럼 느껴질 때

낚싯바늘에 걸린 물고기

Like a Fish on a Hook

워싱턴으로 거처를 옮긴 지 얼마 되지 않아 에드가 불쑥 전화를 걸어왔다. "만나고 싶어요, 마샤." 그는 애원하며 말했다. "당신 없인 못 살겠어요." (에드를 기억하는가? 내가 가장 사랑했던 그러나 손가락 사이로 새는 모래처럼 늘 사라져버렸던 에드를?)

지난 몇 년간 에드의 그런 전화를 받아보지 않은 것도 아니었고 그때마다 그로 인해 또 마음의 상처를 입을을까 봐 간신히 유혹을 뿌리쳐 왔다. 하지만 이번엔 달랐다. 나는 그러길 원치 않았지만 여전히 그를 사랑하고 있었다. 에드에 관해서는 오직 에일린에게만 털어놓았는데 에일린은 언젠가 결국 우리 둘이 재결합하게 될 거라고 말했다. "그를 다시 만날 생각은 하지도 마!"라고 나를 설득해 줄 사람은 아무도 없었다. 나는 에드에게 와도 좋다고 말했다. 그의 목소리에 안도감과 행복감이 묻어났다. 그렇다면 나 역시 행복해야 하는 것 아닐까 생각하며 그를 다시 볼 날을 기다리기로 했다. 그는 바로 다음 주에 뉴욕에서 워싱턴 D.C.까지 차를 몰고 달려온다고 했다.

간헐적 강화 계획에 관해

이 시점에 나는 심리학자들이 '간헐적 강화 계획Intermittent Reinforcement Schedule'이라 부르는, 흡사 낚싯바늘에 걸린 물고기 같은 신세가 됐다. 그건 사람들로 하여금 파친코 기계 앞에 몇 시간 동안 쉬지 않고 앉아 집착하게 하는, 본질적으로 그들을 중독시키는 심리학적 힘이다. 파친코가 일정한 간격으로 푼돈을 토해낸다면 사람들은 곧 지루해하고 흥미를 잃을 것이다. 하지만 어떤 예기치 못한 순간 잭팟을 터뜨릴 수도 있다는 가능성이 그들을 묶어놓는다. 학대적 관계에서 도망치지 못하는 사람들이 "이번엔 다를지도 모르잖아요"라고 변명하는 것과 같은 이치다. 꼭 그런 식으로 나도 에드를 더 밀어내지 못했고 "그럼, 알았어요. 기다릴게요"라고 말해버렸다. 어쩌면 이번엔 그때 같지 않으리라. 이번엔 잭팟을 터뜨릴 수도 있으리라.

나는 묘한 긴장감에 사로잡힌 채 듀폰트 서클의 내 아파트에 앉아 그가 도착하기를 기다렸다. 불안하면서도 동시에 설레고 있었다. 전화벨이 울렸다. 에드였다. 볼티모어 끄트머리에 도착했다고 했다. 자동차로 한 시간도 안 되는 거리였다. "안 되겠어요." 그의 목소리는 울음이 섞인 채 떨리고 있었다. "다시 돌아갈게요." '망연자실'이라는 말로도 그때 내가 느낀 감정을 아우를 순 없을 것이다.

인생이 지옥처럼 느껴질 때

어찌어찌해서 나는 오빠 얼이 사는 집으로 갔다. 볼티모어였다. 오빠 집에 도착해 현관 앞에 선 채로 울면서 조금 전 일을 오빠에게 말했던 걸 기억한다. 얼은 나를 꼭 안고 내가 울음을 그칠 때까지 달래줬다. 그리고서 그가 해준, 그 현명하고 위안이 됐던 말을 나는 영영 잊지 못할 것이다. 오빠는 내 눈을 침착하게 들여다보며 말했다. "마샤, 참 다행이다, 그치? 누군가를 진심으로 사랑할 능력이 네게 있다는 걸 알게 됐잖아. 너는 위대한 사랑을 할 능력이 있어. 그런 능력을 평생 깨닫지 못하고 사는 사람이 얼마나 많은데." 마음 깊은 곳을 울려준 이 말이 내 존재를 사로잡고 있던 비탄을 씻어 내렸다. 오빠의 말은 지금까지 내가 타인에게서 들은 가장 감동적인 말 중 하나로 꼽힌다.

첫 번째 비극

에드가 다시 전화를 걸어온 것은 1977년 내가 시애틀로 자리를 옮긴 뒤 얼마 되지 않아서였다. (내가 시애틀행을 택하게 된 사연은 바로 다음 장에서 읽게 될 것이다.) 이번에는 에드가 좀 다른 얘길 했다. "이 얘긴 당신한테 한 적이 없었지만," 그가 입을 열었다. "12년 전 뉴욕으로 돌아왔을 때 여기서 한 사람을 만났어요. 더 일찍 얘기했어야 했는데. 친구들이 그러지 말라더군요. 마샤 당신이 상처를 입을 거라고요." 그는 침묵했다.

"당신 없이는 살 수 없어", "지금 당신을 보고 싶어" 같은 말은 다 뭐였어? 육성으로 그 말을 내뱉진 않았지만 그런 심정이었다. 마침

내 그가 다시 입을 뗐다. "그와 결혼을 생각하고 있어요. 하지만 그 전에 당신을 만났으면 좋겠어요." 에드는 그 사람과 결혼하기 위해 수도원을 떠났다. 반면 나와의 관계에서는 사제직을 유지하기 위해 나를 떠나야만 했다.

충격이 나를 마비시켰다. 나는 곧바로 아직 그가 아닌 나를 선택할 가능성이 있다면 오는 것을 허락하겠다고 대답했다. "단지 그와의 결혼 허락을 받기 위해 날 보러 오는 거라면 안 돼요, 오지 마세요. 나와의 관계에 아직도 가능성이 있긴 한 거예요?" 그는 있다고 했다. 그래서 나는 오라고 했다.

도착한 그는 벼랑에서 떨어지듯 내게 안겼고 나도 그의 품 안으로 파고들어 우리는 마치 아직 사랑하는 연인인 것처럼 그렇게 있었다. 그는 나를 얼마나 사랑하는지 귓속말로 속삭여 줬다. 그건 진심이었을 것이다. 그는 우리 집에 일주일간 머물렀다. 지옥 같은 나날이었다. 하루하루가 지날수록 내 정서적 자아는 부인하지만 내 이성적 자아는 아마도 알고 있는 그것이 점점 더 분명해졌기 때문이다. 그는 단지 내게 결혼 허락을 구하고 싶은 것뿐이다. 아아, 그게 그가 원한 전부였다.

마침내 나는 용기를 냈다. "에드, 그 사람과 결혼해요." 에드가 말했다. "진심이에요?" "네, 당신은 처음부터 가톨릭 사제가 돼 독신으로 지낼 사람이 아니었어요. 그 길을 택한 건 그냥 실수였을 뿐이에요. 결혼을 하든 독신으로 살든 세상에 이로운 일을 할 수 있는 건 똑같잖아요? 당신은 결혼해야 해요. 그를 사랑하는 게 분명히 보여요. 나와는 이렇게 오랫동안 관계를 유지하지 못했잖아요. 그는 수

인생이 지옥처럼 느껴질 때

녀고 당신은 사제예요. 공통점이 많은 사람이고 심지어 같은 교회에 속해 있죠. 많은 사람들이 당신 둘을 축복해 줄 거예요. 결혼해야 해요. 지금이야말로 수도원 생활을 청산하고 그 사람과 결혼할 때예요." 그가 떠나기 전에 마지막으로 한 말은 "마샤, 당신을 사랑해요. 영원히 당신을 사랑할 거예요"였다. 그 말은 거짓이 아니었을 것이다. 나는 그가 공항으로 떠나는 모습을 지켜봤고 이후 단 한 번도 그를 만나거나 그와 통화하지 않았다. 그는 편지를 보냈지만 나는 답장하지 않았다. 차마 답장할 수 없었다.

에드. 내 생애 가장 사랑했던 사람. 이제는 내 생애에서 지워버렸다. 영원히.

두 번째 비극

지난 20여 년간 여름이 되면 나는 매사추세츠주 코드곶으로 여행을 떠났다. 첫 번째 목적은 뉴잉글랜드 정신보건평생교육원New England Educational Institute 주최로 일주일 혹은 그 이상 진행되는 DBT 워크숍을 지도하는 것이었다. 수강생은 주로 현직 심리치료사들이었지만 강의 주제에 관심 있는 사람이라면 누구나 들을 수 있는 교육이었다. 워크숍이 진행되는 동안에는 방이 여러 개 있고 수상水上 옥외 테라스까지 딸린 널찍한 집에 머물렀다. 내 친구들이며 친인척들이 함께 묵을 수 있을 만한 공간이었다. 해가 갈수록 여름 한 주를 그 집에서 함께 보내는 인원이 엄청나게 늘어갔다. 워크숍은 오전에 다 끝났기 때문에 남은 하루 동안에는 일광욕을 하거나 책을 읽거나 사람들과 대화를 나누고 시내 구경을 나가는 등 자유롭게 시간을 보낼 수 있었다.

에일린도 가끔 함께했다. 사촌 낸시(샌드위치 장인이라고 부를 만한)는 매년 합류했다. 우리는 통상 열 명에서 스물다섯 명 정도까지 식탁에 둘러앉아 저녁 식사로 하루를 마무리했다. 여럿이 함께 요리한 간소한 음식들, 없어서는 안 될 와인 그리고 왁자한 대화가 함께하는 저녁 식사였다. 그곳은 마치 이전 세기의 살롱과도 같았다. 나는 언제나 코드곶에서 보낼 이 한 주를 손꼽아 기다린다. 내게는 연례 휴가와도 같은 기간이다.

2010년 워크숍 주제는 "마음챙김, 철저한 수용, 기꺼이 하기: 임상 현장에서의 DBT 수용 기술 교육Mindfulness, Radical Acceptance, and Willingness: Teaching DBT Acceptance Skills in Clinical Practice"이었다. 마음챙김과 철저한 수용은 DBT의 핵심 기술이다. 이에 관해서는 책 뒤에서 더 자세히 알 수 있다.

그해에는 에일린도 오기로 돼 있었다. 에일린과 함께 보내는 시간은 늘 행복하다. 토요일 초저녁이었고 나는 내 방에서 곧 아래층으로 내려가 낸시를 비롯한 다른 사람들과 와인 한 잔을 나누며 저녁 식사를 시작할 준비를 하고 있었다. 에일린이 도착할 때가 됐는데 올 기미가 없었다. 그는 시간에 늦은 적이 없었으므로 나는 별걱정을 하지 않았다. 휴대전화가 울렸다. 에일린이었다. 오는 중이냐고 물었다. 에일린은 다급히 대답했다. "마샤, 할 얘기가 있어." 내가 물었다. "뭔데?" "에드가 죽었어. 갑자기 심장마비가 왔대."

아마 휴대전화를 떨어뜨렸던 것 같다. 모르겠다. 정신이 나간 채

인생이 지옥처럼 느껴질 때

비틀대며 서랍장으로 다가가 몸을 기댔다. 그와 동시에 나도 모르게 폐를 쥐어짜는 듯한 비명이 터져 나왔다. 아래층에 있던 사람들이 모두 놀랐고 낸시가 곧바로 계단을 뛰어 올라와 문을 벌컥 열고 들어왔다. "거기 있어, 날 혼자 내버려 둬, 부탁이야. 들어오지 말아줘." 나는 말했다. "괜찮을 거야, 괜찮을 거야."

서랍장에 가까스로 기대서서 허리를 숙인 채 나는 혼잣말을 중얼거리며 스스로를 달랬다. 그리고 아마도 내 환자가 지금 같은 상황에 처해 있다면 들려줬을 바로 그 만트라를 나를 위해 읊기 시작했다. "마샤, 슬퍼해도 좋아. 슬픔은 억누를 수 없는 감정이야. 피하지 말자. 울어도 좋아. 일부러 울음을 참지 마." 나는 마치 내 앞에 비통해하며 앉아 있는 나 자신에게 심리치료사로서 말하듯 중얼거렸다. "지금 상황에서 다른 건 신경 쓰지 않아도 돼. 울음이 저절로 그칠 때까지 울어버리자. 곧 괜찮아질 거야." 계속 이렇게 되뇄었다.

에드는 2010년 7월 17일 임종했다. 한 달 앞서 그에게서 편지를 받았다. 나는 답장하지 않았고 심지어 봉투를 뜯어보지도 않았다.

그 모든 세월 에드와의 관계에서 깨달은 것은 사람은 희망에 기대 살아갈 수 있다는 것이었다. 점멸하는 희망 하나만 있으면 된다. 하지만 그가 떠난 지금 남은 희망이라곤 아무것도 없었다.

에드의 사망 소식에 내가 보인 압도적 반응은 복잡다단한 것이었다고 생각한다. 분명 그건 일생 동안 사랑한 사람을 영원히 상실한 데 대한 반응이었다. 하지만 또 한편으로 그 소식은 그때 내가 느낀 —그리고 지금도 종종 느끼는—내 과거를 통툴 끝모를 슬픔의 심연을 건드렸던 것도 같다. 그때 터져 나온 비명과 흐느낌과 눈물은 모두 내가 일생 동안 가장 사랑했던 사람의 상실을 애도하는 것이었던 만큼 내 생애와의 작별에 대한 애도 반응이기도 했을 것이다.

오래지 않아 슬픔을 추스른 나는 그 같은 사랑이 내 생에 존재했다는 것이 얼마나 큰 축복이었는지 되새길 수 있었다. 사랑으로 나를 천상까지 들어 올려준 누군가를 만날 수 있었던 것이 얼마나 운 좋은 일이었나. 비록 다시 지상으로 내려와야 했지만 말이다.

19

새로운 상담가 찾기
그리고 아이러니한 반전

Finding a Therapist, and an Ironic Twist

앨러나는 센터에서 내가 웃지 않는 얼굴로 있는 모습을 본 적이 없다고 말했고 아마도 나는 그곳에서의 생활에 대체로 만족하고 있었을 것이다. 이따금은 아주 순수한 행복을 느끼기도 했지만 다른 때는 자기회의와 비참한 감정에 사로잡혔다. 이렇게는 안 되겠다고 상담을 받아야겠다고 생각했다. 4년 전 시카고를 떠나온 뒤로 처음이었다. 내 멘토였던 제리와 마빈은 그들이 잘 알 뿐만 아니라 행동치료사로 존경하기도 하는 상담가 한 사람을 소개해 줬다. 그는 앨런 레번솔Allen Leventhal이었다.

앨런에 따르면 그보다 2년 전 그가 아메리칸대학에서 설립 중이던 학과에 내가 면접을 보러 왔었다고 했다. 앨런은 아주 초창기에 행동주의를 받아들인 임상가로 1968년 워싱턴 D.C.에 있는 원 워싱턴

서클 호텔의 조그만 지하층 방에서 열린 1회 최신 행동치료 학회의 100명이 될까 말까 한 참석자 중 한 사람이기도 했다. (요즘은 8,000명도 넘게 모이는 대형 행사다.)

"할 수 있는 한 빨리 제 학과 교수진을 뽑기 시작했죠." 앨런은 회고했다. "아메리칸대학에서 행동주의의 핵심을 확립하고 임상적인 면, 즉 현장에서의 행동치료를 발전시키는 일에 함께해 줄 재능 있는 젊은 인재들을 찾고 있었어요. 1973년 봄에 한 젊은 여성분의 입사지원서를 받았는데 유명한 행동주의자들이 군집한 스토니브룩대학에서 명성 있는 행동치료 박사 후 과정 프로그램을 이수하신 분이더군요. '완벽하다'고 생각했어요. '내가 찾던 사람이야' 했죠. 나는 그와 면접 일정을 잡았고 마침내 만난 그의 존재감, 지식과 열정에 깊은 인상을 받았어요. 그가 우리 프로그램에 합류하면 큰 보탬이 되겠다는 생각에 평점을 높게 매겼고 학과장도 당연히 그를 뽑겠거니 했어요. 그 젊은 여성이 바로 마샤였습니다."

아이러니하게도, 아니 거의 미스터리하게도 나는 아메리칸대학에서 일자리를 제안받은 기억이 없었다.

앨런이 생각하기에 자신은 나를 강력하게 추천했지만 학과장이 제안서를 보내지 못한 것 같다고 한다. 아메리칸대학에서 연락이 왔다면 나는 틀림없이 제안을 받아들였을 것이다. 다시 비참한 상황에 빠지지도 않았을 것이고 상담받을 수 있는 심리치료사를 찾을 필요도 없었을지 모른다. 내게는 거짓말처럼 꼭 맞는 일자리였다. 내가 종종 일기장에 적어놓는 문구가 있다. "아 그렇구나." 일은 흘러갈 방향으로 흘러간다는 뜻이다.

앨런이 개인 상담실을 연 것은 내가 심리치료사를 구하기 불과 얼마 전의 일이었다. "상담실은 조지타운 북쪽 위스콘신 애비뉴에 있었어요." 그는 말한다. "처음엔 마샤를 거기서 만났지만 시간이 가면서 우리 집에서 볼 때가 더 많아졌죠. 마샤 또한 심리학자라 우리끼리는 다른 사람들하고 대화할 때는 좀체 쓰지 않는 전문용어들을 자유롭게 써가며 얘기할 수 있었어요."

앨런은 당시의 나를 이렇게 묘사한다. 우울감에 빠져 있고 일상에 만족하지 못하며 가톨릭대학에서 제대로 지원받지 못하고 있다고 느끼고 고독감과 소외감을 느끼고 있으며 장래에 대한 확신도 없고 자아상이 부정적이며 부모님과의 관계가 좋지 않고 정신병원에서 보낸 기간 동안 심리적 외상을 많이 입은 것 같았다고. 무려 9년 동안 나는 그렇게 살아온 셈이었다. "마샤가 겪어온 일을 똑같이 겪는다면 누구라도 자아 개념에 손상을 입을 겁니다." 앨런은 말한다. "스스로를 결함 있고 무가치하다고 보는 등 자신에 관해 온갖 부정적인 생각을 하게 되죠. 따라서 있는 그대로의 자신에 대한 자아감을 향상시키고 모든 부정적 자아 개념을 떨치게 하며 자기 안의 좋은 면을 인식케 하고 그것이 지금껏 스스로 쌓아 올린 것임을 받아들이도록 하는 데 대부분의 치료 작업이 집중됩니다. 이게 바로 행동치료사가 하는 일이에요. 역기능적 행동과 기능적 행동을 살펴서 전자는 줄이고 후자는 늘릴 수 있게 하는 것 말입니다."

가엾은 앨런. 그는 대단한 인내심으로 나와 함께 견뎌줬다. 나는 한밤중에 그에게 전화를 걸어 통곡하기도 했다. "너무 비참해요. 죽고 싶지만 내 손으로 나를 죽이길 원하는 건 아니에요. 어떻게 하죠?

어떻게 해야 하죠?" 그런 식이고 다시 또 그런 식이었다. 그가 어떻게 내 상담을 그만두지 않을 수 있었는지 모르겠다. "마샤는 그때의 치료 관계를 내가 실제로 느낀 것보다 더 부끄럽게 생각하고 있어요." 앨런의 말이다.

앨런은 마침내 나와 논리적인 대화를 이어가는 일을 포기해야 한다는 통찰을 얻었다. 내 문제는 정서적 수준에서 비롯된 것이었다. 감정이야말로 내 진짜 문제가 뿌리 내리고 있는 곳이었다. 우리는 많은 시간 그에 관해 대화하며 거기서 실마리를 찾아보려 노력했다.

왜 나는 그리도 불행했을까? 많은 면에서 내가 저 "100만 톤짜리 모터 달린 주둥아리"라 불리던 소녀, 자기 혼자만 남들과 다른 미운 오리 새끼라 생각하고 자신의 정체성을 희생하지 않고는 안락하고 관습적인 세계로 돌아갈 수 없으리라 느끼는 그 소녀를 곁에서 떨치지 못하고 살아온 탓이었다고 생각한다. 나는 친구도 사귀었고 많은 사람들이 나를 좋아해 줬다. 하지만 내게 필요한 것은 따뜻한 가족이었다. 나는 외롭게 살고 있었고 내게는 가족이 필요했다. 스토니브룩대학에서 느꼈던 행복도 곧 연기처럼 사라졌다. 더는 거의 한 가족이라는 동지애로 뭉칠 수 있는 내부자가 아니었다. 나는 또다시 혼자가 돼 있었다.

앨런은 내게 엄청난 도움을 줬고 나는 그게 참 고맙다. "마샤는 점차 감정 기복이 줄어들었고 자신이 무엇을 하고 싶어 하는지 인식하고 할 일을 계획하는 힘이 생겼으며 판단력도 훨씬 좋아졌습니다." 그는 말한다. "처음에 나를 찾아왔을 때는 자신이 원하는 게 뭔지 모

인생이 지옥처럼 느껴질 때

르는 상태였죠. 어떻게 나쁜 상황에서 벗어날 수 있을지, 어떻게 하면 자기 자신을 믿고 스스로를 더 존중할 수 있을지에 대한 의문에 차 있었어요. 그는 점차 스스로에게 가졌던 부정적 관점 상당수가 사실이 아님을 인식하기 시작했고 자기 안에도 가치 있고 특별한 점이 존재한다는 사실을 깨달아갔어요. 내가 본 마샤는 아주 특별한 능력을 지닌, 무척 창의적이고 영민하며 지적인 사람이었습니다. 그와 대화하는 과정에서 그가 자신을 더 존중할 수 있도록 설득하는 일은 그래서 어렵지 않았죠." 그렇게 상담은 진행됐다.

서부의 매혹

상황이 나아지는 또 하나의 계기가 된 것은 내가 시애틀의 워싱턴주립대학교로 이직을 결심한 일이었다.

1977년 어느 날 난데없는 전화가 걸려 왔다. 워싱턴주립대학 교수직에 지원할 의향이 있는지 묻는 전화였다. 아마도 제리의 추천으로 그쪽에서 연락을 해온 것 같지만 확인하지는 못했다. 나는 딱히 일자리를 찾던 중은 아니었지만 살면서 한 번쯤은 서부 해안에 가보고 싶다는 생각에 제안을 받아들였다.

공항에 내려 택시를 잡아 탄 뒤 대학 지구의 호텔로 달리는 동안 나는 그곳의 아름다운 풍경에서 눈을 떼지 못했다. 태평양에 면한 퓨젓사운드만灣, 광활한 워싱턴 호수, 눈 덮인 산봉우리들. 이른 저녁, 태양이 호수 뒤로 기울기 시작할 때의 그 아름다운 광선들만큼 아름다운 것을 나는 본 적이 없었다.

다음 날 관계자의 안내로 이 건물에서 저 건물로 이동하며 면접 장소까지 가는 동안 내 머리와 옷은 글쎄 빗물로 홀딱 젖어버렸다! 우산을 쓰겠느냐고 묻는 사람 하나 없었다. 당시 나는 시애틀 사람들은 우천에 너무 익숙해 비 오는 것을 느끼지 못한다는 사실을 미처 몰랐다.

둘째 날이 저물 무렵 나는 교수진과 학생들을 만났고 내가 진행 중인 연구에 대해 강의했고 자살에 관해 앞으로 어떤 연구를 할 수 있는지 이야기했고 학과 임상 프로그램 담당자와 오랜 시간 대화했다. 그날 밤 잠자리에 들면서 나는 내가 여기 교수직을 제안받으리란 걸 알았고 승낙해야겠다고 생각했다. (워싱턴주립대학이야말로 내가 있을 곳이라는 믿음에 일말의 의혹도 느껴지질 않았다.) 그리고 뒤이은 두 주 내내 매일 밤 울다가 잠들었다. 워싱턴 D.C.를 떠날 준비가 되지 않았기 때문이다. 나는 나를 좀먹는 가톨릭대학을 벗어나야 했다. 하지만 그곳 친구들, 앨러나 그리고 앨런 곁을 떠나기란 쉽지 않은 일이었다. 하지만 그럼에도 떠나야 함을 알고 있었다.

워싱턴 D.C.에서 시애틀로 향하는 장거리 여행을 에일린과 함께 시작하기에 앞서 나는 앨런의 아내 캐럴에게 선물을 건넸다. 번민으로 가득 찬 한밤중의 통화에 앨런이 너무도 기꺼이 응해준 탓에 내가 빼앗고 만 시간에 대한 감사와 사과의 표시였다.

여기서 다시금 감사를 전하고 싶다. 이해해 줘서 고마워요, 캐럴.

PART

3

BUILDING A LIFE WORTH LIVING

인생이 지옥처럼 느껴질 때

20

DBT의 밑그림

A Thumbnail Sketch of DBT

1976년 여름 나는 워싱턴주립대학에 도착했다. 마침내 자살 고위험군에 대한 효과적인 치료법을 개발하게 되리라는 굳은 확신에 차 있었다. 그것이 행동치료요법이 되리라는 것, 그때 내가 알았던 건 딱 그 정도였다. 그 치료법—변증법적 행동치료—이 결국에 얼마나 복잡해질지는 미처 몰랐다.

1980년대 중반에 이르러 DBT가 마침내 거의 완성되기까지의 이야기를 풀어놓기에 앞서 한 걸음 물러나 이 요법이 정확히 무엇이고 어떤 효과를 발휘하는지 좀 더 자세히 설명하고 싶다.

변증법적 행동치료란?

DBT의 핵심은 서로 상반되는 치료 목표들, 즉 자기 자신 그리고 자신이 처한 삶을 수용하는 일과 더 나은 삶을 위한 변화를 포용하는 일 사이에서의 역동적 균형이다. "변증법"이라는 말이 의미하는 그대로 상반되는 요소의 균형과 합会을 이루는 것이 중요하다. 말하자면 수용 전략으로 균형을 잡아가며 변화 전략을 추구하는 데 중점을 두는 것이 DBT만의 특별한 점이다.

이 내용과 상관성이 큰 점을 감안해 서론에서 한 얘기를 되풀이하자면 DBT는 개별적 심리치료 방식이라기보다는 행동치료 프로그램에 더 가깝다. 개별적 심리치료 회기, 기술 습득을 위한 집단 훈련, 전화 코칭, 치료사 상담 팀, (가족 중재 등을 통해) 내담자의 사회적 상황이나 가족 상황 변화를 돕기 위한 기회 마련이 병행된다.

다른 형태의 행동치료에도 DBT의 이런 구성 요소가 일부 포함되긴 하지만 전부 포함된 경우는 없다. 이것이 DBT가 특별한 또 하나의 이유다.

하지만 DBT를 더 특별하게 하는 다른 특징이 두 가지 더 있다.

첫째는 내가 강조점으로 삼고 있는 치료사와 내담자 사이의 매우 실질적이고 평등주의적인 관계 구축이다. 치료사와 내담자라는 특정 역할 밖에서는 두 사람 모두 똑같은 인간이므로 서로 그 사실을 받아들여야 한다. 치료사가 자신의 얘기도 어느 정도 터놓는다든가 내담자가 절실히 대화가 필요할 때 전화를 걸어오면 언제든 기꺼이 받는 일은 내담자에게 큰 변화를 일으키고 계속 치료받으며 배워야 할 기술을 습득하려는 의지도 북돋는다. 자살 위험이 높은 환자에게는 때로 치료사와의 관계가 다른 모든 것이 소용없을 때 목숨을 붙잡아 주는 생명줄이 되기도 한다.

둘째는 내담자가 믿을 수 없을 만큼 스트레스가 심한 삶을 더 잘 헤쳐가게 해주는 DBT 기술 습득의 중심 역할이다.

내담자의 삶은 대개 끝 모를 정서적 위기로 어지럽혀져 있다. 직장에서 가슴 아픈 비방을 듣거나 돈 문제로 부부싸움을 벌이거나 금주를 선언하고도 자꾸 술을 입에 대거나 자존감이 심하게 낮거나 좋은 관계를 잘 맺지도 나쁜 관계를 잘 끊지도 못하거나 (이웃 사람에게 잔디깎이 기계를 빌리는 일 같은) 간단한 목표조차 어려워하는 식이다. 경계성 성격장애를 가진 사람은 감정 조절에 어려움을 겪으며 그런 탓에 심하게—심지어는 불같이 격하게—욱하는 성향을 띤다. ("정서 조절 실패emotion dysregulation"로 일컬어지는 이런 성향은 "행동 조절 실패 behavioral dysregulation"나 행동 통제 불능을 일으킨다.) 내 내담자들은 자기혐오와 수치심, 버림받을 것에 대한 두려움, 분노 같은 감정에 끊임없이 시달린다. 조금의 악의도 없는 말에 좌절감이나 수치심이 폭발하거나 지나친 흥분 상태가 될 수도 있다. 이들은 역기능적 행동을 하는 행동조절장애가 심각한 경우에 해당된다.

DBT 기술의 역할은 우선 내담자가 자신의 문제를 받아들인 다음 그 문제를 해결하도록 실질적인 방법을 알려주는 것이다. 내담자는 저마다 다른 문제를 안고 있을 터이므로 내담자별로 다른 문제 해결 기술이 필요하기 마련이다. 이 모든 점을 감안하면 질서 정연하고 계획된 치료 과정은 어림도 없다.

DBT 기술 분류

DBT 기술은 해결할 문제 유형에 따라 네 가지로 분류된다. 첫 번째 와 두 번째 기술이 현실을 있는 그대로 수용할 길을 열어준다면 세 번째와 네 번째 기술은 한데 어우러져 내담자가 자신의 삶에서 일으 켜야 할 변화를 포용하게 해주는 변화 기술이다.

1. 마음챙김 기술Mindfulness skills: 고통을 줄이고 행복을 늘리게 해 준다.

2. 고통 감내 기술Distress tolerance skills: 위기 상황을 감내하는 방법을 가르쳐 고통의 유발 원인이 뭐든 그 해결책을 잘 찾을 수 있게 해준다.

3. 정서 조절 기술Emotion regulation skills: 이름 그대로 감정을 조절하 는 방법을 가르쳐 주변 상황에 섣불리 반응하거나 상황을 악화 할 만한 말이나 행동을 하지 않게 해준다.

4. 대인 관계 효율성 기술Interpersonal effectiveness skills: 가까운 사람들 과의 관계, 이를테면 직장 같은 곳에서 매일 교류하는 사람들과 의 관계 등 다른 사람과의 관계에서 효율성을 기하게 해준다.

앞 장에서 자기주장 능력, DEAR MAN 기술, TIP 기술 등 몇 가지 DBT 기술의 예를 이미 살펴봤는데 앞으로도 이 네 가지 기술의 예 를 더 소개해 보려 한다. 기억할 테지만 내가 이 기술들(마음챙김 기술, 고통 감내 기술, 정서 조절 기술, 대인 관계 효율성 기술)을 개발한 것은 심각하 게 기능이 저하된 환자들을 치료하기 위한 맥락에서였다. 하지만 앞

인생이 지옥처럼 느껴질 때

서도 말했다시피 이 기술들은 우리 누구나 충만하고 정서적으로 안정된 삶을 살아가도록 해줄 만한 인생 기술이기도 하다.

다른 형태의 치료들에서는 문제가 너무 많다거나 정서적으로 너무 지치게 한다는 등의 이유로 치료사가 내담자의 치료 중단을 결정하는 경우가 드물지 않다. 그럴 만도 하다. 이해한다. 하지만 DBT는 내담자의 문제 때문에 치료를 중단해선 안 된다는 점을 매우 중시한다. 다시 말해 어떤 사람이 나를 공격한다면 (욕설을 퍼붓고 때로는 신체적 폭력까지) 그것은 그 내담자가 치료를 받아야 할 이유지 내가 더는 치료를 계속할 수 없다고 결정할 이유가 아니다. 이것이 DBT 치료의 원칙이다. 내담자를 쫓아내는 건 DBT 원칙에 어긋난다.

전통적 행동치료와 변증법적 행동치료를 모두 받아본 사람들은 두 치료법의 차이에 관한 질문을 받으면 으레 다음과 같이 말한다.

DBT 치료는 이전에 받아본 치료와 아주 다른 느낌이었다. 그전에 인지치료와 대화치료도 여러 번 받아봤다. 인지치료는 말을 하며 자신에 대해 알게 돼서 좋다. 아주 효과적일 수도 있다. 하지만 상당히 오래 치료를 받았는데도 실질적인 뭔가가 더 필요했다. 그런데 DBT를 통해 나 자신을 새로운 방향으로 이끌 만한 기술을, 그중에서도 특히 효과적인 행동 기술을 터득했다.

불길을 헤치고 나아가야 한다

DBT의 목표는 사람들이 지옥에서 벗어나는 길을 찾게 해주는 것이다. 나는 DBT가 효과 있다는 걸 안다. 그 효과를 경험한 내담자들을 수없이 많이 봤으니까. 더군다나 DBT 효과는—나를 비롯한 여러 사람들의—연구를 통해 증명된 것이기도 하다. 하지만 그 길로 들어서는 건 쉬운 여정이 아니다. 나는 내 내담자들에게도 다음과 같이 말해준다.

> 지옥에서 벗어나고 싶다면 불길을 헤치고 건너편으로 가야 해요. 마치 당신이 집 안에 있는데 집에 불이 난 것과 비슷해요. 사방으로 불길이 번지는데 특히 현관 쪽이 심해서 유일한 출구인 문 주위로 불길이 거세요. 순간 집 안쪽으로 피해 안전한 곳을 찾으려는 충동이 일어요. 하지만 당연하게도 집 안에 그대로 있다간 죽게 돼요. 용기를 끌어모아 현관의 불길 쪽으로, 문 주위의 불길로 가야 해요. 그래야 건너편으로 갈 수 있어요. 당신의 분노를 뚫고 치료사에게 마음의 문을 열면서 그 고통 속을 계속 헤치고 나와야 해요. 하룻밤 사이에 바로 기분이 나아지지는 않을 테지만 그래도 언젠가는 나아질 거예요.

치료사의 도전 과제

경계성 성격장애 환자를 상담해 주는 치료사는 내담자의 난기류 같은 기분에 올라타 상황에 따라 적절히 밀고 당겨야 한다. 우리는 이 과정이 변화무쌍한 춤을 추는 것과 같다는 점에 착안해 "이동movement, 속도speed, 흐름flow"이라는 표현을 생각해 냈다. 거친 말을 타는 것과 같은 경우도 흔하다. 내담자가 파란만장한 삶을 헤쳐나갈 기술을 알려주는 치료사의 임무는 토네이도가 불어닥쳐도 무너지지 않을 만한 집을 짓는 방법을 가르쳐주려는 시도와 비슷하다.

전통적인 (정신역동) 치료사들은 이들의 문제를 내면 문제로 여겨 그 사람의 머릿속을 이해해야 한다고 믿는다. 이런 치료는 과거 지향적이며 무의식 영역을 깊이 파고드는 것이야말로 어떤 사람을 현재 상태로 만든 원인을 이해하기 위한 길이라는 전제에 따른다. 이 접근법은 때때로 도움이 될 수 있다. 그 점은 나도 부정하지 않는다. 하지만 내가 DBT를 개발하던 당시에는 정신역학치료의 효과를 뒷받침해 주는 근거가 전무하다시피 했다. 어떤 경우든 정신역학치료는 뭔가를 크게 변화시키는 데 별 도움이 되지 않는다. 경계성 성격 장애 환자들의 경우엔 특히 그렇다.

행동주의자인 나는 (바람직하지 않은) 부정적 행동을 긍정적 행동이나 효율적 행동으로 바꿀 방법을 알아내기 위해 해당 행동의 맥락에 초점을 맞춰 행동 원인과 결과 양면을 살펴본다. DBT는 아주 실용적인 요법이다. 삶의 모든 측면에서 효율성을 갖게 해준다. 매우 문제 해결적이고 집중적이며 행동 지향적인 치료다.

DBT 기술의 원천

DBT 기술 중 일부는 나 자신의 인생 경험에 기반해 도출됐다. 하지만 대부분은 손에 넣을 수 있는 최고의 행동치료 매뉴얼들을 이 잡듯 뒤진 끝에 구축한 것이다. 나는 치료 매뉴얼을 보며 이렇게 물어봤다. "좋아. 이 치료에서는 치료사가 내담자에게 어떻게 하길 요구하고 있지?" 그다음 그 방식을 DBT 기술로 재구성한 끝에 사실상 수십 개에 이르는 긴 기술 목록을 만들게 됐다. DBT 이전까지는 아무도 그런 시도를 하지 않았다.

지금까지의 얘기로 DBT의 대체적인 그림을 이해하게 됐을 것이다. 다시 한 번 말하지만 DBT는 아주 실용적이고 현실적인 치료로 전통적 심리치료와는 크게 다르다. 말 그대로 일종의 자기계발 프로그램이다.

이번 장은 DBT를 경험해 본 사람들에게 내가 으레 듣는 DBT 효과에 대한 전형적인 소감으로 마무리하려 한다.

DBT를 통해 여러 기술을 배우면서 우울증에 포로처럼 휘둘리던 내가 더 많은 선택권을 갖게 됐다. DBT를 받기 전에는 직장에서 뭔가 안 좋은 일이 생기면 처참한 기분, 보통 사람보다 더 처참한 기분에 빠져 나 자신에게 정서적 채찍질을 가하기 일쑤였다. "넌 형편없어. 정말 형편 없는 사람이야." 안 좋은 일에 사사건건 반응해 스스로를 우울에 빠뜨리고 이런저런 모자란 점들을 짚어대며 자책하다 때때로 진이 다 빠지기도 했다. 그러다 공황에 빠져 문제를 확대해석하기도 했다. 이제는 직장에서건 친구들과의 사이에서건 어떤 문제든 간에 안 좋은 일이 생기면 마음을 가라앉히고 그렇게 반응할 필요가 있는지 판단해 볼 수 있다. 지금은 그냥 불안감을 견디며 그러다 보면 어느새 불안감이 사라진다. 이제 나는 내가 괜찮은 사람이고 좋은 자질을 갖고 있으며 내 정신력에 대한 통제권은 내게 있다는 것을 안다. 나는 포로처럼 휘둘리지 않는다.

...

　지금부터 몇 장에 걸쳐 내가 DBT를 만들게 된 과정을 살펴보려 한다. 그것은 이야기책 속의 과학 연구가 보여주는 것처럼 한 번의 유레카 순간으로 완전한 형태를 갖추지 않았다. 오히려 점진적 진전에 가까운 개발 과정이었다. 곧 알게 될 테지만 그 과정 중에는 수많은 시행착오, 잘못 끼운 첫 단추, 예상치 못한 통찰, 행운이 뒤따랐고 그러는 사이 다양한 치료의 여러 요소들이 한데 어우러져 하나의 일관된 치료법이 탄생했다. 결국 나는 엄격히 통제된 임상실험을 시행해 DBT가 자살 고위험군 환자들이 살 만하다고 느낄 만한 삶을 살게 해주는 데 효과가 있음을 증명할 수 있었고 1991년 그 결과를 발표했다. 그전까지만 해도 자살 고위험군에 효과적인 치료법은 전무했지만 그 이후로는 아니었다.

21

시애틀에 적응하며 우울하지 않은
삶을 사는 방법을 배우다

Finding My Feet in Seattle and Learning to Live an Anti-Depressant Life

시애틀로의 장거리 자동차 여행이 내 첫 모험은 아니었지만 단연코 가장 긴 장거리 여행이었다. 면접을 위해 시애틀로 가기 이전까지 오클라호마주 서쪽 지역은 가본 적이 없어서 이런 생각이 들었다. '내게 완전히 새로운 북미 대륙을 여기저기 둘러보는 것도 좋겠는 걸.' 여정 초반에는 에일린이 길동무가 돼주기로 한 터라 둘이 같이 그 지역을 접해볼 생각이었다.

우리는 차에 내 소지품 몇 가지만 간단하게 던져 넣고 지붕에 자전거를 매단 후 길을 나섰다. 가장 짧은 경로를 택하더라도 3,000마일에 가까운 여정이었다. 하지만 나는 최단 경로를 택하지 않았다. 우리는 먼저 북쪽으로 차를 몰아 캐나다를 지나서 서쪽과 남쪽으로 방향을 틀었다. 더딘 길을 골라 자주 좁은 시골길을 타기도 했다. 나는 구석구석을 다 둘러보고 싶었다. 소도시, 마을, 흥미를 끌 만한 것은 뭐든지 다. 자동차 여행을 할 때 내게 시시한 것은 없다. 일부러 길을 벗어나서라도 보러 간다.

시애틀에 도착한 때는 장장 4,000마일을 달린 지 한 달이 지난 1977년 8월 16일이었다. 엘비스 프레슬리가 사망한 그날이었다. 너무 가슴이 아팠다. 그는 당시 내 우상이었으니까. 지금도 그는 여전히 내 우상이다. 예전엔 종일 그의 노래를 틀었지만 지금은 그럴 수가 없다. 노래를 들으면 슬퍼져서.

두 가지 교훈

이 자동차 여행 중 나는 나 자신에 대해 두 가지 사실을 깨달았다. 첫 번째는 완전히 뜻밖이게도 내 내면 깊숙한 곳에 자연 애호가가 숨어 있었다는 것이다.

털사에서 자라던 어린 시절 내 주변은 온통 아름다움으로 가득했다. 어머니가 신경을 쓰며 살피셨으니까. 하지만 그 모든 것이 정성껏 손질된 아름다움이었다. 옷을 아름다워 보이게 입고 집을 아름다워 보이게 꾸미고 뜰을 아름다워 보이게 가꾸는 식이었다. 모든 게 겉모습을 위한 것일 뿐 아름다움 자체에 내재된 특징은 전혀 느껴지지 않았고 확실히 자연스러운 아름다움은 아니었다. 부모님이 피크닉 장소로 골랐던 곳은 정유소였다. 아버지가 석유회사에 일했다는 사실을 기억해 보라. 어쨌듯 나는 자라면서 이런 세계관을 흡수했다.

"책에서 사진으로도 볼 수 있는데 뭐 하러 굳이 그랜드캐니언을 보러 가고 싶어 할까?" 이것이 내 입장이었다.

우리가 그랜드캐니언 근처에 도달하기도 전부터 이미 내 안에서는 잠에 빠져 있던 자연의 소녀가 사방으로 신의 아름다운 창조물이 펼쳐진 광경에 퍼뜩 깨어나 꿈틀대기 시작했다. 느긋하게 시골길을 택한 것은 그런 심미적 이유 때문이었다. 여유 있게 주변을 둘러보고 싶었다. 하지만 더 마음 편히 차를 몰고 필요할 경우 멀리까지 가지 않아도 기계적 도움을 받기에 용이하다는 실용적 이점도 있었다.

실제로 에일린이 덴버까지 함께 가주는 동안에도 자동차가 한 번 고장 났다. 산길에서 촉매 변환 장치(자동차의 공해 방지 장치)에 탈이 생겼다. 그 뒤 남서쪽으로 방향을 돌려 그랜드캐니언까지 거의 700마일을 가면서 두 번 더 고장이 났다.

그랜드캐니언에 대해서는 상투적인 표현을 쓰지 않고는 달리 묘사할 길이 없다. 그래서 이 말만 하고 싶다. 정유소로 피크닉을 다니고 자연은 사진으로 보는 것만으로 충분하다고 생각했던 여자아이에게 실물을 보는 일은 그야말로 변혁적이었다고. 깨우침이 그렇듯 정말로 나를 위한 경험이었다.

그렇게 첫 번째 교훈을 깨달았다. 자연의 아름다움을 담은 사진과 자연의 아름다움 사이에는 큰 차이가 있다는 것. 나는 처음으로 자연 속에서 일체감을 체험했다. 이 감각은 현재 내 존재의 중심을 이루고 있다.

길가에서 자동차가 고장 난 것은 두 번째 교훈을 깨닫는 계기가 됐다. 그전까지 자동차의 신뢰성에 대한 내 확신은 뭐랄까, 조금 과

인생이 지옥처럼 느껴질 때

대 포장된 것이었다. 그랜드캐니언에서 시애틀까지 가는 길에 차가 세 번이나 더 고장 났다. 그때마다 짜증이 나고 눈물이 핑 돌았다. 하지만 선량한 표정, 약간의 눈물, 애교 섞인 목소리, 적절한 무력감 표출은 남자들에게 도움을 받아 차를 고치는 데 아주 효과적이었다. 그래서 나는 자동차 정비소를 찾아갈 때마다 눈물을 내비쳤고 그러면 정비기사들이 바로 차를 고쳐줬다. 사촌 에드를 방문할 겸 샌프란시스코에 들렀을 때는 에드 집에 닿은 직후 브레이크가 고장 나버렸다. 에드는 차를 고치러 같이 가주겠다고 했지만 나는 오히려 만류했다. "절대 안 돼! 네가 같이 가면 시간을 질질 끌다 고쳐줄 거야. 나 혼자 가야 바로 고쳐줄걸."

그렇게 해서 대형 자동차 정비 공장에 가게 됐다. 나는 그곳에서 반바지를 입고 서 있으면서 이런 생각을 했다. '좀 울어야겠는데.' 한 남자가 마침 그 널찍한 공간을 가로질러 내 쪽으로 오고 있었다. 그가 내게 다가왔을 즈음 나는 말도 제대로 못할 만큼 흐느끼고 있었다. 나는 숨을 헐떡이며 말했다. "제가 시애틀에 가야 해서 이 차를 고쳐야 하거든요." 그가 말했다. "저기 저 식당에 가서 아침이라도 좀 드시고 오세요."

그 말에 나는 속으로 생각했다. '내가 자리를 뜨면 차를 빨리 고쳐주지 않을 거야. 여기서 서성거리는 게 낫겠어.' 그래서 그 생각대로 정비 공장 안을 이리저리 어슬렁거렸다. 비참한 표정으로. 차는 정오 무렵 수리가 끝났다.

요즘 나는 사람들에게 정말로 무기력할 때가 아니면 무기력하게 굴지 말라고 말한다. 무기력하게 굴수록 더 무능한 느낌이 든다. 나

는 이런 조언을 DBT 기술서의 대인 관계 효율성 기술 항목에도 넣
었다. 한 편 가끔씩 전략적으로 무기력하게 구는 것은 효과적일 수
있다. 그것이 내가 자동차 여행 중 두 번째로 배운 교훈이었다.

시애틀라이트(시애틀 사람) 되기, 어느 정도는

나는 금세 시애틀이라는 도시에 푹 빠졌다. 주로 올림픽산, 워싱턴
호, 퓨젓사운드, 섬 지역의 웅장한 아름다움에 반했다. 그곳에선 부
자가 아니어도 누구나 멋진 산악 경치를 감상할 수 있었다. 어디든
언덕에 오르면 그런 경치를 볼 수 있었으니 말이다.

그리고 사람들도 그랬다. 나는 시애틀 사람들이 정말 좋았다. 시
애틀라이트들은 하이킹과 캠핑을 비롯해 이런저런 야외활동에 열
정적이었다. 나는 결심했다. '좋아. 나도 그런 활동을 좀 배워봐야겠
어.' 당시 나는 캠핑의 캠 자도 모르는 생초짜였다.

나는 시애틀 시내의 대형 아웃도어용품 전문 매장 레이에 내 발
로 가서 내 돈으로 텐트, 슬리핑백, 캠핑 램프, 소형 버너를 샀다. 아
무래도 그러는 게 현명한 처신일 것 같아 야외로 나가기 전 뒤뜰에
서 텐트 치는 연습도 했다. 시작하자마자 어디가 위고 어디가 아래
인지 몰라 당황스러웠다. 다행히 이웃 사람이 쩔쩔매는 내 모습을
보고 시범을 보여줬다.

생애 첫 캠핑지에 도착했을 땐 모르는 것투성이었다. "차는 어디
에 세워둬야 할까? 커피는 어떻게 만들어 먹지? 화장실은 어디 있
지?" 나는 하나부터 열까지 다 남자들에게 물어봐야 했다. 그 캠핑장

에 온 사람 대부분이 남자였다. 그들은 무척 다정하고 친절한 태도를 보이며 잘 도와줬고 서툰 나를 비웃지도 않았다.

얼마 지나지 않아 나는 열혈 캠핑족이 됐다. 친구들과 함께 떠날 때도 가끔 있었지만 주로 혼자 다녔는데 어떤 경우든—장엄한 경치 속에서 혼자만의 시간을 가지면서—짜릿한 즐거움을 맛봤다. 이따금씩은 조금 무섭기도 했다. 수상한 구석이 있는 다른 캠핑자들을 종종 만나기도 했지만 그보다는 곰을 보고 겁먹을 때가 더 많았다. 그래도 캠핑 생활을 통해 나 자신을 진정한 시애틀라이트로 여기게 됐다.

워싱턴 D.C.에 살 때는 매일 아프리카계 미국인들을 보는 것이 별로 대수로울 것 없는 일이었다. 그러다 시애틀에 처음 오게 되니 이런 생각이 들었다. '세상에, 전부 다 백인밖에 없네.' 온통 백인뿐인 환경에서 지내는 게 상당히 거북했다. 나중에 부동산 중개인에게 인종 통합 지역에 있는 집을 구입하고 싶다고 말했더니 그는 나를 화성에서 온 사람 보듯 이상하게 쳐다보며 이랬다. "시애틀에는 인종 통합 지역이 없어요."

몇 년 후 나는 중심 지구에 있는 집을 구입했다. 1970년대 시애틀 민권 운동의 심장부이자 지미 헨드릭스의 출생지로 유명한 이 언덕 한편에는 백인 부유층이 살았고 다른 한편엔 흑인 빈곤층이 거주했다. 내가 구입한 집은 주민 대부분이 아프리카계 미국인인 언덕 꼭대기에 위치해 있었다. 사람들은 길에서 나를 마주치면 "안녕, 흰둥이"라며 경멸적 어투로 말을 걸었다. 당시 그 구역은 쇠락을 겪으며 가난과 범죄에 더 깊이 찌들어가고 있었다. 급기야 마약상들이 (어디까지나 우리 생각일 수 있지만) 내 집에 불을 지르는 일까지 생기고 말았다. 그나마 다행이라면 보험금으로 3만 5,000달러 정도의 재건축 비용을 보상받았다는 것이다. 나는 집을 수리하고 나서 바로 팔았다.

초반엔 집시처럼 떠돌며 3년 정도 이 아파트 저 아파트로 이사 다녔다. 그러다 다시 내 집을 사야겠다는 생각이 들었다. 계약서에 막 사인을 하려던 그때 에일린이 나를 보러 왔다. "그건 안 돼, 언니." 에일린이 나를 꾸짖듯 말했다. "언니가 했던 서약 기억 안 나?" 몇 년 전 시카고에서 했던 빈곤 서약을 뜻했다.

전에도 몇 번 양심이 발동했고 그 뒤로 10여 년 동안에도 몇 번 더 그랬다. 내 일생의 사랑 에드는 이런 신심의 표시를 약간 곤혹스러워했다. 한번은 이런 말도 했다. "마샤, 그건 모든 사람이 가난해야 한다는 개념이 아니에요. 당신은 당신이 성인처럼, 가난하게 살아야 하는 것처럼 행동하고 있어요. 우리 임무는 빈자들의 고통을 덜어주는 것이지 모든 걸 내주는 게 아니에요."

내가 성인처럼 되기 위해 과도하게 노력하고 있다는 에드의 말은 사실이었다.

시애틀에서 에일린이 끼어들어 서약을 상기시켜 준 후 나는 17번가 원룸 아파트에 세를 얻어 들어갔다. 딱 봐도 질이 안 좋고 위험한 동네였다. 물리적 환경을 내 영적 열의와 조율하려면 그런 동네로 이사 가야 할 것 같았다. 새로 들어간 아파트는 아파트라고 부르기도 민망했다. 딸린 가구라곤 접이식 벽침대 하나, 의자 두 개, 작은 탁자 하나 정도였고 요리용 레인지는 자동 온도 조절기도 없어 오븐이 얼마나 뜨거운지 알 길이 없었다.

인생이 지옥처럼 느껴질 때

나는 옳은 일을 했으니 아파트에 들어서면 침대에 걸터앉아 나를 기다리고 있다가 환영해 주는 예수님을 만나게 되지 않을까 은근히 기대했다. 헛된 기대였다. 첫날 밤 나를 맞아준 것은 경찰차 사이렌 소리뿐이었다. 그리고 이후 매일 밤 그랬다. 나는 속으로 생각했다. '대체 무슨 일을 저지른 거야, 마샤? 명색이 대학 교수라는 사람 꼴이 이게 뭐야. 네가 지금 어떤 곳에서 살고 있는지 좀 봐.' 하지만 나는 그 집에서 계속 버텼다. 성 테레즈라면 그렇게 했을 테니까.

가끔씩 내 제자들이 회의를 하러 아파트에 왔다. 하지만 제자들은 들어온 지 얼마 지나지도 않아 애원했다. "교수님, 다른 데로 옮겨서 회의하면 안 돼요? 제발요!" 내가 도와주고 있는 노숙자들을 유명한 내 크리스마스 파티에 초대한 것 역시 별 도움이 되지 않았다. 파티 자리 중 한번은 내가 주방에서 뭔가를 하는 사이 제자 한 명이 한 노숙자 여성에게 어디에서 왔느냐고 물었다. 내가 방으로 돌아올 때 그 여성이 대답하는 소리가 들렸다. "살인죄로 형을 살다 가석방 상태예요." 물론 나야 그 사실을 알고 있었지만 제자들은 너무 충격을 받은 나머지 무슨 말을 해야 할지 모르고 있었다.

물론 제자들은 그럴 수밖에 없었고 이 일을 계기로 나는 바로 행동을 취했다. 나는 그곳에서 살며 행복해지기 위해 꼭 돈이 필요한 건 아니라는 사실을 깨달았다. 또 한편으론 제자들이 딱딱한 나무 바닥에 앉아 끊임없이 경찰차 사이렌 소리를 듣는 것을 불편해한다는 사실도 알게 됐다. 얼마 뒤 나는 주택 구입 계약금을 낼 만한 돈을 모았다.

성 테레즈를 따르는 일은 그 정도만 하기로 했다.

21. 시애틀에 적응하며 우울하지 않은 삶을 사는 방법을 배우다

묵상과 성찰을 위한 공간

조용히 묵상할 곳이 필요하던 차에 카이로스 기도원에서 마땅한 공간을 찾았다. 시애틀에서 차로 반나절 거리의 스포캔에 있는 이 피정지는 정말이지 마법 같은 곳으로 27에이커에 이르는 고산 사막지대에 위치해 있으며 사슴, 야생 칠면조 그리고 동무가 돼줄 여러 종의 작은 새들이 살고 있을 뿐 아니라 이따금 코요테도 볼 수 있었다.

처음 그곳에 갔던 날 나는 대화 시간에 참석하지 않고 내 방에서 조용히 지낼 수 있는지 물어봤다. 내가 그곳을 찾은 이유는 다른 사람들을 만나거나 기도원 활동에 참여하기 위해서가 아니었다. 혼자지만 외로움을 느끼지 않으며 묵상기도에 잠기고 싶었다. 조용히. 정말 근사한 시간이었다. 나는 담요를 갖고 나가 풀밭에 깔아놓고 그 위에 누워 햇살을 맞으며 저녁 식사 시간이 될 때까지 생각이 흘러가는 대로 온전히 내버려 뒀다. 기막히게 멋졌다. 이때를 시작으로 여러 번 이곳을 방문했다.

카이로스 기도원은 플로렌스 레오네Florence Leone 수녀님이 1970년대 중반 영적 영감을 받아 세운 이후 친구인 리타 볼리외Rita Beaulieu의 보필을 받으며 지금껏 운영 중인 곳이다. 두 분 다 멋진 분들이다. 플로렌스 수녀님의 목표는 "한동안 묵상 시간을 갖고 싶은 이들 누구에게나 공간을 내주는" 것이었다. 그리고 가끔씩 내겐 바로 그런 공간이 필요했다. 나는 플로렌스 수녀님의 가정식 요리까지 덤으로 누렸다!

친구들은 내가 며칠씩 조용히 피정 생활을 보내고 싶어 하는 것을 놀라워했을지 모른다. "모터 달린 주둥아리가 어떻게?"라며 의아해

인생이 지옥처럼 느껴질 때

했을 만하다. 내 영적 생활은 내가 침묵을 지키는 유일한 영역이다.

다음은 플로렌스 수녀님이 침묵에 관해 해준 말이다.

침묵만이 모든 것을 담을 만큼 깊다.

침묵은 하느님의 언어다. 귀 기울여 들어라.

미지의 구름 속으로

1980년, 아마도 카이로스 기도원에서의 두 번째인가 세 번째 피정 생활을 할 때였다. 사막 쪽을 내다보던 중 갑작스레 생각 하나가 떠올랐다. 아무래도 결정을 내려야 할 것 같았다. '너는 하느님을 어떤 사람처럼, 즉 나를 사랑해 주는 하늘의 친절한 노인처럼 여기며 그 안도감에 매달릴 수 있어. 그러면 삶을 잘 헤쳐나가겠지. 평생 사랑받는 느낌으로 하느님을 사랑할 거야. 안전할 거야. 하지만 더는 영적 성장을 이루지 못하겠지. 아니면 이 모든 것을 놓아버리는 위험을 감수하고 어디에 다다르게 될지 모른 채 신비로운 여정으로 들어설 수도 있어.' 어디서 이런 생각이 나왔는지는 모른다. 단지 내 영혼에서 움텄다는 것밖에는.

나는 내가 후자를 택해 위험을 감수해야 함을 알았다. 나는 영적으로 꽤 만족스러웠지만 더 멀리 나아가야 한다고 느꼈다. 나는 하느님을 포기하려는 게 아니었다. 하느님을 한 사람처럼 여기길 포기하고—비록 하느님이 지금 내게 여성일지라도—영적 성장의 가능성을 허용하려는 것이었다. 이것은 내 영적 삶에서 가장 중요한 결정 중 하나였다. 아니, 어쩌면 가장 중요한 단 하나의 결정일 수도 있었다.

오래 붙잡아 온 안도감을 놓아버리고 나면 아무것도 없어 정말로 위험할 수도 있었다. "묵상을 처음 수행할 때는 오로지 미지의 구름 같은 어둠만 경험하게 된다." 《미지의 구름The Cloud of Unknowing》을 펴낸 익명의 작가가 쓴 글이다. 이 책은 14세기 후반 묵상기도의 영적 지침으로 출간됐다. 말하자면 자신의 영혼을 신과 혼연일체시키는 방법을 알려주는 책이다. 그것은 여정이다. 16세기 스페인의 신비주의자이자 시인인 십자가의 성 요한도 《영혼의 어두운 밤Dark Night of the Soul》에서 그 여정으로 들어서면 아무것도 경험하지 않지만 그것이 영적 여정이니 걱정할 필요가 없다고 말한다.

이 점을 알게 돼 무척 위안이 됐다. 영적 여정이 원래 그런 것이라니 말이다. 그 여정은 미지의 구름이다. 아무런 말도, 아무런 경험도, 아무것도 없는 구름. 맞은편에 이르기 위해서는 그 구름을 통과해야 한다. 그 맞은편에 하느님이, 예수님이 있기를 희망하면서. 하지만 나는 그 맞은편에 다다르기까지 아주 오랜 시간이 걸렸다.

《미지의 구름》에서 저자는 이렇게 썼다. "우리는 생각으로 하느님께 이를 수 없다… 신은 사랑할 대상이지 생각할 대상이 아니다." 중요한 것은 존재하는 것이지 말을 하는 것이 아니다. 그것이 내 입장이었다. 나는 방향키도 없는 배에 몸을 싣고 바다에 나를 맡긴 채 어디든 데려가는 대로 기꺼이 가려는 것이었다. "갈망이라는 날카로운 화살로 두터운 미지의 구름을 계속 두드리며 도중에 무슨 일이

인생이 지옥처럼 느껴질 때

닥치든 사랑을 멈추지 말라"고 저자는 썼다. 바로 그것이다. 가장 중요한 건 사랑이다. 삶의 본질은 사랑이다.

사랑하고 사랑받는 것이다.

정신이 들다: 우울증에 대한 통찰

나는 내게 혼자 사는 것이 좋지 않으며 그게 우울증의 근원임을 깨달았다. 1981년 시애틀에 왔을 때 나는 내 첫 대학원생 제자였던 켈리 이건과 함께 브루클린 애비뉴 5200블록 소재의 주택을 구입했다. 당시 이혼한 상태였던 켈리는 그의 일곱 살배기 쌍둥이 아들 제임스와 조엘을 데리고 살 곳이 필요하던 참이었다. 내가 제시한 유일한 요구 사항은 가난한 사람들에게 숙소를 내줄 수 있도록 지하실이 있는 집을 구해야 한다는 것이었다. 켈리는 이 생각을 별로 마음에 들어하지 않았지만 내가 지하실에서 지내는 사람들을 잘 살피겠다는 조건하에 동의해 줬다.

브루클린 애비뉴 집은 대학가의 전형적인 구조로 건축됐다. 침실이 세 개인 2층 집에 흔들의자까지 완비된 현관 베란다가 딸려 있었다. 내 제자들은 그 집에서 회의하게 되자 무척 기뻐했다. "좀 오래된 집이었는데 집 안은 아기자기한 골동품과 예술품으로 꾸며졌고 벽에 가족사진들이 걸려 있었어요." 다른 대학원생 제자 에이미 와그너의 말이다. "마샤 교수님은 항상 크리스마스 파티를 성대하게 열었어요. 사람들이 가득하고 사방에 촛불이 밝혀져 있고 저녁은 뷔페식이었죠. 교수님이 직접 만든 머스터드는 사람들 사이에서 맛 좋기로 정평이 나 있었어요. 달콤하면서 톡 쏘는 맛이 일품이었죠. 파티에서 자리를 뜰 때 그 머스터드를 챙겨줬고요." 나는 지금도 여전히 그렇게 한다. 그 머스터드 조리법은 어머니의 한 친구분에게 전수받은 것이었다. 이런 파티를 열 때면 60명가량의 초대 손님으로 언제나 집안이 꽉꽉 들어찬다. 꼬맹이 손님들도 방 하나를 가득 채울 만큼 많아 위층 침실에 장난감과 게임을 준비해 놓기도 했다. 아이들 중 몇 명은 "코트 걸coat girl"(그리고 보이)이 돼줬다.

연례 파티를 열게 된 중요한 동기는 자라는 아이들이 매년 똑같은 집에서 똑같은 파티를 즐기게 해주는 것이었다. 나는 이런 전통이 사람들에게 이로운 일이라고 생각한다. 그러던 중 어느 해엔가 어떤 이유로 파티를 열지 않기로 했다. 그러자 사람들이 전화를 걸어왔다. "마샤, 아직 초대장이 안 왔던데 어떻게 된 일이에요!" 다들 낙담했다. 그 뒤로 그런 실수는 다시 하지 않았다.

켈리는 2년 후 이사를 나갔고 나는 그가 분담한 주택 구입비를 내줬다. 그 집에서 20년 가까이 사는 동안 웬만해서는 언제든 같이 지내는 사람이 적어도 한 명은 있었다. 나는 특별한 교훈 하나를 확실히 깨달았다. 나는 혼자가 아니라 사람들과 함께 지낼 때 더 행복한 사람이었다.

우울하지 않은 삶을 사는 방법을 배우다

내게 혼자 사는 것이 좋지 않다는 깨우침은 아주 더디게 찾아왔다. 하지만 깨닫고 났을 땐 다시는 혼자 살지 않겠다는 적극적 결단을 내렸고 바로 이 결단 안에 또 하나의 궁극적인 DBT 기술이 내포됐다. 즉, 우울하지 않은 삶을 사는 기술이다. 간단히 말하면 삶 속에 미소가 배어 나오고 행복이 느껴질 만한 일들이 동반되도록 조치하는 동시에 가능할 경우 불행과 우울감을 일으키는 것들을 피하기 위한 조치도 함께 취하는 기술이다. 내 내담자들은 어떤 경우든 이 기술로 효과를 본다.

우울증에 빠지는 사람들이 입버릇처럼 하는 말이 있다. "그래, 내게 뭔가 문제가 있어." 우울증이 통제할 수 없는 대상인 것처럼 군다. 대다수의 경우 사람들이 우울증에 빠지는 이유는 우울증을 일으키는 어떤 일을 하고 있기 때문이다. 그들에게 "힘을 내서 이제 그만 우울한 기분을 털어내"라고 해봤자 아무 소용이 없다. 하지만 우울증을 일으키는 원인을 찾아내 그 일을 그만하게 하면 도움이 된다. 완전히 다른 접근 방법이다.

긍정적 감정 쌓기

이것은 내가 내담자들에게 해줄 수 있는 최고의 조언 중 하나다. 행복감을 일으키는 활동은 식탁을 생화로 장식한다든지 하던 일을 멈추고 노을을 집중해 감상한다든지 개를 데리고 산책을 나가는 것 같은 단순한 일이 될 수 있다. 좋아하는 사람들과 함께 있거나 유능감을 느끼게 해주는 활동을 하는 것도 괜찮다. 내 식대로 말하면 "긍정적 감정을 쌓는 것"이다. 이와 더불어 가능하다면 괴로움과 우울감을 일으키는 일들은 피해라. 알다시피 내 경우엔 혼자 지내지 않도록 만전을 기하는 것이 그 대책이었다.

어머니

시애틀에서의 새로운 삶에 맞춰가는 모든 적응 활동 가운데 변함없는 것이 있었다. 어머니였다.

나는 이따금씩 털사에 어머니와 아버지를 보러 갔다. 특별히 기대감에 들뜨거나 즐거운 일은 아니었다. 늘 똑같았다. 변한 게 하나도 없었다. 내가 하는 행동이나 말 거의 모두가 어머니의 꾸지람거리였다. 어떤 때는 직접적으로 대놓고 또 어떤 때는 소극적으로 돌려서 나무랐다. 참다못한 나는 내가 이런 대접을 받도록 놔둬 봐야 득이 될 게 없다는 판단을 내렸다. "어머니는 내가 하는 행동이며 내 모든 것을 못마땅해하고 앞으로도 변하지 않을 거야." 나는 혼잣말을 했다. "시애틀에 돌아가면 늘 우울증에 빠지잖아. 더는 이렇게 살지 않을 거야."

그게 끝이었다. 나 자신을 위해 더는 털사에 방문하지 않기로 마음먹었다. 어머니에게는 내 결심에 대해 아무 말도 하지 않았다. 그냥 어머니를 보러 가지 않을 생각이었다.

어머니는 3년이 지나서야 뭔가 예전과 달라졌으며 6개월마다 방문하던 내가 발길을 뚝 끊었다는 사실을 눈치챘다. "무슨 일 있니, 마샤? 왜 집에 안 와?" 어머니의 말에 나는 이렇게 대꾸했다. "그게요, 다시는 어머니를 뵈러 가지 않기로 했어요." 어머니는 완전히 당황했고 속상해하고 어리둥절해하는 것이 확연했다.

나는 여덟 쪽에 달하는 편지를 써서 어머니가 그동안 내게 어떤 말들을 했는지 구체적인 예를 나열했다. 편지에서 무슨 얘길 했는지까지는 기억나지 않지만 전부 다 어머니가 나에 대해 비수인적 방식의 말들을 얼마나 많이 했는지와 관련된 내용이었다. 예를 들어 툭하면 다른 애들 얘기를 꺼내 그 애들은 참 예쁘고 뭘 잘 해내고 기특하게 군다고 칭찬했던 일도 썼다. 그런 말을 들을 때마다 "넌 왜 그러질 못하니?"라는 타박처럼 느껴졌다고.

어머니는 편지를 받고 나서 전화를 걸어와 흐느끼며 말했다. "그래서 자식들이 전부 내 곁을 떠난 것 같구나. 여섯 명 모두." 내가 말했다. "그래요, 어머니, 맞아요." 어머닌 달라지고 싶다고, 내게 더 좋은 어머니가 되고 싶다고 애원했다. "달라지고 싶은 마음이 있다면 뵈러 갈게요. 하지만 물어볼 게 있어요. '정말 달라질 수 있어요?' 어머니가 그럴 수 없다면 뵈러 가고 싶지 않아요." 어머닌 그럴 수 있다고 다짐했다.

미심쩍었지만 나는 일단 믿어보기로 했다.

그런 대화를 나눈 지 얼마 지나지 않아 어머니가 시애틀로 나를 보러 왔다. 나를 만난 어머닌 정말로 기뻐하는 것처럼 보였다. 고속도로를 달리던 중 어머니가 입을 뗐다. "참, 메리 존스 기억하니? 고도비만일 정도로 뚱뚱했던 여자애 말야. 그 애가 살을 쫙 빼서 근사한 남자를 만났지 뭐니. 둘이 얼마 전에 결혼도 했어."

나는 화가 치밀기 일보 직전이었다.

차를 갓길로 뺀 나는 어머니를 돌아보며 말했다. "어머니, 우리 하나씩 짚고 넘어가요. 어머니가 알고 있는 나는 어머니가 그런 말을 했을 때 기분이 어떨 것 같아요?" 그렇게 나는 직간접적으로 내뱉는 끊임없는 핀잔을 조목조목 짚었다. 달라지겠다고 약속해 놓고선 또 다시 그러고 있다는 얘기도 했다.

어머니는 울었다. 그리고 이렇게 말했다. "어쩌니, 내가 그런 말을 하면 알려주렴. 제발 부탁이야. 나도 더 좋은 엄마가 되고 싶어."

나는 오랜 시간에 걸쳐 어머니에게 수차례의 피드백을 줬다. 그리고 어머니는 정말로 눈에 띄게 달라졌다. 몇 년 후 어머니가 암에 걸렸고 죽을 날이 얼마 남지 않았다는 사실을 알게 됐다. 어머닌 이전의 자아로 되돌아갔다. 바르게 행동하려고 애쓰느라 스트레스가 가중되는 걸 싫어했다. 내게 노력을 기울이고 싶어 하지 않았다. 다시 당신 자신이 세운 우주의 중심이 됐다. 이 점에 대해 어머닐 탓하진 않는다. 어릴 때 내게 했던 일들에 대해서도 마찬가지다. 어머니는 내가 잘되게 해주려는 것이라는 생각으로 나름의 최선을 다했다.

진정한 행동주의자 관점에서 나는 어머니의 행동이 에일린 고모와 살았던 경험에 영향을 받은 것임을 이해한다. 어머니는 당신이 맞춰가며 잘 살았던 사회의 기준에도 영향을 받았다. 어머니의 말이 내겐 핀잔과 꾸지람으로 느껴져도 소용없다. 안타까운 사실이지만 이런 점에서 어머니와 나는 똑같다. 우리는 둘 다 가끔씩 우리 말이 남들에게 미치는 영향에 무심하다.

그래서 어머니를 탓할 수가 없다. 하지만 어머니가 가한 고통은 평생 사라지지 않을 것이다.

인생이 지옥처럼 느껴질 때

적응적 부인의 재등장

나는 한때 골초였다. 하지만 시애틀에 온 지 얼마 되지 않은 1970년대 말 호흡기 질환이 생겼다. 의사들은 내가 담배를 끊는 것 외에는 나를 도와줄 방법이 없다고 했다. 대다수의 흡연가처럼 나 역시 담배가 아무리 좋아도 장기적으론 건강에 안 좋다는 걸 알기에 금연을 시도한 적이 있었다. 하지만 얼마 못 가 다시 피웠다. 이번엔 진짜로 담배를 끊어야 했다.

새해 다짐으로 적어놓고 지키는 방식은 웬만해선 효과가 없을 듯했다. 대부분의 사람들이 다짐을 제대로 지키지 않으니까. 그래서 새해 첫날 대신 2월 1일에 담배를 끊기로 결심했다. 그렇다면 문제는 "어떻게 담배를 끊을까?"였다. (당시는 금연 보조 약품이 나오기 전이었다.) 나는 담배를 피우지 않는 데 보상을 주기로 정했다. 어떤 면에서 보면 이 방법이 DBT의 한 아이디어로 이어졌다.

담배 생각이 날 때마다 먹을 것으로 달래는 방식은 선택지에도 없었다. 그건 나중에 끊어야 할 또 다른 문제 행동일 뿐이었다. 껌을 씹는 것도 효과가 없었다. 담배를 피우고 싶은 충동이 치밀 때 관심을 쏟을 만한 활동거리가 필요했다.

나는 작은 유리 단지 두 개를 가져와 하나는 비워두고 다른 하나에는 10센트 동전을 채웠다. 담배가 간절해질 때는 그 강도가 엄청났다. 가끔은 아주 미칠 지경까지 갔다. (한때 담배를 피웠던 사람이라면 무슨 말인지 잘 알 것이다.) 하지만 나는 충동이 치밀어 오르면 내가 담배를 피우고 싶어 하지 않는다고 부인하며 이렇게 말했다. "나는 10센트를 가져야 해! 나는 10센트를 가져야 해!"

21. 시애틀에 적응하며 우울하지 않은 삶을 사는 방법을 배우다

그런 다음 동전으로 채워진 단지의 10센트 하나를 빈 단지로 옮겼다. 꽤 오랫동안 그렇게 하다 보니 마침내 효과가 나타났다.

이유가 뭐였을까? 내가 10센트를 꺼내려고 지갑으로 손을 뻗는 동작은 담배를 꺼내려고 지갑에 손을 뻗는 동작과 거의 똑같았다. 나는 손을 뻗어 담배 대신 10센트 동전을 꺼내 다른 단지로 옮겼다. '담배 좀 피워야겠다'는 생각에 수반되는 신체 동작을 어느 정도 본 뜬 것이었다.

이 책의 앞부분에서 적응적 부인 기법을 설명하며 말했듯이 나는 이 기법을 시카고에서의 빠듯한 재정을 관리하는 데 유용하게 활용했다. 이 기술은 중독 행동에 빠진 사람들에게 잘 맞는다. 이는 중독적 충동을 부인하는 것이 아니다. 오히려 끊으려고 하는 그 중독 행동이 아닌 다른 뭔가를 원하고 있다고 스스로를 단호하게 설득하는 것이다. 담배가 아닌 10센트를 원하고 있다는 식으로 말이다. 뭐든 비슷한 행동을 해라. 당신이 원하는 것이 지금 일어난 그 충동이 아닌 다른 뭔가라고 스스로를 설득해라.

적응적 부인은 이를테면 초콜릿을 너무 많이 먹거나 과음을 하는 등 온갖 중독 문제를 해결하는 데 적합하다. 포기하지 않는 한 아주 효과적일 수 있다.

선제 대처: 어려운 상황을 이겨내기 위한 기술

연구를 통해 증명된 바에 따르면 어렵고 도전적인 상황에 처했다고 상상하고 그 상황을 이겨낼 전략을 고안하면서 새로운 기술을 배울

수 있다. 나는 일명 "선제 대처Cope ahead"라는 기술로 이 정신 능력을
DBT에 접목했다. 이것은 내 경험에서 기반한 것이었다.

몇 년 전 나는 어느 날부턴가 난데없이 차를 몰고 터널을 통과하
기가 무서워졌다. 시애틀에는 터널이 많다. 터널이 왜 무서웠을까?
터널을 지나는 사이에 지진이 일어나 무너진 터널에 깔릴까 봐 겁이
났다. 그래서 터널에 가까워지면 주변을 둘러보면서… '좋아, 지진
기미는 없군' 하고 확인했다. 하지만 그렇게 해도 두려움은 사라지
지 않았다.

심리학자들이 안전 신호safety cue라고 일컫는 것이 있다. 당신이 엘
리베이터를 무서워하는데 엘리베이터를 타야만 해서 이렇게 말한
다고 쳐보자. "좋아, 휴대폰이 있으면 안전할 거야." 여기에선 휴대
폰이 바로 안전 신호다. 아이들의 안정 담요와 같다. 안전 신호가 있
으면 해야 할 행동을 할 수 있고 두려움에 발목 잡히지 않는다. 내
안전 신호는 "지진이 일어나지 않을 거야"라고 말하는 것이었다. 하
지만 시애틀에서는 지진이 자주 일어난다. 그러니 지진이 일어나지
않을 거라는 말은 말이 안 된다. 그다지 좋은 안전 신호가 아니라는
뜻이다.

그다음엔 이런 생각을 했다. '내가 정말로 두려워하는 게 뭘까?'
내가 두려웠던 건 터널 지붕이 무너지면서 그 밑에 깔리는 상황이
었다. 실제로 터널에서 일어난 끔찍한 사고로 사람들이 죽지 않았
던가. 하지만 모든 사람이 사망한 건 아니었다. 그래서 내가 터널 안
에 들어갔을 때 지붕이 내려앉는 상황을 상상해 봤다. 차 문을 열어
젖히고 나온 나는 어느새 원더우먼 복장을 하고 있다. 주변을 돌며

사람들을 전부 구한다. 이 방법은 제법 효과적이었지만 완전하진 않았다.

심리학자들은 어떤 사람의 불행 정도를 일명 주관적 고통 지수 Subjective Units of Distress Scale, SUDS로 0점(스트레스 없음)부터 10점(극도의 스트레스 상태)까지 점수를 매겨 측정한다. 내가 터널에 대한 스트레스를 약간 줄이기 전까지 내 점수는 8점이었다가 이후 3점이 됐다. 확실히 좋아지긴 했지만 여전히 스트레스가 남아 있었다. 내가 다른 뭔가를 두려워하는 게 틀림없다는 생각이 들었다. 자신이 뭘 두려워하는지 알아내려고 할 때 언제나 곧바로 정답을 얻는 건 아니다.

결국 내가 정말로 두려워하는 것은 터널 지붕이 내려앉으며 철제물이 내 손목을 관통해 꼼짝 못하게 되는 상황이었다. 아무도 내가 그 안에 있는지 모르는데 불이 나 나는 죽게 된다. 나는 내 내담자들에게 이 얘길 해주며 이렇게 물었다. "이럴 때 나는 어떤 기술에 의지하면 좋을까요?" 모두가 그 답을 알았다. 수용이다. 머릿속으로 터널에 진입하기 시작해 고통 속에 파묻혀 죽어가는 상상을 했다. 그랬더니 효과가 있었다. SUDS가 0점으로 낮아졌다.

따라서 "선제 대처" 기술은 미리 괴롭거나 불안감을 유발할 만한 상황이 뭔지 알아낸 다음 예상되는 곤경에 대처할 방법을 계획하는 데서 그치지 않고 그 상황에 효과적으로 대처하는 상상도 한다.

이 대목에서 다음의 견해를 강조하고 싶다. 모든 DBT 기술의 공통 요소—사실상 DBT 전체를 관통하는 열쇠는—뭐가 됐든 당신이 행하는 그것으로 효율성을 얻으려는 각오다. 효율성을 얻는 것은 인생의 모든 면에서 성공에 이르는 열쇠다.

인생이 지옥처럼 느껴질 때

죽음과 자살을 이해하는 여정

가톨릭대학에 재직하는 동안 나는 자살 연구를 그만둬야 하는 게 아닐까 진지하게 고민했다. 나는 정신과 의사들과 자주 논쟁을 벌였는데 그들은 내 인생을 참 힘들게 했다. 내가 주말에 출장을 나갔을 때 내 내담자 중 한 명이 일종의 자살 위기를 겪자 정신과 의사의 첫 대응은 그 사람을 병원에 입원시키는 것이었다. 병원 입원이 생명을 구해준다거나 자살 충동을 느끼는 사람들에게 어떤 식으로든 도움이 된다고 증명해 주는 근거가 전무한데도 말이다. 자살 충동이 있는 내담자들의 대다수는 외래 진료를 받아도 별 지장이 없다는 것이 그때나 지금이나 변함없는 내 신념이다. 실제로 내 제자 중 한 명이 진행한 연구에서 증명된 바에 따르면 병원 입원은 정신과 의사들이 오래전부터 가정한 것처럼 자살 환자에게 효과적이지 않았다.

워싱턴 D.C.에서만큼 좌절감을 느꼈지만 중도 포기 같은 건 내 유전자에 없었다. 내가 아는 한 자살에 관해 유용하고 진지한 연구를 진행하고 있는 사람은 나 말고는 없었다. 워싱턴대학에 부임했을 때도 자살은 여전히 내 관심사였다.

나는 마침내 자살 충동을 느끼는 사람들을 어떻게 평가하고 개입 치료를 해야 하는지를 주제로 대학원 과정 프로그램을 개설했다. 수업은 주말 내내 진행됐고 임상심리학 대학원생과 정신과 레지던트라면 수강이 가능했다. 금요일 저녁에 와인과 피자를 곁들여 수업을 시작하는데 학생들은 세 가지 질문에 답해야 한다. 첫 번째 질문은 "죽음이란 무엇인가?", 두 번째 질문은 "사람들에게 자살할 권리가 있을까, 당신에게 그럴 권리가 있을까?", 세 번째 질문은 "누구에게

21. 시애틀에 적응하며 우울하지 않은 삶을 사는 방법을 배우다

든 다른 사람이 자살하지 못하게 막을 권리가 있을까, 당신에게 그럴 권리가 있을까?"다. 나는 모든 학생에게 10분 정도 시간을 주고 세 가지 질문에 대한 생각을 글로 적어보게 한다. 각 질문이 끝난 후 학생들은 서로의 의견을 공유한다. 이때 설명을 요구하는 질문은 할 수 있지만 대화를 시작하거나 어떤 사람의 의견에 동의하지 않는다는 말은 할 수 없다.

수년에 걸쳐 대다수 학생이 내놓는 답변은 정신장애가 없는 성인에게는 자살할 권리가 있지만 정신장애가 있는 사람에겐 자살할 권리가 없다는 것이다. 최근엔 정신장애가 있는 사람에게도 자살할 권리가 있어야 한다는 생각을 갖는 학생들이 늘고 있다. 한편 정신건강치료사로서 자신에게 자살을 막을 권리가 있다는 데는 모든 학생의 신념이 일치한다.

경력 초반부터 나와 함께 일한 안드레 이바노프는 이 워크숍 경험이 치료사들에게 유용한 사전 준비 과정이라고 설명한다. "자살 충동을 느끼는 내담자를 마주했을 때 이런 쟁점에서 입장이 확실하지 않으면 그 순간 입장을 정하기가 어렵습니다." 그는 말한다. "그 점에 대해 입장이 분명해야 해요." 켈리도 여기에 공감한다. "당신이 만약 너무 가망이 없어 자살할 만한 삶도 있다고 생각한다면 알아야 할 게 있어요. 나는 사람들에게 자살할 권리가 있다고 믿지만 치료사로서의 내 임무는 계속 살도록 권유해 주는 방향이어야 한다는 거예요. 이 훈련을 통해 자신의 결론을 얻으면 그에 따라 치료사로서 더 명확하게 일할 수 있어요." 그가 최근에 한 말이다.

대학원생인 마이클 애디스는 최근 이 워크숍에 관해 "제게는 하

인생이 지옥처럼 느껴질 때

나의 체험이었어요"라고 말했다. "스스로 목숨을 끊을 생각을 하는 사람에게 제가 실제로 어떤 감정을 느끼는지 깨닫고 맹점도 발견하게 됐어요. 이런 주제를 생각하다 보면 온갖 문제가 수면 위로 떠올라요. 지적인 난문제를 풀게 되기도 하고 정말로 비참한 사람들을 도와줄 때 당황스러워질 수 있는 격한 감정도 생각해 보게 됩니다."

이 학생의 말에는 내 워크숍의 목표가 잘 반영돼 있다. 나는 학생들이 의견을 내고 나면 언제나 내 의견도 밝힌다. 나는 내게 도의상 자살할 권리가 없다고 믿는다. 너무도 잘 알려진 사람인 내가 스스로 목숨을 끊는다면 너무도 많은 사람들에게 나쁜 영향을 미칠 것이다. 나는 사고력이 명료한 성인에겐 자살할 권리가 있다고 믿기도 한다. 단, 정신장애 증세가 있는 사람들은 제외다. 나는 내게 자살을 막기 위해 할 수 있는 모든 일을 할 권리가 있다고 믿는다. 문을 쾅쾅 두드리거나 그 사람의 친척들에게 전화를 걸거나 만약 자살을 하면 그 사람이 키우는 고양이들을 돌봐주지 않겠다고 으름장을 놓는 등 누군가의 자유를 빼앗는 것만 빼고 무엇이든 할 수 있다.

학생들에게도 하는 말이지만 내게 내가 원하는 대로 투표하라거나 이런저런 명분을 위한 가두시위에 참가하라거나 차량 통행을 막고 시장 집 밖에 모인 시위 집단에 동참하라고 사람들을 설득할 권리가 있는 것처럼 누군가 자살하지 않도록 설득할 권리도 있다. 그렇다고 내가 심각한 자살 충동에 빠진 사람을 병원에 입원시킨 적이 없다는 뜻은 아니다. 나는 원칙상 무엇에 반대할지라도 그것이 때때로 필요할 수도 있음을 인정하기도 한다.

자살 충동을 경험하는 사람만이 그 상태에 있는 것이 어떤 일인지 진정으로 이해할 수 있다. 물론 나도 그런 상태를 겪어봤지만 나조차 그 느낌을 말로 온전히 전달하기가 어렵다. 자살 충동을 느끼는 사람을 마주하면 마음이 흔들려 연민이 들지 않을 수 없다. 하지만 한때 내담자였던 사람이 최근 전국 총회에서 한 말처럼 "사랑은 나를 살아 있게 해줬을진 몰라도 내 고통을 치유해 주진 않았다". 그의 말을 듣는 순간 생명을 위한 병원에서 내 치료사였던 오브라이언 선생님이 떠올랐다.

미국자살예방재단American Foundation for Suicide Prevention의 통계에 따르면 (전반적 통계가 나와 있는 가장 최근 해인) 2017년 미국에서는 4만 7,000명 이상이 스스로 목숨을 끊었고 50만 명에 육박하는 사람이 자해 행위로 병원에 내원했다.

세계는 고통으로 가득하고 수많은 사람들이 좁고 삭막한 방 같은 그 고통 속에서 극심한 괴로움을 겪고 있다.

인생이 지옥처럼 느껴질 때

22

행동치료와 자살에 대한
첫 연구 보조금

My First Research Grant for Behavior Therapy and Suicide

시애틀에 왔을 때 나는 세계 어느 누구에게도 뒤지지 않을 만큼 굳건히 행동치료를 믿고 있었다. 이제 내 주장을 증명하기 위해 해야 일은 임상실험뿐이라는 판단이 섰다. 그래서 행동치료를 사람들의 고통을 제거해 주기 위한 도구로 삼아보기로 했다.

준비 기간이 몇 년 정도 필요할 것 같았다. 새로운 영역에서 활동 기반을 다지고 구체적 치료법을 구상하고 워싱턴주립대학 생명윤리 위원회의 연구 승인을 받고 지원금을 받는 등 준비할 것이 많았다.

하지만 이 프로그램을 추진하기 전 웨일코넬의과대학의 존 클라킨이 우울증을 주제로 한 책에서 자살을 다루는 장을 써달라고 부탁해 왔다. 어떻게 보면 선물과도 같은 일이었다. 꼬박 1년간 자살에 관한 글을 모조리 다 훑어본 터였기 때문이다.

그렇게 글을 쓰는 동안 나는 아직 답을 얻지 못한 연구 질문이 많다는 걸 깨달았다. 나는 가톨릭대학에 있을 때 흥미 있었던 스타츠의 사회적 행동주의 모델의 연장선 격으로 자살 행동 모델을 개발했다. 이 모델에서는 기본적으로 자살 충동을 느끼는 사람들은 수치심, 무력감, 외로움을 느낀다고 본다. 이들은 삶은 살 만한 가치가 없고 죽음만이 유일한 현실적 선택지라고 여긴다. 자살을 다루는 장을 쓰면서 내 생각에 일관성이 생겼다. 그 글이 그동안 내가 쓴 글 중 최고일지 모른다는 생각도 들었다. 사실상 그 장의 글은 내가 20년 전 털사의 야간학교에서 이 주제에 관해 어설프게나마 첫발을 뗐던 연구의 정점이었다.

1981년 원고를 탈고했을 무렵 나는 이미 행동치료의 자살 예방 효과에 대한 예비 연구에 착수한 상태였다. 프로젝트명은 "준자살행위 환자들의 평가 및 치료Assessment and Treatment of Parasuicide Patients"였다.

오래전부터 자살과 자살 시도를 표현하는 용어에는 혼동의 여지가 있었다. 어떤 사람이 스스로를 죽음으로 내몰 정도의 자해를 할 경우 그 행동은 자살로 칭해도 무방하다. 하지만 의도적 자해를 했다가 병원에 입원하게 된 경우는 상황이 애매하다. 치료사들은 성급히 "자살 미수"라 칭하며 자살을 시도하다 실패한 것으로 보기 예사다. 하지만 이 점을 명심할 필요가 있다. 치료사들은 자살이나 죽음까지 가지 않은 의도적 자해를 문제로 보는 반면 자해를 한 당사자들은 그것을 해결책으로 여긴다. 연구에서도 증명되고 있듯 자해는 진정 효과가 아주 클 수도 있다. 나는 자살과 비자살적인 의도적 자해를 아우르는 용어로 "준자살행위"라는 용어의 사용을 선호한다.

인생이 지옥처럼 느껴질 때

연구 모집단을 구성하기 위해 나는 지역 병원 여러 곳에 전화를 걸어 부탁했다. "최악의 환자들을 좀 보내주세요. 자살 충동이 가장 심하고 가장 치료하기 힘들었던 사례로요." 병원들은 아주 흔쾌히 응했다. 근래 수차례 자살 시도를 벌이고 반복적 자해 증상을 보였던 환자들을 보내줬다. 내 논리는 매우 실용적이었다. 심각한 장애가 없고 자살 위험이 높지 않은 사람들의 사례를 활용해 연구할 경우 그들은 혼자 힘으로도 좋아질 수 있는 여지가 있는 만큼 연구를 통해 내 치료법의 효과를 명확히 평가하지 못한다는 것이었다.

1년 전 나는 최악으로 비참한 상황에 놓인 사람들을 도와주기 위한 12주 과정의 행동치료 프로그램을 제안하며 NIMH에 연구 지원금을 신청해 둔 상태였다. 나는 좋은 결과가 나올 것이라고 자신만만해하고 있었다.

하지만 결과적으로 그게 조금은 순진한 생각이었음을 나중에야 깨달았다.

NIHM 패널의 현장 방문
그리고 바닥으로 떨어진 커피포트

배리 울프는 이렇게 회고한다. "제 첫 반응은 '심각한 정신장애를 가진 사람들을 위한 12주 행동치료 프로그램이라고?'였습니다." 배리는 당시 NIHM 임상 연구 부서에 있었다. "마샤의 프로그램이 그렇게 짧은 기간 안에 성과를 보이리라곤 생각지 않았어요. 꾸준히 자살을 시도한 여자들이었으니까요."

하지만 NIHM 팀은 내 시도를 마음에 들어 하는 눈치였고 나중에
는 관료주의 원칙상 매우 어려워지긴 했어도 당시에는 도움을 줄 만
한 자유가 어느 정도 있었다. "그래서 연구비 신청을 통과시키기엔
무리라고 판정 내리면서도 한편으로는 마샤가 재능 많은 인재라고
생각했습니다." 배리의 말이다. "결국 우리는 그와 협력하기로 결정
했죠." 내 연구비 신청 건에 직접 관여하지 않았던 배리의 한 동료는
이렇게 회고한다. "우리는 그런 환자군을 돌보려는 마샤가 무척 용
감한 사람이라고 생각했어요. 대다수 치료사들은 가능하면 그런 환
자들을 피하고 싶어 했으니까요."

　이후로 몇 달에 걸쳐 NIMH 팀이 전화통을 붙잡고 나와 인내심
있게 통화를 이어간 끝에 치료 규정은 점차 실용적인 형태로 다듬어
졌고 그 영역에서 더 현실 기반적인 새 규정이 마련됐다. NIMH 팀
의 도움을 얻으면서 내가 이 환자군에 관해 여전히 모르는 것이 많
다는 생각이 들었다. 그러다 보니 창의적인 방식으로 문제를 파악하
고 해결책을 찾는 과정을 반복하게 됐다.

　그러던 어느 시점에 NIMH의 심사위원회가 시애틀로 현장 방문
을 왔다. 배리는 당시 방문을 이렇게 떠올린다. "위원회 일원으로 참
여한 이들 중 밴더빌트대학교의 한스 스트럽은 정신분석적 관점 부
문에서 최고의 연구자로 꼽히던 사람이었고 마리아 코바크스는 피
츠버그대학교의 매우 저명한 아동 행동치료사였습니다." 이런 학자
들이 끼어 있었기 때문에 나는 더더욱 주눅이 들 만했다. 그런 데다
내게는 이 방문이 정말 중요했다. 나는 너무 긴장한 나머지 내 사무
실에서 커피포트를 바닥으로 떨어뜨렸다. 커피가 사방으로 튀며 난

장판이 돼버렸다. 혹시 위원들이 커피를 다시 만들어주길 원할까 해 나는 소심하게 물어봤다. 돌아온 대답은 노No였다! "이제 그만 본론으로 들어가 봅시다."

심사위원들은 내 연구와 치료 계획의 유망성을 가리는 논의를 펼친 후 내가 계획하는 치료가 이미 연구가 이뤄진 다른 치료법들과 구분되는 점이 있는지도 따졌다. 한 여성 위원은 내가 경계성 성격 장애를 가진 사람들을 치료하려는 것 같다고 말했다. 그때만 해도 나는 경계성 성격장애에 관해 거의 들어본 적도 없었다. 다행히 우리 팀의 한 멤버가 정신과 의사여서 경계성 성격장애를 알고 있었다. 그는 심사위원의 말에 동의하며 경계성 성격장애 환자들이 자살 행동 위험이 높은 만큼 내 목표에 잘 맞는다고 답했다.

NIMH 연구 보조금을 받기 위해서는 공식 진단을 받은 사람들을 연구해야 했다. 경계성 성격장애는 그런 진단에 해당됐지만 자살 행동 자체는 해당되지 않았다. 그래서 내 연구는 경계성 성격장애 연구로 진행될 예정이었다. 커피포트 사건에도 불구하고 나는 연구비를 받게 됐다.

수년 후 현장 방문자로 왔던 위원 한 명에게 들은 바로는 연구비가 지원된 실제 이유는 연구에 대한 내 뜨거운 열의 때문이었다고 한다. 위원회는 자살 충동을 느끼는 사람들을 위한 효과적인 행동 개입 치료를 개발할 수 있다면 그걸 개발하는 데 성공하는 사람이 나일 것이라는 믿음은 얻었다고 한다.

23

과학과 영성

Science and Spirituality

시애틀에 온 지 1년쯤 후인 1978년 나는 영적 지도자가 될 수 있는
방법을 배우기 위해 워싱턴 D.C. 소재의 샬렘영성훈련원Shalem Institute
for Spiritual Formation에서 열리는 여름 프로그램에 참여했다.

    샬렘영성훈련원은 내가 가톨릭대학 교수로 들어간 직후인 1973년
에 듣고 알게 된 곳으로 공동체와 개개인의 영적 성장 육성을 사명
으로 삼고 있는 초교파적 기독교 단체다. 내가 신청한 2년 과정은
다량의 필독서를 읽고 리포트를 쓰고 일주일에 한 번씩 저녁에 그룹
모임을 갖는 것에 더해 비교적 혹독한 피정까지 거쳐야 했다. 이전
에 시카고에 있을 때 안셀름에게 기도할 때는 입을 꾹 다물고 있어
야 한다는 정도만 들어서 알고 있을 뿐 공식적으로 교육을 받은 적
은 없었다.

샬렘영성훈련원에서의 경험은 복합적이었다. 세상에서의 내 존재 방식을 더 잘 이해하게 된 측면에서 깊은 보람을 느낀 동시에 지도 과정의 일부분에 더할 나위 없이 충격적인—그리고 지금까지도 여전히 납득이 안 가는—인상을 받았던 측면에서는 보람 못지않을 만큼의 심란함을 느꼈다.

훈련원장은 틸든 에드워즈로 국립 성당의 감독교회주의 목사였다. 공동 원장이자 역시 감독교회주의 목사였던 제럴드 메이는 실존주의 심리학자 롤로 메이와 형제지간이었다. 틸든과 제럴드 두 분 모두 훌륭한 지도자였다. 제럴드는 내게 "기꺼이 하기willingness" 개념을 가르쳐줬는데 훗날 그의 저작 《의지와 영Will and Spirit》에서 이 개념을 다뤘다.

훈련원에서는 기독교의 묵상기도를 가르치고 훈련시켰다. 묵상기도는 그 기원이 기독교 초반으로 거슬러 올라갈 만큼 전통 깊다. 앞에서도 얘기한 《미지의 구름》에 그 개요가 아주 잘 서술돼 있다. 이 책에서 알려주는 조언 중 내가 가장 좋아하는 구절 하나는 "망각의 구름에 올라타 미지의 구름 속으로 들어가라"는 말이다. 다음도 정말 좋아하는 지침이다. "한 음절의 단어를 선택해 이 단어를 빠져나가지 못하게 마음속에 매어두라. 이 단어가 그대의 방패가 되고 창이 돼줄 것이다. 이 단어로 구름과 어둠을 치고 또 쳐서 모든 생각을 망각의 구름 아래로 쓰러뜨려라."* 진정으로 현재에 머물며 영적으로 개방되려면 끈기와 놓아주기 모두 필요하다.

---

* *The Cloud of Unknowing with the Book of Privy Counsel*, trans. Carmen Acevedo Butcher (Boston: Shambhala, 2009). 국내 번역본: 무명의 그리스도인, 《무지의 구름》

1970년대 중반 한 트라피스트회 수도사가 우연히 《미지의 구름》을 발견했고 하느님과의 합일을 위한 영적 훈련 지도 지침으로의 잠재성을 알아봤다. 이 일을 계기로 현재 기독교의 묵상기도 혹은 향심기도向心祈禱가 탄생했다.

교회와의 단절, 큰 상실

샬렘영성훈련원에서 우리가 행한 수련은 이런 초기 지도 형태와 비슷했다. 묵상을 하며 하느님에게 마음을 여는 식이었다. 그리고 당연하게도 "하느님"에 대한 내 이해는 몇 년 사이 달라져 있었다.

이쯤에서 내가 예전 종교 생활과 단절하게 된 중대 사건을 이야기하고 싶다. 1980년 크리스마스, 시애틀의 블레스드 새크라멘트 교회에서 정오 예배를 드리던 중이었다. 나는 갑자기 주위에서 노골적인 성차별을 느끼고 큰 타격을 입었다. 배를 주먹으로 한 대 얻어맞은 기분이었다. 이 교회에서 성차별을 눈치챈 것이 그때가 처음은 아니었지만 이번에는 내 의식 속으로 거세게 밀고 들어오는 뭔가가 있었다. 뭔가를 하지 않으면 안 될 것 같은 느낌이 밀려왔다. 나는 며칠이 지나도록 그 일을 생각하며 날것 그대로의 감정을 풀어놓다가 펜을 들고 교회 사제 앞으로 다음과 같은 편지를 썼다.

제가 이렇게 편지를 쓰게 된 것은 크리스마스 정오 예배에서 명백히 드러난 여성에 대한 놀라울 정도의 젠더 감수성 부족에 제가 얼마나 분노하고 깊이 절망했는지 전달하기 위해서입니다. 설마 싶으시다면 그날 선정된 찬송가들을 살펴봐 주십시오. 초반 찬송가 중 하나인 〈오, 보라 한송이 장미꽃 피어난 것을Lo, How a Rose E'er Blooming〉의 마지막에는 "인류men에게 구세주를 낳아주셨네…"라는 가사가 있었습니다. 이 가사를 포괄적인 언어로 바꾸려는 노력이 전혀 없었습니다. 제가 그 노래로 받은 충격에서 막 회복됐을 때쯤엔 다 같이 〈기뻐하라 온 세상 만민들Good Christian Men, Rejoice〉'을 부르자는 말을 들었습니다. 맙소사!!!!! 아주 약간의 젠더 감수성만 있었어도 성차별적 내용의 찬송가를 그렇게 거침없이 선정하지는 않았을 것입니다…

솔직히 말하면 저는 이런 제도적 교회에서 여자들을 온전한 인간으로 포용하는 데 관심을 기울이거나 그럴 수 있을 가능성에 절망스럽기 그지없습니다. 비포용적인 남성 중심 언어, 하느님을 'Lord', 'Father'나 남성형 대명사 'he/him'으로만 부르는 것, 성일聖日 성찬식 제단 주변에 서품된 남성 사제들의 도열은 모두 여자들의 필요성, 관심사, 권리, 가치는 거의 의식하지도 관심 갖지도 않고 있다는 암시입니다…

앞에서도 말씀드렸지만 오전 예배의 성차별적이고 비포용적인 언어 때문에 예배에 참석하지 못하겠습니다. 숨이 막힐 듯 너무 답답합니다…

하느님 안에서 평안과 기쁨이 깃드시길!!!!
그her의 축복이 함께하시길 기원하며
마샤 드림

나는 제도로서의 교회, 즉 남자들에 의해 운영되는 제도와 인연을 끊었다. 그곳은 여자들을 남자들보다 못한 존재로 여기는 곳이었다. 그리고 나는 그런 제도에 계속해서 돈을 갖다 바치는 일은 비도덕적이라고 여겼다. 아프리카계 미국인이나 히스패닉계에게 서품을 해주지 않는 집단에게 돈을 갖다 바치는 것과 같은 일 같아서였다. 정당화될 수 없는 일이었다. 오랫동안 나는 가톨릭 미사에 발길을 끊었다. 마음이 너무 아팠다. 그것은 내 삶에서 가장 큰 손실로 꼽을 만한 일이었다. 정든 교회를 잃는 것은 가족을 잃는 것과 같다.

거울을 보고 있을 수 없었던 경험

1970년대 중반 샬렘영성훈련원에서의 첫 1년 동안은 묵상기도 수업이 일주일에 한 번씩 있었다. 우리는 동그랗게 둘러앉았다. 수업 중에 명상을 비롯한 여러 가지 영적 수행을 할 때도 있었다. 어떤 때는 단순해 보이지만 실제로는 다소 깊이가 있고 어느 정도는 선 수행의 선문답(깨우침을 일깨우기 위한 문답)과 비슷한 질문이 주어지기도 했다. 나는 대체로 질문의 취지를 제대로 간파하지 못했다.

예를 들어 "나는 누구인가?"라는 질문을 받았을 때 처음엔 그 정도야 쉬운 질문이라고 생각했다. "저는 교사예요." 어느 정도 시간이 지나서야 그 질문이 "나는… 누구… 인가?"에 더 가깝다는 것을 감 잡았다. 질문의 진짜 취지는 "내 주위의 모든 사물이나 존재와 연결 지어 영적 의미에서 나는 나 자신을 어떻게 보고 있는가?"였다. 또 다른 질문으로 "생각은 어디에서 나오는가?"도 있었다. 나는 말했다. "질문이 왜 이래요? 뇌의 신경세포 사이에서 일어나는 시냅스 작용에서 나오는 거잖아요." 또다시 질문을 너무 문자 그대로, 너무 단조롭게 받아들였다.

한번은 파트너를 찾아 서로 마주 보고 앉아서 30분 동안 서로의 눈을 응시해야 하는 수업이 있었다. 아무 말도 해서는 안 되고 어떤 식으로든 감정을 드러내서도 안 된다. 꽤나 고도의 활동이라 아주 미미한 웃음기조차 얼굴에 표 나지 않게 하는 데도 큰 애를 먹는 게 보통이다. 해보면 내 말이 무슨 뜻인지 알 것이다.

마지막 수업에서는 한 시간 동안 거울 앞에 앉아 자기 자신을 바라보는 수행을 했다. 방법은 간단하다. 꼼짝하지 않고 당신 자신을 바라보면 된다. 하지만 나는 그 자리에 앉아 거울 속 나 자신을 바라보고 있다가 난데없이 눈물을 흘리기 시작했고 한번 나온 눈물을 도저히 멈출 수가 없었다. 결국 어쩔 수 없이 그 자리를 떠야 했다. 지금까지도 무슨 영문이었는지 도통 모르겠다. 그냥 하나의 경험이었다.

그 수업을 끝까지 마치지 못했기 때문에 나는 이듬해 전체 과정을 다시 받기로 했다. 이번엔 "생각은 어디서 나오는가?"라는 질문에 이렇게 답했다. "오른쪽에서 왼쪽으로." 그것이 다였다. 아무 의미 없는 말이었다. 그냥 있는 그대로였다. 나는 내가 이전 해에 비해 발전했음을 느꼈다. 사실 질문의 목적은 자신의 마음을 관찰하며 어떤 생각이 떠오르는지 지켜보는 것이다. 두 번째 시도에서는 전 과정을 끝까지 잘 해냈다.

두 번째 깨우침의 순간

샬렘영성훈련원에서의 체험은 1970년대 중반 워싱턴 D.C.에서 살때의 일로 내게 깊은 인상을 남겼다. 시애틀로 옮겨 간 후 영적 지도자가 되기 위한 훈련이 필요해졌을 때 나는 다시 샬렘영성훈련원에들어가 지도 받기로 마음먹었다.

시애틀에 살면서 훈련원에 다니던 때의 일들이 많이 기억나진 않는다. 2년 동안 3주 공개강좌를 들으러 다녔고 마지막 리포트를 쓰지 못해 수료증을 받지 못했다. 하지만 이 일도 수많은 이들에게 영적 지도자 역할을 하려는 내 의지를 막진 못했다.

샬렘영성훈련원에서의 일 중 한 사건만큼은 아주 또렷이 기억난다. 전구에 불이 번쩍 들어오는 듯한 순간이었다.

내 첫 번째 깨우침은 1967년 시카고의 세너클 피정의 집 부속 예배당에서 경험했었다. 하느님께로 나를 던져 합일을 이룬 황홀경 같은 순간이었고 이 체험은 적어도 1년간 지속됐다. 에드와 함께였을 때 그에게 가진 깊은 사랑의 감정이 예배당에서의 느낌과 똑같았다.

나는 예배당에서의 황홀한 기분을 나를 향한 하느님의 사랑이라고, 내가 그토록 오랫동안 갈구하던 바로 그 경험이라고 생각했다. 하지만 에드 옆에 누워 느낀 그와 똑같은 황홀한 기분은 에드를 향한 나의 사랑이었고 그제야 내가 잘못 생각했음을 깨달았다. 예배당에서의 황홀한 기분은 하느님이 나를 사랑해서 느낀 것이 아니라 내가 하느님을 사랑했기 때문에 느낀 것이었다. 그게 다였다. 1년여의 황홀감은 어느 날 갑자기 끝나버렸다. 순식간에 증발하듯 사라져버렸다. 나는 영적으로나 정서적으로나 예배당에서의 그 신비로운 체험 이전으로 돌아갔다. 다시 하느님을 갈구할 수밖에 없었다.

10년이 더 지난 후 시애틀에서 샬렘영성훈련원을 찾아갔던 어느 날도 내 갈구는 여전히 답을 받지 못한 채 영혼은 어두운 밤 속에 잠겨 있었다. 훈련원의 하계 강좌를 들으며 앉아 있던 중 어느 순간 나는 강의실 앞 강사에게 집중하지 못하고 정신이 표류해 창가로 시선이 흘러갔다. 바로 그 창밖으로 산들바람 속에서 살랑살랑 나부끼는 큼지막한 꽃 하나가 보였다. 파란색 수국이었다. 그 꽃을 멍하니 쳐다보고 있을 때 어떤 확신이 밀려왔다. 그 확신을 부인할 수 없었다. 바로 하느님은 떠나신 적이 없었다는 갑작스러운 깨달음이었다. 하느님은 내내 가까이 계셨다. 하느님은 모든 곳에 계신다. 모든 것에 깃들어 계신다.

내 갈구는 끝났다. 나는 마침내 하느님을 찾았다. 하느님이 나를 찾으셨다. 이것이 두 번째 깨우침의 순간, 내 수국의 순간이었다.

시시한 얘기로 보일 수도 있지만 일상적 환경에서 깨우침을 경험하는 사람들은 흔하다. 차를 몰고 거리를 지나가거나 그냥 기차역에서 대형 시계를 쳐다보다―똑딱똑딱하는 순간에―갑자기 어떤 심오한 진리를 알게 된다. 그 깨달음은 당신 자신과 세상과 신에 대한 영원한 진리가 될 수도 있다.

선禪에서는 "인정 많은 것처럼 행동하면 언제나 인정 많은 사람이 될 것이다. 깨우침을 얻은 것처럼 행동하면 언제나 깨우침을 얻을 것이다"라고 설파한다. 언제나 그곳에 있었지만 단지 알지 못했을 뿐이라는 뜻이다. 그날 내게 일어난 일이 그랬다. 하느님은 나를 떠나신 적이 없었다. 나는 곧 깨달았다. 나는 버려진 적이 없었다.

모든 것이 사랑이며 모든 것이 선하다

이 두 번째 깨우침의 순간은 내가 샬렘영성훈련원에서 체득한 보물 중 하나였다. 또 하나의 보물은 제럴드에게 얻은 기꺼이 하기에 관한 가르침이었다.

기꺼이 하기willingness는 현재 상태에 마음을 여는 것이다. 우주와 하나가 돼 우주에 동참하고 그 순간 필요한 일을 행하는 것이다. 필요할 때 설거지를 하고 넘어진 사람을 도와주고 절대 이길 수 없는 싸움은 물론이고 이길 수 있는 싸움에 대해서도 집착을 내려놓는 것이다. 당신이 옳더라도 자신이 옳다는 집착을 내려놓는 것이다. 하고 싶지 않을 만한 일들을 행하되 해야 하기 때문에 행하는 것이다. 기꺼이 하게 되면 지금 일어나는 상황을 겸허히 받아들인다. 기꺼이 하기는 신의 의지나 우주의 인과적 요소의 수용으로 자신을 던지는 것이라고 말할 수도 있다. 울화를 버리는 것이다. 제럴드의 말을 그대로 옮기자면 "기꺼이 하기란 매 순간 살아 있는 것의 신비로움에 수긍하는 것이다".

기꺼이 하기의 반대는 고집스러움willfulness이다. 고집스러움이 있으면 현실 통제에 초점이 맞춰진다. "내가 하자는 대로 하든지 아니면 말아" 하는 식이다. 자신이 옳다는 태도다. 현실과 싸우며 정서적 에너지를 소모해 얻는 것이 없다. 고집스러움은 상황에 필요한 것과 반대로 행동하는 것이다.

기꺼이 하기라는 개념은 내게 강한 여운을 남겼고 내가 도움을 주는 내담자들에게 아주 효과적일 수도 있다는 걸 깨달았다. 살 만하게 느껴지는 삶을 일구게 해줄 수 있을 것 같았다. 기꺼이 하기는

인생이 지옥처럼 느껴질 때

이후 DBT 고통 감내 기술의 하나가 됐다.

몇 년 전 나는 기꺼이 하기와 (지금 돌이켜 보면) 홍미로운 싸움을 벌이며 고집스러움으로 고집스러움을 이길 수 없다는 사실을 확실히 알게 됐다.

자초지종은 대략 이렇다. 나는 고위험군 내담자들(마약성 진통제인 오피오이드 중독자들)을 대상으로 한 연구실 프로젝트를 제안했고 학과의 승인을 받아야 했다. 승인을 결코 확신할 수 없는 상황이라 정치적 수완을 잘 발휘해야 했지만 내가 열의를 갖는 일에서는 그렇게 행동하기 힘든 경우가 많았다. 연구 주제의 구체적 내용은 별 상관없으니 생략하고 당시 내가 학과장 및 부속 상담소의 몇몇 권위자들과 면담을 앞두고 있었다는 사실만 말하겠다. 나는 이 권위자들이 프로젝트에 수반되는 위험 때문에 매우 조심스러운 입장이라는 점을 잘 알았다.

면담에서 내가 열정에 떠밀려 그들의 반감에 분노를 표출한다면 프로젝트가 무산될지도 몰랐다. 나는 정반대 행동하기opposite action로 그들의 관점을 이해해 보기로 했다.

면담 전날 밤 나는 그들의 관점을 이해해 보는 연습을 시작했다. 시도를 할 때마다 고집스러움이 폭발했다. "안 돼. 그럴 순 없어." 그러면 나는 이렇게 말했다. "조용히 못해, 고집스러움! 조용히 해, 고집스러움!" 이걸 계속 반복했다. "내가 옳아, 그 사람들이 틀린 거야." "조용히 좀 해, 고집스러움!" 아무리 연습해도 소용이 없었다. 불길했다.

다음 날 면담 자리에서 우리는 바퀴 달린 의자에 앉았다. 동료 두 명이 나와 동행했다. 나는 조금씩 흥분이 되면 의자를 뒤로 약간 뺐고 그러면 동료들이 의자를 당겨 앉으며 내가 진정이 될 때까지 이야기를 맡아 했다. 나는 용케 평정을 잃지 않고 면담을 마쳤지만 정말 힘든 시간이었다.

모든 일이 끝난 후 나는 정반대 행동하기가 왜 효과가 없었는지 따져봐야만 했다. 나는 ("조용히 해! 조용히 해, 고집스러움!"이라는 말로 개한테 명령하듯 조용히 하라면서) 고집스러움으로 고집스러움을 다룰 수는 없음을 깨달았다. 뒤이어 이런 생각이 들었다. '내가 이 상황에서 두려워하는 게 뭘까?' 그 사람들이 내게 가장 중요한 가치인 학문의 자유를 빼앗아 갈까 봐 두려웠다. 이 사실을 깨닫는 순간 생각했다. '오, 아니야. 그들은 내게서 학문의 자유를 빼앗아 갈 수 없어. 내 공간을 뺏을 수는 있지만 학문의 자유를 빼앗아 갈 수는 없어. 내겐 종신 재직권이 보장돼 있어서 그렇게 못한다고.' 나는 마음을 가라앉혔다. 효과가 있었다.

나는 어떤 기술(이 경우엔 정반대 행동하기)이 내게 효과가 없을 때 어떻게 해야 효과가 있을지 알아내야만 직성이 풀린다. 그 상황에서 효과가 있을 만한 기술은 기꺼이 하기, 즉 그들의 관점을 이해하는 것이었다. 기꺼이 하기는 그 세상에 들어가 필요한 일을 행하는 것이다.

몸은 마음을 지배한다

상대적으로 더 흥미로운 심리학 통찰 중에는 감정을 지배하는 신체의 (예상 밖의) 힘이 있다. 격렬한 운동과 통제된 호흡이 몸의 화학작용을 변화시킴으로써 감정을 변화시키는 방식뿐 아니라 단순히 자세와 얼굴 표정만으로도 그런 힘이 발휘될 수 있다.

잘 알다시피 분노가 느껴지면 몸에 표가 난다. 입술이 아래로 휘어지고 이마가 찡그려지고 얼굴 근육이 전반적으로 뻣뻣해진다. 몸 전체가 경직되고 주먹을 꽉 쥐기도 한다. 그리고 행복할 때는 얼굴이 편안해지고 미소가 지어지면서 입술이 위로 말려 올라가고 몸과 주먹은 편안하게 풀어진다.

다시 말해 감정이 전반적인 자세를 만들어낸다는 뜻이다. 마음의 힘이 신체에 작용하는 것이다. 연구에서 증명됐듯 그 반대도 사실이다. 즉, 분노나 행복의 자세를 취하면 그와 똑같은 감정을 경험하게 되는 경향이 있다. 몸은 마음을 지배한다.

살짝 미소 짓기와 기꺼이 하는 손

나는 DBT의 두 가지 특별한 고통 감내 기술 중 기꺼이 하기에 마음을 지배하는 몸의 힘을 접목하기로 했다. 그리고 여기에 살짝 미소 짓기half-smile와 기꺼이 하는 손willing hands이라는 이름을 붙였다.

나는 내담자들에게 살짝 미소 짓기가 몸으로 현실을 받아들이는 한 방법이라고 설명해 준다. 예를 들어 싫어하는 어떤 사람을 생각할 때 살짝 미소를 지으면 그 사람을 더 호의적으로 느끼는 데 도움이 된다. 믿기 힘들겠지만 사실이다.

이렇게 하면 된다. 우선 머리끝부터 턱까지 얼굴의 긴장을 푼다.

23. 과학과 영성

모든 얼굴 근육을 이완한다(이마, 눈, 눈썹, 뺨, 입, 혀의 긴장을 풀고 치아는 살짝 벌린다). 그러기 힘들다면 얼굴을 긴장시켰다가 풀어봐라.

그다음 그 움직임이 느껴질 수 있을 만큼 입의 양 끝을 살짝 올린다. 살짝 미소 짓기는 이렇게 얼굴의 긴장을 풀고 입술을 살짝 위로 올리는 것이다. 이번엔 평온한 얼굴 표정을 지어봐라. 이 모두가 얼굴이 뇌와 소통하는 활동이다. 정말 효과가 있다. 연구와 실험으로도 그 효과가 뒷받침되고 있으니 한번 시도해 보길 추천한다.

기꺼이 하는 손은 몸으로 현실을 받아들이는 또 하나의 방법이다. 분노는 대체로 현실을 받아들이지 않는 것이다. 현재 상태를 바꾸려는 욕구다. 때때로 분노가 적절할 때도 있다. 하지만 위기 상황에서는 대개 현실을 있는 그대로 받아들이는 방법을 찾아야 한다. 기꺼이 하는 손이 한 방법이다. 나는 베트남 수도승이자 작가며 시인이자 평화 운동가인 틱낫한의 수행에서 이 아이디어를 차용했다.

방법은 이렇다. 바닥에 서 있다면 두 팔을 어깨 아래로 내린 후 쭉 펴거나 팔꿈치에서 구부린다. 손은 펴서 양 엄지손가락이 바깥쪽을 향하고 손바닥이 위로 오도록 뒤집은 다음 손가락의 긴장을 푼다. 앉아서 손등을 허벅지에 올려놓고 해도 된다. 아니면 등을 대고 누워서 팔을 옆구리 옆에 내려 손바닥이 위로 오게 손을 펴도 괜찮다. 세 자세 모두 사람을 무척 평온하게 해준다. 현실과 싸우는 것이 아니라 현실을 받아들이는 것이 이 기술이 지향하는 목표 중 하나다.

살짝 미소 짓기와 기꺼이 하는 손은 연습이 필요하며 하루 중 어느 때라도 할 수 있다. 효과가 끝내준다. 실제로 얼마 전 한 청소년 내담자가 이 기술에 큰 도움을 받았다고 경험담을 털어놓기도 했

인생이 지옥처럼 느껴질 때

다. 그 청소년은 공공장소에 있었는데 어떤 사람이 그에게 도움을 주지 않았을 뿐 아니라 심지어 무례한 태도를 보였다고 한다. 그는 점점 화가 치밀어 그 사람에게 화를 내고픈 충동이 일었다. "그러다 선생님이 얘기해 주신 기꺼이 하는 손이 생각나서 그대로 해봤어요." 그가 말했다. "믿을 수 없게도 정말 분노가 싹 가라앉았어요." 이런 식으로—살짝 미소 짓기와 기꺼이 하는 손으로—감정을 변화시킬 수 있으면 행동을 변화시킴으로써 충동을 못 이겨 나중에 후회할 만한 짓을 저지를 일이 없다.

예측 밖의 상황을 받아들일 필요성

예전에 나는 에드에게 묘비에 "그는 '네'라고 말했다"라는 글을 새기고 싶다는 말을 자주 했다. 내 삶을 기꺼이 살며 신의 뜻대로 사람들의 삶과 세상이 더 나아지게 하기 위한 일들을 했다는 의미였다.

제럴드는 그의 저작 《의지와 영》에서 이렇게 썼다. "과학이 고집스러움의 종노릇을 하는 한 과학은 오로지 의미의 입구까지만 이를 수 있다. 이 입구를 통과하려면 고집스러움은 기꺼이 하기에 길을 내주며 항복해야 한다. 지배mastery하려는 의지가 신비로움mystery에게 길을 양보해야 한다."*

고집스러움으로 과학적 탐구에 접근하면—즉, 결과를 통제하려 하거나 결과가 어떨지 알고 있다고 믿는다면—성취에 한계가 있기

---

* Gerald G. May, *Will and Spirit: A Contemplative Psychology* (New York: HarperCollins, 1982), p. 8.

마련이다. 과학에서 성공하려면 연구를 통해 발견한 결과가 예측한 바와 완전히 어긋나더라도 받아들이려는 기꺼이 하기가 필요하다. 신비로움에 대한 열린 마음이 필요하다. 틀리기 위해서는 진정한 겸손함이 있어야 하고 때때로 틀리는 것이 맞는 것보다 더 재밌을 때도 있다. 다른 누군가의 연구가 당신의 연구보다 훌륭할 때는 그 점을 기꺼이 인정하고 함께 열심히 노력해 온 다른 사람들에게도 기꺼이 논문 저자 자격을 부여해 줘야 한다. 그리고 무엇보다 중요한 것은 더 많은 연구 기금을 받거나 부자가 되는 것보다 그리고 정치, 여론이나 전문가적 견해보다 이 모두를 떠나 연구 결과에 대한 진실을 기꺼이 공유해야 한다.

나는 오랜 시간을 지나며 이런 다짐을 했다. "교회에 가는 주말과 아침에는 영적 자아가 되고 주중엔 과학적 자아가 되자." 나는 수년 동안 그렇게 했다. 그러던 어느 날 이건 말이 안된다는 생각이 들었다. 훌륭한 스승(곧 만나보게 될 빌리기스)의 지도 덕분에 우주가 있는 그대로라는 사실을 차츰 깨달았다. 사람들은 모든 물리학자가 신비주의자라고 말한다. 그들은 무에서 뭔가가 나온다고 말한다. 본질적 부피, 본질적 현실, 그것은 모두 하나다. 나는 내 내담자들에게 모든 것에는 이유가 있다고 말해준다. 우리가 그 이유를 모른다고 해서 이유가 없는 것은 아니다.

경험의 영역이 있고 표현의 영역이 있다. 과학은 말로 표현하는 영역이다. 영성은 경험의 영역이다.

다른 사람이 경험한 맛을 당신이 경험한 대로 묘사할 수는 없다. 그들이 직접 맛을 보지 않는 한 그 경험을 묘사할 수는 없다. 영적

인생이 지옥처럼 느껴질 때

여정을 걸으며 나는 개인적 가치관에 치우치지 않는 것과 철저한 수용을 중시하게 됐다. 영성은 나 자신의 삶에 엄청나게 유익한 영향을 미쳤고 나는 이 영향을 내 내담자들을 효과적으로 치료하기 위한 행동을 묘사하는 개념으로 전환하고 싶었다.

그렇지만 우선은 종신 재직권tenure을 얻어야 했다.

24

종신 재직권을 얻기 위한
고군분투

My Fight for Tenure

종신 재직권은 학계에서 필수적이다. 고용 보장 측면에서나 기존 틀을 벗어난 독창적 연구를 자유롭게 추진하기 위한 측면에서 그렇다. 종신 재직권 심의위원회의 동료 교수들은 결정 과정에서 보조금 수여 횟수, 발표 논문 수와 우수성, 지도 역량 등 여러 요소를 따져본다. 추천서도 중요하다. 해당 학과의 장기적 일원이 되기에 얼마나 적합한지에 관한 위원회 위원들의 평가도 중요하긴 마찬가지다.

정치를 잘하는 것도 중요한데 안타깝게도 나는 정치엔 젬병이다.

나는 1982년이 다 저물어갈 무렵 종신 재직권 후보에 올랐다. 워싱턴대학에는 또 한 번의 기회 같은 건 없다. 종신 재직권을 얻어내거나 이듬해 학년도에 다른 직장을 찾아야 한다. 내겐 충분한 저술 활동 기록이 있었고 저술에서 자살을 다루기도 했다. 그 자리가 따놓은 당상이라고 말할 만한 정도는 아니었지만 내가 유리하다고 봤다. 심리학과 내 몇몇 사람이 나를 혹은 내가 하는 연구 주제를 불편해했지만 확실한 우군들도 있었다. 특히 밥 콜렌버그가 그랬다.

"마샤의 문제는 그가 연구하는 환자군과 관련돼 있었어요." 현재 밥은 말한다. "사람들은 선뜻 인정하지 않겠지만 또 나 역시 사람들이 얼마나 의식했는지는 모르겠지만 내가 아는 한 당시 많은 이들이 심각한 정서장애를 가진 환자들이 자기 주변에 있다는 사실 자체를 불편해했어요. 그게 첫 번째 문제였죠. 또 다른 문제는 마샤가 말도 못하게 힘든 이 일을 해내기 위해서는 저돌적으로 연구를 밀고 나가야 한다는 거였어요. 마샤는 교수들과 학생들에게 아주 많은 요구를 했습니다. 당연히 어떤 사람들은 그를 싫어할 수밖에 없었죠." 좀 전에도 말했다시피 나는 정치에는 아주 서툴다. 적어도 당시엔 그랬다.

임상가들은 환자들과 소통하는 "적절한 방법"에 무척 엄격한 규칙을 두고 있었다. 이 부분은 밥이 잘 설명해 준다. "임상가들은 환자들이 얌전하게 굴면서 시간 맞춰 병원에 왔다 시간 맞춰 떠나고 일주일 후에 다시 보고 성가시게 굴지 말아야 한다고 생각했습니다. 환자들에겐 임상가에게 전화하고 싶을 때 언제든 전화할 권리가 없어요. 이렇게 하지 않으면 그들이 쓰는 말로 '경계 위반'이 됐죠. 그러면서 그것이 환자를 위한 거라고, 체계를 잡아주는 거라고 했어요. 마샤는 여기에 대고 한마디 했죠. '당신들은 그냥 당신들 자신을 보호하고 있는 것이고 그런 방식은 환자들에게 도움이 되지 않아요.' 정말 마샤답게 정말 노골적으로 할 말을 했어요. 사람들은 그걸

24. 종신 재직권을 얻기 위한 고군분투

좋아하지 않았습니다. 마샤는 환자들에게 가장 도움이 되는 것이 무엇인지에 관한 견해가 확고했고 마샤의 환자들은 그들의 시스템에는 딱 들어맞지 않는 이들이었어요."

"그때 종신 재직권을 승인하는 이사회는 대체로 기초 연구를 하는 과학자들이었어요." 당시 내 지도를 받으며 박사 과정을 밟고 있던 에드 셰린의 회고담이다. "그리고 마샤 교수님은 임상 연구(응용 연구)를 수행 중이었는데 몇몇 과학자들은 그 연구가 높이 평가할 가치가 없다고 여겼어요."

연구 초반부터 연구실 구성원으로 참여한 앙드레는 이렇게 말한다. "마샤 교수님이 종신 재직권을 얻는 문제를 둘러싸고 긴장이 팽팽했고 그건 우리[연구팀]가 당시 진행하던 모든 활동에 영향을 미쳤어요. 스물두 살이던 내 관점으로는 학과에서 교수님을 원하지 않는 이유를 이해하기 힘들었죠. 교수님은 엄청나게 적극적이었고 교수님의 연구는 분명 삶과 죽음을 결정할 수 있는 중요한 문제인데도 더 안정적인 주제를 다루는 동료 교수들 중 일부에게는 못마땅하게 여겨졌던 것 같아요."

내 하우스메이트 켈리는 내가 학교에서 호의를 얻지 못했던 것을 떠올리며 이렇게 말한다. "마샤 교수님은 여자였고 상대적으로 신참인 데다 패기도 있었어요." 그리고 당시에는 교수진 전체가 남자였다. "남자 교수들은 교수님에게 아주 비판적이었어요. 다른 사람들에게 교수님과 함께 일하는 것을 추천하지 않았고 교수님과 함께 일한다고 하면 탐탁해하지 않았죠. 교수님은 그래도 신경 쓰지 않았어요. 자신이 힘들게 헤치고 나아가야 할 거라 예상했고 역시나 그 예상이 맞았죠."

그 달에 종신 재직권 후보에 오른 교수는 네 명이었다. 한번은 종신 재직권 심의위원회 초반 회의 중 위원 한 명이 내가 활용해 온 통계에 맹비난을 가하며 잘못된 통계를 사용했다느니, 형편없다느니 하는 말로 신랄한 비판을 쏟아냈다. 다행히 역대 최고로 평가받는 심리학 통계 서적을 쓴 앨런 에드워즈가 우연히 이 모습을 보고 나를 변호해 줬다. "마샤의 통계는 정말 훌륭한데 무슨 소릴 하고 계신 겁니까?"

나는 결국 만장일치에 가까운 표를 얻었다. 교수진 중 딱 한 사람만 기권했다. 조짐이 좋았다. 이제 필요한 것은 대학 본부 심의회의 찬성 투표뿐이었다. 대학 본부 심의회는 학과에 인맥이 있는 사람이나 추천서나 연구 실적이 부실한 사람 그리고 종신 재직권을 얻지 못하게 막아야 할 만한 그 밖의 결격자에게 종신 재직권을 부여하지 않도록 확인하는 일을 했다.

하지만 당시는 1980년대 초였다. 워싱턴주는 미국 다른 주들과 마찬가지로 재정난에 처해 있었다. 대학 학부의 인원 감축이 예상되는 상황이었다. 종신 재직권 심의위원회에서 만장일치에 가까운 표를 얻은 이후 대학 본부 심의회는 내 종신 재직권 부여를 거부하며 이렇게 말했다. "그는 임상가이지 진짜 과학자가 아니다. 현재 자신과 맞지 않는 자리에 있다는 말이다. 의과대학의 정신과에 있어야 할 사람이다." 그해 종신 재직권 후보에 오른 여성이 한 명 더 있었는데 그 역시 거부당했다. 네 명의 후보자 중 지지율이 60% 정도였던 두 남성은 어땠을까? 이런 상황에서 어떻게 됐을까?

24. 종신 재직권을 얻기 위한 고군분투

둘 다 종신 재직권을 얻었다.

당신들은 나를 굽힐 순 있어도 꺾진 못해

학과장이 말했다. "걱정 마요, 마샤. 종신 재직권을 얻게 될 테니까. 심의회에서 재투표를 할 겁니다. 나도 참석할 거고. 종신 재직권을 얻게 될 거예요." 교수진이 끈질기게 요구하면 재투표가 가능했다. 나는 학과 교수님들을 일일이 찾아다니며 호소했다. "본부에서는 제가 이 학과의 종신 재직권을 얻어선 안 된대요. 제가 진짜 연구가 아니라 '응용' 연구를 수행하고 있다는 이유로요. 여기에 대해 어떻게 생각하세요? 제가 어떻게 하면 좋을까요?" 나는 이때 최대한 침착함을 지키며 "이건 부당한 처사"라고 목청 높여 항의하고 다니지 않았다. 그냥 주위 동료들에게 차분하게 이야기했다.

밥은 내 편이 돼줬다. "나는 학과 회의에서 강력한 논거를 제시하고 마샤가 다른 대학교로 가면 우리에게 손실이 될 거라고 동료들을 설득했습니다." 그는 말한다. "마샤의 연구에 아직 큰 진전이 없다는 점을 불만스러워하는 사람도 있었어요. 나는 그들에게 마샤가 다른 사람은 아무도 치료하고 싶어 하지 않는 환자들을 다루고 있다고, 또 이런 환자군 연구가 얼마나 어려운 일인지 잘 몰라서 그런 말을 하는 거라고 얘기했죠."

학장은 본부 심의회의 반대 결정을 뒤집는 데 개입하길 거부했다. 임상훈련원장은 나를 지지하며 학장에게 개입해 달라고 호소했다. 학장은 또다시 거절했다. 이쯤에는 이미 수차례의 거절을 받은 후였다. 그렇지만 결국엔 학장도 동의했다. "좋아요. 그가 쓴 글들을 전부 읽어보고 결정을 내리죠. 하지만 2주 동안 출장을 다녀와야 해요." 그건 고문이었다.

학장이 출장에서 돌아왔다. 12월 말 금요일이었던 그날은 가부 결정이 나오는 최후의 날이었다. 나는 제정신이 아니었고 학장의 연락을 기다리는 내내 안절부절못했다. 학과장은 나를 안심시켜 주려 노력했다. "걱정 마요, 마샤. 될 거예요." 오전 중반이 되도록 아무 연락이 없었다. 슬슬 이젠 틀렸다는 생각이 들었다. 어느새 정오가 넘어갔지만 연락은 없었다.

3시가 되도록 여전히 감감무소식이었다. "더는 못 기다리겠어요. 그만 집에 가야겠어요." 내가 말했다. 나는 집까지 20개 블록을 걸어갔다. 집에 도착하니 벌써 어둑어둑해지고 있었다. 그리고 묘하게도 차츰 기분이 차분해졌다.

집에서 나는 힘들 때 즐겨 듣는 헬렌 레디의 〈아이 엠 우먼I Am Woman〉을 틀었다.

당신들은 나를 굽힐 순 있어도 꺾진 못해
최종 목표를 이루려는 내 결의가 더 강해질 뿐이니까
그리고 나는 더 강해져서 돌아가지
더는 애송이가 아니야
당신들이 내 영혼에 더 깊은 확신을 줬으니까

나는 어둠 속에서 소파에 앉아 하느님께 말했다. "제가 이 일을 하

24. 종신 재직권을 얻기 위한 고군분투

길 바라신다면 종신 재직권을 얻게 해주셔야 해요. 종신 재직권을 못 얻으면 이제는 이게 제가 해야 할 일이 아닌 것으로 받아들이겠습니다. 어느 쪽이든 저는 괜찮아요. 하지만 주님이 제가 이 일을 하길 바라신다면 꼭 종신 재직권을 얻게 해주셔야 해요."

초인종이 울려 누가 왔는지 보러 갔다. 학과장이었다. 손에는 샴페인을 들고 있었다.

학과장은 샴페인을 내밀며 함박웃음을 지었다. "축하해요, 마샤."

25

변증법적 행동치료의 탄생

The Birth of Dialectical Behavior Therapy

NIMH 보조금을 받아 진행한 내 연구의 목표는 행동치료가 자살 충동이 높은 사람들을 치료하는 데 효과가 있는지 검증하는 것이었다. 구체적으로는 행동치료가 주로 정신분석요법을 활용하던 당시 표준 치료법보다 더 효과적인지 알아보려는 것이기도 했다. 그럼 지금부터 그 결과를 들려주겠다.

치료의 적절한 균형 찾기

연구에는 네 가지 목표가 있었다. 첫째 목표는 의도적 자해와 자살 시도를 평가할 신뢰도와 타당도가 있는 질문지를 개발하는 것이었다. 이는 치료가 얼마나 효과적인지 보여주는 중요한 과정이다. 둘째 목표는 새로운 치료법을 개발하기 위한 예비 연구 수행과 그 치료법의 가능성을 판단하는 것이었다. 셋째 목표는 치료 매뉴얼 개발이었다. 내가 무작위 임상실험을 수행할 때 활용할 수 있고 이후 다른 사람들도 똑같은 환자군을 치료할 때 활용할 수 있는 치료 지침을 마련해야 했다. 마지막 목표는 앞의 세 목표에 기반한 무작위 임상실험으로 새로운 치료법의 효과성을 정식으로 평가하는 것이었다.

치료 계획은 문제 해결, 자기주장 강화 훈련 그리고 전통적 행동 치료를 모두 포함했다. 이 연구에서 나는 주 치료사가 돼 대부분이 여성인 실험 참가자들과 일주일에 한 시간 정도 1대 1 개인 상담을 하기로 했다. 지난 한 주 동안 실험 참가자들을 괴롭힌 문제에 관해 자세히 얘기를 나누며 어떤 새로운 행동이 도움이 될지 탐색해 보기로 했다. 아주 전형적인 행동치료 기법이었다. 다른 팀원들은 반투명 거울로 치료 회기를 관찰하며 효과가 있는 방법과 효과가 없는 방법을 기록하기로 했다. 팀원들은 환자가 내게 소리를 지르거나 내가 자신을 인정해 주지 않는다고 말하는 등의 반응을 보이면 그 방법은 효과가 없다고 판단하기로 했다.

매 회기가 끝난 후에는 (일곱 명이나 여덟 명 정도의) 팀원들이 모여 치료 회기에 관해 토론했다. 나는 이 토론에서 나온 의견을 반영해 계속 활용할 기법과 버릴 기법을 결정했다. 이렇게 진행하는 사이 매뉴얼이 차츰 모양을 갖춰갔다. 내가 아는 한 이런 식으로 작성된 최초의 매뉴얼 중 하나였다. 즉, 이론에 기반해 작성한 것이 아니라 치료사가 치료실에서 실질적으로 행하는 방법을 정확히 관찰하면서

인생이 지옥처럼 느껴질 때

작성한 최초의 치료 지침이었다.

표준 행동치료─변화 기법─은 효과가 없다

일단 무엇을 연구할 것인지(종속변수가) 확실히 정해지자 치료법 개발과 예비 검사에 착수했다. 곧 미답의 영역에 들어선 기분이 들었다. 내담자가 들어오고 그와 얘기를 나누고 내담자는 자신의 삶에 어떤 문제가 있고 삶이 살 만한 가치가 없는 것처럼 느껴지는 이유가 뭔지 털어놓는다. 나와 내담자는 내담자의 여러 문제 중 무엇이 자살 행동을 발동시키고 있는지 찾아내야 했다. 내담자들은 아무도 자신을 사랑하지 않는다거나 사람들이 자신을 싫어한다거나 그냥 죽고 싶다고 대답했다. 나는 이렇게 말했다. "괜찮아요. 제가 그 문제를 치료할 방법을 찾아줄게요." 나는 적절한 치료법을 제시해 주기 위해 기존의 행동치료 매뉴얼을 뒤졌다.

그다음 주에 내담자가 오면 우리가 초점을 뒀던 문제에 관해 내가 필요하다고 생각하는 해결책을 짚어보고 어떤 변화를 만들어낼 수 있을지도 함께 살펴봤다. 하지만 내담자의 행동 변화를 시도할 때마다 나타나는 전형적인 반응은 "네? 그러니까 제가 문제라는 말씀이세요?"였다.

내담자들은 몹시 화가 나 때로는 입을 다물어버리거나 일어나서 소리치고 의자를 던지다 쿵쿵거리며 방을 나가기도 했다. 내담자는 말했다. "제 말을 안 듣고 계시잖아요. 제 고통에는 귀 기울여주지 않고 계신다고요. 선생님은 절 바꾸려고만 하세요."

대부분의 내담자는 극심한 고통을 겪었다. 비참한 사연들이 있었다. 그런 데다 자신의 고통을 인정하지 않는 듯한 느낌을 받으면 극도로 예민해졌다. 자신이 변해야 한다는 뉘앙스가 느껴지면 그것이 뭐가 됐든 민감하게 반응했다. 표준적 행동치료는 변화를 도와주는 데 초점을 맞추고 있는 만큼 이런 내담자들에게는 적신호였다.

이들은 정서적 피부가 없는 사람들 같았다. 전신에 피부 전층이 손상되는 3도 화상을 입은 것 같았다. 살짝만 만져도 극심한 고통이 느껴지는데 모든 사람이 자꾸만 자신을 쿡쿡 찔러대는 환경 속에 살고 있는 듯한 느낌을 줬다. 그래서 변화를 목표로 삼은 제안은 개인적 공격이나 자신에 대한 더 심한 비타당화로 인식했다.

다양한 형태의 지옥

나는 이들에게 뭘 해줘야 할지 깨달았다. 공감해 주고 인정해 주고 고통 유발 요소들을 타당하게 여겨줘야 했다. 세상을 내담자의 관점에서 봐줘야 했다. 연구가 시작되기 전까지 나는 이들의 삶이 얼마나 극단적으로 고통스러울지 미처 몰랐다. 이제는 내담자와 치료사 모두가 이미 일어난 비극을 수용할 수 있는 방법을 찾아야 할 것 같았다.

당시엔 내담자의 고통을 내 고통과 연결 짓지 않았다. 내 과거는 상당수 내담자들의 과거와는 전혀 달랐다. 나는 고통, 외로움, 거부를 전반적으로 이해했다. 하지만 그렇다고 내담자들의 고통을 이해하기 위해 그들의 경험을 내 과거와 연결할 필요는 없었다. (다른 누군가에게 강한 관심을 쏟다 보면 그리기가 어렵기도 하다.)

내담자들을 바라보며 얘기를 듣고 있으면 공감이 됐다. 작지만 의미 있는 방식으로 나도 그들과 비슷한 고통을 경험했다. 치료사들 사이에서는 흔한 일이다. 우리 치료사들은 누구나 내담자들과 같이 울고 비수로 가슴을 찌르는 것 같은 아픔을 함께 느끼기도 한다. 내 삶이 특히 도움이 됐던 점은 내가 지옥이 어떤지 정말로 잘 알고 또 지옥에서 벗어날 방법도 알고 있다는 것이었다. 지옥에서 벗어나는 여정은 힘들고 고통의 바다지만 나는 안다. 사람은 지옥을 벗어날 수 있다.

수용에 새로운 초점 맞추기: 이 방법도 역시 효과가 없다

그래서 나는 변화를 강조하는 방법을 버리고 내담자들이 자신이 처해 있는 삶의 상황을 수용하게 하는 데 노력을 집중했다. 이제는 내담자의 불행한 삶을 타당화해 주는 것이 새로운 목표였다. 마침 나는 인본주의 심리학자 로저스가 개발한 일련의 방법인 무조건적인 긍정적 존중을 알고 있었다. 지지적 치료, 즉 강한 치료 동맹(치료사와 환자가 협력하고 협동하는 관계를 가리킴_옮긴이) 마련에 초점을 둔 접근법으로 치료사가 내담자를 잘 믿어주고 타당화해 주는 요법도 알고 있었다. 나는 생각했다. '문제없어. 이제 수용으로 전략을 바꿔보자.'

이 전략에 대한 반응은 변화에 초점을 뒀던 때와 마찬가지로 격렬했다. 내담자들은 이렇게 말했다. "뭐라고요? 정말 절 도와줄 생각이 있는 건가요? 그냥 이 모든 고통 속에 절 내버려 두겠단 거잖아요?" 더 눈물을 쏟고 더 입을 다문 채 앉아 있고 더 방을 뛰쳐나갔다.

연구가 진행될수록 변화 요구와 수용 권유 사이의 역동 속에서 적절한 균형을 찾으려 애쓰다 보니 계속해서 변화와 수용 사이를 앞으로 갔다 뒤로 갔다 춤을 추듯 왔다 갔다 하기 시작했다. 팽팽한 줄타기를 하는 기분이었다. 한쪽으로 너무 무게가 쏠리면 떨어지는 줄타기 같았다.

협박요법

내 제자들은 농담으로 우리 치료를 "협박요법blackmail therapy"이라고 불렀다. 나는 초반엔 타당화에 많은 시간을 할애하고 변화에는 거의 비중을 두지 않고서 다음 상담 회기까지 살아 있겠다는 약속만 받아냈다. 일단 내담자와 좋은 관계가 형성되면 그를 기반 삼아 관계를 보상으로 활용했다. 내담자가 효율적 행동을 하면 더 따뜻하게 대해 줬고 역기능적 행동을 하면 온정을 철회했다.

자살 충동을 느끼는 내담자들의 상담은 보통 죽으면 더 행복해질 것 같냐는 질문으로 시작했다. 그들은 자살하면 고통이 끝나리라고 생각하는 듯 보였다. 나는 정말 고통이 끝난다는 것을 증명해 주는 근거는 없다고 지적했다. 어떤 종교들은 자살하면 지옥에 간다고 믿고 또 어떤 종교들은 생을 처음부터 다시 살아야 한다고 믿는다는 말도 해줬다. 나는 그런 믿음 덕분에 자살하지 않을 수 있었다!

우리 연구 팀은 관찰을 이어가며 치료 회기에 관한 의견을 내놓았다. 오래 지나지 않아 한 가지 반복 패턴이 관찰됐다. 내담자들은

인생이 지옥처럼 느껴질 때

이런저런 여러 가지 비극, 문제, 장애를 갖고 있었고 치료에서 해보고 싶은 것도 계속 바뀌었다. 전주의 문제는 중요하지 않다며 이젠 다른 문제가 더 중요하다고 말했다. 내가 한 가지 문제를 다루려 하면 내담자는 겉보기엔 이전 문제보다 훨씬 더 고통스러운 듯한 또 다른 문제를 끄집어냈다. "정말 못 견디겠어요", "자살해 버릴 거예요" 같은 말도 했다. 나는 이들의 핵심적 문제는 고통을 견디지 못하는 것임을 깨달았다.

고통 감내를 도와주는 기술

나는 내담자들에게 그 순간의 고통을 조금은 수용할 수 있는 기술을 가르쳐줘야 삶을 위협하는 행동이나 대인 관계를 다루는 더 중요한 문제에 집중할 수 있었다. 1980년대 초였던 당시엔 수용 지도 규정이 없었다. 고통을 다루는 방법에 관한 규정도 없었다. 수용 지도는 행동치료의 기술이 아니었다.

이런 배경이 열두 가지가 넘는 일련의 고통 감내 기술을 개발하게 된 계기였다. 그중 TIP 기술(체온 조절, 격렬한 운동, 호흡 조절하기, 동시 근육 이완)은 앞에서 소개했었다. 워싱턴 D.C.에서 아파트에 화재가 났을 때 내가 더 잘 대처하게 해줬을 만한 기술이다. 살짝 미소 짓기와 기꺼이 하기도 이 기술의 사례다.

그 외 안 좋은 상황을 더 악화하지 않게 해주는 STOP 기술도 있다. 이 기술은 처음 일어난 충동에 따라 행동하지 않게 도와준다. 내 내담자들의 부모들은 이 기술 덕분에 자식들과의 어려운 상황에서 큰 도움을 얻었다고 말한다. 이 기술은 분노가 폭발하지 않게 도와준다. 그리고 당신도 공감하게 되리라 장담하는데 수많은 사람들(아니, 어쩌면 모든 사람들)의 삶에는 STOP 기술의 큰 도움을 받게 되는 시기가 있다.

STOP 기술은 다음과 같다.

당장 행동하고픈 충동을 멈춘다(Stop).
한 걸음 물러서서(Take a step back) 그 상황과 거리를 둔다.
상황 파악을 위한 정보를 모을 수 있도록 관찰한다(Observe).
목표를 고려할 때 가장 효과적인 선택지가 뭔지 평가해 그 선택을 따름으로써 현재를 자각하며 행동한다(Proceed).

그럼 지금부터 각 단계를 더 자세히 들여다보자.

멈추기(Stop)

충동적으로 감정에 압도돼 행동할 것 같으면 멈춰라! 반응하지 마라. 꼼짝도 하지 마라! 얼음처럼 멈춰라! 그러면 감정이 원하는 대로 행동하지 않도록—생각 없이 행동하지 않도록—막아준다. 통제권이 지켜진다. 명심해라. 당신은 당신 감정을 다스리는 통제자다. 적어도 통제자가 될 수는 있다.

⑩ 어떤 사람이 당신의 화를 돋우는 말을 한다면(모욕을 주거나 진실이 아닌 말로 상처를 주면) 그 사람에게 신체적이거나 언어적 공격을 가

하고 싶은 충동이 일어날 수 있다.

하지만 충동에 따르는 것은 당신을 위한 최선책이 아닐 수도 있다. 그랬다간 당신이 다치거나 감옥에 들어가거나 해고되거나 누군가에게 똑같이 진실이 아닌 말로 상처를 주는 결과를 낳을지 모른다. 그러니 멈춰서 꼼짝도 마라. 공격하고 싶은 충동에 따라 행동하지 마라.

한 걸음 물러서기(Take)

어려운 상황에 직면하면 즉석에서 대처 방법을 생각하기 힘들어진다. 당신 자신에게 흥분을 가라앉히고 생각할 시간을 줘라. 그 상황에서 (마음과 몸 모두 혹은 마음으로든 몸으로든) 한 걸음 물러나라. 거리를 둬라. 심호흡해라. 평정을 되찾을 때까지 계속 심호흡해라. 감정이 행동을 좌지우지하게 내버려 두지 마라. 당신은 당신의 감정이 아니다. 감정이 당신을 미쳐 날뛰게 만들도록 놔두지 마라.

⊚ 당신이 길을 건너가다가 다가오는 자동차를 못 봤다고 가정하자. 운전자가 차를 세우고 밖으로 나와 당신에게 욕을 해대고 몸을 밀치기까지 한다. 당신은 그 사람의 얼굴에 주먹을 날리고 싶은 충동이 치민다. 하지만 그랬다간 상황이 악화돼 곤란해지리라는 걸 당신도 안다. 그러니 먼저 멈추고 그다음엔 말 그대로 한 걸음 물러나 싸움이 일어나지 않도록 피해라.

관찰하기(Observe)

당신 주변과 내면에서 일어나고 있는 일을 관찰해 본다. 그 일에 얽힌 사람은 누구인가? 다른 사람들은 어떤 행동을 하고 어떤 말을 하는가? 효과적인 선택을 하려면 섣불리 결론을 내리지 말아야 한다. 관련된 사실을 모아 자초지종과 선택지를 파악해 본다. 상대방을 함부로 판단하지 않도록 노력한다.

현재에 머무르며 행동하기(Proceed Mindfully)

스스로에게 질문을 던져본다. "현재 이 상황에서 내가 얻고 싶은 것은 무엇인가? 내 목표는? 어떤 선택이 이 상황을 호전시키거나 악화시킬까?" 지혜로운 마음으로 (상세한 설명은 32장을 참조 바란다) 이 문제의 처리 방법을 생각해 본다. 차분하고 침착한 상태고 상황 정보가 어느 정도 파악돼 있으면 상황을 악화시키는 대신 상황에 효과적으로 대처할 준비를 더 잘하게 된다.

> **예** 퇴근길, 타이어에 펑크가 나는 바람에 당신은 집에 정말 늦게 들어 갔다. 그런데 배우자가 냅다 소리를 지르더니 바람피우는 거 아니냐며 추궁하고 욕을 해댄다. 당신은 정말로 화가 나고 그 순간 충동 대로라면 고함을 지르며 욕을 하고 싶다. 하지만 그 상황을 슬기롭게 해결하고 싶다. 그래서 가만히 멈췄다가 배우자에게서 한 걸음 물러선다. 유심히 관찰해 보니 주방에 빈 맥주병이 잔뜩 있다. 아무래도 배우자가 좀 과음을 한 눈치다. 당신은 배우자가 취해 있을 땐 말다툼을 해봐야 소용없다는 것과 아침이 되면 사과하리라는 것을

인생이 지옥처럼 느껴질 때

잘 알고 있다. 그래서 현재에 집중해 처신하기로 하고 타이어가 펑크 났다고 설명해 배우자를 진정시킨 다음 잠자리에 든다. 못다 한 얘기는 이튿날 아침으로 미뤄둔다.

장담컨대 당신도 기억을 더듬어보면 STOP 기술을 사용했다면 나중에 후회할 상황에 휘말리지 않았을 법한 문제들이 여럿 있었을 것이다.

이 치료법이 과연 새로울까?

2년이 채 지나지 않아 나는 나중에 변증법적 행동치료로 불릴 치료법의 초기 모습을 갖추게 됐다. 초기판은 매우 불완전해서 DBT를 더없이 효과적으로 만들어주는 주된 혁신(수용과 변화 사이에서 균형 잡기, 행동기술 제공하기, 모든 치료사가 팀으로 활동하도록 요구하기)이 아직 부족했다. 하지만 이 시점에 나의 주된 의문은 이것이었다. DBT가 과연 새롭고 색다른 치료법일까?

나는 신뢰하는 동료 몇 명에게 편지를 써 보내 내 활동을 설명했다. 그러면서 직설적으로 물었다. "이게 정말로 참신한 치료일까요, 아니면 그냥 표준 행동치료의 변형일까요?"

테리 윌슨은 현재 러트거스대학 심리학과 교수다. 내가 1980년대 초 그에게 편지를 보냈을 당시 최신 행동치료 학회장을 맡고 있었다. 테리는 "고통 감내와 수용에 중점을 두는 당신의 치료법은 독자적이며 행동치료의 일환은 아니"라고 말했다. 나중에 밝혀진 바지만 수용이 그 결정적 차이였다.

이동, 속도, 흐름

DBT를 개발하는 동안 나는 내 내담자들이 가고 싶어 하는 곳으로 갈 준비가 돼 있어야 했다. 내가 바라는 곳으로 내담자를 인도해야 했던 이전과는 달랐다. 내담자들이 가고 싶어 하는 곳으로 가려면 내가 이름 붙인 일명 "이동, 속도, 흐름"에 맞춰 춤을 추는 열린 마음이 필요했다. 이 과정에선 내담자와 치료사 모두 매끄럽고 신속하게 새로운 곳으로 나아간다. 이동, 속도, 흐름은 우리의 만트라가 됐다. 우리는 밀어붙여야 할 때와 지지해 줄 때를 알아야 한다. 유기적이고 느슨한 대본의 흐름에 따라 유연하게 흘러간다. 말로는 설명하기 쉽지 않은 과정이다.

예전 제자였던 베아트리스 아람부루는 관점이 다르다. "마샤 교수님은 내담자들에게 깊디깊은 온정과 배려의 마음을 갖고 있고 '그건 좋지 않아요. 이제 그러지 마요. 당신이 왜 그러는지 이해하고 그게 고통 때문인 것도, 멈추기 힘들다는 것도 알아요. 그래도 이젠 그만하세요' 같은 말로 설명해요. 교수님은 내담자의 마음속으로 들어가 주는 아주 훌륭한 임상 감각의 소유자죠."

우리가 개발 중이던 새로운 치료법은 표준 행동치료보다 더 까다로웠다. 치료사가 상담해 주는 임상군이 정서적으로 매우 변덕스럽고 자살할 수도 있다는 아주 실질적인 위험까지 띠고 있기 때문에 특히 더 그랬다. 치료사는 정서적으로 진이 빠질 만도 했다. 내담자에게 연민을 느끼되 내담자가 현재 빠져 있는 위기의 공포에 끌려 들어가선 안 됐다. 그런 데다 내담자는 낮이든 밤이든 아무 때나 치료사에게 전화해도 된다. 이때도 치료사는 연민을 갖되 내담자를 현재 위기와 잘 맞는 DBT 기술로 인도하는 일에 철저히 집중해야 한다. DBT 전문 치료사들은 자신을 공개하는 일도 어느 정도 각오해야 한다. 그러니 당연한 얘기겠지만 DBT 전문 치료사들의 번아웃 비율이 높다. 3년 정도 후 다른 분야로 옮겨 가는 치료사도 많다. 그렇지만 동시에 DBT는 상대적으로 더 자유로운 면도 있다. "DBT는 단순히 내담자를 지지해 주는 것이 아니라 내가 있는 그대로의 진정한 내 모습을 보여주며 치료사로서의 나라는 사람을 이용해 치료를 행할 수 있게 합니다." 베아트리스의 말이다.

또 다른 제자 애니타 룬구도 비슷한 말을 한다. "이 치료에 능숙해지려면 치료의 구성 요소를 아주 잘 알아야 해요. 하지만 DBT는 진짜 내가 될 수 있게 해주기도 해요. 내가 치료사 역할이라는 이유로 치료사의 가면을 쓰고 다른 사람으로 가장할 필요가 없죠. 아주 진실되고 아주 솔직한 내가 돼 생각을 말할 수 있어요. 뿐만 아니라 내 결정 지침으로 삼을 만한 나름의 치료법을 구상할 수도 있고요. 치료사가 되기 위해 다른 사람인 척 하지 않아도 돼요."

불손한 의사소통의 역할

DBT의 결정적 기법 하나는 불손한 의사소통inreverance이다. 나는 원래 불손한 편이다. 머릿속 생각을 여과 없이 말하고 있는 그대로의 사실을 얘기한다. 그 바람에 곤경에 처한 적이 한두 번이 아니다. 하지만 제자들은 내 불손한 의사소통 방식에 장점도 있다며 꽉 막혔던 치료를 풀리게 한다는 점에서 특히 도움이 된다고 한다.

여기서의 불손한 의사소통은 예상치 못한 말을 하는 것이다. 연구로도 증명됐듯 예상치 못한 정보는 예상할 수 있는 정보보다 더 인상 깊게 처리된다. 내담자의 주목을 끌어 때때로 내담자를 놀라게 함으로써 정신적 타성에서, 이를테면 자기혐오나 치료를 혐오하는 데서 벗어나게 해준다. 다음은 예상치 못한 말의 한 예시다.

내담자: 치료 그만할래요!

치료사: 저런, 그럼 다른 치료사를 소개해 줄까요?

그렇다고 차갑고 냉정해지는 것은 아니다. 온정과 타당화 맥락에서 행해야 한다. 그의 비참함과 그 이유를 치료사가 이해하고 있다는 걸 내담자가 알게 해줘야 한다. 내가 상담해 주는 환자군 중에는 소통 방식이 다소 직설적이고 과격한 사람들이 많아 똑같은 직설적 소통에 대체로 호의적으로 반응한다.

내담자: 사는 게 너무 끔찍해요. 너무 비참해요. 그냥 죽어버려서 이 모든 고통에서 벗어나고 싶어요!

치료사: 근데 말이에요, 죽는다고 기분이 더 나아진다는 근거는 어디에도 없어요. 그런데 뭐 하러 그런 위험을 감수하려고 해요?

인생이 지옥처럼 느껴질 때

찰스 스웬슨은 1980년대 말 처음으로 상담소 밖에서 새로운 치료를 수련받은 사람이었고 불손한 의사소통은 그에게 큰 도전이었다. 그는 이미 정신분석 수련을 받은 터라 당시 사뭇 다른 분위기의 치료에서 나를 만났다. 자세한 얘기는 그의 말로 직접 들어보자.

마샤 교수님은 처음엔 나를 지도·감독해 줬다. 나는 상담 회기를 비디오테이프로 녹화해 교수님에게 보냈고 교수님은 전화로 그에 대한 의견을 해줬다. 언제나 이렇게 말문을 열었다. "테이프 잘 봤어요. 좋은 소식과 나쁜 소식 중 뭘 먼저 듣고 싶어요?" 내가 답했다. "좋은 소식부터요." 교수님이 말했다. "내담자의 타당화를 믿기 힘들 정도로 잘하고 있어요. 정신분석 수련을 받은 덕분인 것 같아요. 또 아이디어가 풍부해요. 여기에도 정신분석 수련이 도움이 됐던 것 같아요."

뒤이어 내가 물었다. "그럼 나쁜 소식은요?" 교수님이 대답했다. "당신은 유머 감각이 있나요? 회기에서는 전혀 안 웃겨요. 교회에 와 있는 사람처럼 굳어 있어요. 그건 바꿔야 해요. 당신 내면에서 불손함을 끄집어내 볼 순 없나요? 다음 주에는 적어도 한 번이라도 생각 없이 말해봤으면 좋겠어요. 그냥 말하세요. 그러고 나서 어떻게 되는지 지켜보세요." 교수님 말이 맞았다. 나는 생각이 너무 많았다. 정신분석 수련을 받았기 때문이었다.

나는 마침내 방법을 터득했다. 내가 상담을 해주던 사춘기 소년이 있었는데 그 나이대 남자애들은 때때로 아주 어두운 경향이 있다. 소년은 내게 불만조로 말했다. "제가 왜 어른한테 치료 같은 걸 받아야 해요? 최근에 세상 돌아가는 꼴을 좀 보셨어요? 지금 세상이 얼마나 엉망진창인지 보셨냐고요? 그게 다 누가 벌인 일이죠? 아이들이 그랬나요? 아니잖아요! 어른들이 온 세상을 엉망으로 만들어놨고 지금도 매일같이 그러고들 있다고요. 그런데 제가 어른한테 치료를 받아야 하나요?" 나는 이렇게 대꾸했다. "그래, 무슨 말인지 알겠다. 하지만 넌 잘못 알고 있어. 네 말보다 훨씬 안 좋거든. 네가 상상할 수 있는 것 이상으로 형편없어. 말도 못할 정도로 최악이라니까." 소년이 말했다. "정말요?" 소년이 주목하자 나는 이어서 말했다. "그래. 그런데 말을 안 하는 게 좋겠다. 말하다 보면 우리 둘 다 살맛이 안 날 테니까." 상당히 불손한 의사소통 방식이었다. 소년이 듣게 되리라고 예상치 못했던 말이었기 때문이다. 이후 소년은 회기에서의 태도가 완전히 돌변했다.

대다수 사람들은 자살 얘기를 할 때 너무 진지해진다. 물론 자살은 진지한 문제다. 하지만 진지하기만 한 것이 항상 능사는 아니다. 때로는 유머, 온정, 지지를 섞어 불손한 말을 하는 것이 효과적 도구가 될 수 있다. 때때로 예상치도 못한 순간 격한 감정이 분출될 때가 있다. 이때 타이밍을 잘 잡아야 한다. 가령 한 내담자가 화가 나서 자기가 자살하면 키우던 반려견을 친구가 돌봐줄 거라고 소릴 지른다고 쳐보자. 그러면 나는 그 타이밍에 이렇게 말할 것이다. "글쎄요, 내가 그 개 키우지 말라고 할 거예요. 그러니까 그 개가 살길 바란다면 당신도 살아 있어야 해요."

수용: 내담자와 치료사 모두에게 필요하다

내가 주류에서 벗어난 치료법을 개발한 이유 중 하나는 내가 학문적 훈련 배경이 과학이었으며 과학적 연구 방법론에 기반을 두고 있었기 때문이다. 나는 내담자들을 대하는 정식 임상교육을 받지 않았다. 그래서 "특유의 치료풍"에서 구제됐다. 다시 말해 상당히 규칙에 얽매여 있고 내담자의 응석을 받아주며 한편으론 이들을 상처 입은 사람처럼 아주 나긋나긋한 목소리로 다루고 또 한편으론 비판조로 비타당화하는 식의 치료 접근법에 물들지 않았다. 스토니브룩대학에서 과학 기반 치료를 배우긴 했지만 내 치료 철학은 그곳에 들어갔을 당시 이미 세워져 있었다. 바로 연민과 사랑의 철학으로 이는 훗날 DBT 개발의 원동력으로 작용했다.

나를 DBT 여정에 들어서도록 이끈 것은 두 가지 깨우침이었다고 말할 수 있다. 첫 번째 깨우침은 내담자의 삶의 비극을 수용해 주는 것만이 아니라 내담자를 있는 그대로 수용해 주기도 해야 한다는 것이었다. 두 번째는 내담자 역시 자신의 삶의 비극을 수용해야 한다는 깨우침이었다. 나는 변화 속도가 더뎌도, 내담자들이 공격하고 역정 내도, 내가 해주길 바라는 행동을 내담자가 거부해도 이를 수용해야 함을 깨달았다. 내담자가 죽을 수도 있고 그로 인해 내가 고소까지 당할 수도 있다는 실질적 위험도 수용해야 했다. 나는 필요한 것이 수용이라는 점은 깨달았지만 내가 어떻게 해야 할지나 내담자에게 어떻게 수용을 가르칠지는 몰랐다.

치료 팀

자살 고위험군 상담은 굉장한 도전이다. 복합적 감정을 느끼게 된다. 한 극단에서는 환자의 삶을 통제해 환자를 환자 자신에게서 구해주려 애쓰는가 하면 또 다른 극단에서는 연민과 감정이입에 빠져 환자의 불행과 절망에 공감한다. 두 반응 모두 도움이 되지 않는다. 자살 고위험군을 상담하는 치료사 본인들도 정서적 지지가 필요하다. 이것이 내가 치료 팀을 짜도록 요구하는 이유다.

치료 팀의 주된 책무는 두 가지다. 첫째는 치료사들이 효율성을 잃지 않고 DBT 요법을 매뉴얼대로 준수하도록 도와주는 것이고 둘째는 치료사의 번아웃을 줄이기 위한 지지를 해주는 것이다. 치료 팀은 치료사를 위한 치료인 셈이다. 팀원들이 서로에게 코치가 돼주고 컨설턴트가 돼준다. 치료 팀은 모든 내담자가 모든 치료사의 책임이라는 데 동의하기도 한다. 내담자가 자살을 한다면 나중에 "지금까지 상담해 온 내담자 중 자살을 한 내담자가 있었나요?"라는 질문을 받을 경우 담당 치료 팀의 치료사는 자신이 직접 그 내담자를 상담하지 않았더라도 있었다고 답해야 한다. 이것은 치료 팀이 감당해야 하는 큰 책임이다.

치료사 지침 규정 여섯 가지

나는 치료사들을 위한 여섯 가지 항목의 상담 합의문을 개발했다. 그중 내가 가장 좋아하는 항목은 오류 가능성의 합의Fallibility Agreement다. 어떤 치료사도 완벽하지 않으며 완벽할 수도 없다. 따라서 이 규정으로 치료사 누구나 틀릴 수 있고 내담자에게 고통과 괴로움을 일으키는 실수를 할 수도 있다는 사실을 수용하게 하고 있다. 우리가 합의문에서 명시해 놓은 대로 "치료사들은 모두 얼간이들이다". 오류 가능성의 합의라는 규정과 나머지 다섯 가지 규정*은 팀 내 모든 치료사를 지지해 주기 위해 꼭 필요하다.

우리는 이 시기(1980년대 초) 상당한 진전을 이뤘고 나는 우리의 위치에 용기를 얻었다. 변화 기술과 수용 기술의 결합은 정신요법에서 새로운 시도였다. 이제 우리는 이 새로운 요법에 이름을 붙여야 했다.

---

* 나머지 다섯 항목은 변증법적 합의Dialectical Agreement, 환자에 대한 상담 합의Consultation-to-the-Patient Agreement, 일관성의 합의Consistency Agreement, 관찰 한계의 합의Observing-Limits Agreement, 현상학적 합의Phenomenological Agreement다.

25. 변증법적 행동치료의 탄생

26

변증법: 대립되는 것들 사이의
긴장 혹은 통합

Dialectics: The Tension, or Synthesis, Between Opposites

이 무렵 나는 엘리자베스 트라이아스를 비서로 두고 있었는데 그의 남편은 워싱턴대학에 재임 중이던 마르크스주의 철학자였다. 어느 날 내가 엘리자베스에게 치료법에 관해 얘기하고 있는데 그가 말했다. "마샤, 당신의 치료법은 변증법적이에요!"

변증법적이라고? 나는 이 단어를 그때 처음 들었다. 그래서 메리엄-웹스터 사전을 봤더니 이렇게 정의돼 있었다. "진리를 찾기 위해 대립되는 개념들을 자세히 살펴보고 논의하는 방법." 나는 변증법을 "반대되는 것들 사이의 긴장 혹은 통합"으로 생각하길 좋아한다.

변증법적 행동치료는 적절한 명칭이라고 느껴졌다. 한 사람의 변화를 꾀하는 것과 그 사람이 수용을 받아들이도록 격려해 주는 것 사이의 긴장 상태를 잘 반영했다.

변증법은 어디에나 있다: 대립되는 것들의 포용

자연의 만물은 대립되는 요소들 사이에서 역동적 균형을 이루고 있다. 지구는 원심력으로 인해 우주로 날아가려는 성질을 띠지만 태양의 중력이 그 반대 성질을 띠게 한다. 모든 팔다리의 움직임은 예외 없이 굴근과 긴장근이라는 서로 반대되는 힘 사이의 긴장 상태다. 이두근이 팔을 구부리게 해준다면 삼두근은 팔을 펴주는 작용을 한다. 이는 구체적인 예시일 뿐 더 엄밀히 말하자면 변증법은 대립적인 것들을 포용하는 방식으로 답을 구하는 것이다.

엘리자베스가 주목한 부분이 이 기본적 긴장 상태였다. 그의 의견을 들은 후 나는 변증법이 지난 150년 동안 사회과학과 자연과학의 기반이 돼왔다는 점을 알게 됐다. 나는 중얼거렸다. "그래, 변증법이 과학에 유익한 것이라면 내게도 유익한 거야. '변증법적 행동치료'라고 이름 붙이자." 직관처럼 이미 알고 있었던 진리를 깨달은 기분이었다.

그 직후 나는 철학과에 전화를 걸었다. "저와 제 학생들에게 변증법을 가르쳐줄 만한 분을 보내줄 수 있나요?"

변증법은 대립되는 것들의 공존을 가능케 해준다. 당신은 약한 동시에 강할 수 있다. 행복하면서 슬플 수 있다. 변증법적 세계관에서는 모든 것이 끊임없이 변화하는 상태에 있다. 절대적 진실도, 상대적 진실도 없다. 절대적으로 틀리거나 옳은 것이 없다. 진실은 시간이 지남에 따라 진화한다. 과거에 지켰던 가치가 현재엔 중요하지 않을 수 있다. 변증법은 대립되는 것들의 통합을 통해 그 순간의 진실을 구하는 과정이다.

앞 장에서 기꺼이 하기를 언급하며 했던 말이 여기서 비슷하게 통한다. "기꺼이 하기는 현재 상태에 마음을 여는 것이다. 우주와 하나가 돼 우주에 동참하고 그 순간 필요한 일을 행하는 것이다."

나는 제자들에게 이 새로운 관점을 포용할 생각이라고 밝히며 그들의 도움이 필요하다고 말했다. "자, 우리는 치료법에서 변증법적이지 않은 점들을 샅샅이 찾아내 변증법적으로 바꿔야 해요." 일부는 못마땅했을지도 모르지만 제자들은 이런 일에 익숙했다. 나는 언제나 치료법을 어떤 식으로 전개할지에 관해 새로운 아이디어를 내놓았다.

변증법을 포용한 일은 그때까지의 변화 중 가장 큰 방향 전환이었다. 유럽의 날렵한 초고속열차가 역에 들어올 때 뛰어 올라탄 것 같은 기분이었다. 변증법 급행열차에 승차했다! 문이 열리고 내가 폴짝 뛰어올라 탑승하자 기차가 굉음을 울리며 먼 곳을 향해 출발한다. 그리고 나는 생각한다. '좋아, 이 열차가 나를 어디로 데려가는지 가보자. 열차가 벽에 부딪친다면 갈아타면 되지.'

다행히 지금까지 벽에 부딪친 적은 없었다.

상호교류: 시소에서 균형 잡기

우리 대다수는 현실을 "전체"나 "이것저것"보다는 "이것 아니면 저것"으로 양극화해 구분하는 경향이 있다. 한쪽 주장이나 그 반대쪽 주장에 매여 통합으로 나아가지 못할 때가 많다. 둘 다 나름대로 옳다는 생각을 하지 못한다. 예를 들어 누구나 "당신과 함께 있고 싶기

인생이 지옥처럼 느껴질 때

도 하고 혼자 있고 싶기도 해", "당신은 나를 태우러 선착장에 오는 걸 깜빡했지만 여전히 나를 사랑해", "이 장까지 끝내고 집에 가고 싶은데 집에 가고 싶어서 당장 일을 그만하고 싶기도 해" 같은 상황에 처한다. 이럴 때 우리가 문제에 휘말리는 까닭은 "내가 여기서 놓친 게 뭘까?"나 "내가 어느 극단으로 치우친 걸까?" 같은 질문을 던지지 못하기 때문이다.

변증법적 세계관에서는 모든 것이 연결돼 있어서 누구도 무엇을 탓하지 않는다. 모든 것이 연결돼 있어서 모든 것이 원인이 된다. 변증법적 이외의 관점에서는 B를 A 탓으로 돌린다. 일방적이다. 상호교류적인 변증법적 세계에서는 A가 B에게, B가 A에게 서로 영향을 주고받는다. (내가 DBT를 개발했을 때 상호교류는 심리학에서 새로운 개념이었다.)

상호교류적 방식으로 생각하며 모든 것에는 원인이 있다고 보면 아무것도 탓할 것이 없다. 모든 행동에는 이유가 있다. 특정 행동 이면에 숨은 원인을 알면 그 행동이—아무리 불쾌하거나 상처가 되더라도—이해된다.

내 내담자 대다수는 부모 한쪽이나 둘 다에게 심한 정신적 트라우마가 있는 사람들이다. 나는 대부분의 사람들이 부모가 어떤 행동을 했든 부모를 사랑하는 것이 사랑하지 않는 것보다 더 낫다고 믿는다. 부모에게 정신적 트라우마를 입은 사람 상당수는 여전히 어떤 식으로든 부모를 사랑하고 싶어 한다. 나는 이들에게 분노와 이해가 공존할 수 있다는 점을 이해시켜 주려고 노력한다. 그들 부모의 행동은 비난받아 마땅한 동시에 부모가 그런 행동을 한 이유는 부모

자신의 삶에서 일어난 어떤 일 때문이라고 이해시켜 주려고 노력한다(어머니가 나를 "더 좋게 고치려고" 애썼던 그 행동이 에일린 고모가 어머니를 더 좋게 고치려 했던 노력이 잘된 데서 비롯된 것처럼). 나는 어머니를 사랑하는 동시에 어머니를 비난할 수 있다.

치료사는 대립되는 둘을 통합하고 놓친 것이 무엇인지 찾도록 도와줘야 한다. 나는 숱한 상담 회기 중 스스로를 이렇게 다그쳤다. "통합을 추구하자. 내가 놓친 게 뭘까?" 어떤 환자가 병원에 입원하고 싶어 하는데 나는 그러길 원치 않아 입씨름이 일어난다고 쳐보자. 이때 변증법적 방법은 뭘까? 환자는 병원에 입원하지 않으면 자살하게 될 것 같다고 생각한다(나는 이 생각을 도저히 이해할 수 없다). 그런데 나는 그가 병원에 입원하면 자살할 것 같다고 생각한다(그 환자는 여기에 도저히 공감할 수 없다). 이 둘의 통합 지점은 뭘까? 그 환자가 어떤 선택을 하든 안전할 방법을 찾아야 한다. 우리에겐 해결할 문제가 있는 것이다.

나는 오랜 시간이 지난 뒤에야 자살을 생각하거나 자해를 하는 행위에 내재된 변증법을 깨달았다. 둘 다 기분을 더 좋게 하고 둘 다 기분을 더 나쁘게 한다. 기분을 좋게 하는 것도 기분을 나쁘게 하는 것도 다 사실이다. 나는 내담자에게 평생 죽지 않겠다는 동의를 얻어낼 수 없을 땐 일정 시간 동안 자살하지 않겠다는 동의를 구하려 한다. 내담자가 일주일을 제시하면 나는 2주로 늘리려 애쓰고 그가 거부할 때까지 기간을 계속 늘려나간다. 동의를 얻지 못하면 통합을 추구한다. "우리가 당신의 삶이 살 만한 가치가 있다고 느껴질 방법을 찾을 수 있다면 그 방법을 찾기 위해 기꺼이 노력하고 싶어요?"

인생이 지옥처럼 느껴질 때

거의 모두가 하고 싶다고 대답한다. 의도적 자해를 하는 사람에게는 이렇게 묻는다. "자해를 하지 않고 지금 고통받고 있는 문제를 해결할 수 있다면 자해를 멈출 의향이 있어요?" 지금까지는 모든 내담자가 그러고 싶다고 대답했다.

치료는 나와 내담자가 양 끝에 앉아서 시소를 타는 것과 같다. 각자가 시소를 타고 서로 올라갔다 내려갔다 하며 함께 중간 지점에 이를 수 있도록 균형을 잡으려고, 더 높은 목표에 도달하려고 노력하는 것이다. 성장과 발전을 상징하는 더 높은 목표는 이전 단계의 통합이라고 생각해도 무방하다. 그리고 이 과정이 다시 시작된다. 새로운 시소에 올라타 중간 지점에 이르려 하면서 다음 단계로 나아가기 위해 노력하는 것이다.

자살 고위험군 환자의 치료는 시소를 타는 게 아니라 사실상 그랜드캐니언에 아슬아슬하게 걸쳐진 대나무 장대에 올라 균형을 잡는 것처럼 어렵다. 내담자가 장대에서 뒤로 물러설 때 내가 균형을 맞추려고 뒤로 이동하면 내담자가 다시 뒤로 물러서는 식이어서 우리 둘 다 협곡으로 떨어질 위험에 놓여 있다. (장대가 무한히 길게 뻗어 있는 것도 아니다.) 내가 할 일은 균형을 맞추는 일만이 아니다. 우리 둘이 장대의 양 끝으로 가기보다 중간으로 이동하게 해야 한다.

치료사는 두 입장 모두 대변할 수 있어야 한다. "당신은 지금 비참하고 죽고 싶어 해요. 나는 당신이 어떤 기분인지, 당신 삶이 때때로 얼마나 고통스러운지, 살아 있기가 얼마나 힘든지 잘 이해해요. 그런데 당신이 자살로 죽는 비극도 상상이 돼요. 아무도 당신에게 관심이 없다고 자주 생각한다는 거 알아요. 하지만 당신도 내가 당신

26. 변증법: 대립되는 것들 사이의 긴장 혹은 통합

에게 관심이 있다는 걸 알고 있고 당신 고양이도 당신에게 관심 있다는 걸 알잖아요. 그리고 잘 생각해 보면 당신 부모님도 당신에게 관심 있어요. 나는 당신이 살아볼 가치가 있다고 여겨질 만한 삶을 만들 수 있다고 믿어 의심치 않아요. 눈물이 흘러나오는 상황 속에서도 당신이 믿든 안 믿든 불신을 놓아버리고 희망을 붙잡을 것을 믿어야만 해요."

우리는 아주 실질적이면서 어떻게 보면 식상한 방법으로 끊임없는 변화 개념을 수용해 우리 치료에도 변화를 줬다. 1980년대 정신분석학자들은 치료 환경을 매우 안정적으로 유지하는 것이야말로 환자의 심리적 안녕에 꼭 필요한 일이라고 주장했다. 매 상담 회기를 같은 장소에서 진행해야 하고 모든 물건은 같은 장소에 놓아둬야 했다. 내 반응은 이랬다. "절대 그렇지 않아. 우린 그렇게 하지 않겠어." 우리 임무는 내담자들이 어떤 환경에 놓여도 편안하게 느끼도록 돕는 것이다. 사람은 누구나 변화와 함께 살아갈 줄 알아야 한다. 상담하는 방을 바꾸는 것은 그렇게 살아가도록 도와줄 소소한 방법 중 하나였다.

뜻밖의 영적 여정이 시작되다

당신 자신이 아닌 어떤 힘에 이끌려 뭔가를 하고 있다고 느낀 적 있는가?

그때 나는 심리학과 본관 복도를 걷고 있었다. 종신 재직권을 얻고 얼마 지나지 않은 1983년 초였다. 학과장 사무실 문이 열려 있었다. 나는 연구실로 들어가 이런 식으로 말했다. "제 수업을 한 학기에 몰아서 배로 진행할 수 있다면 안식년을 갖지 않고 다음 한 학기를 쉴 수 있나요?" 학과장이 대답했다. "글쎄요, 뭘 하고 싶어서 그러는 데요?" 엉겁결에 대답이 튀어나왔다. "선 수도원에 가고 싶어서요."

학과장이 물었다. "당신 연구와 관련이 있는 일인가요?" 내가 말했다. "물론이죠. 전적으로 관련된 일이에요. 내담자들에게 더 효과적으로 수용을 가르칠 수 있으려면 수용 방법을 배워야 하니까요. 선 수행을 많이 해보지는 않았지만 그 수행은 세상에서의 자기 위치를 수용하는 방법을 가르쳐줘요. 선 수도원에 가서 수용 수행을 배워야 해요."

학과장은 동의해 줬다. 다시 혼자 학과장실을 나올 때는 거의 기절할 지경이었다. 농담이 아니라 정말이었다. 나는 생각했다. "오, 하느님, 제가 방금 뭘 한 거죠?"

오묘하고 신비로운 경험

당시 나는 교회에서 명상 모임을 주도하고 있었다. 매주 똑같은 방식이었다. 모두가 빙 둘러앉는데 대부분이 바닥에 책상다리를 하고 앉았다. (나는 아니었다. 어릴 때나 지금이나 여전히 그렇게 앉질 못해서 바닥 대신 의자에 앉았다.) 우리는 한 시간 정도 말없이 명상을 한 후 한 사람씩 돌아가며 뭐든 자신이 중요하다고 느끼는 경험을 얘기했다.

매주 나는 따분했다. 다른 사람의 경험을 듣는 게 지루했다는 말은 아니다. 오히려 그 일은 언제나 즐거웠다. 나는 저요, 저요, 저요

26. 변증법: 대립되는 것들 사이의 긴장 혹은 통합

하며 이어지는 방식이 지루해졌다. 사실 나는 명상을 하는 동안 나를 고양해 줄 만한 영적 경험을 기대하고 있었다. 20여 년 전 세너클 성당에서 겪었던 것과 같은 신비로운 경험 말이다. 나는 새로운 깨달음의 순간을 기대하다 그 기대가 어긋나면 실망했다.

나는 몇 년 전 샬렘영성훈련원에서 수국의 순간을 통해 하느님은 주변 모든 곳에, 모든 것과 모든 사람 속에 깃들어 계심을 배웠다. 따라서 그런 측면에서 하느님을 찾았던 건 아니다. 내가 기대하고 고대한 것은 하느님에 대한 신비로운 경험이었는데 그 기대가 번번이 깨져 지루했다. 내겐 내 삶을 있는 그대로 수용하게 해줄 영적 조언이 필요했다. (마침내 깨달은 바지만 영성에 관한 한 더 적극적으로 원할수록 일어날 가능성은 더 줄어든다. 있는 그대로의 당신 삶 속으로 뛰어들어 그 삶이 어떤 모습이든 마음을 열어야 한다. 그것이 수용이다.)

10년 전 워싱턴 D.C.에서 나는 제럴드의 기꺼이 하기 개념을 포용했는데 이 역시 일종의 수용이다. 하지만 그것만으로는 충분치 않았다. 자꾸만 새롭고 신비로운 영적 경험을 기대하는 마음을 놓아버리려면 그리고 내담자들에게 수용을 가르칠 수 있으려면 뭔가가 더 필요했다. 그래서 나는 샬렘영성훈련원 친구들에게 전화를 걸어 물었다. "세계 최고의 묵상 지도자들이 누구예요?" 나는 기왕 할 거라면 최고 권위자를 찾아가는 것이 좋다고 생각했고 두 기관과 인물을 추천받았다. 캘리포니아주 북부의 선불교 수도원으로 로시 운 지유 케넷이 대수녀원장으로 있는 샤스타 수도원과 독일의 베네딕트회 수도사 빌리기스 예거였다. 나는 두 곳 모두 가보기로 결심했다.

당시 나는 영적 성향이 무척 강한 사람이었고 자주 카이로스 기도원으로 묵언 피정을 갔다. 이따금씩 친구들에게 "오, 나 아무래도 선 수도원에 가야 할 것 같은데"라는 식의 농담을 하기도 했다. 선이 뭔지로 잘 모르면서 그냥 한 말이었는데 지금 나는 바로 그 선 수도원에 갈 채비를 하고 있었다.

아무래도 두 가지 절실함이 내 마음을 부추겼던 것 같다. 하나는 수용을 더 잘 가르치고 싶다는 실질적 절실함이었다. 다른 하나는 마음 깊이 품고 있었지만 거의 입 밖에 낸 적이 없던 그 바람, 더 심오한 영적 정체성을 발견하고픈 마음이었다. 그날 학과장 사무실로 내 발길을 이끈 것은 바로 이 두 절실함이었다.

나는 샤스타 수도원에 전화를 걸어 이렇게 말했다. "그곳에서 3개월 정도 머물고 싶어 전화드렸어요." 수도원 측에서 말했다. "그건 안 됩니다. 일주일 동안만 지내실 수 있어요." 내가 이유를 묻자 수도원 측이 답했다. "좋아하지 않으실 수도 있어서요. 그래서 저희는 처음 오신 분이 장기 수련 프로그램을 받기로 마음을 정하기 전에 시험 삼아 해보길 권하는 방침을 중요하게 여기고 있어요." 나는 속으로 생각했다. '그게 무슨 상관이죠?' 나는 내가 좋아하든 싫어하든 별로 상관없었다.

하지만 사실을 말하자면 내가 앞으로 무슨 경험을 하게 될지 전혀 몰랐다. 겁이 났다. 친구인 주디스 고든이 내게 계속 말했다. "마샤, 모든 순간이 끔찍하고 괴롭지는 않을 거야."

나는 스스로를 다잡았다. "뭐 잃을 것도 없잖아, 안 그래? 내가 얻어야 할 것만큼 중요한 게 뭐가 있다고." 그래서 나는 사무실의 짐을 싸고 임상훈련원장에게 내 계획을 밝힌 다음 캠핑 장비와 3개월 동

26. 변증법: 대립되는 것들 사이의 긴장 혹은 통합

안 갈아입을 옷가지까지 챙겨 1983년 8월 20일 차로 500마일 정도 거리에 있는 샤스타 수도원으로 출발했다.

27

수용 기술을 배우다

Learning Acceptance Skills

마운트 샤스타는 5번 주간州間 고속도로만 쭉 타면 갈 수 있는 도시였다. 강행군으로 운전하면 열 시간 정도 걸렸을 것이다. 하지만 나는 시골길을 따라 굽이굽이 돌아가며 멋진 풍경을 즐겼고 적당한 곳을 찾아 1박 캠핑도 했다. 도착하는 데 10일이 걸렸다. 나는 그 10일간의 여행을 일기로 적었는데 읽어보면 태평양 연안 북서부를 묵상 여행하는 하이커의 여행담 같다.

다음은 초반에 쓴 일기 중 하나다.

83년 8월 22일: 오리건주 맥케이의 크로싱 캠핑장
지척에 시냇물이 흐르는 자리에 모닥불을 피워놓고 앉았다. 등불을 켜고 책 한 권을 옆에 놔뒀다. 텐트를 세우고 저녁을 먹었다. (심지어 밀

기울 빵도 만들었다. 캠핑 프라이팬 안에 머핀 믹스를 섞어 넣고 냄비를 뒤집어 뚜껑처럼 덮어서 모닥불 위에 올려놓았더니 괜찮게 됐다).

간밤엔 후드산 바로 맞은편 호숫가에 자리를 잡고 묵었다. 정말 환상적이었다! 내 왼편과 오른편엔 각각 한 가족과 두 명의 게이 여성이 있었고 위쪽엔 한 무리의 청년들, 여러 커플, 가족, 기분 좋은 파티 분위기 무리도 있었다. 그런데도 귀마개를 할 필요가 없었다. 10시에 잠들어 9시까지 푹 잤다! 딱 한 번밖에 안 깼다…

자유를 향해

샤스타 수도원은 고요 사색 명상(소토선) 종파의 불교 수도원으로 생각에 휩쓸리지 않으면서 생각에 주목하는 수행에 매진한다. 나같이 선불교 명상과 영적 수련을 배우고 싶어 하는 사람들에게 개방돼 있는 수련 수도원이다.

고도 4,000피트에 자리 잡은 여섯 채의 투박한 석조 건물은 우뚝 솟은 소나무와 꽃피우고 열매 맺는 관목들이 우거진 16에이커 넓이의 터전에 아늑하게 둘러싸여 있다. 동쪽으로 몇 마일 떨어진 곳에는 마운트 샤스타의 고층 건물들이 수도원 위로 1만 피트도 더 높이 솟아 있는 장관이 펼쳐진다. 평화로운 분위기와 압도적인 멋진 풍경이 어우러져 주변 풍광은 그야말로 인상적이다. 1930년대 이탈리아 석공들의 손으로 쌓아 올려진 건물은 원래 모텔 용도로 지어진 것이었다. 부처상들과 황동 종들, 징들을 비롯한 여러 구조물들이 굽이진 보도 여기저기에 흩어져 있기도 하다.

지유케넷이 수도원을 세운 것은 1970년이었다. 1924년 잉글랜드에서 태어난 그는 성장하면서 사회에서의 성 역할에 의문을 가졌다. 하느님의 부름을 받아 영국 국교회 사제가 되려 했으나 교회법에서는 여성 사제 임명을 허용하지 않아 결국 불교로 귀의했다. 그는 일본에서 공부했고 일본 소토 종파에서 서양에서의 지도 활동을 승인받은 최초의 여성이 됐다. 그는 열정적인 페미니스트였다. 또 전통적 불교 법회집에 그레고리오성가를 기반으로 한 곡을 붙이기도 했다.

첫날을 마무리하며:
    샤스타 수도원에 있는 동안의 메모

나는 이곳 선 수도원에 와서
곧바로 아주 낯설면서도
    집처럼 편한 느낌을 받았다.

우리는 하루에 아홉 번 눈을 뜨고 명상을 해야 했다. 나는 매번 명상을 할 때마다 눈을 감지 않으려고 안간힘을 썼다. 자꾸만 한쪽 눈이 다른 쪽 눈으로 쏠리며 눈앞의 사물이 두 개로 보였다. 감독자에게 이 말을 하니 그는 걱정 말고 그냥 어느 쪽 눈에 집중할지 정해서 계속해 보라고 말해줬고 나는 그 말대로 따랐다.
    — 외롭기 이를 데 없다
정말이지 플로렌스 수녀님이 계신 워싱턴 [스포캔]에 있는 카이로스

기도원에 가고 싶다

　— 여기에 한 달만 있다가 떠날까

　— 스포캔으로 피정을 가는 게 더 나을지도 모르겠다

어쩌면 여기에서 평온에 이르게 될 수도 있다

온 마음을 다해 해봐야 한다

　여기서 최선을 다하며 명심해야 한다. 나는 언제나 새로운 느낌이

　들면 불편해한다는 걸.

　하루 일과는 무척 엄격했다. 어둠도 가시지 않은 4시 30분에 종이 울리면 뒤이어 수도사들이 그날의 첫 명상을 하러 이동하면서 덧신과 수도복이 바닥에 끌리는 소리가 나직이 들렸다. 당시 평신도 수련자는 여덟 명이었고 대부분 남자였다. 여자들은 명상실, 즉 선당禪堂 바닥에서 잠을 잤다. 아침이 되면 우리에겐 15분의 준비 시간이 주어졌다. 우리는 그사이 침구와 담요를 둘둘 말아 서랍 안에 넣고 씻고 옷을 갈아입어야 했다. 놀랍게도 15분 안에 할 수 있는 일이 많다는 것을 알게 됐다.

　한 시간 정도 명상을 가진 후에는 나무로 만든 긴 식탁에 앉아 아침을 먹었다. 그곳에서의 식사는 이제껏 내가 맛본 최고의 채식이었다. 우리는 주방 선반의 지정 자리에 각자 식기들과 행주를 두고 있었다. 식탁에 앉기 전 먼저 부처님께 두 손바닥을 모아 절을 하며 갓쇼(합장)하고 나서 식탁의 지정 자리로 갔다. (동양 종교에서 합장은 가슴 앞에서 두 손바닥을 맞대는 동작이다. 이 동작에는 존경과 경의의 의미가 담겨 있

다.) 이어 누군가가 종을 울리면 우리는 손을 올려 합장했다. 기도문을 읽으며 식기 덮개를 열었다. 옆 사람에게로 돌아가며 음식이 전달됐다. 또 합장을 했다. 음식은 더도 덜도 말고 먹을 만큼만 담아야 했다. 모두들 말없이 눈을 내리깐 채 그 순간에 집중했다. 모든 것이 의례적이었다. 총감독자가 말했다. "마샤, 우리가 보니까 아침 식사 중에 수행을 제대로 못하던데요." (나는 어떤 음식이 오는지 보느라 자주 흘끔거렸다.)

이후 시간엔 농장 일을 했다. 할 일은 아침 식사 후 배분됐다. 농장에서의 경험은 뭐든 다 정말 좋았다. 다른 사람 앞을 지나갈 땐 시선을 깔고 상대의 눈길을 끌지도 말을 걸지도 말아야 했다. 많은 사람들이 서로 가까이 붙어 지내는 수도원에서는 서로서로 쳐다보지도 관심을 갖지도 않는 것이 유일한 프라이버시다.

점심 식사도 똑같은 의례에 따랐다. 이후엔 명상 시간을 더 갖고 선의 가르침을 받았다. 때때로 지유케넷의 테이프도 들었다. 이 시간만 되면 어김없이 잠이 들어 드르렁드르렁 코를 고는 사람이 있었지만 수용을 수용하기에 아주 좋은 기회였다. 그 뒤엔 농장 일이 아닌 또 다른 일을 한 다음 저녁을 먹고 그레고리오성가에 맞춰 노래로 저녁 기도를 했다. 이후엔 자유 시간을 가졌다. 평신도들은 아주 작은 거실에서 책을 읽거나 바느질을 하거나 편지를 쓰거나 차를 마시거나 그냥 가만히 있거나 했다. 이때는 서로 이야기도 나눌 수 있었다. 마지막 일과로 그날의 마지막 명상을 하고 나면 잠자리에 들 시간이었다.

이런 생활이 내겐 너무 낯설었다. 자신이 지금 어디에 와 있는지,

어떤 상태에 들어온 것인지 어리둥절해하는 사람이 분명 나만은 아닌 것도 같았다. 또 한편으론 이것이 2년쯤 전 내가 카이로스 기도원에서 착수한 영적 여정의 한 과정이라는 느낌도 들었다. 내 본질을 다시 찾는 듯한 그런 기분이었다.

새로운 일과에 적응하기

내가 금세 가장 신나게 하게 된 일은 농장 일이었다. 어떤 때는 외바퀴 손수레로 양 똥을 옮기는 일을 하고 또 어떤 때는 강낭콩을 따거나 도랑을 파거나 정원 주변에 새로운 길을 만들기 위해 시멘트를 붓는 일도 했다. 어떤 주에는 한 친구와 콩을 따면서 이야기를 나누다 딱 걸렸다. 그 벌로 우리 그룹 전체는 저녁 티타임에 참석하지 못해 끝내주는 디저트도 못 먹게 됐다. 우리 집단의 나머지 사람 모두가 수용을 수행 중이었던 것이 그나마 다행이라면 다행이었다.

> 오늘은 작업이 신났다. 공사 일을 배정받아 새 보도를 내기 위한 곡괭이질과 삽질 작업을 거들었다. 정말 재밌었다! 곡괭이질은 (역시 재밌었던) 이틀 전 정원 땅파기 작업 때 요령을 익혀둔 터라 더 수월했다. 작업자들 중 여자는 나뿐이었다. 마초 같은 기분이 들었다!
> "나는 여자야
> 나는 강해…"

> 작업에서—정말로 모든 작업에서—짜릿함을 느꼈던 부분은 성

평등이었다. 작업 중에는 평생을 살면서 겪어본 중 단연코 가장 성차별 없는 환경을 경험했다. 아주 안전하고 아주 편안한 자궁 속으로 다시 돌아간 기분이었다. 너무 황홀하리만치 행복한 나머지 며칠이 채 지나지도 않아 시애틀에서의 삶을 포기하고 불교 수도승 수련을 받으며 바로 이곳 샤스타 수도원에서 살까 진지하게 생각했다. 내 일기에서도 확실히 보이듯 이 생각은 집착 비슷한 것으로 발전했다. 명상 중 이 생각이 자꾸만 고개를 들었다. 명상에서 해서는 안 될 그런 생각을 떨쳐내려 안간힘을 써야 했다.

내게 명상은 이렇게 정신이 흐트러지는 일 때문이 아니더라도 이미 육체적으로 힘든 일이었다. 명상을 하다 보면 등이 너무 아팠다. 왼쪽 어깨 전체가 뻣뻣하게 결렸다. 눈의 초점을 어디에 둬야 할지 몰라 쩔쩔매기도 했다. 너무 피곤했다. 두 손마저 불편했다. 내가 할 수 있던 것은 그저 깨어 있는 일뿐이었다. 누군가에게 선 명상에 대해 들을 때 떠올리게 되는 영적 평온의 이미지와는 거리가 멀지 않은가? 나를 지도해 주던 선 마스터는 등의 통증과 피곤함은 내가 수용을 거부하고 있거나 내 내면에 어떤 방해거리가 있어서 생기는 거라고 말해줬다. 나는 그게 아닌 것 같았다. 아마도 더 좋은 자세로 고쳐 앉아야 할 필요가 있어 보였다.

또 하나의 난관은 눈을 내리깔고 주변을 둘러보지 않기였다. 나는 과학자고 과학자는 원래 호기심이 많은 사람이다. 내게는 이 일이 힘들 줄 미리 알고 있었다.

첫날 오후 방문 중이던 부책임자가 내가 주변을 너무 돌아본다고 지적했다. 처음엔 창피했지만 나중엔 그의 말을 귀한 지도로 수용했

27. 수용 기술을 배우다

다. 많은 연습 끝에 마침내 나는 집중하는 법을 터득했다. 그 순간에 온전히 머물러야 했다. 항상 하고 싶은 대로만 해서는 안 된다는 개념이 아니다. 모든 것을 알아야 할 필요성을 놓아버리는 것이다. 원하는 것을 놓아버리는 것이다. 자유에 이르는 길이다. 이 개념은 훗날 DBT의 일부분이 돼 고통 감내 기술로 채택됐다. 이것은 DBT 기술로 전환된 여러 선 수행 중 하나일 뿐이다. 수용은 자신의 욕망을 충족하고자 하는 필요성으로부터의 자유다.

수용에는 연습에 연습, 또 연습이 필요하다

샤스타 수도원에서는 열심히 일을 하는 동시에 어떤 특정 작업을 "잘했다"고 판단하거나 그 작업을 다른 일에 비해 더 우선시하지 말아야 했다. 그래서 빗자루질을 하고 있는데 다음 일을 하러 가라는 신호로 종이 울리면 당장 빗자루질을 그만둬야 했다. '안 돼. 지금 이 일을 마저 다 끝내고 나서 다음 일을 하러 가야 해' 같은 생각은 자기중심적으로 여겨졌다. 해야 하는 일을 하는 것이 아니라 하고 싶은 일을 선택했기 때문이다.

한 가지 더 말하자면 이 수도원에서는 부탁을 받지 않는 한 다른 사람을 도와주지 않는다. 당신이 그 사람을 도와주면 실제로는 당신 자신을 위해 도와주는 것일 가능성도 있기 때문이다. 심리치료사의 경우엔 확실히 그럴 가능성이 있다. 그래서 나는 심리치료사들에게 입버릇처럼 강조한다. 치료사로서 기분 좋게 느껴지는 일이 아니라 내담자를 위한 일을 해야 한다고.

인생이 지옥처럼 느껴질 때

"준"(다른 평신도 수련자) 때문에 짜증이 난다

— 그는 절을 할 때 허리를 너무 깊이 숙인다

— 뭘 하든 정확히 그리고 "너무 잘"한다

— 그리고 그는 다른 사람을 깔보는 것 같다

— 자기 접시의 음식을 먹으면서 손가락을 너무 쫙쫙 펴가며 내가 보기엔 확실히 너무 극단적일 만큼 접시를 닦아내듯 말끔히 비운다! 어떤 음식이든 다 그런다

— 음식을 가리지 않고 먹고 뭐든 한 겹씩 먹는다(토스트의 치즈를 계속 먹거나 파이 속을 빼먹는 식인데 한 번에 한 음식만 먹으라 그러는 것 같다)

— 나도 독실한 신자인 체하고 고상한 척한다. 준은 여기에 오기 전에 도서관 서기였는데 어쨌든 내가 보기엔 수도승이 되기 위해 여기 온 것 같다(그는 곧 수도승으로 들어올 것이다)

그것도

부당하게 일약 계층 상승을 이루려는 것처럼 보인다! 그게 아니라면 그 비슷한 목적이 있을 거다!!!

위의 일기에서 나타나는 "준"에 대한 내 신경과민적 반응은 이 학습 과정이 내게 쉽지 않았음을 보여주는 확실한 증거다. 나 자신을 변호하자면 수련에 들어간 지 얼마 안 돼서부터 그렇게 준에 대한 반감적 호들갑을 떨었다. 하지만 내가 바로 선의 핵심 원칙에 흡수되고 동화됐다면 준 때문에 짜증 나는 일은 없었을 것이다. 이후 일기에도 준에 관해 비슷한 내용이 여러 번 쓰였다. 나는 그에 대한 내 부정적 반응을 수용 연습 기회로 삼으려 온 노력을 쥐어짰다.

하지만 학습 진전은 더디기만 했다. 대다수 사람들이 그러리라고 생각한다. 연습에 연습에 또 연습이 필요하며 정말로 끝이란 게 없다. 새롭고 도전적인 어떤 일을 배우는 것과 마찬가지다. 30년이 지나 수년간 선을 수행하고 마침내 선 지도자가 된 지금도 여전히 연습에 연습에 또 연습이 필요하다.

DBT 기술은 곧 삶의 기술이다

시애틀에서의 초반 몇 년간 나는 불과 12주의 행동치료로 자살 고위험군 사람들을 고통과 괴로움의 구렁텅이에서 벗어나게 해줄 수 있다고 믿었는데 그 몇 년을 돌이켜 생각하면 겸허해진다. DBT는 자기 삶을 못 견뎌 하는 사람들에게 항생제가 세균 감염 질환을 치료해 주거나 몰입치료immersion therapy가 특정 공포증을 없애주는 것 같은 "치료"를 해주는 게 아니다. 살 만하게 느껴지는 삶을 만들도록 길을 내주는 것이다.

앞부분에서 이미 정반대 행동하기, (TIP 같은) 고통 감내 기술, 정서 조절 기술, STOP 기술 등 DBT 기술 몇 가지를 소개했고 앞으로도 내 이야기를 이어가는 중에 더 많은 기술을—특히 마음챙김과 철저한 수용에 대해—설명하려 한다. 내 내담자들에게 살아볼 만하게 느껴지는 삶을 깨닫게 해주는 이 기술들은 삶의 기술이기도 하다. 사실 모든 삶을 위한 기술이다. 심각한 행동장애가 있는 사람들만이 아니라 우리 모두를 위한 기술이다. "삶의 기술"이라고도 이름 붙일 만한 이 기술들은 더 큰 충족감을 주고 영적으로 각성된 삶을

인생이 지옥처럼 느껴질 때

영위하게 하고 당신 자신과 타인의 유대를 높여줄 것이다. 어떤 상황이든 DBT/삶의 기술은 연습에 연습, 또 연습이 필요하다. 시간이지나면 점점 쉬워지지만 그래도 끊임없는 연습이 필요하다.

선도 다르지 않다.

"여기에 있으니 치료를 받는 기분이다." 내가 일기에 쓴 글이다. 샤스타 수도원은 지지를 보내주고 비판단적인 피드백을 줬다. 이곳에서의 경험이 내 내담자들에게 아주 좋은 치유가 돼줄 것 같다는 직감이 바로 들기도 했다. 여기서 말하는 치유는 병을 치료하는 의미에서의 치유가 아니라 진정한 자신을 육성해 주는—그 사람의 영혼을 반가이 맞아주는—의미에서의 치유다. 그리고 도전이 수반되는데 내가 일기에도 썼듯 "이곳에서는 치료에서처럼 자기 자신과 마주해야 한다!"는 이유 때문이다. 그리고 나는 정말 최선을 다해 노력했다.

하지만 나는 내가 가고 있는 방향과 인생에서 내게 기대되는 것 사이에서 힘겹게 싸우고 있었다.

어찌할 바를 모르겠다. 한편으론 내가 지금 하고 있는 연구를 하는 것에 사명을 느낀다. 나는 다른 사람들을 돕기 위해 다시 지옥으로 돌아가기로 맹세했고 지금 내 방식이 그렇게 하는 최선의 방법인 것 같다.

내겐 뭔가 기여할 일이 있고 그 일이 효력을 발휘하게 하려면 과학계에 계속 남아 있어야 할 것 같다.

퍼뜩 든 깨달음: 내가 지금 월급의 절반으로 생활한다면 그 정도로도

먹고살기는 충분하고

&여기 와서 수도승이 되기 위한 수련을 받을 수 있다

&게다가 여전히 내 일을 계속할 수도 있다

나는 내 삶에서 이 상충하는 부분들을 어떻게 병행할 수 있을지 궁리하느라 마음이 오락가락했다. 수도원에 온 지 한 달 정도 지났을 무렵 정말로 매력적인 여성 선더 웰스가 우리 평신도 그룹에 들어왔다. 그도 나처럼 가톨릭 신자였고 영적 여정을 걷고 있었다. 수도승이 돼 묵상 커뮤니티를 세우고 싶다는 계획도 있었다.

선더와 나는 같이 이 계획을 실현하기 위해 협업할 방법을 자주 이야기했다. (사실 얘기를 너무 자주해서 탈일 정도였다. 선더는 강낭콩을 따며 "소란"을 일으켜 징계를 받았을 때 얘기를 나눈 바로 그 상대였다. 확실히 말이 소란이었지 당신이나 내가 알고 있을 법한 그런 소란과는 거리가 멀었다.) 우리는 구상을 계속 이어가며 저녁 자유 시간 동안 프로젝트를 실현할 방법에 관한 계획서를 쓰고 자주 의견을 나눴다.

하지만 수도승이 되기 위해 수련을 받고 묵상 커뮤니티를 만들고 반나절만 일하자는 모든 생각은 단순하지만 강력한 하나의 깨달음으로 확실하게 종지부를 찍었다. 나는 그 깨달음을 일기에 그대로 담았다.

안 돼! 내 내담자들은 어쩌고!

나는 내담자들과 멀어질 만한 일은 할 수 없었다. 맞다, 수도원에 오기 위해 내담자들을 떠나왔지만 그건 그들을 더 효과적으로 도와주고 싶어서였다. 누군가가 고통 속에 있을 때 그 사람에게 베풀어 줄 수 있는 최고의 연민은 제대로 도와주는 것이다.

수도원에 들어온 지 2주쯤 지났을 때 나는 상담소에 전화를 걸었다가 내가 떠난 이후 앤절라(가명임)의 상태가 몹시 나빠졌다는 소식을 들었다. 그는 병원에 입원했다가 도저히 통제가 안 되는 상태가 돼 다른 시설로 전원될 수밖에 없었다고 했다. 담요로 몸을 감싸놓고 불을 붙이기까지 해서 병원에서는 그를 어떻게 해야 할지 몰라 난감했단다. 앤절라는 내가 자신의 담당 치료사라고 말하면서도 내가 자기 곁을 떠났다는 얘기는 하지 않았다.

다음은 그때 쓴 일기다.

　　그의 고통이 느껴진다!

지금 통제 불능 상태지만 나는 안다. 아직 그의 마음 깊은 곳 어딘가에 통제력을 되찾기 위해 필요한 것이 모두 있다는 걸.

　　— 나는 그와 함께 느낄 수 있다

　　— 나도 그것을 똑같이 느꼈었다

　　그는 필요한 것을 계속 자기 밖에서 찾고 있다

하느님! 그가 겪고 있는 공허감을 저는 알아요!

　　너무 잘 알아요!

내가 그를 대신해 울어주고 싶다. 내가 그를 대신 아프고 싶다. 하지만 나는 한 사람만을 대신해 줄 수 있는데 나머지 사람들은 어떻게 하지?

신만이 모든 사람의 고통을 대신해 주실 수 있다. 그러니 그 고통은 그들의 몫으로 놔둬야 한다.

진정한 나를 다시 접하다

내가 샤스타 수도원에 들어가기 직전 어머니가 암 진단을 받았다. 나는 어머니에게 할 수 있는 한 자주 엽서를 써서 거의 매일 엽서를 보내다시피 했다. 어머니는 이따금씩 답장을 보냈는데 읽다 보면 다소 갈피를 잡을 수 없기도 하고 가슴이 미어지기도 했다.

어머닌 감동적이고 애정이 담긴 각별한 편지를 써 보내준다. 그런데 더는 이런 편지를 못 받게 되리라는 것을 알면 그땐 어떻게 해야 할까? (당연한 얘기지만 또다시 눈물이 난다.) 어머니가 돌아가시지 않았으면 좋겠다! 직접 뵈면 너무 끔찍할 때도 있지만 편지를 통해 만나는 어머닌 감동적이다. 어쩌면 편지를 쓰는 건 어머니의 진심일지도 모른다. 오! 이렇게 생각하니 하염없이 눈물이 난다.

나와 함께 있을 때 어머니는 내 외모, 내 말투, 내 먹는 모습("좀 천천히 먹어, 마샤")에 신경을 쓰면서 대체로 못마땅해했다. 있는 그대로의 나를 인정하거나 수용해 준 적이 없다. 어머니가 나를 사랑했다는 건 믿어 의심치 않지만 어머닌 나 같은 사람을 그다지 좋아하거나 높이 평가하지 않았다. 털사의 어머니 세대 여자들 대부분에게 그랬듯이 결혼생활과 자식은 어머니에게 가장 중요한 것이었다.

하지만 그때 그 편지들은 애정이 담긴 편지였다. 너무 슬프다.

나는 엽서에서 내게 생긴 새로운 소식은 뭐든 다 알렸다. 다음은 내가 수도원을 떠나온 직후 쓴 일기다.

샤스타 수도원에서의 경험은 진정한 나를 다시 접하게 해줬다. 신이 창조하신 모습의 나를. 우리 각자의 자신을. 분명 우리 각자의 내면에 는 신의 왕국이 있다.

나는 내가 영적인 사람이라는 걸 늘 알고 있었지만 실제로 영성 이 내 삶 전체에 어떻게 융화돼 있는지는 잊고 있었다.

당시에는 몰랐지만 그때 나는 나와 신에 대한 개념이 크게 바뀌 게 될 영적 여정으로 나아가고 있었다. 수도원의 어떤 사람이 내게 말했다. "당신의 경험에 의심을 가지면 그것을 잃을 수 있어요." 글 쎄, 누가 심리학자이자 과학자 아니랄까 봐 의문을 갖는 것은 내 본 성이었다. 내가 신과의 관계를 의심한 그 일에는 확실히 대가가 따 랐다. 세너클 성당에서 내가 경험했던 깨우침을 기억해 보라. "신은 나를 사랑하신다"는 의미로 받아들였던 것이 사실은 내가 에드를 마 음 깊이 뜨겁게 사랑했던 것처럼 "내가 신을 사랑하고 있다"는 의미 임을 깨달은 그 경험 말이다. 샤스타 수도원에서의 어느 순간 나는 정말로 내 신념에 의심을 가졌고 그로 인해 나와 신 사이의 균열은 더욱 벌어졌다. 현재 나는 아주 오래도록 그래왔던 것과는 반대로 개인적 신을 섬기지 않는 편을 더 편하게 느낀다. 나는 우주 안의 나 이며 우주는 내 안에, 우리 모두 안에 함께 있다.

내 기도의 열렬함과 내 안에 흐르던 황홀감이 어땠는지 돌이켜 생각해 보면 지금의 변화는 거의 충격적일 지경이다. 나는 거의 매일 신께 나 자신을 내맡기지만 이제 더는 그렇게 자주 기도하지 않는다.

좋다, 인정하겠다. 때때로 기도를 하긴 한다. 허스키스―워싱턴 대학 풋볼 팀―가 지고 있어서 도움이 필요할 때라든가 그럴 땐 기도를 한다. 혹시 모르는 일이니 기도를 해봐야 한다고 생각한다.

대안이 없을 때 생기는 자유의 환상

샤스타 수도원에서 지내던 중반 무렵 나는 하느님의 부르심을 느꼈다. 한참 동안 나 혼자 명상을 하라는 부르심이었다. 이 집중 명상을 꼭 가져야 할 것 같았다. 그러면 하느님이 모습을 보이시거나 방에 앉아 계시는 일이 일어나지 않을까 싶었다. 나는 허가 없이는 정해진 일과를 취소할 수 없었던 터라 수련 감독자에게 가서 내가 뭘 하고 싶고 뭘 해야 하는지 사정을 설명했다.

그는 나를 쳐다보다가 잔잔한 미소를 띠며 말했다. "음, 그렇게 해야 한다면 꼭 하셔야죠." 나는 너무 좋아서 전율이 느껴졌다. 그가 이어서 말했다. "그런데 아시다시피 여기에서는 그렇게 해드릴 수가 없고 저 길 아래쪽에 홀리데이 모텔이 있으니 3일 동안 그곳에서 지내시다 볼일을 다 마치면 다시 돌아오세요." 나는 완전히 당황했다. 잠시 후 내가 기어 들어가는 목소리로 말했다. "제가 실수를 한 것 같네요. 좀 생각해 보겠습니다."

물론 나는 홀리데이 모텔에 가지 않았다. 그는 나 스스로 "자, 내가 정말 원하는 게 뭘까? 혼자 딴 데 가 있고 싶어? 아니면 이 집단 속에 있고 싶어?"라는 질문을 하게 만들었다.

나는 그 집단 속에 있고 싶었다.

치료로 전환하는 일은 쉬웠다. 내담자가 "그만둘래요… 다른 치료사에게 상담을 받겠습니다"라는 말을 할 경우 대체로 그 내담자는 사실 다른 치료사를 원하는 게 아니다. 진정으로 원하는 것은 자신의 고통을 덜어주는 것이다. 그럴 때 난 이렇게 말한다. "내가 다른 치료사를 찾게 도와줄까요?" 아이가 "더는 못 참겠어요. 가출해 버릴래요"라는 말을 할 때도 사실 그 아이는 집을 나가고 싶어서 그러는 게 아니다. 그게 뭐든 어머니가 자신의 기분을 상하게 하지 않았으면 하는 것이다. 그래서 엄마는 "짐 싸는 것 도와줄까?"라고 대답할 수 있다.

이는 다른 대안이 없을 때 생기는 자유의 환상이다. 선택권이 있다는 환상이다. 일정한 목표를 이루기 위해 제안된 도움을 수용할 선택권이 있어 보이지만 실제로는 그 목표를 원하는 게 아니다. 내담자는 진짜로 새로운 치료사를 원하는 게 아니다. 아이도 진짜로 가출하고 싶은 게 아니다. 이럴 때 나는 언제나 불손한 질문으로 대꾸한다. 불손한 대답을 들었을 때 내담자는 강제로 자신이 진짜 원하는 것에 집중하게 된다. 매우 효과적인 방법이다.

선을 통해 배운 이 간단한 교훈은 치료에 응용해 실행할 수 있었다. 하지만 나는 그 이상을 원했다. 선 명상의 여러 면을 통합하고 싶었다. 그리고 독일로 떠나 빌리기스와 함께하면서 그 바람을 이루게 됐다.

하지만 독일로 가기 전에 여기서 내가 말하는 수용, 특히 철저한 수용이 무엇인지부터 설명하려 한다.

28

그냥 수용이 아닌
철저한 수용

Not Just Acceptance—Radical Acceptance

내가 수용에 실패한 개인적 이야기를 들려주고 싶다.

1991년 초 나는 친구자 동료인 에드나 포아와 함께 그의 딸이 살고 있는 이스라엘에서 휴가를 보내는 행운을 누렸다. 그때 나는 DBT 전문서를 집필하기 위해 영국 케임브리지대학에서 안식년을 보내고 있었다. 지금쯤 당신도 눈치챘겠지만 나는 여행 다니기와 새로운 곳을 탐험하기를 무척 좋아한다. 그래서 자동차를 렌트해 당시 심한 갈등 지역였던 골란고원 일대에 다녀올 계획을 세웠다. 에드나와 그의 딸은 혼자 차를 몰고 돌아다니려는 내 안전이 염려돼 온갖 주의 사항을 일러줬다. "누가 뭐라든 차를 세우지 마요. 그 사람이 경찰이라도 안 돼요." 에드나가 말했다. "차를 잘못 세웠다간 납치될 수도 있어요."

나는 길을 나섰다. 내 앞에 계획한 방향대로 잘 찾아왔다고 판단되는 도로가 보였다. 나는 그 도로를 탔고 목적지를 향해 운전했다. 그 뒤로 계속 운전을 하고 또 했다. 어느 순간부터 말끔히 포장돼 있던 도로 상태가 점차 나빠지기 시작하는가 싶더니 비포장도로를 따라 덜컹거리며 차를 달리게 됐다. 저 멀리 언덕 위에 차들이 있었지만 그곳까지의 거리가 어느 정도나 될지 가늠되지 않았다. 슬슬 어딘가에서 방향을 잘못 틀어서 엉뚱한 길로 들어선 것이 틀림없다는 생각이 들었다. 당연한 추론이지, 멍청이 마샤. 나는 겁이 나서 차를 되돌렸다. 그러다 차를 세우고 나 자신에게 엄하게 말했다. "난 네가 두려움에 따라 행동하는 건 용납 못해. 차를 돌려서 그 길로 가." 그래서 다시 차를 돌려 계속 그 길을 따라갔다.

얼마 후 키부츠(이스라엘의 집단 농장_옮긴이)가 나와 나는 차를 세워놓고 그곳 사람들과 이야기를 나눴다. 어둑어둑 땅거미가 내려앉았고 나는 그만 돌아갈 생각을 해야 했다. 문제는 어디로 가야 할지 길을 못 찾겠다는 것이었다. 모든 도로가 절벽에서 끝나는 것처럼 보였다. 차에 기름이 바닥나는 건 아닐까 슬슬 걱정되기도 했다. 뒤이어 에드나가 나를 찾으러 올지도 모른다는 걱정까지 꼬리를 물었다. 말을 탄 남자가 빠르게 휙 지나갔다. 약간 악몽을 꾸는 듯한 기분이 들면서 이러다 내가 감옥에 들어가게 되고 친구들 사이에 내가 정말 나쁜 사람이라는 소문이 나는 게 아닐까 초조해졌다.

마침내 나는 차를 세우며 혼잣말을 했다. "좋아, 마샤. 넌 명색이 박사잖아. 그러니까 여기서 나갈 방법을 알아낼 수 있어야 해." 나는 나 자신에게 새로운 규칙을 줬다. "일단 어느 한 도로를 따라가다가

인생이 지옥처럼 느껴질 때

그 길이 잘못 든 길이면 다시는 같은 길로 가면 안 돼. 그 길은 여전히 잘못 든 길일 테니까." 하지만 맞는 길 같아 보이는 도로들이 전부 잘못 든 길이었다. 다른 도로들은 죄다 절벽으로 이어지는 길처럼 보였다. 나는 몇 시간이나 차를 이리저리 몰고 다녔다.

하지만 마침내 다시 안전하게 돌아왔다.

내가 스스로에게 부여한 새로운 규칙—"일단 어느 한 도로를 따라가다가 그 길이 잘못 든 길이면 다시는 같은 길로 가면 안 돼. 그 길은 여전히 잘못 든 길일 테니까"—은 철저한 수용의 한 예시다. 나도 그때까지는 이 철저한 수용을 제대로 따르지 못했다. 열쇠를 어디에 뒀는지 잊어버려 찾아다닐 때도 철저한 수용이 필요하다. 처음엔 열쇠를 둘 만한 뻔한 장소를 전부 살펴본다. 열쇠를 못 찾는다. 그럼 이제 덜 뻔한 장소를 보게 된다. 여전히 열쇠를 못 찾는다. 이번엔 뻔한 장소들을 다시 확인한다. 행운은 없다. 뻔한 장소들을 한 번 확인했는데 열쇠가 없었다면 그 장소들을 다시 들여다본다고 해도 여전히 열쇠는 그곳에 없을 테니 괜한 시간 낭비라는 사실을 수용해야 한다. 누구나 이 말에 뜨끔할 것 같은데 아닌가?

다음은 수용에 관한 한 이야기다. 내 선 스승이 다른 영적 지도자 앤서니 드멜로의 책에서 읽고 들려준 이야기를 조금 바꾼 것이다.

한 남자가 새집을 사며 아름다운 정원을 꾸미기로 했다. 그는 정원 가꾸기에 공을 들여 원예 서적들이 알려주는 대로 다 따라 했다. 하지만 잔디밭에 자꾸만 민들레가 돋아났다. 처음 민들레를 봤을 땐 그냥 뽑아버리면 될 줄 알았다. 그런데 아니었다. 이번엔 제초제를 뿌렸다. 한

동안은 효과가 있었지만 얼마 후 민들레가 또 자라났다. 그는 정원 일에 더욱 몰두해 민들레를 뽑아내고 제초제도 뿌렸다. 드디어 민들레가 사라졌다. 아니, 그런 줄 알았다.

이듬해 여름, 민들레가 또 자랐다. 이쯤 되자 그는 잔디밭을 만드는 데 쓴 풀의 종류가 문제라는 결론에 이르렀다. 그래서 큰돈을 들여 완전히 새로운 잔디를 심었다. 정말 효과가 있었다. 이젠 민들레가 안 보였다. 그는 너무 행복했다. 드디어 자신의 아름다운 정원에서 느긋한 휴식을 즐기기 시작했다. 그런데 민들레가 또다시 돌아났다.

한 친구가 남자에게 그 성가신 잡초의 근원이 다른 집 정원이라고 말해줬다. 그래서 그는 이웃집을 일일이 찾아다니며 민들레를 전부 없애 달라고 설득했다. 이웃 사람들은 그의 말대로 해줬다. 하지만 아무 소용이 없었다. 민들레는 예전처럼 다시 돋았다.

3년째가 되자 그는 약이 올랐다. 인근 전문가들에게 문의하고 원예 서적을 더 많이 봤는데도 해결책을 찾지 못하자 미국 농무부에 편지를 보내 조언을 구하기로 했다. 농무부라면 틀림없이 도와줄 수 있을 것 같았다.

몇 달 뒤 봉투에서 공식 문서 느낌이 나는 편지 한 통이 도착했다. 그는 너무 흥분됐다. 마침내 도움을 받다니! 그는 봉투를 뜯어 편지를 읽었다. "선생님, 저희는 귀하의 문제점을 검토하고 저희가 자문을 구하는 모든 전문가에게 문의를 드렸습니다. 그리고 신중하게 심사숙고한 끝에 나온 이 결론이 귀하께 아주 좋은 조언이 되리라 생각합니다. 그건 바로 민들레를 사랑하는 법을 배우시라는 겁니다."

인생이 지옥처럼 느껴질 때

나는 내 내담자들에게 이 얘기를 자주 들려준다. 내담자들이 "민들레가 원래 그렇잖아요"라는 말을 하도록 유도하려는 의도다. 다시 말해 문제라는 건 쉽게 사라지지 않는 법이니 앞으로 나아가는 최상책은 최선을 다해 그 문제를 상대하는 것이다.

철저한 수용은 버럭 화를 내거나 성질을 부리지 않으면서 현실의 사실을 있는 그대로 온전히 받아들이는 것이다. 수용과 철저한 수용의 차이점은 뭘까? 나는 내담자들에게 다음과 같이 말해준다.

수용은 있는 그대로의 사실을 받아들이거나 인정하고 더는 당신의 현실과 싸우지 않는 (그리고 버럭 화를 내지도 않는) 것입니다.
철저한 수용은 머리와 가슴과 몸으로 온 힘을 다해 받아들이는 것입니다. 뭔가를 영혼 깊숙한 곳에서 수용하고 마음을 열어 그 순간 있는 그대로의 현실을 온전히 경험하는 거예요.

어떤 내담자는 "철저한 수용"보다 "철저한 인정"이라는 말을 더 좋아했다. 어느 쪽이든 의미는 똑같다.

DBT를 경험해 본 사람들은 철저한 수용에 관해 대개 이렇게들 말한다.

초기에 문제를 벗어나는 데 도움이 된 기술 중 하나는 철저한 수용이었다. 철저한 수용을 하는 것은 내가 우울증에 빠져 있지만 여전히 괜찮다는 것을 의미했다. 나는 우울해도 여전히 직장에 갈 수 있다는 것을 배웠다. 자신이 바로 지금, 바로 여기 있지만 여전히 세상 속에서 제구실을 할 수 있다는 사실을 철저하게 수용하는 것이다. 우울하지만 여전히 인생을 살 수 있음을 수용하는 방법을 배운다. 충분히 괜찮을 수 있다. 안 좋은 일들과 좋은 일들이 공존한다는 점도 알게 된다. 오늘 정말 일진이 안 좋았더라도 여전히 밖에 나가고 개를 산책시킬 수 있다. 게다가 이 일은 정말 기분 좋기까지 하다. 철저한 수용은 살 만한 삶을 찾을 줄 알게 되는 것이다. 때로는 내가 우울증이나 슬픔에 빠질 수 있음을 알지만 그렇다고 내 삶에 즐거운 일들이 없다거나 그것으로 끝인 것은 아니다. "이 또한 지나가리라." 이것이 내가 DBT를 통해 배운 아주 중요한 교훈이다.

철저한 수용은 10대들이 가장 좋아하는, 그들의 애호 기술이다. 철저한 수용이 "있는 그대로"기 때문이다. 모든 것에는 원인이 있다고 보기 때문이다. 10대들은 부모가 자신들의 있는 그대로를 철저히 수용해 주길 바란다. 그들은 상황을 바꾸려면 그 상황을 수용해야 한다는 사실도 깨닫는다.

치료사와 내담자의 수용

치료사는 내담자를 수용해야 한다. 그것도 그냥 수용이 아니라 철저한 수용을 해야 한다. 내담자의 수용은 치료사의 영혼 깊숙한 곳에서부터 우러난 수용이어야 한다. 그렇게 하기가 항상 쉽지는 않다. 대다수 치료사가 치료하길 꺼리는 사람들도 있다. 대다수 치료사는 이런 사람들을 치료에서 쫓아내 버린다. 그래서 나는 내 내담자를

인생이 지옥처럼 느껴질 때

있는 그대로 수용해 줘야 한다. 믿을 수 없을 정도로 느리디느린 진전 속도를 수용해야 한다. 그리고 내담자가 그다음 날 자살할 수도 있고 또 그로 인해 내가 고소당할 수도 있다는 것을 수용해야 한다.

내가 이 사실을 깨달았을 때가 바로 DBT를 개발하는 여정에 본격적으로 들어선 시점이었다.

내 내담자들에게는 수용이 아주, 아주 힘든 일이다. 대체로 그들의 삶이 믿기 힘들 만큼 비참하기 때문이다. 그들은 이 지구에서 가장 불행한 사람들이고 믿기 힘들 만큼 화가 나 있고 믿기 힘들 만큼 괴로워하며 담당 치료사를 공격하는 경우도 빈번하다. 나도 그런 공격을 숱하게 겪어왔다. 제자들도 곧잘 훌쩍훌쩍 울며 내 진료실로 들어와 하소연한다. "저한테 소리를 지르고 폭언을 퍼붓고 어떻게 그럴 수 있나 싶은 심한 말을 하고 정말 끔찍해요. 못 참겠어요." 그러면 나는 이렇게 말한다. "내 말 들어봐. 우리가 도와주려는 문제를 가졌다고 내담자들을 싫어해서야 되겠어? 그렇게 행동하는 이유는 그 문제 때문이라고. 우리가 치료하려고 하는 문제들이 상담에서 드디어 수면 위로 올라왔어. 그건 좋은 소식이지 나쁜 소식이 아니야. 하지만 그래 맞아, 힘든 일이긴 해."

내담자들에게는 수용이 변화를 향한 첫걸음이다. 현재의 자신을 변화시키기 위해선 가장 먼저 현재의 자신을 수용해야 한다. 현실을 변화시키려면 현실을 수용해야 한다. 현실은 있는 그대로다. 그 현실이 마음에 들지 않는다면 바꿀 수도 있다. 다음은 철저한 수용과 관련해 가장 중요한 조언 여섯 가지다.

- 고통에서 해방되려면 현재 상태를 마음 깊은 곳에서부터 수용해야 한다. 현재 상태에 대한 고민에서 완전히 벗어나라. 더는 현실과 싸우지 마라.
- 수용은 지옥에서 나오는 유일한 출구다.
- 고통은 당신이 그 고통을 거부할 때만 괴로움을 유발한다.
- 그 순간을 감내하기로 마음먹는 것이 수용이다.
- 수용은 현 상황을 아는 것이다.
- 뭔가를 수용하는 것은 그것을 좋은 것으로 여기는 것과는 다르다.

있는 그대로의 삶에 투항해—기꺼이, 원망도 분노도 없이—철저히 수용한다면 변화할 수 있는 준비가 된 것이다. "왜 하필 나야?"라고 말하지 마라. 어떤 일이든 일어난 일은 일어난 일이다. 뭔가를 철저히 수용한다는 것은 더는 그 뭔가와 싸우지 않는 것이다.

문제는 철저한 수용이 무엇인지 알려주는 것과 어떻게 철저한 수용을 하는지 그 방법을 알려주는 것은 서로 별개라는 점이다. 철저한 수용은 온전히 다 설명할 방법이 없다. 그것은 내면에 있는 뭔가다. 당신 내면에서 일어나는 그 무엇이다. 신의 뜻이라고 말할 수도 있다. 선선히 수용해라. 당신이 나처럼 깨달음을 체험하지 못했더라도 철저한 수용을 포용한다면 삶을 진전시켜 발전하고 변화될 수 있다.

DBT 치료를 받아본 사람들은 으레 다음과 같은 말을 한다.

철저한 수용이 내 삶을 바꿔놓았다. 내 치료사는 끊임없이 물었다. "당신의 지옥에서 벗어나고 싶지 않아요?" 나는 이렇게 대답한다. "그야 당연하죠." 그러면 치료사가 말한다. "그럼 철저한 수용을 연습해야 해요." 때로는 그렇게 하기가 정말 정말 힘들고 고통이 견딜 수 없을 지경일 때는 특히 그렇다. 하지만 효과가 있다.

철저한 수용과 관련된 다음 기술은 "마음 돌려잡기"다. 철저한 수용은 딱 한 번으로 끝낼 수 없다. 몇 번이고 하고 또 해야 한다. 수용으로 마음을 돌리는 연습이 필요하다. 길을 걸으며 계속 갈림길을 만나는 것과 비슷하다. 갈림길의 한 방향은 수용이고 또 다른 방향은 거절이다. 이때 계속해서 수용의 길로 마음을 돌리면 그것이 바로 마음 돌려잡기다.

아주 힘들 수도 있다. 반복해서 연습하고 또 연습해야 한다. 이런 연습은 아무것도, 정말 아무것도 안 보이는 안개 속을 걷는 것과 비슷하다. 걷다 보면 어느 순간 갑자기 햇빛이 환하게 비치는 곳으로 나오게 된다. 그래도 반가운 소식이 있다면 수용으로 마음을 돌리는 연습을 하면 결과적으로 수용 연습을 더 자주 하게 된다는 것이다. 이렇게 하다 보면 어떻게 되는지 아는가? 고통이 덜어진다. 평범한 고통이 된다.

튤립 정원을 찾아가라

철저한 수용은 원래 내게 이 방향을 가리켜준 제럴드의 멋진 개념,

기꺼이 하기와 흡사하다. 세상을 있는 그대로 용인할 때 그것이 기꺼이 하기다. 그 세상이 어떻든 거기에 순순히 동참하는 것 또한 기꺼이 하기다.

나는 기꺼이 하기를 설명할 때 삶이 카드 게임과 아주 많이 비슷하다는 비유를 든다. 당신이 지금 카드 게임 중이라고 상상해 보자. 다른 사람들 모두와 똑같이 당신에게도 패가 돌려진다. 그렇다면 카드 게임의 목적은 뭔가? 당신이 가진 카드로 게임을 하는 것이다. 안 그런가? 이것은 게임이다. 카드를 받았으면 그 카드로 게임을 해라.

그렇게 당신은 당신 카드를 받고 다른 사람들도 그들의 카드를 받는다. 그런데 한 플레이어가 자신의 카드를 보고 화가 나서 마음에 들지 않는다며 내던진다. "내 카드가 마음에 들지 않아요. 다른 카드를 줘요." 당신이 말한다. "저기요, 그게 당신 패예요." 그러자 그가 말한다. "상관없어요. 이런 패를 주는 게 어딨어요!" 당신이 말한다. "저기, 그게 당신 카드라고요." 그는 말을 들으려고도 하지 않는다. "아니! 나는 이 카드 게임 못해요."

어떻게 생각하는가? 그 사람과 게임을 하고 싶은가? 아마 아닐 것이다. 그리고 카드 게임에서 누가 이길 것 같은가? 자기 카드를 바닥에 내던지는 사람은 아니다. 게임에서 이길 기회를 얻으려면 게임에 들어가 자신에게 돌려진 패로 게임을 해야 한다. 그 현실을 수용하는 것이 기꺼이 하기다.

앞 장에서도 말했지만 기꺼이 하기와 철저한 수용의 본질이 아주 절묘하게 포착된 말이라 이 대목에서 다시 한 번 언급하고 싶다.

인생이 지옥처럼 느껴질 때

당신이 튤립이라면 장미가 되려 애쓰지 마요. 대신 튤립 정원을 찾아 가세요.

앞에서도 말했듯이 내 내담자들은 튤립이면서 장미가 되려고 애쓴다. 그래봐야 소용없다. 시도하다가 오히려 미치기 직전까지 내몰려 좌절한다. 자신에게 필요한 정원을 가꾸는 데 서툰 사람도 있다. 하지만 누구나 정원을 가꾸는 방법을 배울 수 있다.

빌리기스에게 배운 유용한 조언: 계속 나아가기

Good Advice from Willigis: Keep Going

독일 베네딕트회 수도사 빌리기스는 "우리 시대의 가장 위대한 신비주의자이자 영적 지도자 중 한 명"으로 묘사된다. 그는 일본에서 공부한 후 1981년 바이에른주 북부에 선 묵상 센터를 열었다. 몽상가이자 상당한 과격론자였던 그는 기독교 신비주의에 현대 과학의 통찰뿐 아니라 선 전통까지 융합했다. 그 결과가 특정 종파에 초월적인 혹은 종교 초월적인 영성이다. 그는 기독교의 유일신 개념을 경시하고 이른바 교의상의 진실보다 신비주의적 경험에 중점을 뒀다.

빌리기스는 가톨릭교회의 신경을 크게 거슬러 2002년 요제프 라칭거 추기경(훗날의 교황 베네딕토 16세)은 그에게 독일에서의 대중 연설을 금지했다. 그는 잠시 잠자코 지내다 교회 당국을 거역하며 계속 연설을 했다.

내가 좋아하는 스타일의 리더다.

하지만 샤스타 수도원을 나오고 며칠 후인 1983년 11월 내가 오리건주 포틀랜드로 피정을 가서 그를 만나던 당시까지도 빌리기스에 대한 악명은 여전했다. 백발에 까무잡잡한 피부, 탄탄한 체격을 갖춘 빌리기스는 "카리스마"가 뭔지 보여주는 인물이다. 우리의 만남은 작은 사실私室에서 이뤄졌고 나는 위축돼 있었다.

빌리기스가 내게 물었다. "몇 살인가요?" 뜻밖의 질문이라는 생각이 들었다. 내가 대답했다. "마흔 살입니다." 그가 나를 자세히 살펴보며 말했다. "너무 식상한 대답이군요." 우리 둘이 그 자리에 앉은 지 이제 1분쯤, 아니 1분도 채 되지 않았는데 그가 다시 물었다. "몇 살인가요?" 나는 이번엔 "영원만큼 먹었습니다"라고 답했다. 그가 미소를 지으며 말했다. "좋아요. 경험이 깊은 분이군요."

선에서는 태어남도 죽음도 없다. 그냥 영원하다. 빌리기스는 이것을 우리 각자가 본질적 존재(어떤 이들에게는 하느님이고 또 어떤 이들에게는 부처)의 표출임을 경험하는 것이라고 설명한다. 본질적으로 말해 우리는 하나라는 것이다.

180도 다른 환경 속으로 들어가다

샬렘영성훈련원 친구들은 빌리기스에게 배움을 얻어보라고 추천했지만 샤스타 수도원 평신도 그룹 사람들은 나를 말렸다. "안 돼요. 가지 마요. 거기에 들어가면 고통이 말도 못할걸요." 육체적으로나 정서적으로 아주 힘들 거라는 뜻이었다. 나는 그 말을 듣지 않았다.

그래서 1983년 11월 11일 샤스타 수도원에서 나온 지 한 달이 다 돼 갈 때 뷔르츠부르크에 있는 빌리기스의 선 묵상 센터를 향해 길을 나섰다. 나는 설레면서도 조금 두려웠다. 원래는 그곳에 머물 기간을 한 달로 예상했지만 결국엔 넉 달이 됐다.

샤스타 수도원에서는 하루에 두 번씩 영어로 강연을 하고 영적 수업을 지도해 주는 사람들이 곁에 있었다. 수련 중인 수도사가 돌아다니면서 소그룹을 지켜보고 개인적 피드백을 많이 해줬다. 샤스타 수도원에서의 생활은 가톨릭 신학교에서 사제가 되기 위해 수련받는 생활과 흡사했다.

반면 명상 센터 베네딕투스호프Benediktushof(베네딕투스 하우스)에서는 우리 영성에 대한 피드백이 별로 없었다. 선 수련은 보통 빌리기스와의 1대 1 대면으로 이뤄졌다. 그는 이따금씩 30분간 선 강연도 했다. 청중은 언제나 넋을 잃고 강연에 빠져들었다. 전에 열 번도 넘게 들은 사람이라고 해도 예외는 아니었다.

하지만 이 정식 강연은 독일어로 전달됐다. 사실 대부분의 지도가 독일어로 이뤄졌다. 통역해 줄 만한 사람이 아무도 없던 터라 나는 강연에서 아무것도 배우지 못했지만 여전히 거기에 매료됐다. 한마디도 이해하지 못해도 어느 일부분은 완전히 느낄 수 있었다. 마음속으로부터의 경험이었다. 마치 선이 마음속으로부터의 경험인 것처럼 말이다.

나는 독일로 떠나기 전에 다짐했다. '거기 가서 스승의 마음에 들려 애쓸 수도 있고 배움을 얻을 수도 있지만 둘 다 할 수는 없어. 하나를 선택해야 해.' 나는 배움을 선택했다. 이 선택은 단연코 내 최고의 결정 중 하나였다. 사람들은 나를 리더로 여긴다. 물론 때때로 그런 면이 있는 건 맞다. 그런데 많은 사람들이 잘 알아주지 않는 면이지만 나는 남들을 따르는 것도 좋아한다.

명상에의 도전

빌리기스는 베네딕투스호프에서 2주마다 피정, 즉 세신(접심接心)을 진행했다. '접심'은 말 그대로 "마음을 만진다"는 의미로 하늘과 땅과 나는 하나의 혼이며 만물과 내가 하나라는 선의 핵심 원칙이 담겨 있다. 6일간 이어지는 접심의 목표는 같은 참가자들과 하나가 되는 것이다. 반드시 깨달음이라는 개인적 목표를 이룰 필요는 없지만 그런 깨달음을 덤으로 얻을 수도 있다.

나는 베네딕투스호프에서 지내던 시기의 막바지 무렵에 어머니에게 보낸 짧은 편지에 이렇게 썼다. "이곳에서 제게 일어난 일들은 말로는 표현하기가 힘들어요. 할 말이 거의 없어요. 그 경험에 너무 깊이 몰두해서 말이 할 역할이 별로 없어요."

접심의 핵심은 하루에 두세 번, 한 시간 30분 정도씩 수행하는 집중 명상(좌선座禪)이다. 이때 대부분의 사람들은 바닥에 매트를 깔고 책상다리를 하고 앉아 허리를 똑바로 펴고 눈을 뜬 채 조용히 벽을 마주 본다. 명상 방석을 깔고 좀 더 높이 앉아 있는 이들도 있다. 집중 명상의 목표는 내면으로 들어가 현실을 현재 있는 그대로 아무 분석 없이 관찰하는 것이다(심리학자에게는 힘든 일이지만). 분석 없이 관찰하는 것이 명상의 본질이다.

앞에서도 말했지만 나는 책상다리로 앉아 있으면 극심한 통증을 느꼈기 때문에 의자를 찾아와 의자에 앉아서 했다. 두 손을 손바닥이 위로 오게 해서 무릎이나 허벅지에 올려놓고 명상 수행에 들어간다. 때때로 이 명상은 단순히 선 호흡으로 수행된다. 들이쉬기(하나), 내쉬기(둘), 들이쉬기(셋), 내쉬기(넷) 이렇게 열까지 호흡을 세면 되는데 열까지 다 셌으면 처음부터 다시 세면서 명상 시간 내내 반복한다. 나는 명상 제자들에게 이것이 맑은 정신과 차분한 감정에 이르는 것을 목표로 그게 뭐든 한 번에 한 가지에만 주의를 기울이는 훈련이라고 가르친다.

들소처럼 걷다

전통적으로 좌선 수행 중에는 5분 정도의 걷기 명상도 한다. 내가 그곳 지도자 한 명에게 어떻게 걸어야 하느냐고 물었을 때 그는 주저 않고 "들소처럼 걸으세요"라고 했다. 그 말이 무슨 뜻인지 내가 당연히 알고 있어야 한다는 듯 그렇게만 말했다. 그래서 나는 규칙 하나를 세웠다. 내 왼쪽 사람이 하는 대로 하자.

빌리기스는 걷기의 열렬한 신봉자다. 그는 점심 수행 중 가끔씩 우리를 정원이나 숲으로 내보내 눈을 깔고 사잇길을 걷게 했다. "그냥 걷기가 되세요." 빌리기스가 말했다. 생각하지도 보지도 듣지도 않고 걷기만 하면서 걷기가 된다는 건 생각보다 힘든 일이다. 주의가 산만해지면 힘들다. 때때로 나는 내가 스스로 걸으며 걷기가 되기보다 그냥 걸어지게 되는 듯할 때도 있었다.

인생이 지옥처럼 느껴질 때

어느 날 점심 수행 중 걷기를 하고 있을 때였다. 예전에 정신병원에서 두 손을 움켜쥔 채 여기저기 걷는 사람들을 얼마나 많이 봤는지 기억이 났다. 그래서 나도 걸으며 세상의 모든 정신장애 환자들을 위해 두 손을 움켜쥐었다. "오늘은 손을 움켜쥘 필요 없어. 지금은 너를 위해 걷고 있는 거니까." 종종 이렇게 말하기도 했다. 지금도 미국에서 내가 진행하는 접심에서는 여전히 이렇게 한다.

접심 수행

베네딕투스호프에서의 접심은 6일간 이어졌고 매일 일과는 똑같았다. 동트기 전 일어나 좌선을 하고 아침을 먹고 다시 한 번 좌선을 하고 걷고 점심을 먹는 식으로 하루가 끝날 때까지 똑같은 일과를 따랐다. 접심은 사람의 진을 완전히 빼놓는다. 이상한 소리로 들릴지 모르지만 막대한 에너지가 필요해서 엄청난 칼로리를 소모하기 때문이다. 정신 집중은 뇌에 힘든 일이다. 이 점은 연구를 통해서도 증명되고 있다. 내 친구인 마르틴은 접심을 처음 해보고 나서 이렇게 말했다. "산을 오르는 것보다 더 피곤했어."

접심은 선 지도자와 소통할 때 외에는 거의 완전한 침묵 속에서 진행된다. 베네딕투스호프의 접심 참가자는 보통 100명이 넘었다. 우리는 빌리기스나 다른 지도자와 이야기를 나누기 위해 줄을 서서 차례를 기다렸다. 빌리기스가 작은 종을 울리면 한 참가자가 안에 들어가 그에게 질문을 하거나 관심사를 제기하고 그러면 그가 대답해 주고 다시 종을 울리면 다음 참가자가 들어가는 식이었다.

29. 빌리기스에게 배운 유용한 조언: 계속 나아가기

그곳엔 위계질서가 있었다. 경험과 수련이 더 깊은 수련생들은 위계 가장 위에 있었다. 그들은 참된 자아에 더 깊이 다가가는 법을 배우고 스승에게 부처의 본성, 하느님의 본성, 예수님의 본성, 본질적 본성 등에 관해 (대체로 말없이) 표현하는 법을 배우기 위해 선의 역설적 이야기 혹은 우화라 할 만한 선문답을 공부한다. 그 아래 자리엔 아직 선문답 수행에 들어서지 않은 수련생들이 있었고 또 그 아래엔 정식 수련생이 아닌 사람들이 있었다. 나는 위계상 맨 아래인 바로 그 위치에 들었다. 내가 위계 맨 아래에 있다는 것이 너무 좋았다. 고국에서는 내 연구실에서 내가 위계 맨 위에 있었는데 베네딕투스호프 위계에서는 맨 아래에 들면서 균형이 맞춰지고 있었다. 나는 그게 너무 좋았다.

선문답을 통한 배움

간단한 선문답 예를 소개하면 이렇다. "하늘에 떠 있는 별의 개수는 얼마나 되는가?", "절의 종소리를 멈춰라", "후지산이 세 발짝 내딛게 만들어라" 같은 식이다. 그리고 전형적인 선문답 예로 "개는 부처의 본성을 갖고 있을까?" 같은 질문도 있다. 어디선가 이런 물음이 들려오는 듯하다. "저기요, 마샤, 답이 뭐예요?" 내 선 수련생들에게도 답을 알려주지 않듯이 여기서도 답을 말해주지 않겠다. 내가 수련생들에게 선문답의 답을 알려주면 그들은 아무것도 배우지 못할 것이다.

선문답은 "태양과 지구 사이의 거리는 얼마나 되는가?"나 "지구에

인생이 지옥처럼 느껴질 때

는 몇 개의 나라가 있는가?" 같은 보통 질문처럼 답이 있지 않다. 영묘하거나 초자연적인 관점도 아니다. 수련생은 질문을 분석하는 게 아니라 명상과 전체론적 사고를 통해 답에 이른다. 선문답은 지적 훈련이 아니다. 답이 다가올 수 있게 마음을 열어야 한다. 그리고 답이 보이면 황홀경을 느낀다. "내가 이걸 해냈다니 믿기지가 않아. 와우!" 같은 기분이다. (한마디 덧붙이자면 선문답 "하늘에 떠 있는 별의 개수는 얼마나 되는가?"의 답은 숫자가 아니다.)

선문답의 답을 생각하는 것은 우리가 대개 분열된 방식으로 인식하고 있는 현실의 본성을 통찰하기 위한 방법 중 하나다. 부처님의 본성, 만물의 근본적 본성, 우주의 일체성을 이해하기 위한 것이다.

수련생은 스승에게 그것이 유일한 답인 것처럼 자신의 답을 내놓는다. 선문답에서는 각각의 답이 보편적 진리의 본질을 포착하고 있어 수많은 답이 있을 수 있기 때문이다. 수련생은 스승에게 자신의 답을 행동이나 흉내 내기를 통해 보여준다. 나는 이따금씩 너무 지성적이거나 너무 분석적으로 파고들어 빌리기스에게 훈계를 들었다. "그건 개념이에요, 마샤, 개념이라고요." 그는 자신의 작은 종을 울렸고 그러면 나는 다른 방식으로 생각해 보기 위해 자리를 떠났다.

빌리기스와 함께한 시간은 축복이다

나는 뮌스터슈바르자흐 수도원의 단순미가 마음에 쏙 들었다. 안과 밖의 모든 것이 아름다웠다. 명상실 맞은편으로 보이는 커다란 황금

종부터 인상적이었다. 수도원 안쪽은 이케바나(일본의 전통적 꽃꽂이_옮긴이) 스타일의 멋스러운 꽃들이 지극히 단순한 실내 곳곳에 세심히 놓여 있었고 식사하는 식탁에도 작은 꽃들이 있었다. 바깥으로 나가면 시냇물이 흐르고 다채로운 조각상들이 놓인 꽃밭이 펼쳐졌다. 아주 선스러웠다.

이 수도원은 1930년대 말에 세워졌지만 그 이전인 8세기 이후부터 이 터에는 한 수도원이 자리 잡고 있었다. 이전 수도원은 18세기에 화재로 소실됐다. 서쪽으로 1마일도 안 되는 거리에 마인강이 흐르고 주변 경관이 무척이나 전원적이다.

이곳에서 보낸 시간은 대체로 아주 행복했다. 샤스타 수도원에서 지내던 때 같았다. 베네딕투스호프의 한 사람은 심한 우울증에 빠져 있었고 행복해하는 내게 화가 나 있는 것 같았다. 나는 그에게 말했다. "내가 행복하다면 그건 나도 어쩔 수 없는 일이에요." 변증법에 관한 설명을 기억하는가? 나는 한순간에 내 삶과 내 여정의 여러 측면을 아주 행복하게 느끼는 동시에 아주 슬퍼할 수도 있었다.

하지만 내 등은 어떻게 해줄 수가 없었다. 나는 온갖 방법을 다 시도해 봤다. 걷기가 도움이 되긴 했지만 문제를 해결해 주진 못했다. 어느 날 앉아 있기가 유독 더 고통스러웠던 순간 나는 고통은 중요하지 않다는 사실을 퍼뜩 깨우쳤다. 그것이 위험한 고통이 아니라면 고통에 너무 신경 쓸 필요가 없었다. 그리고 내 고통은 위험한 게 아니었다. 이 깨우침이 큰 돌파구가 됐고 덕분에 나는 그 밖의 수많은 고통의 순간들도 극복하게 됐다.

육체적 고통에 관한 얘기는 꺼내고 싶지 않았지만 견디다 못해

인생이 지옥처럼 느껴질 때

빌리기스에게 말했더니 그는 내 말을 듣자마자 바로 문제의 해결책을 제시했다. 위층 예배당 바닥에 누워 명상을 하라고 한 것이다. 내가 그 말대로 바닥에 누웠더니 곧바로 누군가가 내 다리를 때리며 누우면 안 된다고 했다. 나는 눈을 뜨지도 대꾸하지도 않으며 명상 시간 내내 그대로 있었지만 다시는 그 방법을 시도하고 싶지 않았다. 우리가 그다음 시도해 본 방법은 팔걸이와 등받이가 있는 의자였다. 무릎에 쿠션을 올려놓고 팔을 그 쿠션에 얹어 어깨를 받쳐줘 봤더니 별 고통 없이 견딜 만했다.

그런데 좌선 중에 그렇게 앉으려면 많은 겸손이 필요했다. 본능적으로 사람은 규칙에 따라 의무대로 행하고 싶어 하는 경향이 있다. 명상 중 팔걸이와 등받이가 있는 의자에 앉는 것은 안 되는 일이었다. 바닥에 책상다리를 하고 앉아야 했다. 하지만 내가 그곳에 간 목적이 무엇이었는가? 다른 사람들에게 좋은 인상을 주기 위한 것이었는가, 아니면 배우기 위한 것이었는가? 나는 계속 팔걸이와 등받이가 있는 의자에 앉아 비교적 편안하게 명상 수행을 배우기로 결정했다. "여왕님 의자 꺼내. 마샤 님 납시었어." 수도원 사람들은 나를 보면 늘 이렇게 말하며 팔걸이가 달린 큼지막한 빨간색 의자를 끌고 왔다.

빌리기스는 1대 1 대면 때는 유창한 영어를 구사했다. 얼마 지나지 않아 그와의 대면 시간이 5분에서 10분으로, 다시 15분으로 늘어났다. 모든 수련생 중 내가 가장 긴 시간 대면을 가졌다. 그렇게 된 데는 내가 그의 독일어를 이해하지 못해 이해시켜 주느라 시간이 더 걸린 탓도 있었다. 그는 몇 번이나 이렇게 말했다. "마샤, 오늘 내 강

29. 빌리기스에게 배운 유용한 조언: 계속 나아가기

연을 이해했으면 좋았을 텐데요." 시간이 지나면서 우리 사이의 유
대가 깊어졌다. 로욜라대학에서 영적 지도자였던 안셀름과의 유대
에 비견될 정도였다.

나는 황홀경과 깊은 슬픔을 번갈아 가며 느끼는 상태였다. 한번
은 빌리기스가 이런 말을 해줬다. "당신은 고통 속에 있었어요, 마
샤. 나는 그런 고통을 겪어본 적이 없지만 그 고통을 이해해요." 무
척 애정 넘치고 인정 어린 포용이었다. 그가 내 영혼을 들여다보며
내 고통과 괴로움을 보고 그 고통과 괴로움을 품어주는 듯했다. 나
는 빌리기스에게 보살핌을 받는 기분이었지만 선에 더 깊이 다가서
면서 선문답, 명상 중의 육체적 고통, 솟구치는 심적 고통 같은 그곳
생활의 난관을 이겨내느라 몸부림치고 있었다. 어느 날은 빌리기스
에게 푸념을 늘어놓기도 했다. "그래서 그만두고 싶어요?" 그가 내게
물었다. "다시는 여기에 오고 싶지 않아요?"

사실 나는 정말로 그만두고 싶었다. 하지만 빌리기스가 그 말을
하는 순간 그 즉시 본능적으로 이렇게 말했다. "아니에요, 절대로 그
만두고 싶지 않아요. 저는 쉽게 포기하는 사람이 아니에요. 스승님
에게 그 누구보다 충실한 수련생이에요." 나는 고함을 지르다시피
목청 높여 말했다. 내게 전환점이 된 순간이었다.

선과 일체성

접심의 경험은 그냥 경험이다. 지적 활동이 아니다. 그것이 선이다.
선은 당신이 그저 존재한다는 것이자 "존재함"을 경험하는 것에 더

인생이 지옥처럼 느껴질 때

가깝다. 어쩌면 당신이 기차역에 있다가 시계를 올려다보는 순간 바로 이것이 존재함임을 깨우칠 수도 있다. 모든 것이 그저 존재할 뿐 그 외에는 아무것도 없다고.

우리는 우주를 창의적인 방법으로 상호작용하는 별개 개체들의 집합으로 여긴다. 하지만 선에서는—현실에서는—모든 것이 다른 모든 것과 하나로 연결돼 있다. 우리는 유일신, 하느님, 지상의 생명, 본질적 현실, 부처성의 표출이다.

단순하지만 중요한 교훈을 배우다

내가 샤스타 수도원과 베네딕투스호프에 간 것은 수용을 배우기 위해서였다. 어쨌든 있는 그대로를, 당신 삶에서의 현재 상태를 수용하는 것이 선의 본질이니 말이다. 내가 철저한 수용을 더 잘 실행하게 된 데는 베네딕투스호프에서의 점심 수련 중 행했던 단순하면서도 실용적인 연습 활동 두 가지가 큰 영향을 미쳤다.

첫째는 빌리기스를 포함한 모두가 식당에 있는 모든 사람이 식사를 다 마칠 때까지 자리에서 일어나선 안 됐던 것이었다. 사실 어머니가 줄기차게 못마땅해한 점인데 나는 아주 빨리 먹는 편이다. 베네딕투스호프에서의 식사 시간 때도 이런 식습관은 어디 가지 않았다. 나는 앉아서 명상을 하다 진이 다 빠져 있던 터라 후딱 식사를 마치고 침대에 몸을 던져 다음 좌선 명상 때까지 잠깐이나마 낮잠을 자고 싶은 마음이 굴뚝같았다. 하지만 슬프게도 아주 느릿느릿 식사하는 사람이 몇 명 있어서 마지막 한 사람까지 식사를 마칠 때까지 우리 모두가 기다려야 했다. 달그락, 달그락, 달그락. 접시에 나이프 부딪치는 소리가 연신 들려왔다. 달그락, 달그락, 달그락. 나는 마침 내 그 소리가 들리지 않을 때까지 기다려야 했다. 내게 철저한 수용을 가르쳐준 것이 있다면 바로 이 기다림이었다.

모두 다 식사를 마칠 때까지 기다리기 규칙은 아주 효과적인 연습 방법이라 지금도 내 독자적 접심에서 계속 수행하고 있다.

철저한 수용을 더 잘하게 해준 두 번째 연습 활동은 주방 일과 관련된 것이었다. 그곳에서는 모두가 주방 일을 맡았고 나는 주로 설거지를 했다. 나는 이런 유의 일을 아주 체계적으로 해서 일하는 속도가 무척 빠르다. 하지만 이미 짐작했을 것이다… 나와 같이 일하는 사람들은 대체로 체계라고는 없어서 속도가 느리디느렸다. 이 순간 역시 철저한 수용이 필요했다. 나는 좋든 싫든 끈기를 가져야 했다. 이때의 경험을 기리는 의미에서 나는 접심 수련 중 설거지를 할 때 사용했던 것과 똑같은 큼지막한 분사형 수전을 내 집 주방에 설치했다. 이 수전은 날마다 내게 연습을 상기시킨다.

마침내 가족의 일원이 되다

때때로 간단하고 맛 좋은 채식 식사가 "가족 식탁"에 차려졌는데 이 가족 식탁은 빌리기스와 다른 지도자들이 식당 안 사람 모두를 볼 수 있는 긴 식탁이었다. 수도원 사람들과 단기 방문자들 그리고 최초이자 유일한 장기 방문자인 내가 식탁 주위로 모였다. 가족 식탁에 식사가 차려지면 다들 자기 자리에 서서 기다리다가 모든 사람이

전부 식탁으로 모이고 나서야 다 같이 허리 숙여 인사한 후에 착석했다.

가족 식탁의 상석에 앉는 것은 내겐 사소한 일이 아니었다. 빌리기스는 내게 옆에 앉으라는 말을 자주 했다. 1983년 11월 첫 방문 이후 수년 동안 특히 더 그랬다. "내 옆으로 와서 앉아요, 마샤." 빌리기스가 이렇게 말하면 그 자리는 내가 떠날 때까지 내 자리가 됐다. 그것은 아주 포용적인 제스처였다. 내겐 다른 그 무엇보다 치유가 돼주는 일이었다. 한 가족의 일원이 되고 전적으로 수용되는 뜻깊은 경험이었다.

여동생 에일린은 훗날 내게 이런 말을 했다. "언니는 자랄 때 가족이 있는 집이 없었어. 언니에게 필요했던 그런 집을 갖지 못했던 셈이지." 정말 맞는 말이었다. 나는 사람들이 크리스마스 때 "집에 간다"고 하는 말의 의미를 비로소 처음 이해했다. 나는 실제로 수년에 걸쳐 베네딕투스호프에서 크리스마스를 보냈다. 지금까지도 그들은 여전히 내 가족이다.

첫 방문 이후 수년 동안 나는 그 수도원의 다른 사람 대다수와도 친해졌다. 묵상기도와 영적 춤 지도자였던 베아트리체 그림과는 특히 각별한 사이가 됐다. 나는 이 영적 춤에 푹 빠져들었다. 날씨가 포근한 날에는 저녁을 먹은 후 다 함께 밖으로 나가 널찍한 진입로에서 춤을 추기도 했다. 춤은 대부분 테제Taizé라는 영적이고 기도 같은 노래에 맞춰 췄다. 무척 즐거운 경험이었다.

이 춤은 옆 사람과 손을 잡고 둥글게 원을 지어 춘다. 나는 현재 내가 미국에서 운영하고 있는 피정과 그 외 여러 모임에서 이 춤을

29. 빌리기스에게 배운 유용한 조언: 계속 나아가기

중요한 구성 요소로 삼고 있다. 내가 사람들에게—치료사들은 치료사들끼리, 내담자들은 내담자들끼리—춤을 추게 하는 이유는 서로 화합시키려는 의도다. 특히 내가 내담자들과 함께 춤을 추는 이유는 (우리가 그들이 춤을 추게끔 할 수 있다면) 내담자들이 일체감을 경험하게 해주고 모두에게 마음챙김 상태에서 현 상황을 자각하도록 상기시켜 주겠다는 신념 때문이다. 이때 쓰는 음악은 〈나다 테 투르베Nada Te Turbe〉다. 번역하면 '아무것도 그대를 흔들지 못하게 하라'는 뜻의 감미롭고 감동적이며 의미로 충만한 곡이다. 이 말에 담긴 뜻에 관해서는 앞으로 36장에서 알려주겠다. 치료사들이 모이는 자리에서도 나는 치료사들이 춤을 추게 한다. 이때는 박자가 강렬하고 맞춰서 춤추기 쉬운 곡인 〈양치기의 노래The Shepherd's Song〉를 틀어놓는다. 다들 이 곡을 "DBT 춤"이라고 부른다. 나는 치료사들에게 돌아가서 내담자들을 상담해 줄 때 이 모델에 따라 내담자들과 같이 춤추라고 권한다.

(내가 춤에 쓰는 두 곡 모두 빌리기스를 방문했다가 알게됐다.)

선의를 가진 이기적인 순간

1983년 11월 그곳에 도착한 지 얼마 안 돼 한 달로 계획한 체류 기간이 금방 지나 떠날 때가 됐다. 나는 이곳을 떠난다는 생각만 해도 견딜 수가 없었다. 게다가 이곳에서의 배움을 내 내담자들을 위한 효과적인 치료법으로 전환하려면 더 많이 배워야 할 것도 같았다.

나는 오래 생각할 것도 없이 학과장에게 전화를 걸어 무급 휴가를 3개월 연장해 달라고 부탁했다. 내 딴에는 아주 합리적인 제안이라고 생각했다. 어쨌든 내담자들에 대한 치료의 질을 높이려는 취지였고 학과 입장에서는 늘어난 휴가 기간 동안 내게 급여를 주지 않아도 될 테니 말이다.

하지만 내가 살면서 저지른 모든 세심하지 못했던 일들을 통틀어 누가 뭐래도 이 일이 가장 최악이었다.

첫째로 나는 다음 학기에 하기로 약속한 강의들이 있었다. 둘째, 내가 자리를 비운 동안 지도 교수가 공석이라 지도받지 못한 지도 학생들이 있었다. 누가 그 학생들을 상대해 준단 말인가? 현재 컬럼비아대학교 교수이자 리네한 연구소장인 내 제자 안드레는 한창 박사 논문을 쓰는 중일 때 그를 내팽개쳐 둔 데 대해 화가 잔뜩 나서 5년 동안 나와의 대화를 거부했다. (이후 관계를 회복했다.) 세 번째 문제는 내가 당시 종신 재직권을 막 얻은 상태였다는 점이었다. 동료 교수들은 종신 재직권을 얻자마자 도망갈 생각을 한 사람에게 종신 재직권을 부여해 준 데 의문을 가졌다.

정말로 나는 이 실수에 대해 수년에 걸쳐 미묘하지만 큰 대가를 치렀다.

학과장이 바로 보인 반응은 이랬다. "뭐라고요? 종신 재직권을 얻어놓고는 자리를 비우고 떠나서 당신의 빈자리를 다른 사람들에게 떠맡기겠다는 건가요? 너무 이기적이군요." 하지만 학과장은 결국 3개월의 휴가 연장에 동의해 줬다. 그리고 나중에 이렇게 말했다. "마샤, 나쁜 의도가 있어서 그러는 건 아니겠지만 가끔씩 당신 행동이나 말이 다른 주변 사람들에게 미치는 영향에 둔감할 때가 있어요."

29. 빌리기스에게 배운 유용한 조언: 계속 나아가기

맞는 말이었다. 나는 나 자신과 내가 해야 할 일, 내 연구가 이롭게 활용될 방법에만 전념했다. 내 행동이 남들에게 어떤 영향을 미칠지는 생각하지 않았다.

기묘하고 섬뜩한 느낌

접심이 유독 격해지면—내가 어머니 때문에 울거나 하느님을 갈구하면—빌리기스는 나를 밖으로 내보내 걸으면서 자연 속에 머물게 했다. 저 멀리로 눈 덮인 산이 보이는 그곳 계곡은 정말 아름다웠다. 내가 본 곳 중 자연의 아름다움 면에서 시애틀에 도전장을 내밀 만한 곳은 거기가 처음이었다. 그곳을 걷다 보면 모든 감각이 충만히 채워졌다. 꽃들의 색채와 향기, 얼굴을 스치는 미풍, 나무 사이에서 들려오는 새들의 지저귐. 마음만 먹으면 주변의 풍성한 자연을 말 그대로 그 맛까지 느낄 수도 있었다. 내 오감 하나하나가 모두 그 계곡에 감동받았다.

베네딕투스호프를 처음 방문했을 때는 겨울인 11월이었던 탓에 그런 감각의 충만함은 겪을 수 없는 일이었다. 하지만 수년이 지나는 사이 시기를 달리해 여러 번 그곳을 찾은 기억들이 한 덩어리로 뭉쳐졌다. 그러자 첫 방문 때 내가 실제로 꽃들을 보고 꽃향기를 맡고 얼굴을 스치는 미풍을 느끼고 새소리를 들을 수 있었던 것처럼 상상하기가 쉬워졌다. 이것이 인간의 상상력이 가진 마법이다.

넉 달을 머물며 2주에 한 번씩 접심에 참여한 일은 정말로 치열한 경험이었다. 그때 나는 어떤 기회도 놓치지 않고 할 수 있는 한 모든 것을 배우려 했다. 하지만 나중에 가서야 깨달았다시피 그것은 뇌를 혹사하는 일이었다. 어느 날 명상을 하며 벽을 마주 보고 있는데 갑자기 몸이 바닥 아래로 떠밀려지는 것처럼 느껴졌다. 동시에 머리가 몸에서 떨어져 날아갈 것만 같았다. 내 머리를 붙잡아 둘 스카프가 간절해질 만큼 강렬한 느낌이었다. 나는 명상 수행에 몰두했다. 그렇게 해야 바닥을 뚫고 떨어지지 않을 것 같았다. 이런 느낌은 몇 주가 지나도록 계속됐다. 그 와중에 좋았던 점도 있었다. 언제라도 머리가 떨어져 날아가고 몸이 바닥을 뚫고 들어갈지 모른다고 생각하니 확실히 집중력이 흐트러지지 않았다.

이런 당황스러운 느낌이 계속되자 나는 차츰 걱정이 됐다. 나는 혼잣말을 했다. "너는 심리학자잖아. 이 문제를 어떻게든 할 수 있어." 나는 한참 동안 산책을 했다. 시내로 나가 몇 시간씩 걷고 벽의 벽돌 하나하나를 일일이 세어봤다. 그것이 명상 수행의 한 과정일 뿐이라고 나 자신에게 상기시켰다. 집중력을 잃지 않는 한 나는 괜찮았다. 결국 모든 것이 다시 평온해졌다.

놓아버려야 한다

샤스타 수도원에서 지도자들은 우리에게 선의 궁극적 목적이 깨달음의 경험에 있다고 가르쳐줬다. 내가 시카고 세너클 피정의 집 성당에서 전환의 순간 깨달음을 경험한 일은 신경 쓰지 않아도 된다. 나로선 그때의 내 경험이 수도원의 지도자들이 말하는 그 경험인지 아닌지도 몰랐다. 다시 한 번 나는 이미 겪어본 적 있는 경험을 찾아

헤매고 있었다.

나는 잠이 잘 오지 않아 밤에 자주 산책을 했다. 어느 날 밤 산책을 나갔다가 다시 수도원으로 돌아오던 길, 한 모퉁이에서 잠깐 걸음을 멈췄다. 그냥 가만히 서 있었다. 항상 내 머릿속을 떠나지 않는 생각들이 단지 드라마일 뿐이라는 깨달음이 왔기 때문이었다. 나는 언제나 반추하고 걱정하고 죄책감을 느끼고 기분이 나빠지고 자기 비판적이 되는 우울한 사람들의 방식을 생각하고 또 생각하고 있었는데 그때 퍼뜩 깨달았다. "잠깐, 이 망할 놈의 드라마를 계속 틀어 놓을 필요는 없잖아. 이 모든 게 다 의미 없어." 엄청난 해방감이 느껴졌다. 이때까지도 나는 여전히 세너클 성당에서 체험한 경험을 얻으려 하고 있었다. 그런데 그 순간 놓아버려야 한다는 깨달음이 들었다. 그런 경험을 놓아버리고 하느님도 놓아버려야 한다고.

헤쳐나간 것이 아닌 견뎌낸 것

빌리기스는 이따금씩 내게 관광객처럼 둘이서 당일치기 여행이나 1박 여행을 다녀오자고 제안했다. 이 시기에도 나는 어머니에게 꾸준히 엽서를 보냈다. 지금 그 엽서들을 보면 내가 여행을 하며 꽤 많은 모험을 했다는 게 느껴진다. 1월 17일 취리히… 1월 23일 루체른… 1월 24일 티롤… 2월 1일 뮌헨… 2월 4일 가르미슈… 2월 18일 인스브루크. 어느 정도였는지 감이 오지 않는가? 엽서 사진들은 풍경이나 산의 모습이 담긴 것도 있었지만 대부분 교회를 비롯한 오래되고 멋스러운 건물들이었다. 예를 들어 뷔르츠부르크 소재 성당의 신도

석, 인스브루크의 왕실 예배당, 중세 시대 문이 남아 있는 뮌헨의 유명한 번화가 등이었다. 나는 교회에 들어갈 때마다 어머니를 위해 촛불을 켰다.

엽서에는 주로 짤막한 소감을 썼다.

저예요, 어머니. 지금 전 뷔르츠부르크로 돌아가는 차 안이에요. 오늘 아침 수업이 끝난 후 빌리기스가 두 아이에게 세례를 해주러 가는 곳에 따라갔다 오는 길이에요. 어머니도 봤다면 정말 좋아했을 텐데! 두 아이 다 귀여웠어요. 여자아이(세 살)는 긴 흰색 원피스를 입고 목에는 핑크색 리본을 묶고 있었고 남자아이(다섯 살)는 파란색 벨벳 바지를 입고 주름 장식 들어간 흰색 긴 블라우스에 볼레로 조끼를 받쳐 입고선 마찬가지로 목에 핑크색 리본을 두르고 있었어요. 아홉 살짜리 여자애가 플루트를 불었고 우리는 다 같이 노래도 부르고 초를 켜고 그랬어요… 그다음 수업(묵상)은 수요일 저녁부터 4일 동안 이어지고 그다음으로 6일간의 선 접심 수행까지 하고 나면 이제 집으로 가요.

이때가 2월 말이었고 시애틀로 돌아가기로 예정된 날이 딱 2주 남아 있을 때였다. 나는 대단한 여정을 견뎌내고 넉 달 전 여기에 왔을 때와는 사뭇 다른 경지에 올라 있었다. 말하자면 나는 그 여정을 "헤쳐나갔기"보다는 "견뎌낸" 것이었다. 시실상 내가 내게 일어난 일들을 거의 또는 전혀 통제할 수 없었으니 말이다.

나는 이루지 못한 영적 갈망으로 인한 아픔뿐 아니라 부정적 자아존중감까지 주체할 수 없이 치밀어 자주 눈물을 펑펑 쏟았다.

29. 빌리기스에게 배운 유용한 조언: 계속 나아가기

그러던 중 어머니에게 "마샤, 사랑하는 내 딸"로 시작되는 편지를 받았다. 트럭에 치인 듯한 충격적인 기분이었다. 나는 그날부터 매 명상마다 연신 울었다. 여기서 울었다는 말은 오전, 오후, 저녁의 좌선 명상 시간을 포함해 정말로 하루 종일 울었다는 소리다.

그렇게 눈물이 터졌던 첫날 저녁이 저물어 갈 무렵 나는 빌리기스에게 갔다. 가서 울먹이며 이렇게 말했다. "자꾸 눈물이 나오는데 이유를 모르겠어요." 내가 왜 우는지 어리둥절했던 이유는 그 울음이 어머니와 전혀 연관 지어지지 않았기 때문이다. 지금도 여전히 그게 어머니와 관련된 문제였는지 아닌지 잘 모르겠다. 빌리기스는 그냥 나를 바라보며 말했다. "눈물이 나면 계속 울어요." 그러곤 종을 울렸고 나는 밖으로 나왔다. 그의 입장은 이랬다. "꼭 무슨 의미가 있어야 하는 건 아니에요. 의미를 생각하지 않아도 돼요. 꼭 뭔가를 해야 할 필요는 없어요. 모든 것은 있는 그대로예요."

며칠이 지나서야 마침내 눈물을 그칠 수 있었다. 그쯤이면 나도 육체적으로나 정서적으로나 녹초가 돼 있었을 것이다. 나는 다시 빌리기스에게 가서 말했다. "울음이 그쳤어요." 그가 말했다. "오, 어떻게 된 일인지 알겠어요?" 내가 말했다. "아니요." 그가 말했다. "괜찮아요." 그리고 이어서 그의 작은 종이 울렸고 나는 다시 밖으로 나왔다. 며칠 전과 똑같았다. 선에서는 생각을 하지 않는다. 모든 것이 왔다가 가고 또 왔다가 갈 뿐이다. 선은 현실을 있는 그대로 바라보고 경험하는 것이다.

안타깝게도 나는 이 특별한 시기가 자주 그리웠다. 그럴 때면 빌리기스는 이렇게 말했다. "마샤, 그냥 이런 거예요." 그는 바이올린

인생이 지옥처럼 느껴질 때

을 켜는 시늉을 해 보이며 말을 이었다. "그냥 이런 거라고요. 다른 건 없어요. 그냥 이거예요." 어느 날 저녁 나는 불안함인지 우울함인지 모를 감정에 휩싸였다. 나는 그에게 전화를 걸었다. "빌리기스, 이리로 와서 저를 위해 바이올린을 한 번 켜주면 안 될까요?" 그는 내가 있는 곳으로 와서 그렇게 해줬다. 두 팔을 들어 올려 바이올린 활을 켜는 시늉을 해줬다. "그냥 이런 거예요, 마샤. 다른 건 없어요. 그냥 이거예요." 그것이 내게 필요한 전부였다.

내가 빌리기스와 나눈 논의가 전부 내 영혼의 깜깜한 밤에만 초점이 맞춰졌던 것은 아니었다. 때때로 아주 실질적인 대화를 나누기도 했다. 회기 중 한 남자가 자주 내 옆에 앉아 있었다. 그는 면도도 하지 않은 모습으로 의자에 앉아 의자를 흔들거리고 자기 턱을 어루만졌다. 그가 손가락으로 까슬까슬한 그루터기 수염을 만질 때마다 소리가 들렸다. 나는 빌리기스에게 말했다. "저 소리 좀 안 들리게 해줄 수 없어요?"

빌리기스는 이야기를 들려줬다. "좋아요, 마샤. 옛날에 선 마스터들은 종종 시냇가로 내려갔어요. 그곳엔 시냇물의 물살로 돌아가는 물레방아가 있어서 고수들이 물가에 앉아 있으면 물레방아 돌아가는 소리가 찰크락 달그락, 찰크락 달그락 들려왔죠. 고수들은 그 자리에 앉아서 앞에서 들려오는 그 소리를 들었어요. 찰크락 달그락, 찰크락 달그락, 찰크락 달그락. 고수들이 그렇게 앉아 있던 것은 단지 놓아버리는 연습을 위한 일이었어요. 당신에게는 저 남자와 저 남자의 짜증스러운 행동이 찰크락 달그락, 찰크락 달그락, 찰크락 달그락 소리예요. 그냥 놓아버리는 연습을 해봐요. 다시 마음을 가

29. 빌리기스에게 배운 유용한 조언: 계속 나아가기

다듬고 해봐요. 물레방아 소리라고 생각하면서요."

앞에서도 말했지만 선은 연습에 연습, 또 연습이 필요했다.

두 가지 선물

나는 그 첫해와 이후 여러 해에 걸쳐 빌리기스와 시간을 함께하며 귀한 선물을 얻었다.

첫 번째 선물은 선 수행에 임상적으로 전환할 수 있는 요소들이 있다는 사실을 일찌감치 깨달은 일이다. 하지만 이 확신에는 살짝 잘못 짚은 면도 있었다. 전환 과정이 내가 생각했던 것보다 훨씬 더 복잡했기 때문이다. 이 착오로 초반 시도는 완전한 실패로 끝났다. 결국 수년에 걸쳐 독일을 드나들며 빌리기스와 의논하고 다음번에 시도할 만한 것들에 대한 의견도 구한 끝에 선 수행을 DBT 기술의 토대로 전환하는 데 성공했다. 내가 마음챙김 기술이라고 이름 붙인 이 기술은 아주 중요해서 DBT에서 맨 처음 가르쳐준다. 그만큼 DBT의 핵심 기술이다. 마음챙김은 당신이 지금 이 순간 있는 위치에 초점을 맞춰 그 위치를 어떤 비판도 없이 수용하는 것이다. 마음챙김에 성공하는 것이 수용에 이르는 관문이다. 마음챙김에 관해서는 뒷부분에서 더 자세히 알려주겠다.

내가 얻은 두 번째 선물은 심오하면서도 전혀 기대조차 하지 않았던 것이었다.

베네딕투스호프에 갈 당시 내게 선 지도자나 선 마스터가 되고 싶다는 생각은 전혀 없었지만 그 몇 년 사이 둘 다 된 것이다. 충분

인생이 지옥처럼 느껴질 때

히 짐작될 테지만 이것은 내 영적 여정에서 중대하고도 예상치 못한 일이었으며 이 이야기는 다음 장에서 따로 들려주고 싶다.

더는 향수병을 느끼지 않게 되다

하지만 나는 그보다 더 개인적인 것도 얻어 왔다.

베네딕투스호프에 처음 갔을 당시 나는 무능력감, 자아가치에 대한 의문, 절망으로 인해 실제로 끊임없는 괴로움에 시달렸다. 거기에 더해 신을 향한 것이든 또 그 무엇을 향한 것이든 이뤄지지 못한 갈망이 일으키는 고통도 끊일 새가 없었다. 뭐가 잘못된 건지 모른 채로 많은 시간을 끔찍한 기분 속에서 보냈다.

시카고에서의 초반 몇 년간은 영적 조언자인 테드와 안셀름이 곁에 있었기에 운이 꽤 좋았다. 둘 다 내 본질인 영성을 이해했고 둘다 나를 사랑해 줬다. 하지만 그것만으로는 충분치 않았다. 빌리기스와 이야기를 나누면서부터 나는 그와의 대화는 뭔가 다르다는 것을, 뭔가 중요하다는 것을 알았다. 내 갈망에 대해 예전에는 할 수 없었던 방식으로 말할 수 있었다.

그리고 빌리기스는 다른 누구도 해준 적 없던 방식으로 그 갈망을 이해해 줬다.

한번은 내가 빌리기스에게 물었다. "저는 왜 이런 기분을 느낄까요? 저는 뭐가 잘못된 걸까요? 제 문제가 뭘까요?" 그는 잠시 말이 없다가 입을 뗐다. "마샤, 문제는 당신이 향수병을 앓고 있다는 거예요." 앞에서도 말했지만 나는 베네딕투스호프에서 내 집을 찾았고 베네딕투스호프에 향수병이 있었다. 하지만 빌리기스의 말은 그런 뜻이 아니었다. 내가 하느님을 향한 향수병을 앓고 있다는 의미였다. 나는 밤에 침대에 누우면 나와 하느님 사이에 장막이나 어떤 장벽이 있는 것 같은 기분이 들었다. 그 장막을 없애려 애써봤지만 번번이 헛수고로 끝났다.

그래서 빌리기스가 "향수병"이라는 단순한 단어를 말한 순간 그 말이 문득 마음에 와 닿았다. "오, 그래요, 그 말이 맞아요. 전 그냥 향수병을 앓는 거예요. 제가 잘못된 게 아니에요. 정신적으로 아픈 게 아니에요. 그냥 갈망하고 있을 뿐이에요. 갈망의 문제예요." 그 순간 영혼의 깜깜한 밤이 아주 걷힌 것은 아니지만 확실히 편안해졌다.

사랑은 빌리기스가 내게 준 또 하나의 보물이었다. 물론 여기에 쓰기에 "줬다"는 부적절한 말이다. 사랑은 초콜릿 선물 세트처럼 누군가에게 줄 수 있는 물건이 아니니까. 사랑은 존재다. 그리고 나는 처음 느껴보는 방식으로 빌리기스에게 사랑받는다고 느꼈다. 처음으로 내가 사랑받고 있음을 경험했다. 테드와 안셀름은 나를 사랑해 줬지만 그 사랑은 느낌이 달랐고 안셀름은 다소 나를 떠받들었기에 순수한 사랑이라기보다는 숭배에 더 가까웠다. 물론 에드는 나를 사랑했지만 그 사랑 역시 달랐다. 빌리기스와 있으면 나는 소속감을 느끼고 집에 온 것 같았다. 그는 내 영적 부분을, 내 본질을 처음처럼 봐줬다.

빌리기스의 사랑은 순수하고 강했다. 나를 철저히 수용해 주는 데서 비롯된 사랑이었다. 그 사랑이 나를 변화시켰다. 나는 이제 가

인생이 지옥처럼 느껴질 때

족 없는 사람이 아니었다. 더는 향수병을 앓지도, 더는 혼자서 외롭지도 않았다.

나는 마침내 내가 됐다.

29. 빌리기스에게 배운 유용한 조언: 계속 나아가기

30

선 마스터가 되다

Becoming a Zen Master

2010년 6월 어느 날, 나는 수도원에서 빌리기스의 방으로 들어갔다. 이 무렵 나는 아주 많은 선문답을 수행한 상태였다. 그는 종이 한 장을 꺼내 내게 툭 던져줬다. "이제 당신은 선 지도자예요." 그가 말했다. 나는 완전히 놀라서 말했다. "전 선 지도자가 될 자격이 안 돼요. 아직 선문답을 마치지 못했는데요." 그가 대꾸했다. "이 정도로 많은 선문답을 수행할 수 있다면 해야 할 일을 다 할 수 있어요. 이제 당신은 지도자예요."

이 시점이 되면 제자는 다른 선 스승에게 가서 확인을 받아야 했다. 빌리기스는 나를 팻 호크에게 보냈다. 팻은 빌리기스처럼 가톨릭교 사제이자 선 스승이었다. 애리조나주 투손에서 활동하다 얼마 뒤에는 나를 위해 심리치료사들의 선 피정을 이끌어줬다.

레뎀프토르회 갱생 센터는 150에이커에 이르는 사막 관목지대에 터를 잡고 투손 북서쪽인 사와로 국립공원 서쪽 외곽과 접해 있다. 경치가 기막히도록 아름답다. 라일락으로 알록달록 물든 산의 풍경이며 일출과 일몰 때마다 심홍색으로 퍼져나가는 햇빛이 장관이다. 호호캄족 인디언들은 이곳을 신성하게 여겨 오래전에 센터 부지 주변 곳곳에 성스러운 암석 조각을 남겨놓았다.

센터 내에는 사막의 성모마리아 성당Church of Our Lady of the Desert도 있다. 성당 벽에는 호세아서 2장 14절 구절이 쓰여 있다. "내가 그를 타일러 거친 들desert로 데리고 가서 말로 위로하리니." 나는 이 아담한 성당이 정말 좋다.

팻이 피정에서 내세운 목표는 내가 스스로 눈떴던 유형의 마음챙김으로 심리치료사들을 이끌고 그들 스스로 원하는 정도까지 선에 들어서도록 인도해 주는 것이었다. 나는 내공 있는 선 수련생이자 치료사인 세다 쿤스와 같이 팻의 조수로 옆에서 그를 보필했다. 팻은 내 삶에서 아주 중요한 존재가 됐고 빌리기스와 비슷한 관계를 그와 맺게 됐다.

팻은 내가 좋은 선 지도자가 되게 도와달라는 부탁에 선뜻 응해 줬다. 하지만 나는 선 마스터가 되는 것까지 부탁하진 않았다. (선 지도자가 가톨릭교 사제와 비슷하다면 선 마스터는 주교에 상응한다. 물론 선에는 교황에 상응하는 위치는 없다.)

하지만 팻은 2012년 나를 기어코 선 마스터로 만들었다. 그와 함께 일한 지 10년 정도 지났을 때였다. 팻은 죽음을 앞두고 있었고 나를 포함한 네 명을 선 마스터로 만들고 싶어 했다. 그는 내가 자신을 대변하는 사람이라고 말했다. 당시엔 선 마스터가 되고 싶어 하는 수련생들이 많았다. 팻의 절친한 친구는 언젠가 내게 이런 말을 했다. "마샤, 당신이 이곳에서 가장 훌륭한 지도자예요." 나는 그게 무슨 뜻이냐고 물었다. 그가 말했다. "당신이 선 마스터가 될지 안 될지 신경 쓰지 않는 유일한 사람이거든요."

의식은 여러 의례에 따라 아름답게 치러졌다. 팻은 몸이 너무 아파 그 자리에 참석하지 못했다. 그는 얼마 지나지 않아 돌아갔다. 하지만 이제 그는 내가 선 피정을 이끌 때마다 언제나 나와 함께한다. 그는 내게 베일을 덮어주는 듯한 위안 같은 존재로 다가온다.

그리고 나는 팻 생각을 자주 하는데 그럴 때면 어떤 특별한 일화가 떠오른다. 나는 우선 생명에 위협이 되는 행동과 치료 자체를 방해하는 행동을 다루고 나면 다음 치료 목표는 즐거움joy을 얻는 것이라고 믿었다. 사람은 누구나 삶에서 즐거움을 얻길 원하지 않는가. 어느 날 나는 팻과 이야기를 나누던 중 어떤 생각이 떠올라 말했다. "팻, 당신은 선 마스터잖아요. 어느 때나 항상 즐거운가요?" 그가 대답했다. "마샤, 그것이 뭐든 원하는 것을 갖지 않아도 되는 자유를 갖고 싶지 않나요? 당신이 원한다고 생각하는 것을 모두 다 갖지 않아도 되는 자유를 누린다면 그게 더 기분 좋지 않을까요?"

팻의 말이 맞았다. 아직 갖지 못한 것들을 가져야 한다는 억압에 짓눌려 사는 것보다 삶이 주는 대로 수용하는 편이 더 낫다. 그렇다고 만사에 수동적이어야 한다는 뜻은 아니다. 절대 아니다. 가져야 한다는 생각을 놓으라는 말이다.

그리고 그것이 바로 수용이다.

이쯤에서 멋진 메시지를 전해주고 싶다. 내가 내 선 제자들에게 들려주는 말이다. 나는 지도 초기에 이 말을 보살 4대 서약Four Great Vows of the Bodhisattva으로 주며 세 번 반복하게 한다.

많은 것들이 무수하니
　　그것들을 아끼기로 서약합니다.
탐욕, 증오, 무지는 끊임없이 되살아나니
　　그것들을 버릴 것을 서약합니다.
배움의 문은 무수하니
　　배움에 깨어 있을 것을 서약합니다.
길이 없는 길은 넘어설 도리가 없으니
　　길을 충실히 구현할 것을 서약합니다.

꼭 의미를 찾을 필요는 없다

나는 비정통적인 선 마스터다. 다른 마스터들과는 다르다. 선 수행에 춤을 접목하는가 하면 따르지 않는 전통 의식도 많다. 한번은 빌리기스에게 내가 수행하는 모습과 지켜보고 하는 말을 들어봐 달라고 부탁한 적도 있다. 그는 말했다. "그럴 필요 없어요, 마샤. 안 그래도 돼요. 난 당신이 잘하고 있다는 걸 알아요."

선 마스터가 되는 것은 물속에 뛰어드는 것과 같다. 가라앉았다 떠오르고 가라앉았다 떠오른다. 하지만 이제 나는 바닥에 앉아 있는 경지에 있다. 더는 공기를 마시려 위로 올라오지 않아도 된다. 이런 일들은 말로 표현하기가 불가능하지만 어쨌든 이제 나는 있는 그대로의 나이며 더는 공기를 마시러 위로 올라오지 않아도 된다.

선에는 초심이라는 말이 있다. 초심이란 매 순간순간이 그 순간 갖는 첫 경험이라는 뜻이다. 새로운 매 순간이 처음이다. 바로 지금 존재하는 유일한 것은 이 한순간이다. 생각해 보면 기적적이다. 이 순간만 있을 뿐 다른 것은 아무것도 없다니. 초심은 이 점을 인정하는 것이다. 온 우주가 곧 이 순간이라는 것, 내겐 그것이 경이롭다. 나는 다만 이 순간에 몰두할 따름이다.

원래 나는 뭐든 분석해야 직성이 풀렸던 사람이다. "이것의 의미는 뭘까?", "저것의 의미는 뭘까?" 나는 의미를 찾는 것이 매우 가톨릭적이라고 생각한다.

이제 더는 의미를 찾지 않는다. 모든 것은 단지 존재할 뿐이다.

31

선을 임상실험으로 옮기기 위한 노력

Trying to Put Zen into Clinical Practice

나는 개종한 사람마냥 열의를 품고 독일에서 돌아왔다. 내가 선 수행에서 배운 것을 내 대학원생 제자들도 배워서 같이 힘을 모아 DBT 기술로 통합할 수 있길 바랐다.

나는 제자들을 가르쳐줄 로시(선 마스터) 한 명을 초빙했다. 그가 오기 전에 제자들에게 미리 주의할 점을 일러줬다. 방에 들어가기 전에 신발을 벗어야 하고 지각하면 안 된다. 그리고 만약 지각할 경우 문이 닫힐 테니 종이 울릴 때까지 기다려야 한다.

로시는 긴 수도복을 입고 왔다. 그는 자리에 앉더니 미동도 없이 가만히 있었다. 학생들은 신발을 벗고 들어왔고 한 사람도 지각하지 않았다. 입을 뗀 로시는 선 수행과 철학 이야기를 들려주고 나서 질문을 받았다. 한 학생이 물었다. "마샤 교수님이 지각을 하면 방해가 될 거라고 했는데 맞는지요?" 로시가 대답했다. "방해가 될 게 뭐가 있죠?" 지당한 말이었다. 방해가 될 건 아무것도 없다. 모든 것은 있는 그대로다. 그 이상도 이하도 아니다. 그 점을 이해하고 있어야 했는데 학생들에게 그런 말을 하다니 아무래도 완전히 이해하지는 못했던 모양이다.

나는 내 선 제자들과 DBT를 배우는 사람들에게 로시 이야기를 자주 들려줬다. 이런 말도 해준다. "마음챙김 수행 중에 전화벨이 울려도 전원을 끄지 마세요. 기침이 나와도 기침을 멈추려고 일어나지 마세요. 흐느낌이나 울음이 나와도 다른 사람들에게 방해되지 않을까 신경 쓰지 마세요. 그냥 그 자리에 앉아 있어요."

당시 나는 위험을 무릅쓰고 아주 민감한 영역에 발을 들여놓고 있었다. 샤스타 수도원은 선불교인 데다 빌리기스는 선을 수행하는 기독교인이었고 나는 속세의 주립대학에서 학생들을 가르치며 철저히 과학에 근거한 정신건강 치료법을 개발하는 심리학과 교수였다. 동료 밥은 말한다. "그 당시만 해도 그런 일은 이단적이었어요. 나는 마샤에게 종종 이렇게 말했죠. '이건 미친 짓이에요.' 하지만 이제는 이게 주류예요." 내 멘토인 스토니브룩대학의 제리는 행동치료계에서는 선 얘기를 꺼내지 말라고 조언하기도 했다.

나는 내담자들에게 선이나 묵상기도를 언급하지 않으려고 조심했다. 물론 내담자가 영적 성향이 있는 사람이라는 감이 들지 않는 경우에만 그랬다. 하지만 내담자들이 내가 했던 경험을 경험해 보면 좋을 텐데 하는 아쉬움이 들었다. 그 경험이야말로 내담자들에게 필요한 것임을 내 영혼으로 느꼈기 때문이었다.

인생이 지옥처럼 느껴질 때

"저는 호흡은 하지 않는데요, 마샤"

나는 DBT 기술의 새로운 착상을 시애틀 중심가에 있는 워싱턴대학 제휴 의료원 하버뷰 메디컬센터에서 시험해 보기로 마음먹었다. 온갖 유형의 행동장애를 가진 환자들이 내 기술 향상 집단에 자원해 참여했다.

나는 선에서의 일상적 방식대로 집단의 모든 사람에게 신발을 벗고 들어와 달라고 했다. 이 부탁은 원만히 받아들여지진 않았다. 대부분은 그러길 싫어했고 나는 왜 신발을 벗어야 하는지 제대로 설명해 줄 수가 없었다. 그래서 포기했다. 그런 다음 바닥에 앉아달라고 요청했다. 여기에도 거부 반응들을 보였고 이번에도 나는 그것이 왜 좋은 생각인지 설명할 말이 잘 떠오르지 않았다. 나중에 한 내담자는 바닥에 앉는다는 게 거북했다고 털어놓았다. 그는 그것이 유난스럽거나 바보 같다고 느낀 것 같다. 그의 경험상 바닥에 앉는 건 사람들이 으레 하는 그런 행동이 아니었다.

모두 의자에 앉자 나는 이제부터 들이쉬고 내쉬는 호흡에 주의를 기울이며 아주 짧은 명상 시간을 갖게 될 거라고 설명했다. 내가 지침 사항을 다 전달하기도 전에 어떤 사람이 말했다. "저는 호흡을 연습하지 않는데요, 마샤." 그러자 또 다른 사람이 "전 호흡을 연습하면 죽어요"라고 말했다. 결국 명상 계획은 물 건너가고 말았다.

나는 속으로 생각했다. '그래, 호흡법은 포기하자.' 이번엔 걷기 명상을 하기로 했다. "모두들 일어나 주세요." 내가 말했다. "다 같이 한 줄로 서서 걷기로 해요. 천천히 걸으면서 발의 느낌에 집중하다 보면 생각을 놓아버리게 될 거예요." 나는 내가 걷기 명상에서 숱하게 했던 방식을 따라 모두 내 뒤에 한 줄로 서달라고 한 후 아주 천천히 복도를 걸어갔다. 몇 분 후 뒤를 흘끗 돌아봤더니 내 뒤에는 아무도 없었다. 모두 방에 그대로 있었다!

내 새로운 모험은 출발이 썩 좋지 못했다!

선 수행을 치료법으로 전환하는 도전

샤스타 수도원에서 빌리기스와 함께하면서 나는 요긴한 배움을 얻었다. 하지만 그렇게 얻은 배움을 어떻게 설명하면 좋을지 몰라 막막했다. 나는 모든 것을 구체적 행동 방식으로 전환해야 했다. 누구나 다 할 수 있고 소외감을 일으키지 않을 만한 일련의 기술을 생각해 내야 했다.

나는 하버뷰 메디컬센터 환자들에게 기술들을 시험하며 빌리기스에게 의견을 구하기도 했다. 그는 자신이 판단하기에 뭐가 단점이고 내가 뭘 잘하고 잘못하고 있는지 지적해 줬다. 그렇게 오락가락하며 헤매는 과정이 반복됐다.

2년여의 시간이 흐른 끝에 마침내 나는 DBT의 핵심 기술을 훈련 매뉴얼로 작성할 수 있었다. 다른 모든 기술을 뒷받침해 줄 기반을 마련한 것이었다. 내 식대로 말하자면 이 핵심 기술은 "동양 영성 훈련의 명상 수행을 심리적·행동적으로 전환"한 것이다. 앞 장에서도 말했다시피 이것이 바로 마음챙김 기술이다.

인생이 지옥처럼 느껴질 때

32

마음챙김: 우리는 누구나
지혜로운 마음을 갖고 있다

Mindfulness: We All Have Wise Mind

마음챙김에 대한 정의는 가지각색으로 다양하다. 내 관점에서 보는 마음챙김은 이렇다.

마음챙김이란 현재 순간에 비판도, 애착도 없이 의식적으로 집중하는 행동이다. 마음챙김은 자동적이거나 습관적이거나 기계적인 행동과는 반대되는 행동이다. 마음챙김을 실천하고 있을 때는 문을 지키는 보초병처럼 주의를 집중해 깨어 있게 된다. 마음챙김 상태에서는 생겨났다 사라지는 매 순간의 유동성에 마음을 연다.

마음챙김 수행에서는 현재 순간의 의식으로 마음을 다시 데려오려는 노력을 반복한다. 비판을 놓아버리고 현재 생각이나 감정이나 느낌이나 활동이나 사건이나 인생 상황을 놓아버리려는 노력도 반복한다.

눈을 감은 채로 현실을 수용하기는 무척 힘들다. 우리에게 일어나고 있는 일을 수용하고 싶다면 그 일을 알아야 한다. 눈을 뜨고 바라봐야 한다. 많은 사람들이 "나는 항상 눈을 뜨고 있다"고 말한다. 하지만 그들은 그 순간을 바라보고 있지 않다. 과거에 머물러 있다. 미래에 머물러 있다. 걱정하고 있다. 잡념에 빠져 있다. 다른 모든 곳을 바라보고 있다. 현재 순간만 제외한 모든 곳을 바라보고 있다.

마음챙김은 오로지 한 가지에만 주의를 돌리려는 연습이다. 그리고 그 한 가지는 우리가 살아 있는 순간이다. 우리가 존재하고 있는 이 순간이다. 마음챙김의 묘미는 바로 그 순간을 바라보면서 자신이 온 세상을 바라보고 있음을 깨닫는 것이다. 그리고 그 순간과 ─바로 지금의 순간과─하나가 될 수 있으면 그 순간이 활짝 열리면서 즐거움이 이 순간에 있음을 알고 깜짝 놀라게 된다. 삶의 고통을 견디는 힘 또한 지금 순간에 있다. 딱 한 번의 연습만으로 그곳에 이르지는 못한다. 아니, 마음챙김은 도달하는 위치가 아니다. 마음챙김은 우리가 있는 곳이다. 마음챙김에서 나갔다가 다시 돌아오는 연습이다. 단지 지금의 호흡, 지금의 발걸음, 지금의 분투일 뿐이다. 마음챙김은 지금 우리가 있는 곳에서 눈을 크게 뜨고 깨어 있으면서 주의를 기울이는 것이다.

지혜로운 마음의 의미

심리학자들은 오래전부터 우리 모두는 두 개의 대립적인 마음 상태를 갖고 있다고 주장해 왔다. 바로 "합리적 마음"과 "감정적 마음"이다.

인생이 지옥처럼 느껴질 때

합리적 마음 상태일 때는 이성이 지배적이고 감정이나 가치관과 균형을 이루지 않는다. 합리적 마음은 상황을 논리적으로 구상하고 평가하는 당신의 일부분이다. 전적으로 합리적 마음 상태일 때는 사실, 이성, 논리, 실용적 생각에 지배받는다. 사랑, 죄책감, 슬픔 같은 감정은 논외가 된다. 합리적 마음 상태일 때 정신은 "차갑다"고 묘사할 수 있다.

감정적 마음 상태일 때는 감정이 지배적이고 이성이 균형을 맞춰주지 않는다. 전적으로 감정적 마음 상태일 때는 기분, 감정, 충동에 지배받는다. 사실, 이성, 논리는 중요하지 않다. 감정적 마음 상태일 때 정신은 "뜨겁다"고 할 수 있다. 누군가는 비이성적이라고 말할 수도 있다.

합리적 마음과 감정적 마음 모두 좋은 결정을 내리게 할 수 있지만 이성 또는 감정만의 개입이 적절한 상황은 한정돼 있다. 대부분의 상황은 그보다 더 복잡하고 더 포괄적인 개입이 요구된다.

마음챙김 기술은 합리적 마음과 감정적 마음의 균형을 맞추게 해주며 지혜로운 결정을 목표로 삼는다. 이 둘의 중도를 취하는 또 다른 마음 상태도 있다. 내가 이름 붙인 대로 말하면 "지혜로운 마음"이다. 지혜로운 마음은 감정적 마음과 합리적 마음을 합한 것이다. 감정 경험과 논리적 분석에 직관적 앎을 더한 것이다. 직관은 정의 내리기 쉽지 않지만 누구나 직관이 뭔지 알고 있다. 직관은 자신이 특정 상황에서 뭔가를 알 것 같은 느낌이다. 어떻게 그것을 아는지 정확히는 모르겠는데 그런 직감이 드는 것이다. 누군가를 만났는데 몇 초 안에 어쩐지 이 사람을 믿지 못하겠다는 느낌이 드는 식이다.

어떤 방에 들어가자마자 어딘가 위험이 도사리고 있는 듯한 느낌이 들기도 한다.

마음챙김과 지혜로운 마음을 실천하는 것은 살 만하게 느껴지는 삶을 만들기 위한 여정에서 중요한 걸음이다. 더 실용적인 대인 관계 효율성 기술, 정서 조절 기술, 고통 감내 기술을 포용할 수 있게 된다. DBT의 본질을 이루는 이 기술들은 바로 삶의 기술이다.

내담자들은 처음엔 대체로 마음챙김을 잘 이해하지 못하지만 일단 이해하고 나면 아주 좋아한다. 다음은 마음챙김을 이해했을 때 밝히는 전형적인 소감이다.

마음챙김에 대해 들어는 봤지만 그게 내게 어떤 도움이 될지는 잘 몰랐다. 하지만 DBT 기술들을 실천하면서 알게 됐다. 그건 같은 생각을 곱씹으며 자기혐오에 빠지는 문제에 대처하는 데 유용했다. 계속 생각에 생각이 꼬리를 무는 악순환에서 벗어나 생각의 속도를 늦추고 안 좋은 생각을 진정시켜 마음을 다잡고 스스로 물어볼 수 있게 됐다. "이런 슬픈 사고 과정을 발동시킨 첫 생각이 뭐였지?" 그리고 나면 무엇 때문에 그런 안 좋은 상태로 들어섰는지 알 수 있다.

지혜로운 마음이라는 개념의 근원

내가 지혜로운 마음이라는 개념을 떠올리게 된 것은 별개의 두 가지 관점을 통해서였다.

첫째로 나는 내 내담자들이 그들이 보이는 장애 이상의 누군가임

인생이 지옥처럼 느껴질 때

을 알게 해주고 싶었다. 사람들은 특정 행동 질환을 진단받은 이들을 이렇게 바라보기 일쑤다. "오, 그 여잔 조현병 환자야", "그 남자는 경계성 성격장애가 있어", "그는 우울증이야" 이런 말들이 그 사람을 규정짓는 꼬리표처럼 따라붙는다. 나는 내담자들에게 이런 메시지를 전해준다. "아니에요, 당신은 그보다 더 괜찮은 사람이에요. 과거에 안 좋은 결정을 내렸고 그 점에는 의심의 여지가 없지만 당신에겐 아직 지혜를 발휘할 능력이 있어요. 무엇이 당신을 위한 옳은 일인지 알아낼 수 있는 능력이 있어요. 단지 그 능력을 이용할 방법을 모를 뿐이에요. 내가 도와줄게요."

내담자들은 흔히 말한다. "전혀 그렇지 않아요. 아니에요. 제겐 지혜로운 마음이 없어요." 그러면 나는 대꾸한다. "모든 사람에겐 지혜로운 마음이 있어요. 당신이 지혜로운 마음을 느끼지 않는다고 해서 당신에게 지혜로운 마음이 없는 건 아니에요." 간이 느껴지지 않는다고 해서 간이 없는 건 아닌 것과 같다.

어떤 내담자는 이런 식으로 표현했다. "처음엔 이런 생각이 들었다. '내게 필요한 게 뭔지 내가 어떻게 알지?' 그런데 결국 알게 됐다. 안전한 상태를 유지하기 위해 내가 뭘 해야 하는지 이제는 안다. 외롭지 않기 위해 내가 뭘 해야 하는지 안다."

둘째로 나는 내담자들의 문제 행동을 살펴봤다. "여기서의 변증법은 뭐지? 기능적으로 이런 장애 행동과 대립되는 것은 뭘까?" 내가 내린 결론에 의하면 문제 행동과 대립되는 것은 지혜다. 이렇게 해서 지혜로운 마음이라는 개념이 나왔고 이는 DBT의 마음챙김 기술로 금세 자리 잡았다.

32. 마음챙김: 우리는 누구나 지혜로운 마음을 갖고 있다

하지만 판단 착오가 있었다. 문제 행동의 반대는 지혜가 아니라 기능적 행동이다. 하지만 이 둘의 차이를 깨달았을 무렵엔 이미 이 개념이 DBT 수행에 단단히 뿌리 내리고 있었다.

내담자들은 처음엔 회의적 반응을 보이다가도 대부분이 지혜로운 마음을 아주 좋아하게 된다. 지혜로운 마음은 한 개인으로 타당화해 주는 것인데 내 내담자들은 타당화에 굶주려 있다. 솔직히 말하면 우리는 모두 타당하다는 말을 듣고 싶다. 그때는 이미 기술로써 지혜로운 마음이 잘 자리 잡고 있었기 때문에 없앨 수도 없었고 내담자들에게 매우 효과가 있었으며 사실상 처음 가정이 맞을 수도 있다고 생각했다. 정말로 우리는 모두 지혜를 발휘할 능력을 갖고 있다.

나는 한 사건을 계기로 지혜로운 마음을 진정으로 받아들이게 됐다. 한창 집단 기술 훈련을 진행하던 때였다. 한 내담자가 벌떡 일어나더니 말했다. "저는 갈래요." 그러더니 문 쪽으로 걸어갔다. "좋아요. 가세요. 단, 이러는 것이 지혜로운 마음인지 아닌지 먼저 말하고 가세요." 내가 말했다. 내담자는 걸음을 멈춘 후 나를 바라보며 숨만 들이쉬고 내쉬다 말했다. "아니에요!" 그러곤 잠시 후 덧붙였다. "그래도 어쨌든 갈래요." 그의 지혜로운 마음은 가면 안 된다는 것을, 계속 있어야 한다는 것을 알았다. 하지만 그의 감정적 마음이 바로 그 순간 원했던 것은 그게 아니었고 그래서 결국 가버렸다. 정말 놀라웠다. 한 사람이 극도로 감정적인 상태에 있으면서 그와 동시에 지혜로운 마음도 이용할 수 있다니. 지혜로운 마음은 어떤 사람이 효율적 행동이나 지혜를 이용할 수 있는 새로운 맥락을 만들어 준다. 그 지혜로운 마음을 따를지 말지는 별개 문제다.

초반에는 지혜로운 마음에 영적 내용을 담지 않았다. 나중에야 생겼다.

내게 배운 치료사들도 이 개념을 아주 좋아한다. 여기에는 내담자와 치료사 사이에 강한 공감을 일으키는 뭔가가 있다. 상담소에서 나를 도와 부소장을 맡은 적이 있던 케이티 코스룬드는 지혜로운 마음의 힘에 관해 이렇게 말한다.

가장 어두운 밤을 보내고 있는 자살 위험성이 높은 내담자들을 생각하는 것은 그들이 지혜로운 마음과 다른 DBT 기술을 실천해 연결감과 목표의 명료함을 느끼길 바라고 온 세상과의 연결감에 마음을 열수 있길 희망하는 것이다. 다른 사람에게 이렇게 해줄 수 있다는 건 정말 경이로운 일이다. 우주와의 유대. 지금껏 전화상으로 심각한 자살 위기에 있던 여러 내담자들이 그런 유대감으로 위안을 얻고 그날 밤을 잘 이겨냈다고 나는 자신 있게 말할 수 있다.

지혜로운 마음은 내가 빌리기스에게 얻은 배움과도 딱 맞는다. 지혜로운 마음으로 들어서는 개념은 온 세상과의 유대를 인식하고 그 유대로 들어서는 것과 같다.

지혜로운 마음을 알아보는 방법

지혜로운 마음을 찾는 일은 라디오에서 새로운 방송 주파수를 찾는

32. 마음챙김: 우리는 누구나 지혜로운 마음을 갖고 있다

것과 같다. 처음엔 잡음이 많아 노래 가사를 잘 들을 수 없지만 다이 얼을 계속 돌리다 보면 소리가 더 크게 잘 들린다. 주파수를 제대로 잡을 줄 알게 되면 가사가 당신 마음의 일부분이 된다.

하지만 지혜로운 마음 상태에 있는지 확실히 분간하기란 힘들다. 나는 내담자들을 가르칠 때 우물 그림을 그려 보이며 다음과 같이 말해준다.

당신 마음엔 우물이 있어요. 그 우물을 내려가면 호수나 바다가 나오 는데 그게 바로 우주의 지혜예요. 우물을 내려가면 지혜로운 마음에 이를 수 있어요. 다만 우물로 내려가는 길에는 뚜껑문이 있어요. 그 문이 열려 있으면 바로 지혜로 들어가게 돼요. 그 문이 닫혀 있고 비 가 내리면 문 위로 빗물이 고일 테고 당신은 그 빗물을 지혜로 착각할 수도 있어요. 그러니까 당신이 지혜로운 마음 상태에 있는지 확신할 수 있으려면 시간을 좀 가져야 해요. 다른 사람들의 의견도 들어보고 요. 당신이 지혜로운 마음 상태에 있다고 믿더라도 언제나 지혜로운 마음 상태에 있다는 뜻은 아니에요. 당신이 맞는지 확신하려면 확인 이 필요해요.

지혜로운 마음 연습에 유용한 아이디어

- 햇빛이 화창하고 기분 좋은 어느 날 맑고 푸른 호숫가에 있다 고 상상해 봐라. 그런 다음 당신이 납작하고 가벼운 작은 조약 돌이라고 상상한다. 당신은 호수로 던져져 이제는 잔잔하고 맑

은 푸른 물속으로 천천히 가라앉아 호수의 부드러운 모래 바닥에 닿는다.

- 어쩌면 천천히 원을 그리며 바닥으로 가라앉고 있을지 모를 그 순간 무엇이 보이고 무엇이 느껴지는지 주의를 기울인다.
- 호수의 평화로움에 주의를 기울인다. 물속의 평온함과 깊은 고요함을 의식해 본다.

• 당신의 내면에 빙글빙글 돌아 중심부에 이르는 나선형 계단이 있다고 상상해 본다. 맨 꼭대기부터 아주 천천히 그 계단을 걸어 내려가 내면으로 더 깊이깊이 들어간다.

- 느낌에 주의를 기울인다. 내려가면서 계단에 앉아 쉬거나 불을 켜보기도 한다. 자신이 가고 싶은 것보다 더 멀리까지 가도록 억지로 떠밀지는 말라. 고요함에 주의를 기울여라. 당신 자신의 중심에 이르는 그동안엔 그 중심부에―대개 배 쪽에―주의력을 붙들어 놓는다.

• 숨을 깊이 들이쉬며 스스로에게 말한다. "지혜로운." 숨을 내쉬며 스스로에게 말한다. "마음."

- "지혜로운"이라는 단어에 온 주의력을 모았다가 다시 "마음"이라는 단어에 온 주의력을 집중한다.
- 지혜로운 마음에 전념하게 된 듯한 느낌이 들 때까지 계속 반복한다.

32. 마음챙김: 우리는 누구나 지혜로운 마음을 갖고 있다

마음챙김 기술이라는 명칭을 붙이게 된 과정

나는 내 영적 여정을 DBT와는 별개로 분리하기로 마음먹었다. DBT가 종교나 영성에 바탕을 둔 치료법으로 인식되는 건 결코 바라지 않았다. 그럴 경우 치료법의 효과성이 제대로 조명받지 못할 소지가 있었다. 하지만 이 새로운 기술들을 적절히 설명할 만한 명칭을 놓고 이리저리 궁리하던 중 틱낫한의《틱낫한 명상》을 읽었다. 명상 연습 입문서 중 최고의 명저로 꼽히며 이제는 하나의 고전으로 자리 잡은 바로 그 책이었다.

다음은 이 책에서 읽은 틱낫한의 명언 두 개다.

아름다워진다는 것은 곧 당신 자신이 된다는 것이다. 꼭 다른 사람들에게 수용받아야 할 필요는 없다. 당신이 당신 자신을 수용해야 한다.

나는 숨을 들이쉬며 심신을 차분히 가라앉힌다. 숨을 내쉬며 미소를 짓는다. 지금 현재가 유일한 순간임을 알고 이 순간을 산다.

말 안 해도 알 테지만 나는 틱낫한의 이 말에 정말 공감했고 그가 쓴 "마음챙김"이라는 말에 바로 마음이 끌렸다. 내담자들이 사는 세계—관계적 세계와 실용적 세계 모두—에서 효율적인 수단을 제공해 주는 기술 훈련 목표를 그대로 포착해 담아놓은 말 같았다.

다만 여기엔 중요한 문제가 있었다. 틱낫한은 불교 수도승이고 명상을 가르치고 있었다. 그런 만큼 마음챙김이란 용어는 아무래도 영적 영역의 인상을 풍길 것 같았고 그건 바람직하지 않을 것 같았다.

인생이 지옥처럼 느껴질 때

나는 속으로 생각했다. '안타깝지만 어쩔 수 없지.' 그리고 다른 명칭 찾기를 이어갔다.

그 이후 하버드대학 사회심리학과 교수 엘런 랭어Ellen Langer의 저서를 우연히 보게 됐다. 우선 그가 1970년대 이후 연구해 온 주제가 인상적이었다. 우리 대다수가 현재에 집중하지 못한 채mindlessness 살고 있으며 살면서 효율성을 꾀하려면 마음챙김이 필요하다고 주장했다. 스탠퍼드대학 심리학과 교수인 필립 짐바르도Philip Zimbardo는 그의 저서를 이렇게 평했다. "그는 폭넓고 혁신적인 연구와 흡인력 있는 글을 통해 선 명상이라는 동굴에 갇혀 있던 마음챙김을 일상 기능의 밝은 빛 밖으로 끄집어냈다."

나는 혼잣말을 했다. "그렇다면 말이 달라지지. 마음챙김에 과학과 연관된 면이 있다면 이 명칭을 편하게 사용할 수도 있겠어." 랭어는 《마음챙김Mindfulness》이라는 저서도 출간해 큰 호평을 얻은 바 있었다. 나는 속으로 생각했다. '그래, 됐어. 이 명칭을 써도 되겠어. 내가 만들어 낸 명칭은 아니지만 그런 건 중요하지 않아. 이건 DBT 기술의 역할을 완벽하게 묘사한 명칭이야.' 정말로 이 기술들은 마음챙김을 일으킨다.

이후 나는 매사추세츠대학 의과대에 소속된 심리학과 교수 존 카밧진Jon Kabat-Zinn의 연구를 알게 됐다. 그는 1979년 마음챙김 기반의 스트레스 감소 프로그램을 도입한 인물이었다. 나보다 앞서 마음챙김의 효력을 발견했으나 나와는 달리 생리학과 의학 영역에서의 발견이었다. 그는 속세에서 마음챙김을 발견한 것이었다. 오로지 영적 영역을 통해 마음챙김을 다루게 된 나와는 달랐다. 나는 마음챙김

32. 마음챙김: 우리는 누구나 지혜로운 마음을 갖고 있다

연구자가 아니라 마음챙김 수행자다. 그리고 마음챙김과 관련해 내게 주장할 만한 권리가 있다면 내가 DBT로 정신요법에 마음챙김을 도입한 최초의 사람이라는 점이었다. 요즘엔 마음챙김이 매우 다양한 형태의 심리치료의 일부로 포함돼 보편화돼 있다.

수행으로써의 마음챙김은 그 역사가 수천 년에 이른다. 명칭만 다를 뿐 동서양 문화권 모두에서 영적 전통에 속한다. 최근엔 서양 과학에서도 이런 수행 방식을 검토해 왔다. 다시 말해 고대의 영적 전통과 현대 과학이 똑같은 통찰에 이르렀다는 말이다. 그에 따라 이제는 마음챙김이 인간 활동의 아주 많은 영역에서 큰 효력을 발휘하는 원천으로 인정받고 있다.

마음챙김은 DBT 전반에 배어 있다. 게다가 DBT는 치료사가 직접 마음챙김을 수행하는 것으로 시작된다. 치료사에게 "마음챙김을 실천하세요"라고 말하는 것은 곧 이런 말이다. "정신을 차려 그 회기에 마음을 묶어두고 내담자에게 집중해 저녁으로 뭘 먹을지 미리 생각한다거나 앞선 회기를 떠올리지 마세요."

내담자에게 마음챙김은 우리가 지금 머무는 순간과는 다른 뭔가에 집중하느라 그 순간을 경험하지 않는다는 개념이다. 내담자들에게 마음챙김 기술을 가르쳐주면 내담자들이 세상에서 더 효율적으로 기능할 수 있는 다른 행동 변화들이 유도된다.

내담자들에게 효율성을 꾀하도록 가르치는 것은 DBT에서 큰 비중을 차지하는 목표다.

...

이번 장은 자연과의 유대에 관한, 내가 좋아하는 몇 가지 명언을 인용하며 마무리하고 싶다.

산, 파도, 하늘도 나의 일부요, 내 영혼의 일부가 아닐까? 내가 그들의 일부이듯.

바이런, 시인

엄밀히 말해 우리는 아무것도 발명하지 않는다. 빌려 오고 재현하는 것이다. 알아내고 발견하는 것이다. 신비주의자들의 말처럼 모든 것은 이미 주어져 있다. 우리는 본연의 자신이 되기 위해 단지 눈과 마음을 열기만 하면 된다.

헨리 밀러, 소설가

삶에는 우리 자신과 다른 사람들 사이를 가르고 우리 자신과 자연 사이를 가르는 분리와 경계가 환상임을 이성적이고 매우 직접적으로 경험하는 신성한 순간이 있다. 일체성은 현실이다. 우리는 정지 상태라는 것이 환상에 불과함을, 현실이란 아주 미묘하면서도 총체적으로 감지되는 지속적 흐름이자 변화임을 경험할 수 있다.

샬린 스프레트낙, 여성과 영성을 소재로 글을 쓰는 작가

32. 마음챙김: 우리는 누구나 지혜로운 마음을 갖고 있다

33

임상실험에서의 DBT

DBT in Clinical Trial

나는 DBT가 자살 고위험군을 돕는 데 효과가 있는지 판단하기 위해 이 환자군의 "통상적 치료"와 DBT 결과를 서로 비교해 볼 만한 무작위 임상실험이 필요했다. 다행히 NIMH 관계자들이 우리를 계속 지원하며 1980년 임상실험을 진행할 연구비를 대줬다.

나는 우선 연령대가 열여덟 살부터 마흔다섯 살에 이르는 여성약 60명을 모집했다. 이들 모두 경계성 성격장애의 특정 기준에 부합했고 이전 5년 사이 두 번 이상 비치명적인 자기 위해 행동(죽을 의도 여부를 떠난 심각한 자살 시도나 의도적 자해 행위)을 한 과거력이 있으며 그중 한 번은 발생 시기가 최근 8주 사이인 사람들이었다. 우리는 여러 가지 치료 전 평가를 실시했고 그 과정에서 몇몇 지원자는 제외됐다.

결국 약 50명의 여성이 최종적으로 연구에 참여하게 됐고 우리는 이 여성들을 DBT를 받을 집단과 표준 행동치료를 받을 집단에 무작위로 배정했다. (이것이 무작위 임상실험에서의 '무작위' 요소다.) 연구 진행 기간을 1년으로 잡아 4개월, 8개월 그리고 12개월 시점에서 환자들이 어떤 경과를 보이는지 중간평가할 예정이었다. (1년이라는 기간은 내가 이 프로젝트에 착수할 때 낙관적으로 계획한 기간인 12주보다 크게 길어진 것이었다. NIMH에 있는 지지자들의 조언과 더불어 이 치료법을 시험 삼아 적용해 본 경험에 따른 변경 사항이었다.)

　상상 속에서는 이 임상실험이 착착 마무리되고 자료 분석 처리가 끝난 후 모두 한목소리로 "말로 다 표현할 수 없을 만큼 끝내주는 결과네요!"라는 감탄과 함께 샴페인을 터뜨리면 얼마나 좋을까 싶었다. 유감스럽게도 그런 일은 일어나지 않았다. 내 제자인 하이디 허드는 1989년 이 연구에 영입됐다. 그는 임상 연구 결과 평가 부문에서 상당한 전문 지식을 갖춘 인재라 임상실험으로 얻은 원자료를 분석하는 역할을 맡았다. "한동안 우리는 이 연구의 성공 여부조차 장담하지 못했어요." 하이디는 말한다. "우리 중 누구도 좋은 결과가 나오리라는 확신을 갖지 못했죠. 좋은 결과가 나올 것처럼 보이긴 했지만 잘될 것 같아 보였다가 물거품으로 끝나버린 연구는 그동안 얼마든지 있었으니까요."

　과학자들은 실질적으로 그럴 가망이 없는 상황에서 연구의 긍정적 결과를 예견하는 위험에 빠지지 않도록 주의해야 한다. 가장 생산적인 접근법은 데이터를 냉철하게 대해 객관적으로 검토하면서 데이터가 해주는 말에 귀를 기울이는 것이다. 데이터가 기대했던 이야기를 하지 않더라도 뭔가를 배웠다는 생각으로 감사해야 한다. "믿지 않았다면 보이지도 않았을 것"이라는 옛 격언도 있지 않은가.

하지만 우리 결과는 아주 긍정적이었다. 어쨌든 대체로 그랬다. 다음은 우리가 일부 결론에 대해 작성한 초안이다.

첫째로 DBT를 받은 환자들 사이에서 준자살행위parasuicidal behavior(치명적이지 않은 자기 위해 행동) 빈도와 의학적 위험성이 통제군에 비해 크게 감소된 점을 발견했다. DBT를 받은 환자들의 준자살행위는 연평균 1.5건으로 통제군의 연평균치인 9건과 비교됐다. 둘째로 DBT는 환자들의 준수율에 효과적이었다. 연간 이탈률(즉, 임상실험 중도 이탈자)이 24명 중 4명(16.67%)에 불과했고 중단자 중 한 명은 자살했다. 새로운 치료사와 치료를 시작한 통제군은 이탈률이 50%였다. 셋째로 정신과적 입원환자의 입원 기간 비교에서 DBT를 받은 환자들의 입원일이 통제군에 비해 적었다. 통제군의 평균 입원일이 38.86이었던 데 비해 DBT를 받은 환자들은 8.46일이었다.

다시 말해 임상실험에 따르면 DBT를 받은 환자가 전통적 치료를 받는 환자에 비해 자해를 할 가능성이 월등히 낮은 것으로 증명됐다. 하지만 우리는 우울증, 무망감, 자살 생각, 삶에 대한 무의미함에서 두 집단 환자들이 거의 비슷한 수준을 보였는데도 이런 차이가 발생한 점에 주목했다. 놀라운 일이었지만 나중에야 나는 자해 행동을 감소시키는 것보다 살 가치가 있는 인생을 만들어주는 작업에 더 오랜 시간이 필요함을 깨달았다.

인생이 지옥처럼 느껴질 때

다른 전통적 치료가 고위험군 환자들을 돕는 데 실패하는 데 반해 DBT가 효율성을 발휘하는 원인은 뭘까? 좋은 질문이다. DBT의 특이점은 인간미(치료사와 내담자 간의 친밀하고 진정성 있는 관계)와 더불어 내담자가 삶의 모든 면을 잘 헤쳐나가게 해줄 실용적 기술까지 갖춰져 있다는 것이다. DBT는 내담자를 평등하게 대하는 것을 크게 중시하며 어떤 식으로든 응석을 부려도 받아줘야 할 결함이 있는 사람으로 바라보지 않는다. 내 식대로 말하자면 내담자들을 유리처럼 조심스럽게 대하지 않는다. 그들을 있는 모습 그대로 타당화해 준다. 내담자들은 문제 해결에 유용한 실용적 기술에 점점 능통해지면서 자신의 삶에 대한 통제감이 증가하고 자신에 대한 기분도 나아진다. DBT 효과의 가장 중요한 핵심은 기술이라고 말해도 무방하다.

농담만은 아닌 진지함도 배인 어조로 DBT가 무슨 "마법" 아니냐고 묻는 사람들이 종종 있다. 이 질문에 대한 최선의 답은 경험해 본 사람들에게 직접 들어보는 것이다. DBT를 경험해 본 사람들은 대체로 다음과 같은 대답을 한다.

"그렇기도 하고 아니기도 하다"는 게 답이다. "마법이 아닌" 측면은 DBT가 대체로 그날 하루도, 그다음 날도, 또 그다음 날도 계속 헤쳐나가게 해주는 간단하고도 실용적인 기술을 배우는 것이라는 점이다. "마법"인 측면은 DBT가 정말 효과가 있다는 점이다. DBT는 내가 아는 다른 치료들과는 다르다. 지침이 이해하기 쉽다. 생각을 바꿔준다. 머리글자를 딴 약어들도 기억하기 쉽다. 정말 내게 딱 맞는다. DBT는 내게 살 가치가 있는 인생을 찾게 해준다.

과학자들은 대개 연구 결과를 논문에 작성할 때 결점들을 생략하는 경향이 있다. 나는 사람들이 큰 그림을 보며 내 오류를 보고 배울 수 있도록 모든 오류를 낱낱이 싣고 싶었다. 우리는 결함까지 모두 수록한 논문 초안을 작성하며 논문을 게재할 학술지를 정하는 절차에도 착수했다. 결국 나는 주류 정신의학 학술지인 《일반 정신의학 아카이브Archives of General Psychiatry》에 논문을 제출했다. 우리의 새로운 효과적 치료법을 가장 납득시킬 필요가 있는 사람들이 이 학술지 독자라고 판단했기 때문이다. 학술지 측에서는 내게 아주 빠른 답변을 보내왔다.

단호한 게재 거절이었다. 그때가 1990년 중반이었다.

나는 거절 답변을 받아들일 마음이 없었다. 그래서 편집장에게 전화를 걸어 말했다. "음, 그쪽에서 거절하셨다는 건 알지만 논문을 다시 제출하고 싶습니다." 이후로 30분간의 대화가 오갔는데 대화의 어조는—이보다 더 잘 표현할 말이 있을까 싶을 만큼—전투적이었다. 이런 식이었다. "우리는 당신한테 뭐든 받을 생각이 없어요." 그가 말했다. "당신은 딱 봐도 논문을 제대로 쓸 줄도 모르는 사람이에요." 학술지 측에서 지적했다. 나는 말했다. "글쎄요, 그럴지도 모르지만 제 생각엔 이 연구가 정말 중요하고 정신과 의사들도 듣고 싶어 할 거라고 생각해요." 그는 내 말에 동의하지 않았다. "아니, 그 연구는 쓰레기고 우리는 당신 연구에 시간을 낭비할 생각이 없어요. 당신은 그저 시간 낭비 그 자체입니다."

두 오빠를 둔 덕분에 나는 어릴 때부터 삶의 장애물에 부딪혔을 경우를 대비한 훈련이 잘돼 있었다. 존, 얼과 함께 자라며 그것이 뭐

인생이 지옥처럼 느껴질 때

든 장애물에 걸려 넘어지면 오뚝이 인형처럼 바로 벌떡 일어나야 한다는 것을 배웠다.

나는 굽히지 않고 주장을 폈다. "좋아요, 글이 별로라면 이렇게 하면 어떨까요? 논문을 다시 쓸게요. 하지만 당신들의 시간을 낭비하고 싶진 않으니 제가 검토자를 몇 명 구해 제출 전에 검토를 받아 다시 보낼게요. 그 논문은 아주 괜찮을 거예요. 그러면 그쪽에서 논문을 검토하는 데 시간도 거의 들지 않을 거고요. 어떠세요?" 나는 한동안 이렇게 물고 늘어졌다. 마침내 그도 동의했다. 아마도 내가 그만 전화를 끊게 하려는 자기보호 차원에서였겠지만.

나는 논문을 다시 쓰며 많은 사람에게 도움의 손길을 구했다. 안식년 기간에 같이 시간을 보낸 적 있는 영국 케임브리지대학의 심리학자 마크 윌리엄스도 그중 한 명이었다. "오, 마샤. 연구의 오류를 낱낱이 다 넣으면 안 돼요. 연구에 대해서만 써요." 그가 말해줬다. 나는 그의 조언을 따라 불필요한 세부 내용을 대폭 뺀 후 1991년 초 다시 논문을 제출했다.

이번에도 퇴짜였다.

편집장과 또 한 번 대화를 나눴지만 이번엔 전보다 짧게 끝났다. 다시 제출하기로 한 번 더 약속을 받아냈다. 이번엔 훨씬 더 나은 논문을 써 보내겠다고.

논문의 세 번째 판을 제출한 지 일주일이 채 지나지 않아 논문이 수락됐다는 편지를 받았다. 그때는 1991년 4월 4일이었고 논문은 11월 호에 게재될 예정이었다.

"이 모든 일은 교수님의 끈질긴 면모를 보여주는 좋은 사례죠."

내 제자 하이디가 한 말이다. "나였다면 포기했을 것 같아요… 하지만 교수님은 난관에 지지 않고 버텨나가셨어요. 어떤 경우든 그렇게 해내시죠."

정신과 의사들의 DBT 시험

오토 컨버그는 내가 1991년 중반 뉴욕주 화이트플레인스의 웨일코넬의과대학에서 몇 개월을 보낼 때 가장 인정 많다고 느낀 사람이다. 컨버그는 경계성 성격장애에 대한 지배적 정신분석 이론과 관련된 논문을 쓰기도 했다. 내가 그곳에 체류하던 어느 날 그가 나를 걱정에 가득 찬 눈빛으로 보며 말했다. "둘이서 따로 얘기 좀 할 수 있을까요, 마샤?"

우리는 그의 사무실로 들어가 문을 닫고 그의 책상 앞으로 갔다. 내가 손님용 의자에 앉자 그가 자상한 어조로 말문을 뗐다. "정신병원에 입원한 적 있지 않나요, 마샤?" 나는 그런 적이 있다고 답했다. 그가 말했다. "그럴 것 같았어요. 상처가 느껴져서요. 그 얘긴 아무한테도 하지 마요." 그는 그 문제를 어떻게 처리하는 게 좋은지 조언해 줬다.

무척 인정 넘치던 순간이었다.

컨버그는 웨일코넬 대학병원에 열세 가지 입원환자 프로그램을 갖춰놓았는데 그중 경계성 성격장애 환자들을 치료하는 프로그램이 대표적이었다. 내가 1991년 그곳에서 안식년을 보내기 전 몇 년 동안 이 프로그램을 맡아 운영했던 찰리 스웬슨은 이 프로그램을 이렇게 설명한다.

모든 것이 스위스 시계처럼 아주 형식적이고 아주 효율적이다. 집단 상담은 경직돼 있고 엄격하게 구조화돼 있었다. 환자들은 그 프로그램의 행동 방식, 치료사와의 상호교류 방식 등의 규칙을 따라야 했다. 어떤 식으로든 친숙하거나 친밀하게 굴어서도, 사적인 질문을 해서도 안 됐다. 그래서 환자가 치료사에게 올해는 어디로 휴가를 갈 계획이냐고 물을 경우 이런 말을 듣는 것이 보통이었다. "그런 걸 묻는 건 괜찮지만 규칙을 알잖아요. 의료진과 환자 사이에는 확실한 거리를 둬야 한다는 거요. 그런 얘길 나누면 안 돼요."

치료사는 환자에게 중립적 태도를 지키며 긍적적이든 부정적이든 한쪽으로 치우쳐선 안 됐다. 환자가 자신의 분노를 어떻게 다루면 좋을지 실질적 제안을 해줘도 안 됐다. 예를 들어 실내용 자전거를 타며 활동적인 운동을 하거나 분노 대상을 그림으로 그린 다음 그림을 찢어버리라는 식의 제안은 금물이었다. 친숙하게 굴거나 어떤 식으로든 관심을 드러내는 건 절대 금지였다. (분노는 컨버그의 경계성 성격장애 모델에서 핵심 요소였다.) 환자와 친해지면 그 환자가 자신의 부정적 감정을 치료사에게 털어놓지 못할 수도 있다는 생각이었다. 그럴 경우 치료는 효과가 없을 것이라고 가정했다.

우연한 회의의 뜻밖의 결과

이쯤에서 이런 생각이 들지 모르겠다. "뭐라고요? 미친 거 아니에요, 마샤? 찰리의 설명은 당신이 치료법에 갖고 있는 모든 신념과 완전 정반대잖아요. 그런데 그곳으로 안식년을 보내러 가다니 대체 왜 그런 거예요?" 좋은 질문이다. 지금부터 자초지종을 설명하겠다.

그 몇 년 전 찰리와 한 저명한 정신과 의사가 우연히 만나게 됐다. 그는 바로 웨일코넬 대학병원의 경계성 성격장애 프로그램 부문을 담당하던 앨런 프랜시스였다. 다시 한 번 찰리의 말로 그 뒷이야기를 직접 들어보자.

그날 병원에서 회의가 있었는데 마침 유명한 정신과 의사 앨런 프랜시스가 병원을 방문 중이었다. 당시 그는 코넬대학 교수로 재임 중이었으나 맨해튼 북동부 지역에 있는 페인 휘트니 클리닉에서 일하고 있었다. 성격장애 분야 전문가로서 《정신장애진단통계편람 4판DSM-IV》에 실린 경계성 성격장애의 기준을 정하는 데 중요한 역할을 했다. 그는 매우 솔직한 성격이라 누구에게나 선뜻 이의를 제기하고 《정신장애진단통계편람》의 논란이 분분한 최신판에 대해서도 맹렬한 혹평을 가했다. 그는 마샤의 연구도 잘 알고 있었다.

회의 중 어느 시점에 나는 잠깐 밖으로 나왔다가 복도에서 앨런과 마주쳤다. 내가 그에게 말했다. "앨, 잠깐 얘기 좀 할 수 있어요? 어떤 특별한 환자에 대해 상담을 좀 받을 수 없을까요? 지금 궁지에 몰렸는데 어떻게 빠져나와야 할지 모르겠어요. 고전을 면치 못하고 있어요. 할 수 있는 모든 일을 다 하고 있는데도 소용이 없어요. 대체 어떤 상황일지 관심 없으세요?" 그가 말했다. "관심 있어요. 지금 하고 있는 회의가 지겹던 참이기도 하고요. 담당 병실로 올라갈까요? 환자를 만나보게요."

그 환자는 얼마 전부터 위층 격리실에 들어가 있었다. 그는 병원 내에서 악명이 높았다. 내 생각에 그는 아주 흥미로운 환자였다. 영리하고 재밌는 성격이었지만 극심한 고통에 시달리는 듯한 기운을 풍겼다. 사고뭉치로 소문나 있기도 했다. 앨과 내가 격리실로 갔을 때 그는 바닥에 앉아 있었다. 앨은 그의 옆에 앉더니 잠시 대화를 나눴다.

20분쯤 지났을 때 앨은 그 환자에게 내 커리어를 변화시킨 말을 했다. "저기요, 당신에게 권해주고 싶은 게 있어요. 사실상 지금 최고 수준의 경비를 받고 있는 당신에겐 미친 소리처럼 들릴지도 몰라요. 지금 갖고 있는 돈이 많은가요?" 그가 말했다. "아뇨, 한 푼도 없는데요." 앨이 말했다. "그럼 이렇게 하면 되겠네요. 당신은 가능한 한 빨리 이 병원을 도망쳐 히치하이킹을 해서 차를 얻어 타고 시애틀로 간 다음 마샤 리네한이라는 심리학자를 찾아가서 그의 치료 프로그램에 들어가세요. 그게 당신에게 필요한 일이에요. 그리고 그렇게 할 수 없다면 내가 맨해튼에서 일하는 병원으로 당신을 입원시켜 줄게요. 당신에게 더 좋아지고 싶은 마음이 정말로 있다면요."

나는 앨이 그 환자에게 해준 그 말에 큰 감명을 받으며 이렇게 생각했다. "흠, 앨이 이 마샤 리네한이라는 사람을 경계성 성격장애 치료에 훌륭하고 색다른 접근법을 갖고 있는 사람이라고 생각한다면 나도 직접 확인해 봐야겠군."

그 환자는 웨일의 병원에서 나왔지만 내게 오진 않았다. 앨이 알아봤듯 그가 받고 있던 분노 중심 치료, 즉 컨버그의 치료는 그에겐 완전히 역효과를 일으켜 오히려 해로웠다. 그 치료는 그의 최악의 면을 이끌어냈고 그 또한 병원의 최악의 모습을 이끌어냈다. 그래서 앨은 그를 코넬대학 맨해튼 병원으로 전원시켜 훨씬 더 인간적인 정신요법을 받게 해준 후 자신이 직접 치료를 감독했다.

하지만 나는 컨버그의 경계성 성격장애 병동에서 다른 방문자를 맞았다. 찰리 스웬슨이었다.

찰리는 앨 프랜시스와의 우연한 만남 이후 우리의 무작위 임상실험이 개시되기 전인 1987년 내가 소규모 학회지에 게재한 DBT 관련 논문을 구했다. (나는 그 논문을 본 사람이 아무도 없을 거라고 생각했는데 적어도 한 명은 읽었던 모양이다.) 찰리의 활동 이력은 전적으로 정신분석학 쪽이었지만 자신의 말마따나 "행동주의에 잠재적 관심"을 갖고 있었다. 그는 내게 전화를 걸어와 말했다. "저는 정신과 의사고 뉴욕에서 경계성 성격장애 관련 프로그램을 맡고 있습니다. 앨런 프랜시스를 통해 당신 연구를 알게 됐어요. 제가 방문드려도 될까요?"

1988년 초 찰리는 똑같이 치료사로 활동하는 아내와 함께 워싱턴주립대학으로 찾아와 우리와 일주일 정도 지냈다. 수백 시간 분량의 DBT 회기 영상들을 같이 보던 찰리가 처음 보였던 반응이 지금도 또렷이 기억난다. "와, 저 여자 환자는 당신한테 완전히 광분해 있네요. 이런 세상에, 아주 화가 잔뜩 나 있어요." 내가 물었다. "어디가요? 어디가요? 전 몰랐어요. 저 환자가 어땠는데요? 대체 어땠죠?" 나는 그가 무엇 때문에 그러는지 알 수 없었다. "당신한테 말을 안 하잖아요. 그건 당신에 대한 공격이에요." 내가 말했다. "전 그렇게 생각하지 않아요. 저 환자가 겁을 내고 있을 가능성이 더 높다는 생각은 안 드세요?" "아니요, 저건 공격이에요! 모르겠어요?" 우리는 이런 식의 얘기를 꽤 길게 주고받았다.

"제가 컨버그에게 받은 수련은 줄곧 분노의 표출을 알아보는 데 전념하는 것이어서 소리 지르고 악을 쓰거나 입을 다물고 있는 것들이 잘 보였어요." 찰리가 자신의 경험을 상기했다. 시애틀에 첫 방문 중이던 때 찰리는 이렇게 묻기도 했다. "DBT에서는 환자가 공격적인 기질이 있지만 억제를 통해 수동공격적 방식으로 표현할 때 어떻게 다루나요? 당신은 그 얘기는 하지 않았더군요. 우리 이론적 접근에서는 바로 들춰내 지적합니다. 환자에게 이렇게 말하는 거죠. '방금 당신의 말투는 명백히 나를 조롱하려는 사례에 들어요.'"

나는 정말로 그 환자를 그렇게 보질 않았던 터라 찰리에게 내 눈에 그가 자신을 다잡으려 노력하는 아주 수동적인 사람으로 보였다고 말했다. 그 말에 그는 이렇게 대꾸했다. "그럼 이것이 분노, 그러니까 숨겨진 분노의 표출이라고 가정하지 않는다는 건가요?" 내가 말했다. "찰리, 다른 무엇보다도 나는 그가 분노가 아닌 두려움과 수치심을 품고 있다고 느꼈어요."

찰리는 이내 모든 행동에 분노의 표출이라는 꼬리표를 붙이는 것이 도움이 되지 않을 수도 있음을 차츰 이해했다. 그것이 현실을 그대로 해석하는 것이 아님에 눈떴다. 그는 새로운 환자 집단을 보면서 자신의 견해에 큰 영향을 받은 일화 하나를 기억한다.

마샤는 여섯 명의 여성을 탁자 앞에 빙 둘러앉게 했다. 그는 아주 친근하게 말문을 열었다. "여러분이 이 자리에 와줘서 정말 기뻐요. 지금 겁이 난 상태일 수도 있지만 걱정 마요. 다 괜찮아질 거예요." 그는 평범한 사교 모임의 평범한 주최자처럼 행동했다. 이들은 자신들의 첫 번째 치료 회기에 참여한 환자들이었고 다들 겁을 먹고 두 손을 탁자 아래로 내린 채 손톱뿌리의 살갗을 잡아 뜯고 있었다. 금방이라도 감정이 폭발할 것처럼 보였다. "모두들 이렇게 보게 돼 정말 반가워요." 그는 오클라호마주 털사에서 일요일 오후 상류 사회 사람들을 초대해 다과회를 열고 있는 사람 같았다. 마샤는 먼저 전반적 치료 모델을 가르치고 나서 어떤 사람에게 질문을 던졌다. "어때요? 이 방법이 당신에게 도움이 될 것 같나요?" 그런 식으로 친근하고 사교적인 방식의 소통을 시작했다.

하지만 마샤는 분명 다과회를 주최하고 있는 것이 아니었다. 그는 일어나고 있는 모든 상황을 믿을 수 없을 만큼 예리하게 통찰했다. 모든 것을 포착했다. 어떤 때는 견해를 밝히고 또 어떤 때는 가만히 있었다. 하지만 그 무엇 하나 놓치지 않고 모두 파악하면서 어떻게 할지 생각했다. 타당화해 주는 분위기를 조성했다. 집단 속에서도 자신의 심리 치료 기술을 꾸준히 잘 발휘했다. 나는 마샤를 지켜보며 그의 치료 모델이 코칭과 심리치료 모두를 최고 수준으로 접목해 놓은 형태임을 알 수 있었다. 코칭 지침은 불안 치료, 우울증 치료, 습관 치료에 대한 행동주의 증거로 뒷받침되고 있었다. 컨버그의 경계성 성격장애 병동에서 이런 코칭은 본 적 없었다.

찰리는 DBT의 열렬한 지지자가 돼 DBT 치료사가 되기 위한 수련을 받기 시작했다. 그는 DBT가 자신의 본성에 더 잘 맞는다고 말하기도 했다. 결국 그는 웨일에 DBT 병동을 세우기까지 했는데 이곳은 시애틀 이외 지역에 문을 연 최초의 DBT 병동이었다.

내가 1991년 초 영국 케임브리지대학에서 안식년을 보내며 DBT 전문서를 집필할 생각이고 집필을 마친 뒤에 남는 시간에는 뭘 할지 계획이 없다고 말했을 때 찰리는 이렇게 물었다. "마샤, 웨일로 와서 나머지 안식년을 보내는 건 어때요?"

내가 말했다. "그럴까요?"

반대쪽 관점

웨일코넬의과대학 캠퍼스 설계자는 생명을 위한 병원의 정원을 설계한 바로 그 건축가 프레데릭 로 옴스테드여서 두 곳 사이에는 확실히 비슷한 부분이 있었다. (옴스테드는 뉴욕의 센트럴파크도 설계했다.) 찰리는 캠퍼스 내 위치한 사택에 살았는데 마침 그 바로 맞은편 사택이 비어 있었다. 그는 내가 1991년 늦여름부터 석 달 동안 그곳에서 지낼 수 있게 손써줬다.

그해 마무리 작업 중이던 DBT 전문서는 DBT의 이론적 배경을 설명하고 DBT 구성 요소를 정리한 내용으로 구성됐다. 나는 이 책을 친밀감 있게 집필하기로 구상하고 치료 매뉴얼로는 이례적이게도 1인칭 형식의 글을 쓰고 있었다. 또한 DBT의 모든 구성 요소를 더할 나위 없이 상세히 서술했다. 나는 독자들이 DBT를 일반적 개요만으로 이해하는 것이 아니라 깊이 몰입해 이해하길 바랐다. 이점 역시 치료 매뉴얼에서는 이례적인 경우였다. 이런 접근법은 제리의 책을 모델로 삼은 것이었다.

나는 책이 그렇게 성공한 이유 중 하나가 거리감이 느껴지는 학문적 어감보다는 친밀감 있는 어감으로 쓰인 덕분이라고 믿는다. 그 책은 내 삶이 아닌 DBT에 관한 책이다. 사람들은 대체로 책의 저자를 말할 때 "마샤 리네한"이나 "리네한"이 아닌 "마샤"라고 말한다. 내 내담자들은 나를 성이 아닌 이름, 마샤로 알고 있다. DBT와 나처럼 개발한 사람과 치료법이 이 정도로 동일시되는 또 다른 치료법은 내가 아는 한 없다.

내가 코넬의과대학에 간 데는 책을 마무리 짓는 것 말고도 다른 이유가 더 있었다. 찰리가 새로 세운 DBT 병동을 위한 자문을 해주는 것이었다. 그 일은 무척 흥미롭고 재밌었지만 컨버그의 경계성 성격장애 환자 치료 접근법을 직접 경험할 기회기도 했다. 그의 병동 환자들은 장기 입원자로 평균 입원 기간이 18개월이었다. 생명을 위한 병원에서처럼 대부분이 명망 있는 집안 출신 여성이었다. 일주일에 한 번씩 사례 검토 자리가 마련됐다. 환자들은 컨버그와 그의 동료들로 구성되고 때때로 병동 간호사들도 참여하는 패널 앞에서 면담 조사를 받았다. 면담 후 환자들이 자리를 뜨면 환자들의 사례를 놓고 토론이 열렸다.

한번 상상해 보라. 넓은 방, 샹들리에, 어두운 목재 장식 판자, 한쪽에 놓인 기다란 마호가니 탁자 앞에 앉아 있는 여섯 명의 사람들. 그 여섯 명은 대부분 남자고 아주 딱딱한 인상에 양복과 넥타이 차림으로 앞에 메모장과 펜을 놓아둔 채 앉아 있다. 정말 무시무시한 기분이 들지 않을까? 한번은 내가 면담자로 참여할 기회가 생겼다.

인생이 지옥처럼 느껴질 때

첫 환자는 젊은 여성이었다. 나는 탁자를 등지고 앉아 있었다. 그는 내 등 뒤 패널을 마주 보며 내 앞에 앉았다. 그는 내게 별말을 하지 않았고 한 단어로만 대답했다. 조금도 진전이 없었다. 나는 말했다. "내 생각엔 당신이 여기 앉아 이 많은 사람들을 마주 봐야 하는 상황이 방해가 되는 것 같아요. 아무래도 당신에겐 그게 힘든 일일 거예요. 서로 자리를 바꿔보는 건 어떨까요?" 우리는 자리를 바꾼 후 훨씬 더 많은 얘길 나눴다. 면담이 잘된 것 같았다.

그가 나가자 패널에서 가장 먼저 나온 말은 "아이고, 그 환자는 당신에게 화가 나 있었어요"였다. 나는 속으로 생각했다. '흠, 전에도 어디서 들었던 얘긴데?'

누군가가 말했다. "그를 봐요, 그 환자는 당신에게 말을 거의 하지 않았잖아요. 정말 화가 나 있었던 거라고요." 내가 말했다. "제 생각에는 그 환자가 화가 나 있었던 게 아니라 겁을 먹고 있었던 것 같은데요. 왜 화가 나 있었다고 생각하시나요?" "그가 어렸을 때 그의 아버지가 한 일 때문입니다." 말하자면 아주 정신분석적인 해석을 하고 있었다.

내가 말했다. "잘 생각해 보세요. 면담 자리의 모든 배치가 위압감을 주잖아요. 그런 상황에서는 누구든 불안해지기 마련이에요." 그때 에드 셰린이 목소리를 높여 말했다. "그 환자는 모든 행동이 두려움을 드러내는 것으로 보였어요. 얼굴 표정도, 움츠러든 몸도요. 그가 정말 화가 나 있었다면 먀샤가 자리를 바꿔 앉자고 제안했을 때 투덜거렸을 만한데 그러지 않았잖아요. 바로 바꿔 앉았어요. 마샤가 부탁하는 대로 다 따랐다고요."

다들 그 말에 수긍하는 표정은 아니었다.

그다음 주가 됐고 배치는 예전과 똑같았지만 한 가지 예외가 있었다. 내가 이미 자리를 바꿔놓은 터라 이제는 환자들이 패널을 마주 보지 않아도 됐다. 지정된 시간이 되자 문을 노크하는 소리가 들렸다. 젊은 여성이 들어와 앉았다. 누군가가 물었다. "간호사는 어디 있죠?" 젊은 여성이 말했다. "간호사가 오지 않아서 혼자 왔어요. 늦고 싶지 않아서요." 그는 그 병동에 새로 들어온 환자였다.

그가 나가자 누군가 말했다. "저 환자는 문제를 만들고 싶은 감정을 행동으로 표출한 거예요." 내가 말했다. "그게 무슨 말씀이세요, 행동 표출이라뇨?" "간호사를 기다리지 않았잖아요. 환자들은 간호사의 동행 없이는 어디도 갈 수 없어요." 내가 말했다. "그의 행동이 이해되지 않으세요? 우리와 이 자리에서 면담을 하기로 약속돼 있었어요. 간호사가 제시간에 오지 않으니까 약속에 늦지 않으려고 혼자 오기로 결정한 거예요." "절대 아니에요⋯"

나는 속으로 생각했다. '설마 농담이시겠죠.' 생명을 위한 병원에서 내게 일어났던 모든 일이 그대로 반복되는 기분이었다. 그가 뭘 하든 비정상으로 해석되고 있었다. 한 정신과 의사의 세계관 모델에 근거해 동기가 추정되고 있었다. 컨버그 모델에서는 치료사가 환자에게 공격성을 드러내고 있다고 지적했는데 그 환자가 아니라고 말할 경우 치료사는 환자 자신이 의식하지 않아서 그러는 것뿐이라고 말해주며 그러다 보면 금세 그 환자가 정말로 화가 나게 되는 식인 것 같았다.

그러면 치료사는 뒤로 기대앉으며 말한다. "거봐요. 내 말이 맞잖

인생이 지옥처럼 느껴질 때

아요."

경계성 성격장애에 대한 상충된 이론

내 DBT 논문은 그해 겨울이 되도록 발표되지 않았지만 논문에 대한 소문이 나돌기 시작했다. 나는 1987년 발표 논문에서 경계성 성격장애에 관한 내 이론을 발표한 바 있었다. 해당 장애의 근간을 이해하지 않으면 그 장애의 치료법을 마련할 수 없다. 나는 내담자들이 자신들의 삶을 이야기할 때 주의 깊게 들으면서 이해의 폭을 넓혀나갔다. 그러다 내담자들에게 가장 필요한 것 중 하나가 타당화라는 점을 깨달았다. 내담자들은 자신들이 왜 그렇게 행동하는지 이해받고 싶어 한다는 걸 알았다. 내 내담자들은 삶의 상당 기간 동안 비수인적인 환경을 경험했을 가능성이 아주 높아 보였다. 트라우마가 될 만큼 비수인적인 환경에 처해 있었을 수도 있었다.

경계성 성격장애에 대한 생물사회학적 이론

바로 이런 깨달음이 내 이론의 한 축을 이룬다. 또 다른 축은 경계성 성격장애 환자들이 직면하는 가장 힘든 난관 하나가 정서 조절이라는 것이다. 경계성 성격장애 환자들은 환경 속에서 어떤 기폭제에 대한 반응으로 순식간에 몹시 감정적인 상태가 된다. 정서 조절 어려움emotional dysregulation에는 강한 생물학적 요소가 있다고 알려져 있으며 여기에는 대체로 유전적 요소도 포함된다. 나는 경계성 성격장애 환자들이 생물학적 기반의 둔 정서 조절 문제를 지니고 있다는 결론에 이르렀다. 정서 조절 문제 경향이 있는 사람들은 보통 비수인적 환경에서는 문제가 있지만 수인적 환경에서는 꽤 잘 지낸다. 나는 이것을 경계성 성격장애에 대한 생물사회학적 이론이라고는 명명했다.

많은 사람들이 컨버그와 내 이론이 비슷하다고 생각한다. 우리 둘 다 생물학적 요소가 환경적 요소와 상호작용한다고 가정하고 있기 때문이다. 다만 우리는 그 생물학적 요소가 무엇에 해당하는지를 두고 의견을 달리한다. 컨버그는 잠재적 공격성으로 가정하는 반면 나는 잠재적 정서 조절의 어려움으로 가정한다. 한편 어려운 환경을 가정한다는 점에서는 서로 일치한다.

사람들이 내 이론을 처음 접했을 때 보이는 반응은 뭐랄까, 침묵이라고 해야 할까. 행동주의자들은 관심 없어 했고 정신과 의사들은 못 들은 척했다.

그런데 이제 나는 명망 있는 정신의학회 학술지에 게재 예정인, 경계성 성격장애 환자 기준에 부합하는 사람뿐 아니라 자살 위험성이 높은 사람에게까지 효과적인 행동치료가 있다고 주장하고 있었다. 그에 대한 반응은 이런 식이었다.

"당신이 뭔데?"

"그 여자가 어떻게 이런 영향력을 가진 거지?"

"그가 틀렸을 거야."

"우리가 이 세계에서 몸담은 세월이 50년이야. 우리는 잔뼈 굵은 베테랑이고 그 여잔 뭣도 모르는 풋내기라고."

인생이 지옥처럼 느껴질 때

나는 수년간 정신과 의사들에게 비난의 표적이 될 처지였고 일부 사람들 사이에서는 지금도 여전히 그런 비난을 받고 있다.

스키트사격 그리고 그 표적인 나

비난의 표적이 되는 일은 내가 웨일에서 지낼 때 본격적으로 시작됐다. 나는 초대를 받아 맨해튼의 페인 휘트니 클리닉에서 DBT를 주제로—일명 그랜드 라운즈grand rounds라는 명칭의—대대적 발표를 하게 됐다. 앨의 초대였다. 그날 발표회장에는 정신과 과장 밥 미헬스가 맨 앞자리에 앉아 있었다. 컨버그도 와 있었다. 그리고 그 외에도 DBT 반대파라고 말해도 무방한 사람들이 대거 참석했다. 찰리도 와줘서 친숙한 얼굴도 볼 수 있었다. 그날 일은 그의 이야기로 들어보자.

그랜드 라운즈는 워낙 큰 행사라 만만치가 않다. 일종의 스키트사격(클레이사격의 일종으로 사수射手 좌우에 있는 높고 낮은 두 곳에서 동시에 방출되는 표적을 명중시키는 것_옮긴이)으로 발표자가 표적이 된다. 만약 발표가 형편없다고 생각하면 그들은 발표자를 친절하게 대한다. 그렇지만 그 자리에서 발표를 잘해내면 조심해야 한다. 당신이 그 자리에 있는 사람들에게 위협적으로 느껴지기 때문에 맹비난을 받게 된다. 누군가가 변증법에 관한 질문을 했을 때 마샤는 마치 자신이 그 개념을 고안한 장본인인 것처럼, 마르크스, 엥겔스 같은 사람들이 존재하지 않는 것처럼 잘 대답했다. 그때 마침 변증법 학자였던 청중이 그를 심하게 비난했다. "변증법은 당신 이전에 존재했소, 리네한 박사." 그는 굉장히 무례하게 굴었다. 마샤는 아주 정중한 태도로 대답했다. "저도 알고 있습니다." 잠시 뒤에는 미헬스가 말했다. "이봐요. 당신은 아주 빈약한 연구와 근거로 주장을 펴고 있어요." 그 말에 마샤가 쏘아붙였다. "그럼 현시점에서 환자들의 정신분석학적 치료의 과학적 연구와 근거는 얼마나 많은가요?"

그들은 생물사회학적 이론의 결점을 찾아내면서 DBT가 지나치게 단순화된 이론이라고 말했다. "당신은 내면세계를 고려하지 않고 있네요. 우리 모두 존재한다는 걸 알고 있는 그런 세계를요. 정신분석학에는 자아, 초자아, 이드가 있어요. 더 새로울 게 뭐가 있나요?" 그들이 마샤를 그런 식으로 대한 이유는 그의 훌륭함을 알아봤기 때문이다. 그들은 도전받고 있다는 기분을 느끼지 않으면 그런 취급을 받지 않는다.

나는 발표회 후 마샤와 점심을 먹으러 가며 말했다. "어땠어요? 사람들이 쉴 새 없이 맹공을 펼치던데요." 마샤의 대답은 이랬다. "오, 아주 좋았어요! 사람들이 끊임없이 이의를 제기하지 않으면 모델을 더 좋게 개선할 수 없을 테니까요. 회의론자들도 필요하죠. 그 밤 미헬스라는 사람 아주 똑똑하더라고요. 제가 꼭 생각해 봐야 할 점들을 지적해 줬어요. 온 머리를 쥐어짜서 공격해 주는 사람들이 있어야 해요. 그래서 무척 만족스러웠어요. 비난을 하고 그 비난을 이용할 수 있었던 좋은 자리였어요." 마샤는 자신의 이론적 모형을 뒷받침해 주지 않는 연구 결과를 얻을 때도 이와 똑같이 행동한다. 연구실에서 그런 문제가 생겼을 때 행복해하는 사람은 마샤가 유일하다. 연구에서 그가 틀렸을

지 모른다는 증거가 나오면 "오, 더 좋게 개선할 기회를 얻었네요"라고 말하는 식이다.

비난의 전개

시간이 지나면서 비난이 여러 방향으로 번졌다. 처음엔 내가 선생에 지나지 않는다는 식의 비난이었다. 내 논문이 발표된 직후 나는 발표를 부탁받고 프랑스에서 열린 정신역동학회에 참석했다. 첫 번째 휴식 시간에 어떤 사람이 다가와 말을 걸었다. "모두들 당신 연구 얘기를 하고 있어요. 당신을 두고 기껏해야 선생에 불과하다느니 하면서요." 그 말에 대한 내 반응은 "오, 정말요? 감사한 일이네요" 같은 투였다. 나는 그런 말을 칭찬으로 받아들였다. 나는 학생들을 가르치는 일을 정말 좋아한다. 내담자들에게 기술을 가르치며 모든 부정적이고 반자기反自己(보통의 자기와 반대되는 모습을 한 외면적 인격_옮긴이)적인 감정을 무시하는 방법, 진정한 자신을 알아보는 방법을 가르쳐준다는 게 정말 좋다.

그 사람은 고개를 절레절레 저으며 말했다. "그게 아니에요, 마샤. 그런 말이 아니에요. 칭찬이 아니라 모욕이라고요. 당신이 환자들에게 기술이나 가르치고 있을 뿐이지 그 장애를 치료하고 있지는 않다는 말이라고요." 어떻게 보면 맞는 말이다. 나는 '장애' 자체로의 경계성 성격장애에 흥미를 가진 적이 없었다. 경계성 성격장애를 목표로 삼은 적이 없었다. 내가 목표로 삼고 있는 대상은 자살 행동, 스스로 통제하기 어려운 행동이다. 나는 나 스스로를 어떤 장애를 치료하는 사람으로 생각하지 않는다. 남들에 의해 장애로 변하게 되는 일련의 행동들을 치료하는 사람이라고 여긴다.

1991년 발표 논문과 2년 후 후속 논문의 연구 자료는 내 활동이 내담자들에게 도움이 됐음을 증명해 줄 만큼 확실했다. 그에 따라 비난의 방향도 옮겨 갔다. "좋아, 당신이 내담자들에게 좋은 결과를 이끌어 내준다는 점은 인정하지. 하지만 그건 당신이 훌륭한 치료사기 때문에 얻은 결과야. 카리스마가 있어서라고. DBT가 훌륭한 치료법이라서가 아니라."

나는 훌륭한 치료사다. 나도 안다. 그리고 나는 카리스마가 있다. 그 점도 안다. 게다가 나는 DBT가 훌륭한 치료법이라는 사실도 알았다. 그래서 우리 팀은 또 다른 연구에 착수해 이번엔 치료에 내가 직접 관여하지 않기로 했다. 결과는 똑같았다. 나는 이 결과를 사람들이 수긍하리라고 생각했다. 아니었다. 그들은 내가 어떤 식으로든, 하다못해 단지 같은 건물에 있는 것만으로도 연구에 영향을 미친 게 틀림없다고 주장했다. 내 카리스마 말이다!

다음으로 내가 한 일은 내 연구 커리어를 통틀어 가장 현명한 조치로 꼽을 만한 일이었다. 나는 DBT에 흥미를 가진 전 세계 연구자들을 샅샅이 찾아내 이후 DBT 전략기획단DBT Strategic Planning Group으로 알려지게 될 집단에 동참해 달라고 요청했다. 우리는 1년에 한 번씩 시애틀 워싱턴주립대학에서 모임을 열고 그 이전 해에 터득한 지식들, 잘 모르겠는 부분들, 우리가 알아야 할 사항들을 공유하고 앞으로의 연구를 위한 전략도 세운다. 이 전략기획단의 중대한 역할 중 하나는 우리 팀과 내가 그동안 그렇게 해왔듯 다른 연구실과 다

인생이 지옥처럼 느껴질 때

른 국가 연구자들이 DBT의 효과성을 시험해 보도록 장려하는 것이었다. 정말로 내가 훌륭한 치료사기 때문에 DBT가 내 손에서만 효과를 나타내는 것이라면 다른 연구자들은 나와 똑같이 긍정적인 결과를 낼 수 없을 것이었다.

현재까지 독립적으로 진행된 DBT의 무작위 임상실험은 16개에 이르며 모든 연구에서 우리의 첫 임상실험과 같은 결과가 나왔다. 단지 이 16개 임상실험에 참여한 치료사들이 모두 훌륭한 치료사들이었기 때문 아니냐고 주장하는 사람도 있을지 모른다. 하지만 그게 좀 억지소리라는 데는 동의하리라 생각한다.

당시에는 사실상 두 개의 공방이 동시에 벌어지고 있었다. 하나는 경계성 성격장애의 원인과 적절한 치료법을 둘러싼 것이었고 또 하나는 자살 원인과 적절한 치료법이 논점이었다. 정신과 의사들은 자살이 생물학적 장애라는 주장을 펴기 시작하면서 자신들이 나를 궁지에 몰아넣었다고 생각했다. 물론 그 주장은 실제로 맞는다. 인간에게 비생물학적 장애 같은 것은 없으니 말이다. 하지만 그들이 그런 주장으로 내세우려는 견해는 자살이 생물학적 장애라면 행동치료가 아니라 약물이나 전기충격요법 같은 방법으로 치료해야 한다는 것이었다.

나는 패널로 참여해 달라는 초대를 자주 받았다. 정신과 의사 세 명과 내가 토론을 벌이는 식이었다. 정신과 의사들은 "이것은 생물학적 문제"라는 말을 자주 꺼냈다. 그 말에 이어 행동치료가 부적절한 이유를 제시했다. 그리고는 자기들이 논쟁에서 이겼다고 믿으며 앉았다. 나는 이런 논쟁을 즐기면서 자리에서 일어나 말했다. "자살이 얼마나 생물학적 문제인지는 알고 있어요. 저도 생물학적 개입을 하고 있고요. 그 점은 분명히 말할 수 있어요. 물론 그 개입 방법의 이름은 DBT입니다. DBT는 생물학적으로 변화를 일으켜요. 자살이 생물학적 문제고 제가 그 문제를 변화시킬 수 있다면 생물학적 변화를 일으키는 방식을 빼고 어떻게 그 일을 할 수 있겠어요?"

여기서 명심해야 할 점이 있다. 이 문제는 정신과 의사들의 분야였다. 그들은 자살이라는 분야에서 오랜 역사를 갖고 있지만 심리학자들은 아니었다.

논점은 또 바뀌었다. "좋아요. 당신의 치료법이 효과가 있다고 칩시다. 하지만 당신은 그저 증상들만 치료하고 있어요." 학술적 모임이나 학회 그리고 정신의학지 학술 논문에서 내게 이런 식의 비판들을 던져댔다. 항생제 투여로 질병의 근원을 잡기보다 열을 내리기위한 냉찜질로 세균성 감염증을 치료하는 데 상응한다는 식의 비판이었다. 정신과 의사들은 이런 기능장애 행동의 기저에는 어떤 질병이 있다고 보며 단지 증상을 완화하는 것이 아니라 그 질병을 치료해야 한다고 생각한다.

그래서 나는 말했다. "좋아요. 그럼 증상이 아니라 당신들이 그 질병의 근원이라고 여기는 것의 평가 도구를 제안해 보세요. 그럼 제가 DBT가 그 척도를 변화시키는지 아닌지 시험해 볼게요. 그 척도가 개선되면 제 치료가 효과적이라는 데 동의하고 제가 증상만을 치료하고 있다는 말을 더는 하지 마셔야 합니다. 저는 그것이 뭐든 여러분이 선택하는 척도를 받아들이겠습니다. 뭐든지요. 그러니까 저한테 줘보세요."

인생이 지옥처럼 느껴질 때

내사

이 말에는 다들 입을 다물었다. 그러다 마침내 컨버그의 동료인 존 클라킨이 경계성 성격장애에 대한 정신분석학적 관점의 핵심을 관통하는 한 척도를 제시했다. 이른바 "내사introject"였는데 이는 본질적으로 한 개인의 자존감 혹은 자기 자신과의 관계를 평가하는 척도다. 괜히 이 용어를 이해하려 애쓰느라 혼란에 빠질 필요는 없다. 그냥 DBT가 경계성 성격장애 환자들의 내사를 개선했음을 밝혀낸다면 DBT가 정말로 증상만이 아니라 질병의 원인을 치료한다는 점이 증명되는 셈이라는 사실만 알면 된다. 우리는 DBT가 실제로 내사를 개선해 줄 것이라고 가정했다.

현재 캘리포니아 루터대학에 재임 중인 제이미 베딕스 그리고 내 학과 동료 두 명인 데이비드 앳킨스와 캐서린 컴투아가 이 가정을 시험해 보기 위한 2009년 연구에 동참했다. 이번 실험에는 100명의 여성을 모집했다. 역시 18~45세 사이 연령대였고 경계성 성격장애 기준에 부합하는 사람들이었다. 이 100명 중 절반은 DBT를 받았고 나머지 절반은 전통적 행동치료를 받았다. 우리는 연말에 이들을 평가한 후 1년간 후속 평가를 이어갔다.

다음은 우리가 밝혀낸 결과다.

DBT를 받은 연구 참여자들은 치료를 받은 직후와 치료 1년 후 추적조사에서 자기가치 확인, 자기애, 자기보호와 자기공격 성향을 포함한 긍정적 내사가 모두 통상적인 지역사회 치료 프로그램에서 전문가들

에게 치료를 받은 것에 비해 발전된 것으로 나타났다.[*]

우리는 DBT를 받은 환자들이 통제군 환자들보다 담당 치료사와 더 강한 치료적 관계를 맺는다는 점도 입증했다. 이 부분은 DBT에 성가실 만큼 따라붙던 또 하나의 비난거리여서 그동안 행동치료사들이 내담자들과 좋은 관계를 맺는 것보다 행동적 수단에 더 관심을 두고 있다는 식의 비난에 시달려 왔다. 하지만 내담자와 친밀한 관계를 맺는 일은 DBT를 시작할 때 최우선 과제다.

우리는 내사 척도 연구 결과를 발표하기 위해 2011년 논문 원고를 제출했지만 처음엔 거절당했다. 그것이 "타당하지 않은 주제"라며 "DBT가 효과가 있다는 것은 이미 주지의 사실인데 같은 얘기를 반복하려 애쓰고 있을 뿐"인 "쓸데없는 연구"라는 것이 그 이유였다. 당연히 우리는 끈질기게 설득했고 마침내 논문은 2012년 2월《컨설팅 및 임상심리학 저널Journal of Consulting and Clinical Psychology》에 발표됐다.

이 연구 결과에 대한 최초의 공개 발표는 논문이 출판되기 전 보스턴 외곽의 맥린 병원에서 하게 됐다. 이 병원은 경계성 성격장애 분야의 대가로 손꼽히는 존 군더슨이 있는 곳이었다. 나는 대다수가 정신과 의사들인 수많은 청중 앞에 서서 일반적인 발표의 흐름에 따라 우리의 연구 방법, 척도와 연구 결과를 설명했다.

---

[*]   J. D. Bedics, D. C. Atkins, K. A. Comtois, and M. M. Linehan, "Treatment Diffe ences in the Therapeutic Relationship and Introject During a 2-Year Randomized Controlled Trial of Dialectical Behavior Therapy Versus Nonbehavioral Psychotherapy Experts for Borderline Personality Disorder," *Journal of Consulting and Clinical Psychology* 80, no. 1 (February 2012): 66-77.

나는 발표를 다 마친 후 청중을 바라보며 잠깐 뜸을 들이다 말했다. "저는 이제 제 주장을 입증했다고 생각합니다." 청중들이 일제히 일어나 기립박수를 보냈다.

컨버그는 어땠을까? 그는 내게 자기가 만나본 사람 중 치료법이 이론과 일치하는 유일한 사람이라고 말해줬다. 정신의학 분야에서 대단한 권위자에게 그런 말을 듣는다는 건 감동적인 일이었다.

33. 임상실험에서의 DBT

BUILDING A LIFE WORTH LIVING

34

친밀한 관계들

The Circle Closes

카마노섬은 시애틀 북쪽, 차로 약 한 시간 거리에 있다. 날씨가 화창한 날에는 아주 멀리에서도 베이커산이 보인다. 이 산은 북부 캐스케이드산맥에서 가장 높은 산에 들고 세계에서 가장 눈이 많이 오는 산으로도 꼽힌다. 경치가 어찌나 장엄한지 숨이 턱 막힐 정도다.

고속도로를 벗어나면 카마노섬 쪽으로 도로변을 따라 키 큰 미송들이 즐비하게 늘어서 있어 터널에 들어온 느낌을 준다. 앞쪽으로는 평온한 분위기가 펼쳐져 도시 생활의 압박이 점차 사라진다. 1992년 초 나는 아버지가 내게 남겨준 돈으로 카마노섬에 주택 한 채를 구입했다. 카마노섬은 그 지역에서 페리호를 타지 않고도 들어갈 수 있는 유일한 섬이다. 대신 카마노 게이트웨이 다리가 섬까지 이어져 있고 이 다리는 요즘 들어 독수리, 연어, 영웅 들의 철제 조각상으로

운치가 더해졌다. 카마노섬 본토 북쪽으로 45분만 가면 수십만 제곱미터에 이르는 튤립밭으로 유명한 스카짓 계곡이 나온다. 매년 4월만 되면 이 튤립밭을 보려고 100만 명에 달하는 사람들이 몰려든다.

내가 산 주택은 섬의 서쪽 지역, 바다가 내려다보이는 깎아지른 듯한 절벽 위에 자리 잡고 있다. 사실을 말하자면 "주택"이라는 말을 붙이기엔 민망하다. 기껏해야 방 두 개와 개방형 거실 공간이 전부인 작은 집이다. 거실의 반은 음식 조리와 식사를 위한 공간이고 나머지 반은 쌀쌀한 저녁에 장작 난로 앞에 앉아 있을 수 있는 공간이다. 우리끼리는 이 집을 "오두막집"이라고 부른다.

하지만 집 밖 세상에는 마법이 펼쳐진다. 나는 절벽 끝 가까운 곳까지 넓게 데크를 깔아놓았다. 가늠할 수도 없이 많은 시간을 이 데크에 앉아 서쪽으로 펼쳐진 사라토가해협휘드비섬을 감상하고 (날씨가 맑은 날엔) 저 멀리 보이는 올림픽반도의 산봉우리들을 경이롭게 바라봤다. 독수리들의 사냥을 구경하기도 했다. 데크 왼편의 아름드리 소나무에 독수리들이 둥지를 짓고 살고 있었다. 물가에는 끈기 있게 물고기 사냥 중인 커다란 파란색 왜가리들의 모습도 보인다. 이곳의 저녁노을은 그야말로 장관이다.

나는 늘 섬을 여기저기 탐험 해 보고픈 마음을 품고 그곳으로 간다. 하지만 일단 오두막집에 가면 문과 창문을 열어젖히고 좀 시끌벅적한 음악을 틀고 냉장고에서 차가운 와인을 꺼내 한 잔 따르고 데크에 앉아 숨을 내쉰다. 그곳은 평안을 느끼며 자연과 하나 되기에 좋은 곳이다. 뭘 하기보다는 그냥 있기 좋다. 그래서 내가 하는 가장 활동적인 일은 명상하기 좋은 긴 자갈밭 해변 걷기다.

인생이 지옥처럼 느껴질 때

예전에는 친구 마지와 아주 자주 갔다. 특히 검토할 연구비 제안서가 있을 때 많이 찾았다. 나는 데크의 편안한 의자에 앉고 마지는 뜨거운 욕조에 몸을 담그고 있었다. 마지는 지원서 서류가 얼마나 젖는지 보면 보조금 신청서가 잘 작성됐는지 아닌지 알 수 있다는 농담도 했다. 제안거리가 빈약해 주의력이 흐트러지면 어느새 그는 욕조 안으로 쓱 미끄러져 들어갔고 종이는 물속으로 떨어졌기 때문이었다.

여름마다 나는 이 오두막집에 내 연구 팀, 대학원생들, 친구들을 죄다 불러 파티를 연다. 아이들도 데려오라고 권한다. 파티가 파할 무렵엔 박사 후 과정 연구원들과 대학원생들 모두에게 스토니브룩 대학에서 네 명의 동급생이 졸업할 때 제리에게 증정했던 릴케의 인용문을 담은 액자 사본을 준다. 앞에서도 말했지만 이 시구는 치료사들의 삶과 (그리고 사실상 다른 사람들의 삶과도) 아주 밀접한 관계가 있어서 여기서 한 번 더 되뇔 만할 듯해 다시 옮겨봤다.

당신을 위로하려고 애쓰는 그 사람이 때때로 당신에게 도움을 주는 이 단순하고 평온한 말들 속에서 아무 고통 없이 편히 살고 있다고는 생각지 마십시오. 그 사람의 삶에도 수많은 괴로움과 슬픔이 있습니다… 그렇지 않았다면 그 사람은 그런 말들을 찾아내지도 못했을 겁니다.[*]

---

[*]   Rainer Maria Rilke, *Letters to a Young Poet*, trans. M. D. Herter Norton (New York: Norton, paperback, 1993)

생일, 성찰의 시간

내 50번째 생일 전날이던 1993년 5월 4일 나는 차를 몰고 카마노섬의 집으로 향했다. 그곳의 아름다움을 즐기고 내 삶을 성찰하는 시간도 가져볼 겸 카마노섬에서 혼자 생일을 보내기로 마음먹은 터였다.

이튿날 나는 몇 시간이 지나도록 해변을 산책하다 차를 운전해 시애틀 집으로 향했다. 내심 내 DBT 책이 마침내 내 생일에 맞춰 와 있기를 기대하고 있었다. 출판사에서는 제목에 "인지행동치료"라는 문구를 넣어야 한다는 의견을 냈다. 그래서 말했다. "절대 안 돼요. 저희가 하는 건 인지행동치료가 아니에요. DBT는 그것과는 달라요. 그렇게 제목을 붙이면 아무도 책을 안 살 거예요."

결국 우리는 타협해 《경계성 성격장애를 위한 인지행동치료》로 제목을 정했다. 이 무렵 나는 책 제목에 대한 집착은 줄고 대신 책이 아직 출간되지 않았다는 사실에 대한 집착이 늘어난 상태였다. 나는 출판사 측에 내 50번째 생일까지는 책이 꼭 나와야 한다고 하면서 그 누구도 50세가 넘으면 정말로 좋은 글을 쓰지 못한다는 이유를 들었다. (그런 생각이 어디서 어떻게 생겨난 건지는 나도 모르겠다.) 출판사에서는 애써보겠다고 답했다.

시애틀 집에 도착해 보니 아직 불이 꺼져 있었다. 뒤쪽 계단에 큰 상자가 놓여 있는 게 보였다. 나는 상자를 질질 끌고 안으로 들어가 칼을 가져와서 밀봉된 부분을 뜯고 상자를 열었다. 내 책이었다. 모두 12부였다. 순간 전율이 일었다.

그때 갑자기 하느님으로부터의 메시지가 들려왔다. 어떤 목소리가 이렇게 말하는 것 같았다.

인생이 지옥처럼 느껴질 때

너는 약속을 지켰다.

나는 깜짝 놀랐다. 뒤이어 이런 생각이 들었다. '좋아, 이젠 죽어도 좋아.' 또 생각했다. '그래, 이제 끝났어.' 농담이 아니다. 나는 도로에서 자동차가 나를 쳐서 그게 내 끝이 됐으면 좋겠다고 생각했다. 내 끝이 어디에서 다가올진 몰랐지만 이젠 끝을 맞을 준비가 돼있었다.

그로부터 한 달쯤 지나자 나는 내가 죽지 않을 거라는 깨달음이 들었다. 그럼 이젠 뭘 하면 좋을까? 그러다 생각했다. '음, 그냥 네가 지금 하던 일을 계속하는 게 어때?'

그리고 나는 그렇게 했다.

35

마침내 가족

A Family at Last

1992년 초 나는 상주 비서를 구한다는 광고를 냈다. 워싱턴주립대학 재학생이던 베로니카가 그 광고를 보고 연락해 왔다. 우리는 만나자마자 죽이 잘 맞았고 그는 손님방으로 이사해 들어왔다. 베로니카와 나는 꽤 친해져 금세 돈독한 사이가 됐다. 몇 년 후 베로니카가 정말 멋진 사람인 프레스턴을 만났고 나도 곧 그가 좋아졌다. 두 사람은 믿을 수 없을 만큼 굴곡 있는 관계를 이어갔지만 마침내 결혼해 내 집 지하로 이사를 갔다.

몇 년 후 두 사람은 집을 사고 싶어 했지만 계약금이 없었다. 나는 선뜻 돈을 빌려주기로 했다. 옆집이 매물로 나와 있던 차라 두 사람이 그 집을 사면서 미니 공동체가 생겼다. 우리는 두 집 사이의 울타리를 허물고 뒤뜰에 작은 정자를 세워놓고는 서로 한집처럼 오갔다.

베로니카와 프레스턴은 히스패닉계 친구들이 많았고 파티에도 일가견이 있었다. 언제나 즐거웠다. 나는 그들의 활기 넘치는 사교 생활에 매료됐다. 그들의 친구는 곧 내 친구였다. 우리는 함께 크리스마스를 보냈고 서로의 생일도 함께 보냈으며 휴가도 함께 떠났다. 그러다 베로니카가 임신을 해 1996년 6월이면 출산할 예정이라는 소식을 듣게 됐다. 우리 모두 기뻐 마음이 들떴다. 우리는 가족 같았다.

여동생과 내가 서로를 보다, 몇 년 만에

이 일이 있기 얼마 전 여동생 에일린과의 12년이 넘도록 소원했던 관계가 종지부를 찍었다. 1993년 내 50번째 생일경에 에일린이 시애틀로 나를 찾아왔다. 우리는 얘기를 나누기 시작했다. 계획하고 말한 것은 아니었다. 그냥 말이 술술 흘러나왔다. 에일린은 그때의 순간을 이렇게 떠올린다.

언니와 주방 싱크대에 서서 얘기하다 나는 눈물이 터졌다. 어린 시절 언니가 어머니와 아버지에게 심한 강요를 받고 사방에서 반감에 시달릴 때 곁에서 도와주지 않았던 일을 내가 얼마나 미안해하는지 말하다 그만 흐느끼고 말았다. 그때 나는 언니를 외면하고 피하기도 했다. 나는 언니에게 용서를 빌며 언니에게 친구가 필요할 때 도움의 손길을 내밀지 않았던 것에 얼마나 죄책감을 느끼고 있는지 털어놓았다. 나는 정말로 언니 곁에 있어주지 않았다. 사실 어떻게든 언니와 거리를 두려고 했다. 어머니는 이유가 뭐든 언제나 내게 "마샤와 거리를 두라"고 했다. 언니가 하는 말을 듣고 내게 안 좋은 물이 들기라도 할까 봐 염려하는 듯했다. 나는 실제로 언니와 거리를 뒀다.

5월의 그날 내가 울면서 용서를 구할 때 언니는 언제나처럼 멋지게 수용적으로 받아줬다. 우리는 서로 끌어안았고 언니는 이해한다고 말했다. 내가 어머니와 그 외의 이런저런 것들에 그렇게 영향을 받았는데 달리 어떻게 할 수 있었겠느냐고. 나는 그날의 대화 이후 정말로 정화됨과 안도감을 느꼈다.

태어나서 처음으로 우리 둘 다 진정으로 서로를 바라봤다. 이제 우리는 매일 대화를 나눈다. 우리는 아주 가까운 사이가 됐다. 언젠가 내가 에일린에게 말했다. "에일린, 내가 널 얼마나 사랑하는지 증명하기 위해 나는 기꺼이 네가 먼저 죽게 해줄 거야." 에일린은 내 말뜻을 알았다. 우리는 서로 너무 정이 깊이 들어서 잘 안다. 누구든 한 사람만 세상에 남겨지면, 정말 그런 날이 오면 다른 한 사람은 더없는 비탄에 빠지리라는 걸. 우리 자매는 서로를 찾아가면 작별 인사하길 끔찍해한다. 유치하다는 건 알지만 어쨌든 그렇게 됐다.

이렇게 에일린과 아름다운 화해를 하면서 나는 내 삶에서 이런 가족을—태어나서 얻은 가족과 내가 선택한 가족 모두를—가진 것이 축복이라고 느꼈다.

베로니카의 딸 이사벨라가 1996년 여름 태어났다. 베로니카와 프레스턴은 내게 이사벨라의 대모가 돼달라고 부탁했다. 그게 내게 어떤 의미일지는 굳이 말 안 해도 상상이 되리라.

더는 가족이 아닌

나는 베로니카와 프레스턴과 함께 보냈던 크리스마스들을 내가 가진 적 없었던 가족만큼이나 소중하게 여겼다. 그리고 그해 크리스마스는 새로 태어난 아기도 함께할 테니 특별히 더 즐거울 터였다. 나는 크리스마스를 함께 축하할 그날을 손꼽아 고대했다.

하지만 그해에 난데없이 베로니카와 프레스턴과 나 사이에 메울 수 없는 틈이 벌어지고 말았다. 그렇게 된 사정은 복잡하지만 설명하고 싶지는 않다. 하지만 그 직후 내가 그토록 소중히 여기게 된 가족이 뿔뿔이 흩어졌다.

우리가 두 집 사이에 함께 지어놓았던 정자가—가족으로서 하나 됨의 상징이—치워졌고 두 집 사이의 울타리도 다시 세워졌다. 한 가족으로서 서로 사랑하고 사랑받으면서 행복하던 시기는 그렇게 끝났다. 지금까지도 너무 슬프다.

하지만 오래지 않아 내 삶에 새롭고 더 영원할 가족이 서서히 꽃을 피우고 있었다.

마침내 집으로 이끌었던 사고

1994년 2월 제럴딘이 미국에서 학교를 다니기 위해 시애틀로 왔다. 그는 베로니카 아버지가 상사로 모시는 페루군 소속 고위급 장교의 딸이었다. 처음엔 대학에 들어가기 전까지 베로니카와 프레스턴의 집에서 지낼 생각이었는데 그때는 아직 두 부부가 내 집 지하 아파트에서 지내고 있었다.

하지만 베로니카와 프레스턴은 내줄 방이 없었으므로 내게 그를 좀 들여달라고 부탁했다. 두 사람은 걱정 말라고 제럴딘의 아버지를 안심시켰다. 제럴딘이 나와 잘 지낼 거라고 했다. 하지만 내가 10대에 대해 뭘 알겠는가? 전혀 몰랐다.

제럴딘은 당시 독립심 강하고 강단 있는 열여섯 살 소녀였다. 페루의 유복한 가정에서 자랐고 주위에서는 그가 열다섯 살이 되면 성대한 킨세아녜라(성인식)를 치르며 어엿한 여자가 됐음을 축하받기를 기대했다. 또 킨세아녜라 후에는 결혼을 해 부모와 가까운 곳에서 지내며 자식들을 낳고 좋은 아내로 사는 삶을 기대했다. 제럴딘은 이 모든 기대에 따르며 살고 싶어 하지 않았다. 전문직 일을 하고 싶다는 대담한 입장이었고 어머니는 딸에게 전폭적 지지를 보내줬다.

"어렸을 때 아빠에게 이렇게 말했어요. '저는 킨세아녜라 파티를 열고 싶지 않아요. 외국으로 나가고 싶어요.'" 제럴딘이 그때를 떠올리며 말했다. "'파리로 가서 소르본대학에서 공부하고 싶어요.' 아빠는 프랑스어를 할 줄 아셨고 저도 프랑스어를 했거든요. 아빠는 그래도 된다고 승낙해 줬어요. 그래서 열다섯 살이 다 돼갈 때 아빠에게 말했죠. '저랑 한 약속 기억하시죠? 제가 그때 프랑스에 가고 싶다고 했잖아요. 이젠 미국에 가고 싶어요.' 저는 프랑스어보다 영어를 할 줄 아는 편이 커리어에 더 유용할 것 같다는 생각이 들었어요. 아빠가 대답했어요. '그렇게 하렴.'"

제럴딘은 원래 보스턴대학에 들어가고 싶어 했다. "그냥 대학 이름이 마음에 들었어요." 그의 말이다. "그 이름을 TV 같은 데서 들었던 것 같아요." 제럴딘은 보스턴대학에 지원했다가 나이가 너무 어

인생이 지옥처럼 느껴질 때

려서 입학이 안 된다는 사실을 알게 됐다. 시애틀에 온 것은 대안적 선택이었다. "시애틀이 어디에 있는지도 몰랐어요. 어떻게 발음하는지도 몰랐고요. 그냥 '열여덟 살이 되면 보스턴으로 편입하자'고만 생각했죠."

속성 부모 교육

프레스턴이 공항으로 마중을 나가 아주 늦은 비행 편으로 도착한 제럴딘을 태워 왔다. 두 사람이 도착했을 때 나는 이미 잠들어 있던 터라 프레스턴이 내가 준비해 둔 방으로 그를 데려다줬다. 다음 날 아침 나는 문 안쪽을 슬쩍 들여다봤다. 제럴딘은 대부분이 곰들인 스무 개에서 서른 개쯤 되는 봉제 인형 동물원에 파묻혀 보이지도 않았다. '흠, 이제 곧 대학에 들어갈 여자애치고 별나네.' 나는 속으로 생각했다.

제럴딘은 작은 여행 가방 두 개를 갖고 왔다. 하나에는 청바지 두 벌, 셔츠 몇 개와 속옷 정도만 들어 있고 별다른 게 없었는데 다른 하나에는 솜 인형 동물들을 터질 듯 담아 왔다. 그는 영어가 매우 서툴렀고 내가 생각했던 것보다 훨씬 어렸다. "열여섯 살이라니!" 나는 그 사실을 알고 혼잣말을 했다. "이를 어쩐담?" 나는 대학 신입생들을 상대하는 데는 아주 익숙했지만 열여섯 살과 열여덟 살의 세계는 서로 달라도 너무 달랐다. 나는 처음 부모가 된 모든 사람들이 그렇듯 아무런 훈련도 받지 않은 채로 큰 책임을 떠안게 됐다. 첫날 아침에 받은 질문부터 난감했다. "제 방을 치우고 잠자리를 정리해 줄 사람은 어디 있어요?" 나는 (아버지가 고위급 장성인 집안의 딸이었으니 어련하겠냐고 생각하며) 우리 집에는 그를 돌봐줄 유모가 없다고 대답했다.

그 직후부터 내 삶의 패턴이 바뀌었다. 나는 아침마다 아침 식사를 준비하고 저녁마다 5시까지 집에 와서 저녁을 만들었다. 우리는 최선을 다해 서로를 알아가기 시작했다. 나는 영어만 했고 그는 스페인어만 해서 편하게 대화를 나누기까지 한참이 걸렸다. 나는 제럴딘이 살아온 이야기를 듣고 싶었고 그는 새로 익힌 영어를 아주 조금씩 섞어가며 스페인어로 기꺼이 자신의 얘기를 들려줬다.

제럴딘은 아기였을 때 가족이 그의 오빠를 살리기 위해 급히 리마로 가 있는 동안 고모 집에서 살아야 했다. 그때 겨우 두 살이던 제럴딘의 오빠가 신장 질환에 걸리면서 부모가 한꺼번에 세 남매를 다 돌볼 수가 없게 되는 바람에 고모와 지내게 된 것이다. 나중에 나는 제럴딘의 고모를 만나봤는데 마음이 무척 따뜻한 사람이었다. 제럴딘이 어떻게 그렇게 사랑스러운 사람으로 자랐는지 알 것 같았다.

밤이 되면 나는 제럴딘이 별일 없는지 보러 그의 방으로 가봤다. 그는 창문 밖으로 몸을 반쯤 빼고 달을 쳐다보고 있을 때가 많았다. 나는 걱정이 됐지만 어떤 문제가 있는지 아는 게 별로 없었다. 페루에 남자 친구가 있다는 건 알고 있던 터라 남자 친구를 잃은 것 때문인지 염려되기도 했다.

양육 규칙

나는 양육자로서의 역할을 제대로 파악해야 했다. 그의 부모는 내게

인생이 지옥처럼 느껴질 때

전화를 걸지 않아서 그들과 연락할 방법이 없었다. 제럴딘은 빈번하게 아빠에게 전화했고 그의 아빠도 딸에게 지속적으로 금전적 지원을 해줬다. 제럴딘이 오고 얼마 지나지 않았을 때 내가 말했다. "있잖아, 제럴딘. 우리 사이에 몇 가지 행동 규칙을 정해둬야 할 것 같아." 그가 말했다. "네, 그래야죠." 내가 말했다. "음, 어떤 규칙이 필요할까?" 나는 너무 순진하게도 제럴딘이 어떤 규칙을 세우면 좋을지 얘기할 줄 알고 그렇게 물었다. 그러기는커녕 제럴딘은 답했다. "그건 당신이 만들어야죠, 마샤."

나는 세 가지 규칙을 제안했다.

규칙 1: 성관계를 가질 경우 피임할 것.
규칙 2: 차에 탈 때는 운전하는 사람이 술을 마시지 않았는지 확인할 것.
규칙 3: 우리가 합의한 귀가 시간보다 늦을 것 같으면 내게 전화할 것.

내가 아는 한 제럴딘은 마지막 규칙은 잘 지켰다. 나머지 둘은 잘 모르겠다. 그건 어떤 부모라도 알 수가 없다.

제럴딘은 곧 영어를 배우는 학교에서 친구들을 사귀었다. 그들은 때때로 수업 후 제럴딘을 집까지 태워다 줬다. 이 부유한 젊은 청년들은 툭하면 아주 고가의 차를 너무 빠른 속도로 몰고 다녔고 그 모습에 나는 깜짝깜짝 놀랐다. 하지만 제럴딘이 친구들을 집에 초대할 수 있는 것이 중요하다고 생각했고 그는 그렇게 했다.

문제는 내가 뭘 어떻게 해야 할지 도통 모르겠어서 난감했다는 것이다. 제럴딘의 친구들이 으레 그 빠른 차를 몰고 집에 오면 나는 위층으로 올라가 한 친구에게 전화를 걸었다. "나 지금 위층이야. 애들은 아래에 있고. 나 어떻게 해야 하지?" 친구는 나를 진정시키려 애쓴 후 아래로 내려가서 그냥 자연스럽게 행동해야 한다고 일러줬다. 나는 그 말대로 하다 놀라운 사실을 알게 됐다. 제럴딘의 친구들 중 다수는 그보다 나이가 훨씬 많아서 20대나 30대로 보였다. 나는 누구든 오면 이런 식으로 말을 걸었다. "몇 살이에요? 스물한 살이 안 됐으면 우리 집에서는 술을 마실 수 없어요." "몇 살이에요…?" 그 순간을 생각하면 지금도 창피하다.

우리 둘을 위한 집

제럴딘은 영어 연수 과정을 수료한 후 시애틀대학에 입학 허가를 받고 경영학을 공부했다. 2학년에 올라가서는 진정한 기숙사 생활을 경험하고 싶어 했다. 시애틀에 온 후 며칠만 지내리라 예상했던 기간이 어느덧 2년이 지나 있던 때였다. 군 장성의 딸인 제럴딘은 자기 침대를 정리하거나 주방을 치울 줄도 모르고 솥을 엉망으로 만들어놓지 않고는 밥을 할 줄도 몰랐다.

제럴딘이 기숙사에서 지내게 됐어도 내 집은 우리 둘 모두의 집이었다. 제럴딘은 계획대로 보스턴으로 이사 갈 생각이 없는 것이 확실해 보였다. 그래도 나는 우리 관계가 장기적으로 어떻게 될지 아직은 분명히 알 수 없었다.

제럴딘은 주말과 휴일이면 자주 집에 왔다. 조언이 필요하거나 그냥 얘기가 하고 싶을 때 자주 전화도 했다. 우리는 교회도 같이 다

넜다. 나는 그의 견진성사 때 대모가 돼줬다. 우리 관계는 서로 친밀했지만 마음을 사로잡고 다소 혼란스러웠던 나와 베로니카 사이와는 완전히 달랐다. 제럴딘과의 사이에는 담담함, 거리, 편안함이 있었다. 그는 내가 자신의 보모 같다고 말했다. 그 시절 나는 "보호자는 아니지만 문제가 있을 때 전화를 걸 수 있는 사람"이었다는 게 요즘 와서 제럴딘이 하는 말이다. 한번은 제럴딘이 내게 자기와 친구들을 파티에서 데려와 달라고 전화했다. 나는 너무 피곤해서 내가 공항에 갈 때 이용하는 리무진 서비스를 보냈다. 나중엔 딸을 데려오는 좋은 어머니 역할을 해주지 못한 것 같아 큰 죄책감이 들었다. 하지만 그는 이렇게 말했다. "마샤, 우린 너무 좋았는걸요. 리무진에도 타보고 완전 특별한 경험이었어요."

나는 제럴딘이 대학을 졸업하던 1998년 성대한 파티를 열어줬다. 그의 부모님도 왔다. 제럴딘의 어머니는 아주 조용했지만 아버지는 엄청난 존재감을 뿜었고 나는 그가 참 좋았다. 그는 딸을 정말로 예뻐했다. 내가 제럴딘의 삶에서 해주는 역할에 고마워하는 것이 느껴졌다. 나는 2년 전 페루에 가서 그를 만났었다. 그때 그는 나를 마추픽추에 데려가 줬고 나는 스페인어를 못하고 그는 영어를 못하는데도 우리는 기막히게 멋진 시간을 보냈다. 때로는 다른 사람과 유대를 맺을 때 언어는 문제되지 않는다.

미국 어머니가 되다

제럴딘이 마침내 다시 집으로 들어왔다. 처음엔 손님방에서 지내다 나중엔 예전에 지냈던 자기 방으로 옮겼다가 마지막엔 지하실 아파트로 들어갔다. 나는 우리 관계가 점점 깊어지는 것을 느꼈다. 제럴딘 역시 마찬가지였다. "나는 점점 마샤에게 마음을 열고 있었어요." 그의 회고담이다. "우리는 점점 더 가까워졌어요. 그전에는 제가 어디에 가는지 마샤에게 얘기하지 않았어요. 독립적인 사람이 돼야 한다는 생각 때문이었죠. 하지만 이젠 마샤가 내 삶의 일부였어요." 그는 은행에 취직해 일을 아주 잘했고 나중엔 투자사로 이직해 10년 가까이 다녔다.

전환기는 제럴딘이 직장에서 만나 한동안 좋은 친구 사이로 지내던 네이트와 사귀기 시작하면서 찾아왔다. 나는 그가 무척 마음에 들었다. 둘은 점점 진지한 사이가 돼갔다. 2001년경의 일이었다.

물론 나는 제럴딘과 네이트가 결혼하길 바랐다. 우리 셋이 차 안에서 페리호를 기다리고 있던 어느 날 나는 둘이 결혼하게 되리라는 느낌이 왔다. 내가 돌아보니 제럴딘이 아이래시 컬러로 네이트의 속눈썹을 말아 올리고 있었는데 네이트가 무척이나 즐거워하며 제럴딘이 하고 싶은 대로 하게 내버려 두고 있었다.

제럴딘과 네이트는 2005년 7월로 결혼 날짜를 잡았다. 나는 두 사람을 위해 약혼 파티를 열어줬다. 다음은 제럴딘의 얘기다.

파티에 부모님, 언니 그리고 오빠가 왔다. 그날 밤에는 아주 많은 감정이 교차했다. 엄마와 아빠가 마샤를 얼마나 좋아하는지 느껴졌다. 어머니는 말이 없는 분이다. "내가 널 사랑한다는 걸 보여주고 있는데 말로도 할 필요는 없잖니." 그게 우리 엄마다. 하지만 그날 밤 두 분 모두

인생이 지옥처럼 느껴질 때

감정적인 모습을 보였다. 엄마와 아빠는 마샤에게 그보다 더할 수 없을 만큼 고마워했다. 이제 나는 마샤도 내 엄마인 것 같다. 마샤 이름을 청첩장에 올리지 않는다는 건 내게 있을 수 없는 일이었다. 마샤에게 그래도 되는지 묻자 마샤는 허락했고 그렇게 해서 청첩장은 다음과 같이 쓰였다.

사단 장군 하워드 로드리게스 말라가,
마그다 토레스 데 로드리게스가,
마샤 M. 리네한 박사가
당신을 딸의 결혼식에 초대합니다…

내겐 너무나 감동적인 일이었다.

바로 그해 나는 브루클린가에 있는 우리의 작은 집을 팔았다. 네이트, 제럴딘 그리고 나는 더 좋은 동네로 가서 셋이 더 넓게 같이 살 수 있을 만한 훨씬 큰 집을 찾았다. 나는 언덕 위 네 번째 블록이자 에이틴스 애비뉴에서 일곱 번째 블록에 있는 집을 샀고 이 집이 현재 우리가 살고 있는 집이다. 우리는 집의 3층을 제럴딘과 네이트의 독립된 아파트로 개조했다.

제럴딘은 내 삶에서 생각지 못한 사건이었고 모든 사람이 그렇게 행복한 사고의 축복을 받을 수 있길 바라고 있다. 그의 말로 직접 들어보자.

나는 서른 살이 돼도 부모와 함께 사는 것이 이례적이기보다 일반적인 환경에서 자랐다. 그래서 어쩌면 [우리 딸] 카탈리나도 따르게 될지 모를 전통을 내가 이어갈 수 있다는 점이 자랑스럽고 축복받은 기분도 든다. 내가 네이트에게 그 일에 대해 물었을 때 네이트도 전적으로 동의했다. 네이트는 우리를 위해 저녁을 만들고 우리는 같이 모여 뉴스를 본다. 나는 내가 마샤를 떠날 수 없다는 걸 알았다. 평생 마샤와 살 것이다.

그리고 무엇보다 중요한 점은 마샤가 자신을 사랑하고 자신이 내주는 모든 순간을 소중히 여겨주는 가족과 함께 살면서 평온해하고 있다는 것이다. 마샤는 내 미국 어머니고 어머니와 나는 내가 얼마나 행운아인지 알고 있다.

36

내 이야기를 공개하다:
DBT의 진짜 기원

Science and Spirituality

나는 언젠가 내 과거를 대중에게 공개하게 되리라는 생각을 늘 갖고 있었다. 나는 "당신도 우리 같은 환자인가요?"라는 질문을 이런저런 방식으로 숱하게 들어왔다. 내 팔의 상처와 화상 자국은 항상 안 보이게 꽁꽁 감춰지는 게 아니어서 당연히 사람들이 궁금증을 가질 만했다. 피부에 남은 고통의 상징에 익숙한 사람일수록 특히 그랬다.

나는 때때로 내담자들에게 내 과거를 털어놓았다. 그러다 2009년 봄 한번은 직접적으로 말하지 않기로 마음먹고 대꾸했다. "나도 고통을 겪었느냐고 묻는 거예요?" 내가 그 젊은 여성에게 되묻자 그는 간절한 눈빛으로 나를 보며 대답했다. "그게 아니에요, 마샤. 우리처럼 환자였냐고 묻는 거예요. 우리와 같냐고요. 당신이 우리와 같은 사람이라면 우리 모두에게 아주 큰 희망이 될 것 같아서요."

내가 내 과거를 공개하기로한 것은 이 젊은 여성이 언급한 바로 그 이유 때문이었다. 지옥 속에 빠지게 된 다른 사람들에게 희망의 메시지가 될 수 있을 것 같아서였다. 30대 중반까지만 해도 이런 생각은 최신 행동치료 학회장이 되려고 출마하며 그냥 가볍게 가졌던 생각이었다. 내가 회장 환영사에서 "저를 보세요. 저도 그 지옥 속에 있어봤습니다. 그게 어떤 느낌인지 알아요. 도와줄 방법도 알고요" 같은 말을 하는 상상을 했다. 그러면 아주 극적일 것 같았다. 멘토인 제리에게 내 생각을 내비쳤을 때 그는 아직 창창한 내 커리어를 망칠 수도 있다며 강하게 만류했다. 20년 후 컨버그도 그 일을 아무한테도 말하지 말라며 비슷한 조언을 했다.

"당신도 우리와 같은가요?" 내담자가 이렇게 물으면—이 물음은 정말로 애원이나 다름없었다—나는 내 생각을 행동으로 옮길 시간이 된 게 아닐까 하는 기분이 들었다. 그 무렵 에일린과 대화를 나누다 또 하나의 동기가 자극되기도 했다. 여동생 에일린은 언제나 도움이 필요한 사람들에게 변화를 일으켜 줄 방법을 찾는 사람이다. 나는 그 근래 미국의 정신건강 의료체계 결점에 대한 대중의 인식 제고를 목표로 활동하는 단체인 미국 정신건강가족연맹협회National Alliance on Mental Illness, NAMI 일에 동참하게 됐는데 에일린도 중요한 기여를 할 수 있겠다는 생각이 들어 함께할 의향이 없는지 물어봤다.

첫 부정

잠시 한 걸음 물러나 내가 처음으로 참석했던 NAMI 회의를 언급하

인생이 지옥처럼 느껴질 때

고 넘어가야 할 것 같다. 회의는 워싱턴 D.C.에서 열렸고 내담자들도 참석했다. 다양한 분야의 정신건강 전문가들과 NAMI 직원들도 와 있었다. 의장이 회의를 개시하며 우리에게 탁자 주위로 모여달라고 했고 우리는 한 사람씩 자기소개를 했다. 널찍한 타원형 탁자 주위에 모인 인원이 20명쯤 돼서 내 차례가 돌아오기까지는 몇 분 정도 걸렸을 것이다. 다른 사람들의 소개 인사는 대략 이런 식이었다. "저는 누구누구입니다. 경계성 성격장애를 진단받은 적이 있습니다." "저는 누구누구고 병원에 입원한 적이 있습니다." "저는 누구누구입니다. 딸이 여러 번 자살 시도를 했어요." "저는 누구누구고 조현병 전문가입니다."

나는 이런 짤막한 소개를 듣는 동안 점점 불안해져 속으로 생각했다. '나는 누구지?', '내 차례가 되면 무슨 말을 하지?' 그 자리에서 내 과거를 털어놓을까 하는 생각도 들었다. 어쨌든 이 사람들보다 더 공감해 줄 이들도 없을 테니까. 하지만 나는 어떻게 말을 할지 아직 준비되지 않은 상태였고 그래서 지금은 적절한 시기가 아니라고 판단했다. "저는 마샤 리네한이에요. 워싱턴주립대학에서 일하고 있고 자살 고위험군 환자들을 대상으로 임상과 연구 활동을 하고 있습니다." 그 순간은 지나갔다. 하지만 대중적인 나와 개인적인 나 사이의 단절이 강하게 느껴졌다.

내가 에일린에게 NAMI 얘기를 넌지시 꺼냈을 때 에일린은 이렇게 말했다. "언니, 난 NAMI 일을 할 수 없어. 정신건강 영역에서는 일을 할 수가 없어. 그곳에서 활동하는 이유를 누구에게도 말할 수 없기 때문이야. 내가 언니 얘기를 어떻게 해."

내가 그 수년 동안 에일린에게 무슨 짓을 해왔는지 눈치채지도 못하고 있었다는 자각이 홍수처럼 밀려왔다. 에일린은 자기가 아닌 내가 그런 처지에 놓인 것에 죄책감을 느끼며 내 유일한 여자 형제로서 트라우마를 겪고 있었다. 나는 그동안 경계성 성격장애를 가진 환자의 자매들과 대화를 나눈 적이 많아 자매로서의 트라우마가 얼마나 심한지 알았다. 그런데 이런 자매들의 곤경은 아무도 신경을 써주지 않는다. 누군가 이 문제에 관한 책을 쓰면 몇 권은 나오겠다는 생각을 했다.

더는 부정하지 않는다

나는 이제 내 이야기를 털어놓을 때가 됐다고 판단했다. 겁쟁이로 죽고 싶진 않았다.

내 형제들의 반응은 분명하게 엇갈렸다. 남동생 마스턴은 단호했다. "그래, 누나는 겁쟁이가 아니잖아." 마스턴은 평소에도 내게 큰 관심을 가지며 나를 보호해 주려 하는데 나는 그 점을 고맙게 생각한다. 남동생 마이크는 완전히 다른 입장을 보였다. "잘 들어봐, 누나. 할 거면 반드시 일을 크게 벌여야 해. 일어날 만한 최악의 일이 뭐냐면 누나가 누나의 삶을 공개했는데…"

내가 동생 대신 뒷말을 이었다. "아무도 관심을 가져주지 않으면 어쩌냐고?" 맞는 지적이었다. 만약 그런 일이 일어난다면 괴로울 것이다. 에일린은 그냥 이렇게 말했다. "언니, 결정권은 언니에게 있어. 언니가 옳다고 생각하는 일을 해야 해."

생명을 위한 병원에 다시 가다

딱 한 가지 문제는 내 메시지를 어디에서 어떻게 전할 것인가였다. 아무래도 완벽한 무대는 생명을 위한 병원일 것 같았다. 내가 어렸을 때 2년을 지낸 만성 정신병원, 지옥이 나를 찾아왔던 그곳이 딱 일 듯했다.

그동안의 모든 일들을 매듭짓기에 좋은 장소일 것 같았다.

나는 2년여 전 이 정신병원을 방문해 DBT 표준 기술을 설명하는 강연을 펼쳤다. 그날 여유 시간이 생겼을 때 나는 내 방문을 주관한 사람에게 그곳의 DBT 병동을 보여달라고 부탁했다. 그는 당연히 그랬을 테지만 내 과거나 내가 가질 법한 또 다른 동기를 전혀 눈치채지 못한 채 말했다. "톰슨 병동에 있어요." (기억하겠지만 톰슨 병동은 내가 이 병원에 입원해 있던 2년이 넘는 기간 동안 대부분의 시간을 지낸 곳이었다.)

이 병원에서 지내면서 알게 된 내 친구 서번은 그 방문에 나와 동행했다. 우리 둘은 수년 전 우리를 지옥 속에 있게 한 바로 그 병동을 돌아보기 위해 마음의 준비를 했다. 내가 어떤 반응을 보이게 될지 감이 잡히지 않았다. 주체 못할 만큼의 감정적 고통을 느끼게 될까? 그냥 덤덤할까?

나에게 내 과거는 마치 지옥을 겪은 것이 내가 아닌 다른 사람인 듯 느껴져 그가 안타까운 마음에 슬퍼지는 관계였다. 누구든 내가 겪었던 그런 일을 겪게 된다는 건 너무 슬픈 일이다. 그래도 이제 나는 그때와는 완전히 다른 사람이 됐다.

격리실에 다시 가보다

병원의 투어를 받으면서 나는 비현실적인 경험을 하는 것 같았다. 내가 아닌 다른 누군가가 영화 속에 들어와 있는 느낌이었다. 어느새 우리는 톰슨 2병동의 격리실이었던 곳 근처에 이르렀다. 나는 안쪽을 들여다봤다. 의자와 탁자가 놓인 저 좁은 방에 갇혀 수시로 간호사의 감시를 받으며 보냈던 시간이 얼마나 많았던가. 저 안에 들어가는 일은 벌칙으로 여겨졌지만 내게 저 방은 나 자신으로부터 안전한 천국이었다. 감시 속에서도 용케 몇 번이나 탁자 위에서 떨어져 바닥에 머리를 박아댔지만.

나는 예전에 내가 작은 침대에 걸터앉아 있을 때 서번이 서서 나와 수다를 떨며 때때로 내 입으로 담배 연기를 불어 넣어주던 그 자리에 서 있었다. 그것은 감정적이 아닌 사실적인 회상이었다. 나는 사진을 찍어도 괜찮은지 물었다. 별난 소리라는 건 알지만 솔직히 이곳을 다시 방문해 즐거운 시간을 보냈다. 그 격리실은 이제는 작은 사무실로 개조돼 창문도 크게 확장돼 있었다. 예전보다 분위기가 훨씬 밝았다.

과거 DBT 내담자들을 만나다

2011년 초 나는 생명을 위한 병원 불안장애센터장 데이비드 톨린에게 이메일을 보내 그 병원에서 DBT 역사에 관한 발표를 큰 규모로 열어보고 싶다고 밝혔다. "가능할까요?" 내가 물었다. 그는 가능할 거라고 답했다. 사실 그의 대답은 "그럼요, 제발 해주세요!" 투에 더

인생이 지옥처럼 느껴질 때

가까웠다.

그 병원엔 소강당이 하나 있었고 보통은 그곳에서 학술 발표회가 열렸는데 내가 염두에 둔 발표를 하기엔 너무 좁았다. 나는 데이비드에게 더 넓은 강당에서 강연을 하면 안 되는지 문의했다. (어디서 들어본 것 같다고 느끼는 독자에게 귀띔하자면 사실 1장에서 내가 살짝 들려준 적 있는 얘기다.) 그는 내게 다시 전화를 걸어와 말했다. "음, 저희도 그렇게 해드리고 싶지만 그러려면 제가 이유를 알아야 합니다. 보통은 그렇게 하질 않아서요. 굳이 그곳에서 강연하고 싶으신 이유가 뭔가요?" 나는 그 자리에서 내 과거를 공개할 생각이고 많은 청중을 초대할 계획이라고 밝혔다. 아무한테도 이 얘길 하지 않겠다는 약속도 받아냈다.

데이비드는 다시 한 번 전화를 걸어왔다. "안타깝지만 제가 학과장에게 그 얘기를 하지 않을 수가 없겠는데요. 워낙 이례적인 요청이라 어쩔 수 없이 당신이 그 강당을 원하는 이유를 설명해야만 합니다. 그렇게 해도 될까요?" 내가 말했다. "좋아요, 얘기하세요. 단, 철저히 비밀을 지키겠다는 약속을 받으셔야 해요. 다른 사람은 아무도 알면 안 돼요. 제겐 그게 정말, 정말 중요한 문제예요."

내 강연일은 2011년 6월 18일로 정해졌다. 강연 제목은 "DBT 개발에 얽힌 개인사"로 붙이기로 했다. 초청 명단 작성은 조교인 홀리스미스와 일레인 프랭크스가 맡았다. 나는 두 사람에게 나와 가까운 사람들, 졸업했거나 현재 재학 중인 제자들, 동료들, 친구들을 초청하고 싶다고 일러줬다. 그리고 말했다. "나한테는 누가 오는지 알려주지 마요. 알고 싶지 않아요." 나는 남자 형제들에게는 물어보기가 굉장히 망설여졌는데 그들이 오지 않을 수도 있다고 생각했기 때문이다. 만약 그들이 정말로 초대에 응하지 않으면 굴욕적이고 상처받을 것 같았다. 에일린은 어쨌든 해보자며 남자 형제들을 초대했다.

내 인생사를 90분으로 압축하려는 시도는 그야말로 고통이었다. 어떤 얘기를 넣어야 할까? 어떤 얘기를 빼야 할까? 내가 괜히 몇몇 사람들의 영역을 침범해 감정까지 상하게 하는 건 아닐까?

발표회 예정 시간은 오후였다. 하지만 나는 병원의 예전 내담자들과 대화할 기회를 갖게 해달라는 부탁도 해둔 터였다. 여기서 예전 내담자들이란 입원 환자로나 외래 환자로 DBT 프로그램에 참여한 사람들이었다. 나와 그들만 오붓하게 모여 그들에게 내 희망적인 이야기를 들려주고 싶었다. 예정 시간은 점심시간 바로 전 오전이었다.

우리는 30명 정도 소인원을 이뤄 양쪽으로 화병에 꽃이 꽂혀 있는 작은 방에 모였다. "여러분은 제가 오늘 여기 와 있는 이유가 궁금할 거예요." 내가 운을 뗐다. "제가 여기 생명을 위한 병원에 온 것은 1시에 중요한 얘기를 하기 위해서예요. 여러분도 그 자리에 초대되긴 했지만 저는 여러분이 거기에서 제 얘기를 듣게 하고 싶지 않았어요. 바로 지금 이 자리에서 직접 들려주고 싶었어요."

다들 꼼짝도 하지 않고 있었다. 공기에 기대감이 팽배했다. 거의 불꽃이라도 튀는 듯했다. "제가 이 치료법을 개발하게 된 건 제가 아주 어렸을 때 했던 서약을 지키기 위한 일이었어요." 나는 계속 말을 이었다. "그리고 그 서약을 했던 곳이 바로 생명을 위한 병원이었어요. 제가 여기 환자였거든요. 항상 가장 최하급 환자 병동에, 감금 병동에 있었죠. 거기서 좀처럼 나오지 못했어요. 원래는 몇 주만 입

인생이 지옥처럼 느껴질 때

원해 있을 예정이었지만 2년하고도 한 달이 넘도록 여길 나가지 못해서 아주 오랜 시간을 갇혀 있었어요. 여러분이 지금 있는 그 자리에 저도 있었어요. 그리고 저는 지금 여기까지 왔고요. 여러분도 지옥에서 벗어날 수 있어요. 여러분도 저처럼 될 수 있어요. 제가 여러분에게 이 얘길 해주는 이유는 여러분에게 희망이 정말 많다는 사실과 포기하지 않는 것이 정말 중요하다는 사실을 깨달았으면 하는 바람 때문이에요."

모두들 놀라서 입을 떡 벌린 채 믿기지 않는다는 듯 고개를 절레절레 저었다. 예전에 이곳에 입원했던 환자 중 연이어 자살 시도를 하다 DBT 치료에 참여한 사람도 그 자리에 있었는데 그 순간을 이렇게 회고한다.

나는 주간 프로그램이 종료된 이후 몇 달 만에 그 병원에 다시 갔다. 그곳에 가니 복잡한 감정이 느껴졌다. 마음속에서 슬픔, 죄책감, 두려움이 한꺼번에 솟구쳤다. 다른 사람들도 다르지 않았으리라고 생각한다. 다들 그 프로그램을 경험해 본 만큼 우리 모두에겐 그 자리에 함께 있는 것만으로도 강한 유대감이 들었다. 그런 데다 모두가 DBT 훈련 영상에서 봤던 그 여성을, 그 프로그램을 시작한 창시자를 곧 만나게 된다니 무척 흥분되기도 했다. 이제 곧 그가 어떤 사람인지 직접 볼 수 있게 되는 것이었다.

그가 뜻밖의 사실을 밝혔을 때 나는 완전히 놀랐고 믿기지가 않았다. 우리 모두 다 그랬다. 그가 우리와 같았다니, 그럴 거라고는 한 번도 생각해 본 적이 없었다. 우리 중 누구도 그가 우리와 같은 경험을 했을 것이라고는 상상도 못했다. 그의 이야기는 너무 슬펐다. 그가 내가 지금껏 겪은 것보다 더 힘든 시간을 보낸 것 같아서였다. 게다가 그 사실을 밝혔다간 커리어를 망칠까 봐 아주 오랫동안 그 사실을 비밀로 해 둬야 했다니 그게 안타까워서 너무나 슬펐지만 또 한편으론 그의 말처럼 우리 모두에게 희망을 주기도 했다. 가장 감동적인 순간은 우리가 다 같이 춤을 췄을 때였다…

앞에서 말했다시피 나는 독일에 가 있을 때 베아트리체에게 춤을 배웠다. 그 병원에 방문하기 몇 년 전 나는 새로운 춤을 개발했다. 역시 독일에 있으면서 듣고 알게 된 〈나다 테 투르베Nada Te Turbe〉라는 아름다운 노래에 맞춘 춤이다. 이 제목의 뜻은 "아무것도 그대를 흔들지 못하게 하라"로 16세기 스페인 신비주의자 아빌라의 성 테레사가 쓴 시에서 따온 것이다. 내겐 이 시가 너무 감동적이고 의미심장하게 느껴지며 나와 춤을 같이 추는 사람들도 그렇게 느낀다. 둥글게 원을 만들어 춤을 추는 것은 사람들을 화합시키는 한 방법이며 이 화합은 DBT를 이루는 중요한 구성 요소다.

　다음이 그 시의 구절이다. 읽어보면 내 말뜻을 알게 될 것이다.

아무것도 그대를 흔들지 못하게 하고
아무것도 그대를 겁먹고 두려워하지 못하게 할지니
모든 것은 지나가는 것.
하느님은 변하지 않으시고
인내가 있으면 못 이룰 일이 없느니라.

인생이 지옥처럼 느껴질 때

하느님을 얻은 사람은

그 무엇도 부족함이 없으니

하느님만으로 만족하는도다.

이 춤을 처음 개발할 때 나는 집에서 혼자 춤 연습을 했다. 불쌍한 네이트. 그는 주변을 어슬렁거리다 강제로 끌려와 나와 같이 연습했다. 나는 누구에게든 잘 가르칠 수 있도록 춤을 제대로 구성하고 싶었다.

하루는 같이 춤을 출 사람이 아무도 없어 세계의 모든 정신질환자들을 초대해 같이 춤을 추기로 했다. 좋은 생각이었다. 어찌나 감격적이던지 나도 깜짝 놀랐다. 나는 두 손을 앞으로 뻗어 그들이 나와 같이 춤을 추고 있다고 상상하며 나와 함께하도록 그들을 초대했다. 나는 그들에게 그들이 해본 적 없는 새로운 경험을 나와 함께해보게 하고 있었다.

나는 DBT 워크숍을 끝낼 때마다 꼭 춤을 춘다. 이때 사람들에게 워크숍 참가자가 아닌 사람 중 누구든 원하는 사람을 초대해 같이 춤을 춰도 된다고 말해준다. 친구든, 사랑하는 사람이든, 세상을 떠났지만 사무치게 그리운 사람이든 누구든 다 초대할 수 있다. 정말로 춤이 끝나갈 무렵이 되면 거의 모두가 눈물을 흘리고 있다. 이 춤이 그만큼 강력하다는 것을 알게 됐다.

생명을 위한 병원에서의 그날 오전에도 예전의 DBT 내담자들과 이 춤으로 모임을 마무리 지었다. 우리 모두는 둥글게 원을 지어 왼쪽으로 한 걸음, 오른쪽으로 두 걸음 천천히 이동하면서 몸을 가볍게 흔들었고 어느새 여러 사람의 뺨 위로 눈물이 흘러내렸다.

　내 뺨 위에도.

강연
....

점심 식사 후 데이비드가 나를 강당으로 안내했다. 그는 짤막하게 내 소개를 했다. 바로 또 한 차례의 소개가 이어졌다. 이번엔 내 친구이자 동료인 마르틴의 더 개인적인 소개였다.

　나는 연단에 올라갔다. 지난 수년간의 그 어느 때보다 긴장됐다. 남자 형제들인 존, 얼, 마스턴, 마이크가 여동생 에일린과 함께 앞줄에 앉아 있었다. 나는 그들에게 환하게 웃어 보인 후 말을 시작했다.

　"가장 큰 두려움은 이 강연을 끝까지 마치지 못하면 어쩌나 하는 겁니다." 이 말을 하는데 정말로 눈물이 터질 것만 같았다. 그렇게 되면 너무 부끄러울 것 같았다.

　그 순간 나와 어머니에 대한 소소한 일화가 떠올라 청중에게 그 얘길 들려주기로 마음먹었다. "어머니는 속이 상할 때마다 울었어요." 나는 아주 살짝만 과장해 말했다. "하지만 행복할 때도 울었죠. 제가 경제적으로 쪼들리던 시기 어떤 해에 저는 어머니에게 생일 선물로 양파를 드렸어요. 이렇게 말하면서요. '어머니가 행복할 때 우는 게 생각나서요. 이 양파가 어머니를 울게 만들 것 같아 선물로 준비했어요.' 어머니는 눈물을 흘리기 시작했어요."

　다행히 연단에 올라선 그 6월에 나는 울지 않았다.

　초반의 불안한 출발 이후 빠르게 "강연자 모드"로 전환하긴 했지

인생이 지옥처럼 느껴질 때

만 나는 여전히 감정적인 상태였다. 이제 곧 50년 동안 철저한 비밀로 지켜왔던 사실을 사람들에게 밝힐 순간이었다. 나는 잠시 청중을 바라봤다. 친구들, 동료들, 재학 중이거나 졸업한 제자들이 한자리에 모여 있는 감동적인 모습이었다. 그리고 가족들까지 와 있었다. 나는 이렇게 참석해 준 분들과 행사를 준비해 준 린다 디메프, 홀리, 일레인에게 감사드린다는 인사를 전했다. "그리고 특히 남자 형제들에게 이렇게 와줘서 고맙다고 말하고 싶어요." 내가 말했다. 그리고 속으로 생각했다. '이런, 이러다 우는 거 아니야?' 나도 모르는 사이에 어느새 나는 내 감동적인 청중에게 내 이야기를 털어놓고 있었다. 이 책에서 당신이 목격한 그 이야기를.

…

강연을 마치고 질문 시간까지 끝난 후 제럴딘이 자리에서 일어나 연단으로 걸어왔다. 다음은 그때 그가 내게 한 말이다.

당신은 내 삶의 별이에요, 마샤. 제게 언제나 빛을 비춰줘요. 절 사랑해 줘서 고맙고 저도 당신을 아주 많이 사랑해요. 당신이 너무 자랑스러워요.

우리는 서로를 끌어안고 한참을 있었다.
그날 가장 달콤한 순간 중 하나였다. 앞으로도 평생 그럴 것이다.
마침내 나는 집에 온 것이다.

뒷이야기

강연 이후 어떤 일이 생겼는지 궁금하지 않은가?

우선 가족이 계속 늘고 있다. 이제 나는 내가 지금껏 본 중 가장 똑똑한 아이이자 상상할 수 있는 한 가장 예쁜 여자아이인 카탈리나의 할머니가 됐다. 이 아이가 얼마나 똑똑한지 궁금하다고? 글쎄, 카탈리나는 영어, 스페인어, 표준 중국어 3개 국어를 할 줄 알고 유기견 토비 초클로 보이즈를 입양하기도 했다.

네이트의 부모님이 집에 자주 놀러 온다. 그분들이 집에 와 있으면 정말 즐겁다. 네이트가 세 명의 여자—제럴딘, 카탈리나 그리고 나—사이에서 용케 잘 사는 것이 신기할 때도 많다. 네이트는 저녁마다 끝내주는 요리를 해준다. 귀여운 개 토비도 잘 돌봐주고 있다. 토비는 가끔씩 너무 흥분하지만 그래도 우리는 녀석을 사랑한다.

집에서 제럴딘과 나는 어둡고 칙칙한 지하실을 네이트를 위한 완전히 새로운 공간으로 만들어주기로 했다. 그래서 이제 이곳은 진정한 '맨 케이브man cave(가족들로부터 떨어져 휴식이나 취미 활동을 할 수 있는 남자를 위한 공간_옮긴이)'라 할 만한 근사한 공간으로 탈바꿈했다.

영적인 면을 말하자면 나는 최근 들어 예전처럼 정기적으로 교회에 나가고 있다. 기억할 테지만 나는 가톨릭교회에 환멸을 느꼈었다. 그래도 내가 결별한 것은 가톨릭교회지 신앙이 아니었다. 한동안 나는 근처의 감독교회에 다니며 다양한 생각을 포용해 주는 데 즐거움을 느꼈다. 어느 일요일, 친구인 론과 마르시아가 자신들이 다니는 가까운 루터교회에 같이 가보지 않겠냐고 권했다. 나는 이 교회의 음악, 음식, 사람들이 단박에 좋아졌다. 여기서는 사람들이 복음을 일상적 문제와 연결 지으며 일상생활의 요령을 지도해 주는 대화를 해서 너무 좋다. 게다가 내 예전 제자 한 명이 이 교회 목사기도 해서 훨씬 뿌듯함이 들기도 한다. 예전 제자가 목사라는 사실을 알았을 때 내가 얼마나 놀랐을지는 말 안 해도 상상이 될 것이다. 그리고 마지막으로 꼭 할 말이 또 있다. 이 루터교회에서는 영성체에 모든 사람을 초대한다는 점에서 안타까운 가톨릭교회와는 다르다. 내 관점에서 루터교회에 다닌다는 것이 내가 여전히 가톨릭교도가 아니라는 의미는 아니다. 나는 내가 어떤 교회에 다니든 하느님은 나를 똑같이 사랑하신다고 생각한다.

나는 평생토록 이런저런 여러 방식으로 영적인 사람이었다. 그리고 이제는 영적 생활을 함께할 친구들도 있고 멋진 교회 교우들도 있다. 교우들과 하느님에 대한 사랑이 한데 어우러져 현재 내 영적 자아를 먹여 살리고 있다. 나는 하느님을 사랑하고 기도하길 아주 좋아한다. 그래서 이 모든 것이 행복하게 느껴진다. 그리고 생각해 보면 내가 이런 신앙을 갖게 된 것은 당연히 처음부터 어머니가 내게 신앙을 갖게 해줬기 때문이다. 어머니는 언제나 신앙을 버려도 괜찮다고 말했지만 신앙을 갖고 나자 버리고 싶지 않아졌다. 신앙이 없는 내 삶은 상상도 할 수 없다. 어머니가 내게 준 가장 중요한 선물은 단연코 신앙이다.

직업적 측면에서는 내가 수년 전 생명을 위한 병원에 있을 때 하느님께 했던 서약을 지켰다고 말해도 무방하다고 생각한다. 하지만 나는 멈추지도, 그만두지도 않았다. 나는 개선이 필요한 점을 확실하게 개선하고 싶다. 내가 개발한 이 치료법이 내가 없어도 계속 이어질 수 있을 만큼 DBT 수련을 받은 치료사들을 많이 배출하고 싶다.

이 문제 역시 내게 아주 중요하다. 나는 DBT와 DBT 기술이 그것을 필요로 하는 전 세계 모든 이들에게 닿게 할 방법을 찾고 싶다. 내 딸 제럴딘과 나는 컴퓨터 학습을 통해 DBT 기술을 보급하기 위한 기술 활용에 힘써왔다. 치료사들의 수련 못지않게 자격 인정도 똑같이 중요한 만큼 DBT-리네한 자격인증위원회를 통해 환자들이 자격을 갖춘 공인 치료사와 기관을 이용하도록 보장하고 있다.

인생이 지옥처럼 느껴질 때

내 목표 중 하나는 대학 진학을 위한 금전적 지원이 필요한 환자들에게 장학금을 제공해 주는 것이다. 내 딸이 내가 이 목표를 이루도록 도와주리라 믿어 의심치 않는다.

대체 어떤 방법으로 이 일을 도와달라고 딸을 설득할지 궁금할지도 모르겠다. 알고 보면 내 딸은 나만큼이나 사람들을 걱정하고 돌보는 것을 좋아한다. 내 다음 목표는 제럴딘이 카탈리나도 동참하게 만드는 것이다.

DBT가 학교 커리큘럼에 들어간다면 영향력이 아주 커서 자신의 문제를 다루는 데 도움이 필요한 아이들뿐 아니라 모든 아이들에게 유용할 것이다. 정서 조절, 마음챙김, 대인 관계 효율성 등은 우리 누구에게나 도움이 될 만한 기술들이다. 어린 나이부터 시작하는 것이 중요하다.

DBT는 미국을 넘어서까지 퍼져 중남미, 유럽, 아시아, 중동에서도 탄탄히 기반을 잡아가고 있다. 그리고 이제는 이 치료법이 약물 의존, 우울증, 외상 후 스트레스장애를 가진 사람들에게도 도움이 되는 것으로 확인됐다. 틀림없이 시간이 지남에 따라 적용 영역이 더 늘어날 것이다. 이미 암 환자들에게 DBT 기술을 적용하는 등의 사례가 생기고 있다.

DBT는 이제 내가 개발 목표로 삼았던 문제, 즉 자살 위험이 높은 사람들의 고통을 덜어주는 차원보다 훨씬 더 넓은 범위로 확장돼 적용되고 있다.

그래서 내가 당신에게 하고 싶은 마지막 말 부디 당신이 살 만한 가치가 있는 인생을 살기 위해 필요한 기술들을 개발할 수 있기를 바란다. 그리고 다른 사람들이 그런 기술들을 갖추도록 도와주길 바란다. 내가 할 수 있다면 당신도 할 수 있다.

아멘

인생이 지옥처럼 느껴질 때

━━━━━━━━━━━━━━ ★ ━━━━━━━━━━━━━━

감사의 글

많은 사람들이 알고 있다시피 딸이란 존재는 누군가의 삶에서 최고의 부분이 될 수 있으며 내 딸 제럴딘도 내 삶에서 그런 존재다. 내가 내 삶의 이야기를 당신에게 전하는 여정을 걷는 동안 나와 함께 걸어준 제럴딘에게 고맙다고 말하고 싶다. 내 회고록이 나올 수 있게 도움을 준 모든 사람 중 제럴딘은 우리가 계속 나아가도록 결속해 주는 역할을 특히 잘해줬다.

믿을 수 없을 만큼 근사한 내 가족들, 여동생 에일린, 남자 형제들인 존, 얼, 마스턴, 마이클에게도 고마움을 전하고 싶다. 특히 내 딸만큼이나 나를 많이 구해줬던 오빠 얼에 대해 알아야 할 만한 것은 책을 읽으면 다 알게 될 테니 여기에선 굳이 말하지 않겠다. 그리고 동생 에일린은 내가 해내지 못할 것 같다는 생각이 들 때마다 전화를 걸면 이 책을 써낼 수 있을 거라고 내 능력을 믿어줬다.

내 사위 네이트는 벗이 돼줄 뿐 아니라 나와 함께 수많은 허스키스 팀 시합을 응원해 주며 내 풋볼 사랑을 공유해 주기도 했다. 친절한 영혼의 소유자이자 사랑스러운 아들이 돼주는 네이트에게 정말 고맙다.

내 선 스승 빌리기스 예거와 멘토인 제리 데이비슨에게는 수년에 걸쳐 지혜와 우정을 나눠준 점에 감사드린다. 내 평생의 벗인 서번 피셔, 다이앤 퍼킨스, 마지 앤더슨, 론과 마르시아 발트루시스 부부 그리고 내 사촌 낸시와 에드에게도 고마움을 전한다.

내겐 제2의 고향과 같은 워싱턴대학, 특히 행동 연구 및 치료 클리닉은 1977년 이후 내가 연구를 진행하고 학생들을 가르치고 환자들을 치료하며 깨어 있는 시간의 대부분을 보낸 곳이다. 워싱턴대학은 살 만한 삶을 세우는 데 일조해 준 정겨운 공동체였고 이 점에 깊은 감사를 드리고 싶다. 물론 이름을 하나라도 빼먹을까 봐 걱정이 되긴 하지만 지금부터 최선을 다해 그 고마운 사람들을 소개해 보겠다.

우정과 지지를 보내준 심리학과의 셰릴 카이저, 셰리 미주모리, 론 스미스, 밥 콜렌버그, 엘리자베스 매콜리. 내 연구를 지지해 주고 내가 학생들을 지도하고 연구를 수행하며 임무를 잘 수행하도록 응원해 준 임상심리학 동료들. 이들의 지지에 힘입어 연구를 잘 수행한 덕분에 DBT를 만들어 여러 사람의 삶을 구하고 개선할 수 있었다.

나와 내 연구실을 수년간 기둥처럼 든든히 받쳐준 행동 연구 및

인생이 지옥처럼 느껴질 때

치료 클리닉 직원들 타오 트루옹, 일레인 프랭크스, 케이티 코스룬드, 멜라니 하네드, 로드 럼스덴, 제러미 에벌, 맷 트래척, 헤더 홀리, 안드레아 키오도. 연구 조사에서 오랜 시간 동안 평가자 역할을 맡아준 앤절라 머레이와 수전 블랜드. 앤절라는 벌써 수년 전에 뉴욕으로 이사 갔지만 매년 내 생일 케이크(맛이 기가 막힌 앤절라표 당근 케이크)를 구워 보내줬다. 여러 연구 프로젝트에 도움이 돼주고 DBT 훈련 프로그램이 지속되도록 힘써준 지원자들과 대학 학부생들에게도 각별한 감사를 전한다.

내 제자들, 박사 후 과정 연구원들 그리고 동료인 몰리 에이드리언, 미셸 버크, 예브게니 보타노프, 밀턴 브라운, 유니스 첸, 샌디 콘티, 셀리아 크로웰, 소나 디미지안, 밥 갤럽, 하이디 허드, 도리언 헌터, 셰릴 켐핀스키, 시더 쿤스, 데비 렝, 놈 린덴보임, 베벌리 롱, 애니타 룬구, 린 맥파, 마리비 나바로, 리사 온켄, 데이비드 팬타론, 조앤 루소, 닉 살먼, 헨리 슈미트, 코리 세크리스트, 리즈 스턴츠, 줄리앤 토레스, 에이미 와그너, 체슬리 윌크스, 수전 위터홀트, 브리아나 우즈에게도 감사한다.

DBT 수련 프로그램에 들어온 대학원생들과 박사 후 과정 연구원들을 훈련시키고 관리하는 활동에 자발적으로 나서서 수백 시간을 헌신해 준 임상 관리자들도 빼놓을 수 없다. 이 관리자들이 없었다면 우리 내담자들에게 절실히 필요한 치료 서비스를 제공하지 못했을 것이다. 베아트리스 아람부루, 애덤 카멜, 제시카 추, 에밀리 쿠니, 캐럴라인 코차, 앤절라 데이비스, 리즈 덱스터마차, 미셸 디스킨, 클라라 독톨레로, 댄 피네건, 앤드루 플레밍, 비브 포시스콕스, 밥 고틀, 마이클 홀랜더, 켈리 커너, 재니스 쿠오, 리즈 로템피오, 세리 매닝, 애니 매콜, 재러드 미콘스키, 에린 미가, 안드레아 닐, 캐스린 패트릭, 애덤 페인, 론다 레이츠, 세라 레이놀즈, 마그다 로드리게스, 제니퍼 세이어스, 세라 슈미트, 트레버 슈로프나겔, 스테파니 슈거, 제니퍼 티니넨코, 랜디 울버트에게 우리 학생들과 내담자들을 위해 헌신해 준 점에 감사 인사를 전한다.

너그러운 지원을 보내준 기부자들에게도 깊은 감사를 드린다. 그분들 덕분에 임상의 과학자들을 훈련시키고 자살 위험이 높고 다양한 문제를 가진 내담자들에게 도움을 주는 임무를 내담자들의 지불 능력에 별로 개의치 않으며 계속 이어갈 수 있었다.

국립정신건강연구소 같은 연구 후원자들이 없었다면 DBT를 개발하지 못했을 것이다. 수십 년에 걸쳐 내 연구를 지원해 준 국립정신건강연구소에 감사를 드리고 싶다. 특히 자살 예방과 치료에 대한 연구를 지지해 준 제인 피어슨에겐 마음속 깊이 감사드린다.

DBT 연구가 미국 전역과 세계 곳곳으로 더욱더 널리 퍼져 실행되길 바라는 DBT 연구가들과 임상의들에게 감사 인사를 전하고 싶다. 다음 분들 모두에게 감사드린다. 마르틴 보후스, 알렉스 채프먼, 케이트 콤토이스, 린다 디메프, 케이티 딕슨고든, 토니 뒤보스, 앨런 프루제티, 파블로 개글리에시, 멜라니 하네드, 안드레 이바노프, 세

인생이 지옥처럼 느껴질 때

라 란데스, 체사레 마페이, 셸레이 맥메인, 라스 멜럼, 알렉 밀러, 안드라다 낵시우, 아즈세나 팔레시오스, 시린 리즈비, 롤랜드 시내브, 미켈라 스왈레스, 찰스 스웬슨, 비에스 판덴보슈, 어설라 화이트사이드.

내가 세운 단체들과 그 운영자들에게도 감사의 말을 하고 싶다. DBT-리네한 자격인정위원회, 국제 변증법적 행동치료 개선 및 지도 협회, 행동기술 연구회, 행동기술회, 리네한 연구소 지도부와 직원들께 감사드린다.

이 책은 독자에게 일관성 있는 설명을 하기 위해 나 자신의 삶을 이해하는 긴 여정이었다. 그런 의미에서 내 삶의 파편들을 모아 하나의 완벽한 이야기로, 내 이야기로 엮어준 능력자 로저 르윈에게 고맙다고 말하고 싶다. 뿐만 아니라 랜덤하우스 편집장 케이트 메디나와 그의 팀원들 에리카 곤잘레즈, 애나 피토니악을 만나게 된 것을 행운이자 감사한 일이라고 생각한다. 그와 팀원들은 실력과 배려심을 겸비한 당찬 여성 군단이다. 이들과 함께 일하게 된 점이나 수차례의 마감일 연장 요청에도 늘 승낙을 해준 점에 감사드린다. 마지막으로 이 책이 내게 얼마나 중요한 의미인지 처음부터 알아봐 준 출판 대리인 스티브 로스에게 감사의 마음을 전한다.

내 마지막 바람으로 이 글을 맺는다. 부디 다른 이들이 이 이야기를 통해 지옥에서 벗어나 살 만한 삶을 만들 방법이 있음을 알게 되면 좋겠다.

살기 위한 이유 척도
(하위 척도로 구분됨)

생존 및 대처 신념

1. 나는 살아갈 수 있을 만큼 충분히 나 자신을 아낀다.

2. 내 문제를 해결하기 위한 다른 해결책을 찾을 수 있다고 믿는다.

3. 내겐 아직 할 일이 많이 남아 있다.

4. 내겐 상황이 좋아져 앞으로 더 행복해질 것이라는 희망이 있다.

5. 내겐 삶에 정면으로 맞설 용기가 있다.

6. 나는 삶이 내게 제공할 수 있는 모든 것들을 경험해 보고 싶고 해보고 싶지만 아직 해보지 못한 경험도 많다.

7. 나는 모든 일이 결국 최선의 결과로 해결될 것이라고 믿는다.

8. 나는 내가 삶의 목표와 살아갈 이유를 찾을 수 있다고 믿는다.

9. 내겐 삶에 대한 애착이 있다.

10. 나는 끔찍한 감정을 느껴도 그런 감정이 지속되지 않으리라는 것을 안다.

11. 삶은 끝내버리기엔 너무 아름답고 소중하다.

12. 나는 행복하고 내 삶이 만족스럽다.

13. 나는 앞으로 어떤 일들이 일어날지 궁금하다.
14. 나는 죽음을 서두를 이유를 모르겠다.
15. 내 문제에 적응하는 방법을 배우거나 대처할 수 있는 방법을 배울 수 있다고 믿는다.
16. 나는 자살한다고 해서 실질적으로 뭔가를 성취하거나 해결되지 않을 것이라고 생각한다.
17. 나는 살고 싶은 마음이 있다.
18. 나는 자살하기에는 너무 안정적이다.
19. 내겐 이루고 싶은 미래 계획들이 있다.
20. 나는 차라리 죽는 게 나을 만큼 비참하거나 절망스러운 상황은 없다고 생각한다.
21. 나는 죽고 싶지 않다.
22. 생명은 우리가 가진 전부고 없는 것보다 낫다.
23. 나는 내 삶과 운명에 대한 통제권을 갖고 있다고 믿는다.

가족에 대한 책임

24. 자살하면 가족들에게 너무나 큰 상처를 주게 될 것이다.
25. 이후에 가족들이 죄책감에 빠지길 바라지 않는다.
26. 가족들이 나를 이기적인 사람이나 겁쟁이라고 생각하는 것은 싫다.
27. 가족들은 나를 의지하고 있고 나를 필요로 한다.
28. 가족들을 너무 사랑하고 함께인 게 즐거워 그 곁을 떠날 수가 없다.

29. 가족들은 내가 그들을 사랑하지 않았다고 생각할지 모른다.

30. 내겐 가족에 대한 책임과 헌신의 도리가 있다.

자녀에 대한 염려

31. 내 아이들에게 해로운 영향을 미치게 될 것이다.

32. 아이들을 남의 손에 맡기고 떠나는 건 올바른 일이 아니다.

33. 아이들이 커가는 모습을 보고 싶다.

자살에 대한 두려움

34. 실제로 자살을 '실행하기'가(그 고통, 피, 폭력성이) 두렵다.

35. 나는 겁쟁이라 자살할 용기도 없다.

36. 나는 너무 무능해서 선택한 자살 방법이 실패할 것이다.

37. 내 자살 방법이 실패할까 봐 겁난다.

38. 미지의 세계가 두렵다.

39. 죽음이 두렵다.

40. 언제, 어디서, 어떻게 자살할지 결정하지 못하겠다.

사회적 비난에 대한 두려움

41. 남들은 나를 나약하고 이기적인 사람이라고 생각할 것이다.

42. 다른 사람들이 내가 내 인생을 통제할 수 없다고 생각하는 건 싫다.

43. 남들이 나를 어떻게 생각할지 걱정된다.

도덕적 저항감

44. 내 종교적 신념상 자살은 용납되지 않는다.

45. 생명을 끝낼 권리는 오로지 신에게만 있다고 믿는다.

46. 자살은 도덕적으로 그릇된 일이라고 생각한다.

47. 지옥에 갈까 봐 두렵다.